卓越经管人才培养系列教材

管理运筹学

罗裕梅　主　编
张俊梅　副主编

科学出版社
北　京

内 容 简 介

本书力求以一种创新的方式来更高效地展示管理运筹学的基本理论、方法和应用，涉及三个要素，即案例分析、建模和电子表格。本书分为两篇：第一篇为基础理论篇，包括线性规划、整数规划和动态规划；第二篇为应用篇，包括运输与指派问题、图与网络优化、存储论、决策论和排队论。本书每章开头都给出了学习目标和开篇案例，并以这个案例中涉及的管理问题为主线，不断引出相关理论知识、建模及 Excel 求解，从而将理论知识完全融入实际管理问题场景中，更好地体现运筹学与管理实践的相关性。

本书可作为管理专业运筹学课程及相关专业的教材，也可供运筹学、管理科学领域的工作者和工程技术人员参考使用。

图书在版编目（CIP）数据

管理运筹学/罗裕梅主编. —北京：科学出版社，2025.1
（卓越经管人才培养系列教材）
ISBN 978-7-03-074666-5

Ⅰ. ①管… Ⅱ. ①罗… Ⅲ. ①管理学－运筹学－高等学校－教材 Ⅳ. ①C931.1

中国国家版本馆 CIP 数据核字(2023)第 013415 号

责任编辑：王京苏／责任校对：姜丽策
责任印制：赵 博／封面设计：有道设计

科学出版社 出版
北京东黄城根北街 16 号
邮政编码：100717
http://www.sciencep.com

中煤（北京）印务有限公司印刷
科学出版社发行 各地新华书店经销

*

2025 年 1 月第 一 版 开本：787×1092 1/16
2026 年 1 月第二次印刷 印张：21
字数：495 000
定价：78.00 元
（如有印装质量问题，我社负责调换）

前言

随着经济的快速发展和社会的进步，社会各行各业之间的竞争日益激烈，尤其表现为对资源的争夺。因此，在有限的资源下获得最大的利益是每个竞争者所考虑的问题，这也是经济学和运筹学所着重解决的问题。运筹学就是以数学为主要手段、着重研究最优化问题解法的学科。作为一门实用性很强的学科，运筹学可以用来很好地解决生活中的许多问题。运筹学在各领域有着广泛的应用，其思想在追求整体最优、资源合理配置、系统治理等方面都较好地体现了党的二十大报告的战略思想。同时，运筹素养成为新时代大学生的必备素养，是培养适应数智化时代所需高素质人才的重要途径，对全面建设社会主义现代化国家发挥着重要的作用。

众所周知，运筹学研究的根本目的在于对资源进行最优化配置，用数学模型和方法来解决复杂的决策问题，指导社会管理，提高生产效率，创造经济效益。企业投资的根本目的也是在资源的优化配置和有限资源的有效使用的基础上，达到既定目标，实现企业利润最大化。然而，随着市场竞争的日趋激烈，决策是否有效对企业生存发展的影响越来越大。正确的决策可以使企业获利并促进企业的发展，而错误的或者无效的决策只能使企业无利可获甚至亏损，阻碍企业的发展。运筹学、经济学、博弈论等科学决策可以引导投资者选择最佳投资组合策略，为决策者在投资决策过程中提供一些有价值的思路，帮助组织和个人在复杂多变的环境中做出更加科学和合理的决策。

传统的运筹学教材在一定程度上存在"重数学、轻管理"的倾向。在运筹学的教学中，教师往往比较侧重基本原理和算法的讲授，对如何从实际问题中抽象出运筹学的问题，以及如何解释运筹学的计算结果等不够重视，而这恰恰是管理教育应该教给学生的关键所在，也是数学知识在实际管理工作中应用尤其应该注意的问题。本书脱离传统模式，以一种创新的方式来更高效地介绍运筹学知识，并始终将案例分析、建模和电子表格三个要素整合在一起。本书得到国家自然科学基金（72361034）的资助，在此表示衷心的感谢！

由于编著者水平有限，再加上时间紧迫，书中难免存在疏漏或不足之处，敬请各位读者批评指正。

目 录

第一篇 基础理论篇

第1章 绪论 3
1.1 运筹学的概念 5
1.2 运筹学的发展简史 6
1.3 运筹学的分支 8
1.4 运筹学在管理中的应用 9
1.5 运筹学优化软件 10
1.6 本书的特色 11

第2章 线性规划的基本概念 12
2.1 概述 13
2.2 线性规划的图解法 16
2.3 线性规划的单纯形法 18
2.4 使用Excel求解线性规划问题 30
习题 34
本章附录 38

第3章 线性规划建模 39
3.1 生产计划问题建模 40
3.2 下料问题建模 43
3.3 运输问题建模 45
3.4 配料问题建模 48
3.5 背包问题建模 52
3.6 指派问题建模 53
3.7 排班问题建模 57
习题 65

第4章 对偶理论及敏感性分析 68
4.1 对偶问题的提出 69

4.2 对偶理论 71
4.3 对偶问题的经济解释 77
4.4 对偶单纯形法 79
4.5 敏感性分析 81
4.6 敏感性分析的 Excel 建模和求解 82
习题 97

第 5 章 整数规划 102

5.1 整数规划问题及数学模型 104
5.2 整数规划问题的解法 104
5.3 0-1 整数规划 111
5.4 指派问题 123
习题 131

第 6 章 动态规划 134

6.1 多阶段决策问题 135
6.2 资源分配问题 142
6.3 产品生产计划安排问题 147
习题 155

第二篇 应 用 篇

第 7 章 运输问题与指派问题 161

7.1 运输问题及其数学模型 162
7.2 运输问题的求解 166
7.3 使用 Excel 建立并求解运输问题 175
7.4 对运输问题的变形问题进行建模 176
7.5 指派问题 184
习题 195

第 8 章 图与网络优化 202

8.1 图的基本概念 203
8.2 树与最小树 206
8.3 最短路问题 208
8.4 最大流问题 212
8.5 最小费用最大流问题 217
习题 227

第 9 章 存储论 231

9.1 存储问题及基本概念 232

9.2	确定型存储模型	234
9.3	单周期的随机型存储模型	245
9.4	其他的随机型存储模型	251
习题		255
本章附录		258

第 10 章　决策论 ································· 263

10.1	决策准则	265
10.2	决策树	268
10.3	使用决策树的敏感性分析	270
10.4	检验是否需要获得更多的信息	274
10.5	使用新的信息更新概率	275
10.6	用决策树分析系列决策问题	278
10.7	效用理论在决策中的应用	282
习题		289

第 11 章　排队论 ································· 293

11.1	基本概念	294
11.2	生灭过程与常见的理论分布	300
11.3	$M/M/1$ 排队系统模型	304
11.4	$M/M/S$ 排队系统模型	308
11.5	$M/G/1$ 排队系统模型	312
11.6	其他排队系统模型	314
11.7	排队系统的优化	318
习题		324

参考文献 ································· 326

第一篇

基础理论篇

第1章
绪 论

【本章导读】

在中国汉朝，便有"运筹帷幄之中，决胜千里之外"一说，后来人们用"运筹帷幄"表示善于策划用兵，指挥战争，"运筹帷幄"一词由此家喻户晓。其中的"运筹"发展到近代，远远超出本义，成为一门重要学科——运筹学，对当今整个世界及人们的生活产生了重大的影响。

运筹学，英文为 operational research，可译为"作业研究"，其精髓在于怎样以尽可能小的代价，获取尽可能好的结果，即最优化问题。运筹学与日常生活关系紧密，这是因为我们的生活中处处都需要做出决策，处处都需要考虑最优化问题。著名的皇后问题、指派问题等都是运筹学在生活中应用的体现。运筹学是近代应用数学的一个重要分支，主要是将生产、管理等事件中出现的一些带有普遍性的运筹问题加以提炼，然后利用数学方法进行解决。其实运筹思想的应用并不是近代才开始的，在中国古代，运筹学思想应用的经典案例并不罕见。

孙武，字长卿，后人尊称其为孙武子、孙子，公元前545年左右出生于齐国乐安（今山东省惠民县），中国历史上著名军事家。孙武到吴国后，因为献上兵法十三篇，被吴王阖闾重用，拜为大将，和伍子胥共事，辅佐吴王领兵攻破楚国都城郢（今湖北省荆州市江陵县纪南城）。

孙武在春秋末期所著《孙子兵法》，是世界上现存最古老的兵书。其中的《始计第一》论述怎样在开战之前和战争中实行谋划的问题，以及谋划在战争中的重要意义；《作战第二》论述速战速胜的重要性；《谋攻第三》论述用计谋征服敌人的问题；《军形第四》论述用兵作战要先为自己创造不被敌人战胜的条件，以等待敌人可以被战胜的时机，使自己"立于不败之地"；《兵势第五》论述用兵作战要造成一种可以压倒敌人的迅猛之势，并要善于利用这种迅猛之势；《虚实第六》论述用兵作战需采用"避实而击虚"的方针；《军争第七》论述争夺制胜的有利条件，使自己掌握作战主动权的问题；《九变第八》论述将帅指挥作战应根据各种具体情况灵活机动地处置问题，不要机械死板而招致失败，并对将帅提出了要求；《行军第九》论述行军作战中安置军队和判断敌情问题；《地形第十》论述用兵作战利用地形的问题，并着重论述深入敌国作战的好处；《九地第十一》进一步论述用兵作战利用地形及统兵之道的问题；《火攻第十二》论述在战争中使用火攻的办法、条件和原则等问题；《用间第十三》论述使用间谍侦察敌情在作战中的重要意义，以及间谍的种类和使用间谍的方法。

《孙子兵法》是体现我国古代军事运筹思想最早的典籍。它考察了战争中各种依存、制约关系，总结了战争的规律，并依此来研究如何筹划兵力以争取全局的胜利。书中的语言叙述简洁，内容也很有哲理性，后来的很多将领用兵都受到了该书的影响。《孙子兵法》对中国的文化发展有深远的影响。

【学习目标】

（1）掌握管理运筹学的概念和特征。
（2）掌握管理运筹学解决实际问题的基本过程。
（3）了解运筹学的发展简史及分支。
（4）了解运筹学在管理中的应用。
（5）了解本书的一些特色。

【开篇案例】

新冠疫情暴发期作为人类历史中的一个特殊时期，需要进行各种重要的决策，运筹学在这期间起着巨大的作用。以下以医疗物资的购置为例进行阐述。

从2019年12月底新冠疫情开始，到2020年4月8日武汉解除离汉离鄂通道管制措施，武汉经历了一次由疫情初期的医疗物资极为紧缺到"紧平衡"再到"应配尽配"重要医疗物资获得全部保障的过程。在疫情防控初期，各类医疗设备和物资频频告急。根据2020年2月7日湖北召开第十七场疫情防控例行发布会的报道，"武汉市目前全市医疗物资供需矛盾十分突出，2月6日，我市医用防护服当日需求是5.99万件，当日缺口是4.14万件；医用N95口罩当日需求11.9万个，当日缺口是5.68万个；医用护目镜当日需求是2.25万个，当日缺口是1.92万个"。

随着全国抗击新冠疫情、支援湖北的推进，4万多名医护人员，大量防护用品、医疗设备、防控药品、检测试剂等物资从全国各地支援湖北、支援武汉，保障了湖北各城市的正常运转和医疗防护。2020年2月28日，国务院新闻办公室表示武汉新冠疫情快速上升的趋势已经得到有效抑制；3月6日，武汉方舱医院全部休舱；4月8日，武汉解除封锁。然而，与此同时，出现了口罩等防疫物资产能过剩的现象。根据河北日报2020年11月24日报道，自2020年5月以来，随着新冠疫情防控进入常态化，各类医疗物资从极度短缺进入量足供应阶段，口罩等部分产品供大于求。部分企业迅速调整生产方向，转战海外市场。

是否可以更有效地购置和配置医疗物资，使得医疗物资不会极度紧缺，也不会供应过多？其实这是一个经典的运筹学问题，涉及库存管理的两种模式——集中式管理和分散式管理。在新冠疫情开始阶段，各省区市进行医疗物资的购置，采取分散式管理，各省区市为了对抗医疗物资需求的不确定性，需要购置过多的医疗物资以保证在大概率意义下能满足需求；如果将各省区市看作一个整体，虽然湖北一省医疗物资极度缺乏，但是其他省区市的短缺程度不大，这就使得整体需求的不确定性远小于各省区市不确定性之和，也就是需求不被满足的风险被分摊了，因此医疗物资的需求总量会远小于各省区市的需求量之和。例如，在抗击新冠疫情过程中，正是由于全国统一调度，合理分配并优化使用医疗物资，湖北医疗物资缺乏的问题才得到了有效及时的解决。通过上述运筹学的经典结果可以知道，在遭遇疫情时，面对高度的需求不确定性，采取集中式管理，统一进行医疗物资的采购，并在此基础上进行各部分的最优分配，可以避免医疗物资的浪费。集中式管理能更有效地调配资源，保证疫情抗击战的胜利。

【案例思考题】

（1）请指出案例中存在的管理问题。
（2）试提炼出 2~3 个运筹学的规划问题。
（3）讨论运筹学在案例中具体起到的作用。
（4）列举出新冠疫情期间存在的其他管理及需要优化的问题。

1.1 运筹学的概念

"运筹学"一词在英国称为 operational research，在美国称为 operations research（OR），可直译为"运用研究"或"作业研究"。

运筹学是一门应用科学，至今还没有统一确定的定义。本书从管理实际出发，将运筹学看作一种解决实际问题的方法。"运筹学"一词起源于 20 世纪 30 年代，据《不列颠百科全书》释义，"运筹学是一门应用于管理有组织系统的科学"。据《中国大百科全书》释义，运筹学"是用数学方法研究经济、民政和国防等部门在内外环境的约束下合理分配人力、物力、财力等资源，使实际系统有效运行的技术科学，它可以用来预测发展趋势，制订行动规划或优选可行方案"。据《中国企业管理百科全书》（1984 年版）释义，"运筹学是应用分析、试验、量化的方法，对经济管理系统中人力、物力、财力等资源进行统筹安排，为决策者提供有依据的最优方案，以实现最有效的管理"。运筹学强调最优决策，"最优"是过分理想化的概念，在实际生活中往往用"次优""满意"等概念代替"最优"。因此，运筹学的另一个定义是"一种给出问题坏的答案的艺术，否则，问题的结果会更坏"。

运筹学的研究对象是人类对各种资源的运用及筹划活动，它的研究目的在于了解和发现这种运用及筹划活动的基本规律，以便发挥有限资源的最大效益，从而达到总体最优的目标。这里所说的资源是广义的，既包括物质材料，也包括人力配备；既包括技术装备，也包括社会结构。

运筹学研究的一个特点是强调研究过程的完整性，从形成问题，到构造模型、提出解决方案、建立控制，直至付诸实施的所有环节，构成了运筹学研究的全过程。因此，它不仅涉及方法论，而且与社会、政治、经济、军事、科学、技术各领域都有密切的关系。

运筹学研究的另一个特点是强调理论与实践的结合，这在运筹学创建时期就已经显现出来，无论是武器系统的有效使用，还是生产组织或电话、电信问题，都是与当时的社会实践密切联系的，在解决这些实际问题的同时，运筹学逐渐形成了完整的理论体系，发展成为一门独立的科学学科。

运筹学主要包含三大部分：模型、理论和算法。无论是早期解决第二次世界大战中的兵力部署和武器调配问题，还是生产组织问题或交通、通信问题，相关领域的运筹学工作者都建立了各种模型，在这些模型的基础上逐步建立了比较完整的理论体系，提出了求解相应问题的各种算法。

运筹学已逐步形成一套系统的解决和研究实际问题的方法，它可以概括为以下阶段。

（1）构建所关心问题的数学模型。将一个实际问题表示为一个运筹学问题。

（2）分析问题（最优）解的性质和求解问题的难易程度，寻求合适的求解方法。

（3）设计求解相应问题的算法，并对算法的性能进行理论分析。

（4）编程实现算法，并分析模拟数值结果。

（5）判断模型和解法的有效性，提出解决原始实际问题的方案。

这些阶段并不是相互独立的，也绝非依次进行的。开发模型是一种连续的研究、开发、分析、改进……的过程，是一个原型化和呈螺旋状发展的过程，而不是单个事件。在短期内建造一个原型（若有必要，则加上一些不切实际的假设），通过去除那些不切实际的假设、增加过程、增加系数等方式，不断地改进模型。

1.2 运筹学的发展简史

我国古代有很多有关运筹学的思想与智慧，田忌赛马、沈括运粮、丁渭修皇宫、《三国演义》、都江堰、《齐民要术》等都充分说明朴素的运筹思想在中国古代历史中源远流长。但直到 20 世纪初，奠定现代运筹学发展基础的先驱性工作才先后呈现，如 1908 年埃尔朗（A. K. Erlang）关于电话话务理论的研究、其后兰彻斯特（F. W. Lanchester）关于战争兵力部署的理论、1915 年哈里斯（F. Harris）关于最佳订购批量的研究、1939 年苏联数学家康托罗维奇（L. Kantorovich）总结他研究工作的著作《生产组织与计划中的数学方法》，以及其他许多当时在活动分析名义下所进行的科学研究。作为一门独立新兴学科的系统研究，"运筹学"这个术语的正式使用是在第二次世界大战期间。当时英国成立了运作研究小组，通过科学方法的运用成功地解决了许多非常复杂的战略和战术问题。例如，如何合理运用雷达和战机有效地对付德军的突袭；如何对商船进行编队护航，使船队遭受德国潜艇攻击时损失最小；在不同情况下，如何调整反潜深水炸弹的爆炸深度，以增加对德国潜艇的杀伤力等。

第二次世界大战以后，从事这项工作的许多专家转到了经济部门、民营企业、大学或研究所，继续从事决策的数量方法的研究，运筹学作为一门学科逐步形成并得以迅速发展。第二次世界大战后的运筹学主要在以下两方面得到了发展：一方面，运筹学的方法论得到了快速的发展，形成了运筹学的许多分支，如数学规划（线性规划（linear programming）、非线性规划、整数规划、目标规划、动态规划、随机规划等）、图与网络、排队论、存储论、维修更新理论等。1947 年，由丹齐格（G. B. Dantzig）提出的求解规划问题的单纯形法是运筹学发展史上最重大的进展之一。另一方面，由于电子计算机的迅猛发展和广泛应用，运筹学的方法论成功地、及时地解决了大量经济管理中的决策问题。计算机的发展推进了运筹学的发展、普及和应用，使得运筹学不仅为运作研究小组那样的专家所掌握和使用，也成为广大管理工作者进行最优决策和有效管理的常用工具之一。

现代运筹学被引入中国是在 20 世纪 50 年代后期。中国第一个运筹学小组是在钱学森、许国志先生的推动下，在 1956 年于中国科学院力学研究所成立。钱学森先生在麻省理工学院取得硕士学位，在加州理工大学取得博士学位后成为该校的第一位戈达德讲座教授。许国志先生在堪萨斯大学取得博士学位后，在马里兰大学流体力学和应用数学研究所当研究员。他们两人于 1955 年回到祖国致力于新中国的科技事业，可以说在中国运筹学一开始就被理解为与工程有密切联系的学科。

1959 年，第二个运筹学小组在中国科学院数学研究所成立，这是"大跃进"运动中数学家投身于国家建设的一个产物。力学研究所小组与数学研究所小组于 1960 年合并成为数学研究所的一个研究室，当时的主要研究方向为排队论、非线性规划和图论，还有人专门研究运输理论、动态规划和经济分析（如投入产出方法）。1963 年是中国运筹学教育史上值得一提的一年，数学研究所的运筹学研究员为中国科技大学应用数学的第一届学生（1958 届）开设了较为系统的运筹学专业课，这是第一次在中国大学里开设运筹学专业和授课。如今，运筹学的课程已成为几乎所有大学的商学院、工学院、数学系和计算机专业的基本课程。

20 世纪 50 年代后期，运筹学在中国的应用集中在运输问题上，其中一个代表性工作是研究打麦场的选址问题——在手工收割为主的情况下如何节省人力。此外，国际上著名的"中国邮路问题"模型也是在那个时期由管梅谷教授提出的。可以看出，现在非常热门的物流学在当时就形成一些研究雏形，但是在计划经济体制下，工业落后，使我国在相当长的时间内远离了物流学的发展主流。

中国运筹学早期普及与推广工作的亮点是由华罗庚先生点燃的。在"文化大革命"期间，他身为中国数学会理事长和中国科学院数学研究所所长，亲自率领一个小组，大家称为"华罗庚小分队"，到农村、工厂讲解基本优化技术和统筹方法，将其使用于日常的生产和生活，自 1965 年起的 10 年中，他到了约 20 个省区市，受到各界人士的欢迎。华罗庚先生这一时期的推广工作播下了运筹学哲学思想的种子，大大推动了运筹学在中国的普及和发展。

1992 年，中国运筹学会从中国数学会独立出来并成为国家一级学会，表明运筹学以数学为基础，但同数学学科有本质的不同。运筹学家除了推动运筹学基本理论的发展，还要对社会负起与数学家不同的责任。

21 世纪，中国运筹学会在注重自身发展的同时，也积极开展同国际运筹学界的交流与合作，多次主办了大型国际学术会议，并通过这些国际学术交流活动确定了中国运筹学会在整个国际运筹学界中的地位。在开展学术活动、促进学术交流、推动学科发展的同时，中国运筹学会还在加强编辑出版，举荐、宣传杰出人才和培养青年运筹学工作者，促进学会的改革与建设，加强国际交流和合作，以及扩大学会的国际影响力等诸多方面进行了大量的工作，并取得了相当的成绩。

中国运筹学会的发展历程是积极跟踪国际运筹学理论进展、适应国内外运筹业界形势的发展变化、不断推进我国经济社会建设和运筹应用事业快速发展的过程。

1.3 运筹学的分支

运筹学根据要解决的问题性质，归结为不同类型的数学模型。这些数学模型构成了运筹学的各个分支，本书将涉及如下一些分支。

(1) 线性规划。例如，在经营管理中，如何有效地利用现有人力、物力完成更多的任务，如何耗用最少的人力、物力去实现预定的目标。将这类统筹规划的问题用数学语言表达，根据问题要实现的目标选取适当的变量，问题的目标用变量的函数形式表示（称为目标函数），问题的限制条件用有关变量的等式或不等式表达（称为约束条件）。当变量连续取值，且目标函数和约束条件均为线性时，这类模型称为线性规划模型。线性规划建模相对简单，有通用算法和计算机软件，是广泛应用的运筹学分支。有些规划问题的目标函数是非线性的，但往往可以采用分段线性化等方法转化为线性规划问题。

(2) 整数规划。若规划中的变量（全部或部分）限制为整数，则称为整数规划。若在线性规划中变量限制为整数，则称为整数线性规划。整数线性规划是一种解决特殊线性规划问题的方法，它要求某些决策变量的解为整数。其中，整数规划中有一类变量取值只能为 0 或 1，称为 0-1 整数规划模型，它对应方案的"舍"或"取"，对问题的建模起到了特殊作用。

(3) 动态规划。动态规划是研究多阶段决策过程最优化的运筹学分支。有些经营管理活动由一系列相互关联的阶段组成，在每个阶段依次进行决策，上一阶段的输出状态就是下一阶段的输入状态，且各阶段决策之间互相关联，这就构成一个多阶段的决策过程。动态规划研究多阶段决策过程的总体优化，即从系统总体出发，要求各阶段决策所构成的决策序列使目标函数值达到最优。

(4) 图与网络。在这种模型中，研究对象用点表示，对象之间的关系用边（或弧）表示，点与边的集合构成图。图是网络分析的基础，根据研究的具体网络对象，赋予图中各边某个具体参数，如时间、流量、费用、距离等，规定图中各节点代表具体网络中任何一种流动的起点、中转点或终点，然后利用图论方法来进行各类网络结构和流量的优化分析。

(5) 存储论。存储论是研究最优存储策略的理论和方法。例如，为了保证企业生产的正常进行，需要有一定数量原材料和零部件的储备，以调节供需之间的不平衡。实际问题中，需求量可以是常数，也可以是服从某分布的随机变量。每次订货需一定费用，提出订货后，货物可以一次到达，也可以分批到达。从提出订货到货物到达可能是即时的，也可能需一个周期（订货提前期）。某些情况下允许缺货，某些情况下不允许缺货。存储策略主要研究不同需求、供货及到达方式等情况下，确定在什么时间点及一次提出多大批量的订货，使用于订购、储存和可能发生短缺的费用的总和最少。

(6) 决策论。决策论是在决策环境不确定和存在风险的情况下对几种备选方案进行决策的准则和方法。决策过程一般如下：①形成决策问题，涉及提出方案、确定目标及效果度量；②确定各方案对应的结局及出现的概率；③确定决策者对不同结局的效用值；

④综合评价，决定方案的取舍。决策率是对整个决策过程中涉及方案目标选取与度量、概率值确定、效用值计算、最优方案和策略选取的有关科学理论。

1.4 运筹学在管理中的应用

（1）生产计划管理。运筹学方法可以从总体上确定适应需求的生产、储存和劳动力安排计划，以利润最大化或成本最小化为目标，主要可以运用线性规划、整数规划及模拟方法来解决此类问题。此外，运筹学方法还可以应用在生产作业计划、日程表编排、合理下料、配料问题、物料管理等方面。

（2）人力资源管理。运筹学方法可以对人员的需求和获得情况进行预测，可以确定适应需求的人员编制，可以用指派问题对人员进行合理分配等，还可以对人才进行评价、确定工资和津贴等。

（3）运输。运输问题涉及物资合理调运、车辆合理调度等问题，一些其他类型的问题经过适当变换后也可以归结为运输问题，包括公路运输问题、铁路运输问题、空运问题、水运问题、管道运输问题、厂内运输问题。公路运输问题涉及汽车调度计划、公路网的设计和分析、公路运输路线的选择和行车时刻表的安排、汽车的调度和停车场的设立等。水运问题涉及船舶航运计划、港口装卸设备的配置及船到港后的运行安排等。空运问题涉及飞行航班和飞行机组人员服务时间安排等。

（4）财务和会计。财务和会计问题涉及预测、贷款、成本分析、定价、投资、证券管理、现金管理等，使用较多的运筹学方法为统计分析、数学规划、决策分析、盈亏点分析、价值分析等。

（5）库存管理。存储论应用于多种物资库存量的管理，确定某些设备合理的能力或容量，以及适当的库存方式和库存量。物资存储按目的分为生产存储、产品存储和供销存储，并由"供—存—销"构成存储系统。

（6）市场销售。运筹学方法主要应用于广告预算和媒介的选择、竞争性定价、新品开发、销售计划的制订等方面。

另外，运筹学还成功地应用于设备维修、更新和可靠性分析，项目的选择与评价，工程优化设计，信息系统的设计与管理，以及各种国家/城市规划与布局、应急服务系统的设计与管理方面。

运筹学的应用场景不胜枚举，很多行业和企业的生存与发展在很大程度上依赖基于统筹规划的科学化管理。例如，20世纪70年代，美国政府放松了对航空业的管制，各大航空公司能自由地开设航线并对机票进行自主定价。美国航空（American Airlines）公司在1982年成立了由12名工程师组成的运筹小组，负责研究公司的定价策略。在十几年的时间里，该运筹小组逐渐壮大，在1997年成长为一个拥有8000名员工的独立公司SABRE，为美国航空公司提供收益管理解决方案。该公司在1998年营业收入就达到20亿美元。2000年前后，中国各大航空公司纷纷引进或开发收益管理系统。如今，收益管理已经成为国内外航空公司的制胜法则。借助计算机系统背后的优化引擎，收益管理系统实时地提供机票价格调整建议，为航空公司创造了可观的增加收益。随着专业化分工的日渐细化及竞争的加剧，企业所面临的经营环境呈现更大的不可预测性，管理问题也越发复杂。这更需要企业转变传统的经验式决策模式，利用科学的方法，基于建模分析来辅助决策。

1.5 运筹学优化软件

运筹优化软件的开发是同运筹学的发展密切相连的。商业化的优化软件极大地解放了人们手工求解的过程，对于有数百个变量和约束条件的优化问题，借助计算软件工具，可以在很短时间内获得一个满意解。下面简要介绍国内教学中常用的求解运筹学模型的软件工具，后续章节采用部分优化软件工具来帮助求解。

1. Microsoft Excel（简称 Excel）

作为 Microsoft Office 中的电子表格软件，Excel 提供了一个规划求解插件工具。通过将规划求解插件加载到 Excel 中，就可以直接在电子表格界面上定义规划模型（包括线性规划模型、整数规划模型和非线性规划模型等）的决策变量、目标函数及约束条件。相对于其他优化软件，Excel 规划求解工具的优势在于强大的数据组织与处理功能可使模型数据组织得更简洁明了，特别是借助单元格之间的公式引用，可以非常方便地定义规划模型。同时，规划求解后还可以直接以表格形式提供运算结果报告、敏感性报告和极限值报告，为结果分析提供了便利。因此，本书的大部分内容采用 Excel 规划求解工具。

2. LINGO

交互式的线性和通用优化求解器（linear interactive and general optimizer，LINGO）由美国 LINDO 系统公司开发，可以快速、方便和有效地构建及求解各类规划模型。LINGO 的特色在于其内置建模语言，提供十几个内部函数，能够非常方便地定义规模庞大的规划模型；用户能够从自己编写的应用程序（包括 Excel 宏）中直接调用 LINGO。LINGO 已经被全球数千万家公司用来进行最大化利润和最小化成本的分析，应用领域包含生产线规划、运输、财务金融、投资分配、资本预算、混合排程、库存管理、资源配置等。本书的第 9 章存储论将介绍 LINGO 的使用及求解具体的存储问题。

3. CPLEX

CPLEX 优化器最初由比克斯比（R. E. Bixby）开发，1988 年被 CPLEX Optimization 公司商业化销售，1997 年被 ILOG 公司收购，2009 年被 IBM 公司收购。CPLEX 优化器提供了灵活的高性能优化程序，可以解决整数规划、超大型线性规划、二次方程规划、二次方程约束规划和混合整数规划、凸和非凸二次规划等问题。CPLEX 优化器有 Concert 建模层，提供了与 C++、C#和 Java 语言的接口、基于 C 接口的 Python 语言接口，以及 Excel 和 MATLAB 的连接器。

4. MATLAB

矩阵实验室（matrix laboratory，MATLAB）是美国 MathWorks 公司出品的商业数学

软件，是用于算法开发、数据可视化、数据分析及数值计算的高级技术计算语言和交互式环境。MATLAB 提供了强大的矩阵运算、函数绘制等功能，直接调用简单的命令即可实现线性规划模型和非线性规划模型等模型的求解。MATLAB 是运筹学与管理科学领域的多数学者建立优化模型并进行数值仿真实验的首选软件工具。

1.6　本书的特色

本书的第一个特色是整本书围绕建模展开并将其作为管理决策制定的辅助，这与管理者息息相关。尽管管理者可能并不使用这一术语，但是他们至少会参与非正式的建模过程（将问题的本质更好地抽象出来，以更好地分析它）。因此，学习更多建模的艺术是非常重要的。

本书的第二个特色是强调案例研究的作用，以一种更有趣的方式阐述应用情境下管理运筹学的思想。为了体现各章知识点的整体性，大部分章节围绕一个案例研究展开。随着企业所面临的不同的决策问题的推进，介绍相关的理论知识并利用其帮助企业解决相关决策问题。尽管比实际问题考虑得更少、更简单（这是为了保持问题清楚、明晰），但是这些案例研究都是按照实际进行大型管理科学研究应用的模式进行的，能够体现整个研究的全流程、研究中可能出现的一些问题，对管理科学团队和负责决策制定的领导者起到辅助性作用。

本书的第三个特色是提供相关软件的使用说明，描述并举例说明如何使用重要的电子表格软件包（Microsoft Excel/WPS 电子表格），以电子表格的形式建立管理科学模型。本书的大部分模型使用标准 Excel 解决（除了存储论部分使用 LINGO 软件进行求解）。

本书把管理运筹学的教学与当前工商管理的实践紧密结合起来，希望读者认识到学习管理运筹学的目的是用运筹学的方法去解决管理中的问题，而不是为了学习运筹学而学习运筹学。因此，在学习管理运筹学的过程中，一定要结合管理中的实际问题，在解决管理实际问题的过程中来学习运筹学方法。

第 2 章
线性规划的基本概念

【本章导读】

线性规划是运筹学的一个重要分支。它是现代科学管理的重要手段之一,是帮助管理者做出决策的一个有效的方法。任何一个组织的管理层都必须做出如何为不同活动分配资源的决策,从而最好地实现组织的目标。线性规划就是这样一种能够协助管理层制定类似决策的功能强大的问题解决工具。它既适用于营利性组织和非营利性组织,也适用于政府机构。被分配的资源可以是资金、人力及各种机器和设备。在许多情况下,需要同时分配各种类型的资源。需要资源的活动可以是生产活动(如生产各种产品)、营销活动(如在不同的媒体上做广告)、金融活动(如进行投资)或者其他活动。由于涉及对同一资源的争夺,这些类型的活动都有可能引发一些问题。

随着本书介绍的深入,你会发现线性规划的应用范围远不止如此,它的一些应用超出了资源分配的范畴。然而,这些应用都离不开各种活动,因此,线性规划涉及的主题可以描述为找出各种活动的最佳组合:哪些活动可以做,以及做到什么程度。线性规划应用数学模型把所研究的问题表示为活动计划。本章主要介绍线性规划的基本概念、线性规划的图解法、线性规划的单纯形法,以及如何用 Excel 求解线性规划问题。

【学习目标】

(1)掌握什么是线性规划。
(2)能够为一个问题建立基本的线性规划模型。
(3)能够将线性规划数学模型的一般形式化为标准型。
(4)能够运用图解法求解有两个变量的线性规划问题。
(5)能够运用单纯形法求解线性规划问题。
(6)能够运用大 M 法和两阶段法求解线性规划问题。
(7)能够运用 Excel 求解线性规划问题。

【开篇案例】

XL 牛奶有限责任公司是国家、省、市级农业产业化重点龙头企业,国家级学生饮用奶定点生产企业,中国绿色产品、Y 省名牌产品、Y 省著名商标企业。

公司拥有 8 个设施完善、设备一流的现代化奶牛场和 10 个奶牛合作社,饲养 10000 多头优质健康的荷斯坦奶牛和杂交黑白花奶牛,全部采用机械化挤奶,从原料奶生产阶段就建立和完善危害分析与关键控制点(hazard analysis and critical control point, HACCP)

安全控制体系，牛奶从挤出到产品灌装出厂仅需 4～6h 就可以完成，产品优质、新鲜、安全。

公司拥有国际一流的美国国际纸业公司新鲜屋盒装鲜牛奶生产线 2 条，世界著名的瑞典利乐公司的利乐砖和利乐枕灭菌奶生产线 3 条，塑杯酸奶生产线 2 条，国内先进的瓶装奶生产线 6 条，袋装奶生产线 10 条，酸奶生产线 6 条。同时，公司还拥有丹麦 Foss 公司生产的 MS-133B 型乳成分分析仪，美国 Bentley 公司生产的 SC-150 型牛奶体细胞计数仪等先进检测设备。截至 2022 年，公司有三大系列、11 个规格、21 个品种的乳产品。主要有超高温瞬时杀菌（ultra high temperature sterilization, UHT sterilization）纯鲜牛奶、消毒牛奶、酸牛奶、甜牛奶、乳酸活性奶、草莓奶、巧克力奶、香草奶、橘子奶、香蕉奶、学生饮用奶等产品。公司的生产设备和工艺技术先进，其乳品的承诺是"新鲜、优质、营养、安全、卫生"。

【案例思考题】

小张是 XL 牛奶有限责任公司的一名业务员，为人和善、易相处，工作认真负责，兢兢业业，且工作绩效优异。小张入职多年，工作经验丰富，备受领导赏识，升职成为 XL 牛奶有限责任公司的一个分公司经理。

升职本是好事，让小张困扰的是，小张对跑业务经验丰富，但对分公司经理的业务一窍不通，生产、送货、人员调度安排、业务具体执行计划都需要小张来统筹。

小张第一个要解决的就是 XL 分公司的生产问题。小张管理的分公司生产调制乳、纯牛奶两种产品，需要牛奶、配料、调味剂三种资源。每生产 1 单位调制乳，需要 1 单位的牛奶、2 单位的配料、1 单位的调味剂。每生产 1 单位纯牛奶，需要 3 单位的牛奶、1 单位的配料、1 单位的调味剂。目前仓库中可供使用的牛奶有 90 单位，配料有 80 单位，调味剂有 45 单位。每生产 1 单位调制乳可获得 5 万元的利润，每生产 1 单位纯牛奶可获得 4 万元的利润。如何制订生产计划，才能使得两种产品的总利润最大？

2.1 概　　述

例 2.1 为解决分公司的生产问题，小张将生产调制乳、纯牛奶单位产品所需的资源数，以及单位利润、资源可利用量经收集整理后如表 2-1 所示。如何制订生产计划，才能使得两种产品的总利润最大？

表 2-1 生产计划问题的相关数据（一）

资源	单位产品所需的资源数		资源可利用量
	调制乳	纯牛奶	
牛奶	1	3	90
配料	2	1	80
调味剂	1	1	45
单位利润/万元	5	4	

解：分公司目前要决策的问题是生产多少单位的调制乳和纯牛奶，把这个要决策的问题用变量 x_1、x_2 表示，则称 x_1 和 x_2 为决策变量，决策变量 x_1 为生产调制乳的数量，x_2 为生产纯牛奶的数量。分公司可获取的利润为（$5x_1+4x_2$）万元，令 $z=5x_1+4x_2$，则分公司可获取的最大利润为 $\max z = 5x_1 + 4x_2$，其中，max 为最大化符号（最小化符号为 min），z 为目标函数。变量 x_1、x_2 的取值受到牛奶、配料、调味剂三种资源的限制，用于描述限制条件的数学表达式称为约束条件。因此，例 2.1 的数学模型可表示如下。

目标函数：
$$\max z = 5x_1 + 4x_2$$

约束条件：
$$x_1 + 3x_2 \leqslant 90$$
$$2x_1 + x_2 \leqslant 80$$
$$x_1 + x_2 \leqslant 45$$
$$x_1, x_2 \geqslant 0$$

由例 2.1 可知，线性规划问题的数学模型由三个要素组成。

（1）变量。变量或称决策变量，是问题中要确定的未知量，用于表明规划中用数量表示的方案、措施，可由决策者决定和控制。

（2）目标函数。目标函数是决策变量的函数，按优化目标分别在这个函数前加上 max 或 min。

（3）约束条件。约束条件是决策变量取值时受到的各种资源条件的限制，通常表示为含决策变量函数的等式或不等式。

若规划问题的数学模型中，决策变量的取值是连续的，目标函数是决策变量的线性函数，约束条件是含决策变量的线性等式或不等式，则该类规划问题的数学模型称为线性规划问题的数学模型。

假定线性规划问题中含 n 个变量，分别用 $x_j(j=1,2,\cdots,n)$ 表示，在目标函数中 x_j 的系数为 c_j，x_j 的取值受 m 项资源的限制，用 $b_i(i=1,2,\cdots,m)$ 表示第 i 种资源的拥有量，用 a_{ij} 表示变量 x_j 取值为 1 单位时所消耗或含有的第 i 种资源的数量，则线性规划问题数学模型的一般形式如下。

目标函数：
$$\max(\min) z = c_1 x_1 + c_2 x_2 + \cdots + c_n x_n$$

约束条件：
$$a_{11}x_1 + a_{12}x_2 + \cdots + a_{1n}x_n \leqslant (=, \geqslant) b_1$$
$$a_{21}x_1 + a_{22}x_2 + \cdots + a_{2n}x_n \leqslant (=, \geqslant) b_2$$
$$\cdots$$
$$a_{m1}x_1 + a_{m2}x_2 + \cdots + a_{mn}x_n \leqslant (=, \geqslant) b_m$$
$$x_1, x_2, \cdots, x_n \geqslant 0$$

由于目标函数和约束条件在内容和形式上存在差别，线性规划问题可以有多种表达式。为了便于讨论和制定统一的算法，规定线性规划问题的标准型如下。

目标函数：
$$\max z = c_1 x_1 + c_2 x_2 + \cdots + c_n x_n$$
约束条件：
$$a_{11} x_1 + a_{12} x_2 + \cdots + a_{1n} x_n = b_1$$
$$a_{21} x_1 + a_{22} x_2 + \cdots + a_{2n} x_n = b_2$$
$$\cdots$$
$$a_{m1} x_1 + a_{m2} x_2 + \cdots + a_{mn} x_n = b_m$$
$$x_1, x_2, \cdots, x_n \geqslant 0$$

标准型线性规划模型需满足四个条件：①目标函数为求极大值；②约束条件全为等式；③约束条件右端常数项 b_i 均为非负值；④变量 x_j 的取值均为非负值。对于各种非标准型线性规划模型，可以通过以下变换，将其转化为标准型。

（1）目标函数为求极小值。

设目标函数为
$$\min f = c_1 x_1 + c_2 x_2 + \cdots + c_n x_n$$
则可以令 $z = -f$，该极小值问题与下面的极大值问题有相同的最优解，即
$$\max z = -c_1 x_1 - c_2 x_2 - \cdots - c_n x_n$$
尽管以上两个问题的最优解相同，但其最优解的目标函数值相差一个符号，即
$$\min f = -\max z$$

（2）约束条件为不等式。

设约束条件为 $a_{i1} x_1 + a_{i2} x_2 + \cdots + a_{in} x_n \leqslant b_i$，可以引进一个新的变量 $x_{n+1} \geqslant 0$，这时新的约束条件为 $a_{i1} x_1 + a_{i2} x_2 + \cdots + a_{in} x_n + x_{n+1} = b_i$。

设约束条件为 $a_{i1} x_1 + a_{i2} x_2 + \cdots + a_{in} x_n \geqslant b_i$，类似地，令 $x_{n+1} \geqslant 0$，这时新的约束条件为 $a_{i1} x_1 + a_{i2} x_2 + \cdots + a_{in} x_n - x_{n+1} = b_i$。

前一种为了使约束由不等式成为等式而引进的变量 x_{n+1} 称为松弛变量，后一种为了使约束由不等式成为等式而引进的变量 x_{n+1} 称为剩余变量。

（3）约束条件右端项有负值。

把该等式约束条件两端同时乘以 -1。

（4）如果 $x \leqslant 0$，那么令 $x' = -x$ 即可。

（5）取值无约束的变量。

当某个变量 x_j 没有非负约束时，可以令 $x_j = x_j' - x_j''$，其中，$x_j' \geqslant 0, x_j'' \geqslant 0$，即用两个非负变量之差来表示一个无符号限制的变量，x_j 的符号取决于 x_j'、x_j'' 的大小。

例 2.2 将例 2.1 的线性规划化为标准型。
$$\max z = 5x_1 + 4x_2$$
$$\text{s.t.} \begin{cases} x_1 + 3x_2 \leqslant 90 \\ 2x_1 + x_2 \leqslant 80 \\ x_1 + x_2 \leqslant 45 \\ x_1, x_2 \geqslant 0 \end{cases}$$

解：约束条件为不等式，引入新的变量 $x_3, x_4, x_5 \geq 0$，使约束条件化为等式，该问题的标准型为

$$\max z = 5x_1 + 4x_2 + 0x_3 + 0x_4 + 0x_5$$

$$\text{s.t.} \begin{cases} x_1 + 3x_2 + x_3 = 90 \\ 2x_1 + x_2 + x_4 = 80 \\ x_1 + x_2 + x_5 = 45 \\ x_1, x_2, x_3, x_4, x_5 \geq 0 \end{cases}$$

2.2 线性规划的图解法

对于模型中只含 2 个变量的线性规划问题，可以通过在平面上作图的方法求解。一个线性规划问题有解，是指能找出一组 $x_j \ (j=1,2,\cdots,n)$，满足约束条件，称这组 x_j 为问题的可行解。

通常情况下，线性规划问题含有多个可行解，称全部可行解的集合为可行域，可行域中使目标函数值达到最优的可行解称为最优解。对不存在可行解的线性规划问题，称该问题无解。

图解法求解的目的如下：一是判别线性规划问题的解的类型；二是在存在可行解的条件下，找出问题的最优解。

2.2.1 图解法的步骤

（1）取决策变量 x_1、x_2 为坐标向量，在平面上建立直角坐标系。

（2）找可行域。对每个约束条件，确定其所决定的半平面。若各约束半平面的公共区域存在，则其中的点表示此线性规划的可行解，否则，该线性规划无可行解。

（3）确定最优解。任意作一条目标函数的等值线。按目标函数优化方向平移此等值线至可行域的临界位置。当有交点时，此交点即最优解，目标函数的值即最优值。

例 2.3 用图解法求解例 2.1。例 2.1 的数学模型如下：

$$\max z = 5x_1 + 4x_2$$

$$\text{s.t.} \begin{cases} x_1 + 3x_2 \leq 90 \\ 2x_1 + x_2 \leq 80 \\ x_1 + x_2 \leq 45 \\ x_1, x_2 \geq 0 \end{cases}$$

解：取决策变量 x_1、x_2 为坐标向量，在平面上建立直角坐标系。对每个约束条件，确定其所决定的半平面。约束条件 $x_1 + 3x_2 \leq 90$ 是位于含直线 $x_1 + 3x_2 = 90$ 的点及其左下方的半平面，如图 2-1 所示。类似地，约束条件 $2x_1 + x_2 \leq 80$ 是位于含直线 $2x_1 + x_2 = 80$ 的点及其左下方的半平面，约束条件

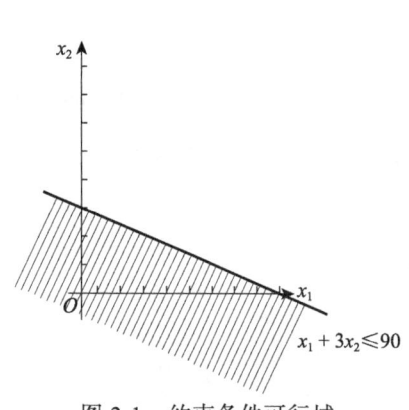

图 2-1 约束条件可行域

$x_1+x_2 \leqslant 45$ 是位于含直线 $x_1+x_2=45$ 的点及其左下方的半平面。同时，满足以上约束条件的公共部分如图 2-2 所示阴影部分，是线性规划问题的可行域。

z 是要优化的目标函数值，如图 2-3 所示，随 z 的变化，$z=5x_1+4x_2$ 是一组平行的直线。当代表目标函数的直线由原点开始向右上方移动时，z 逐渐增大，同时由于要满足全部约束条件，决策变量一定要处在其公共部分。当直线 $z=5x_1+4x_2$ 移动到 C 点时，z 在可行域的边界上实现了最大化，得到的最优解为 C 点，C 点的坐标为（35，10），因此，最佳决策为 $x_1=35$，$x_2=10$，此时，$z=215$。该分公司的最优生产计划方案是生产 35 单位调制乳，生产 10 单位纯牛奶，可得最大利润 215 万元。

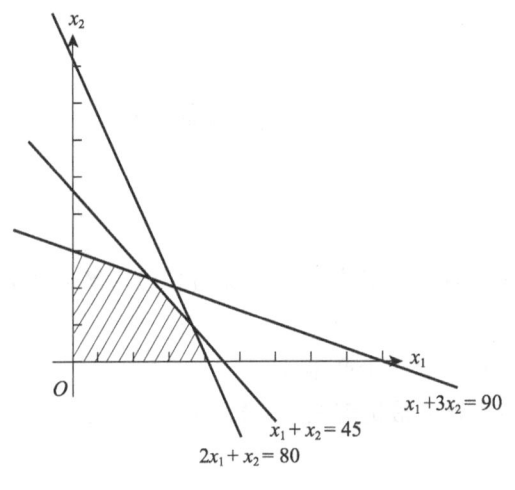

图 2-2 例 2.3 的可行域

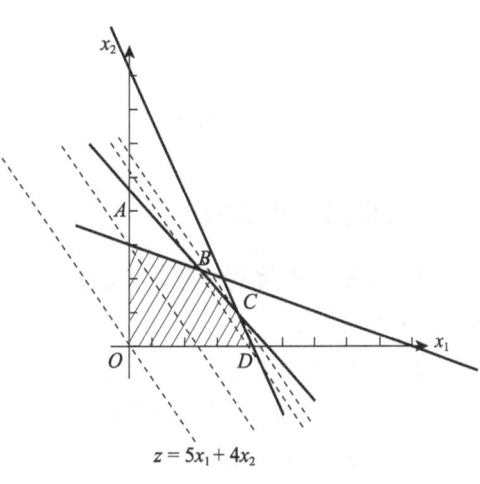

图 2-3 例 2.3 的最优解

用图解法得到例 2.1 的最优解是唯一的，但线性规划的求解有以下几种可能的情况。

（1）唯一最优解。

（2）无穷多最优解。如图 2-4 所示，目标函数的直线簇恰好与约束条件 $x_1+x_2 \leqslant 45$ 平行，当目标函数向优化方向移动时，最优解在线段 CD 上，即有无穷多最优解或多重最优解。

（3）无界解。如图 2-5 所示，可行域可延伸到无穷，因此，目标函数值也可增大至无穷，这种情况下问题的最优解无界限。产生无界解的原因是在建立实际问题的数学模型时，遗漏了某些必要的资源约束条件。

（4）无解或无可行解。如图 2-6 所示，不存在满足所有约束的公共区域，说明问题无解。其原因是模型的约束条件之间存在矛盾，建模时有错误。

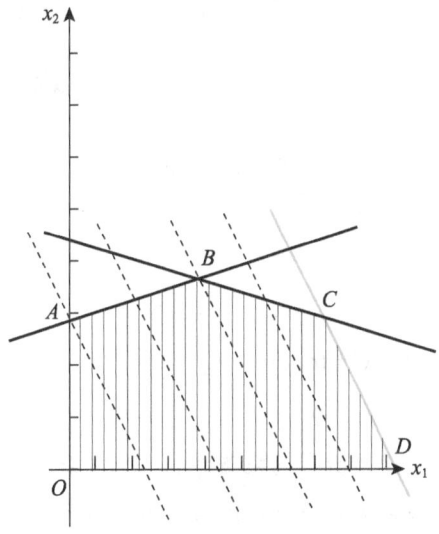

图 2-4 无穷多最优解

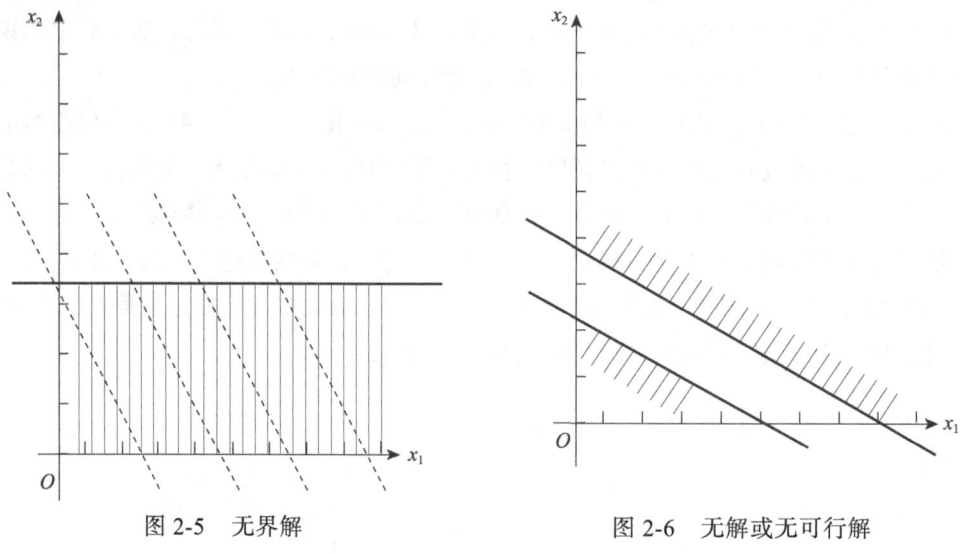

图 2-5　无界解　　　　　　　　图 2-6　无解或无可行解

2.2.2　由图解法得到的启示

（1）求解线性规划问题时，解的情况如下：①唯一最优解；②无穷多最优解；③无界解；④无可行解。

（2）若线性规划问题的可行域存在，则可行域是一个凸集。

（3）若线性规划问题的最优解存在，则最优解或最优解之一（如果有无穷多最优解）一定是可行域的凸集的某个顶点。

（4）解题思路如下：①找出凸集的任一顶点，计算在顶点处的目标函数值；②比较周围相邻顶点的目标函数值是否比这个值大，如果为否，那么该顶点就是最优解的点或最优解的点之一，否则，转到比这个点的目标函数值更大的另一个顶点；③重复上述过程，直到找出使目标函数值达到最大的顶点。

2.3　线性规划的单纯形法

线性规划的标准型如下：

$$\max z = CX$$

$$\text{s.t.} \begin{cases} AX = b \\ X \geq 0 \end{cases}$$

其中，$C = (c_1, c_2, \cdots, c_n)$，$X = (x_1, x_2, \cdots, x_n)^T$，$A = (p_1, p_2, \cdots, p_n)$，$p_j = (a_{1j}, a_{2j}, \cdots, a_{mj})^T \in R_m$ $(j = 1, 2, \cdots, n)$，$b = (b_1, b_2, \cdots, b_n)^T$。

满足所有约束条件的解称为线性规划问题的可行解；所有可行解的集合称为可行域；使目标函数达到最优值的可行解称为最优解。

设 A 为约束方程组的 $m \times n$（设 $n > m$）系数矩阵，秩为 m。$B = (p_1, p_2, \cdots, p_m)$ 为 A 中 m 阶非奇异子矩阵，则称 B 为线性规划问题的一个基矩阵，简称基。不失一般性，设

$$B = \begin{pmatrix} a_{11} & \cdots & a_{1m} \\ \vdots & & \vdots \\ a_{m1} & \cdots & a_{mm} \end{pmatrix} = (p_1, p_2, \cdots, p_m)$$

B 中的列向量 p_j 称为基向量，与基向量 p_j 对应的变量 x_j 称为基变量，其他变量称为非基变量。令非基变量为 0，可求出一个解 $(x_1, x_2, \cdots, x_m, 0, 0, \cdots, 0)$，这个解称为基解。满足非负条件的基本解称为基本可行解。对应基本可行解的基称为可行基。

例 2.4 以例 2.1 为例，求出线性规划的全部基解，并判断是否为基本可行解。线性规划的标准型为

$$\max z = 5x_1 + 4x_2 + 0x_3 + 0x_4 + 0x_5$$

$$\text{s.t.} \begin{cases} x_1 + 3x_2 + x_3 = 90 \\ 2x_1 + x_2 + x_4 = 80 \\ x_1 + x_2 + x_5 = 45 \\ x_1, x_2, x_3, x_4, x_5 \geq 0 \end{cases}$$

解：它的系数矩阵为

$$A = (p_1, p_2, p_3, p_4, p_5) = \begin{pmatrix} 1 & 3 & 1 & 0 & 0 \\ 2 & 1 & 0 & 1 & 0 \\ 1 & 1 & 0 & 0 & 1 \end{pmatrix}$$

A 的秩为 3，A 的 3 阶非奇异子矩阵 B 为线性规划问题的一个基，如 $\begin{pmatrix} 1 & 0 & 0 \\ 0 & 1 & 0 \\ 0 & 0 & 1 \end{pmatrix}$。基 B 中的一列称为基向量，此例中，$(1,0,0)^T$、$(0,1,0)^T$、$(0,0,1)^T$ 都是 B 的基向量，与基向量对应的变量 x_3、x_4、x_5 为 B 的基变量。除 B 的基向量外的列称为 B 的非基向量，如 $(1,2,1)^T$、$(3,1,1)^T$，对应的变量 x_1、x_2 为 B 的非基变量。令非基变量为 0，求出一个基解 $x_1 = 0$，$x_2 = 0$，$x_3 = 90$，$x_4 = 80$，$x_5 = 45$ 满足非负条件，该解是该线性规划的可行解。类似地，该线性规划的全部基解见表 2-2。

表 2-2 全部基解

序号	x_1	x_2	x_3	x_4	x_5	z	是不是基本可行解
1	0	0	90	80	45	0	√
2	35	10	25	0	0	215	√
3	22.5	22.5	0	12.5	0	202.5	√
4	30	20	0	0	−5	230	×
5	45	0	45	−10	0	225	×
6	40	0	50	0	5	200	√
7	90	0	0	−100	−45	450	×
8	0	45	−45	35	0	180	×
9	0	80	−150	0	−35	320	×
10	0	30	0	50	15	120	√

2.3.1 凸集及其顶点

若在集合 C 中任意取两个点 x_1、x_2，其连线上的所有点也都在集合 C 中，则称集合 C 为凸集。用数学解析式表达如下：对任意 $x_1, x_2 \in C$，均有

$$ax_1 + (1-a)x_2 \in C(0 < a < 1)$$

则称 C 为凸集。图 2-7（a）是凸集，图 2-7（b）不是凸集。

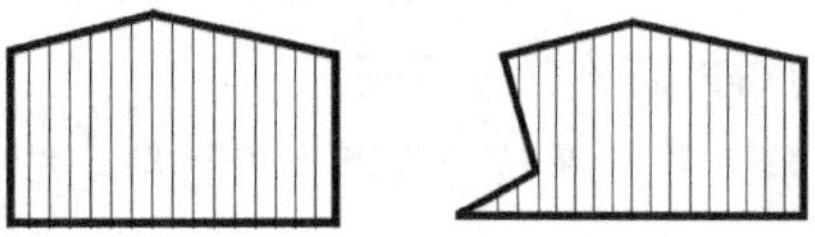

若集合 C 中不存在任何两个不同的点 x_1、x_2，使 x 为这两点连线上的一个点，即对任何不同的 $x_1, x_2 \in C$，不存在

$$x = ax_1 + (1-a)x_2(0 < a < 1)$$

图 2-7 凸集与非凸集

则称 x 为凸集的顶点。

2.3.2 单纯形法的基本原理

定理 2.1 若线性规划问题存在可行解，则该问题的可行域是凸集。

引理 2.1 线性规划问题的可行解 $X = (x_1, x_2, \cdots, x_n)^T$ 为基本可行解的充要条件是 X 的正分量所对应的系数列向量是线性无关的。

定理 2.2 线性规划问题的基本可行解 X 对应可行域（凸集）的顶点。

定理 2.3 若线性规划问题存在最优解，一定存在一个基本可行解是最优解。

2.3.3 单纯形法的迭代原理

1. 单纯形法的基本思路

从可行域中某个顶点开始，判断此顶点是不是最优解，若不是，则再找另一个使得其目标函数值更优的顶点，称为迭代，再判断此顶点是不是最优解，直到找到一个顶点为其最优解，就是使得其目标函数值最优的解，或者能判断出此线性规划问题无最优解。

单纯形法中可行域的顶点已不像图解法中那样直接可见。单纯形法中可行域的顶点称为基本可行解，找到的第一个可行域的顶点称为初始基本可行解。

2. 单纯形法的基本步骤

1) 确定初始基本可行解

寻找一个初始的可行基及相应基本可行解。首先，确定基变量和非基变量，然后，将目标函数和基变量分别用非基变量表示，令非基变量为 0，计算基变量目标函数值。

对于标准的线性规划问题：

$$\max z = c_1x_1 + c_2x_2 + \cdots + c_nx_n$$

$$\text{s.t.} \begin{cases} a_{11}x_1 + a_{12}x_2 + \cdots + a_{1n}x_n = b_1 \\ a_{21}x_1 + a_{22}x_2 + \cdots + a_{2n}x_n = b_2 \\ \cdots \\ a_{m1}x_1 + a_{m2}x_2 + \cdots + a_{mn}x_n = b_m \\ x_1, x_2, \cdots, x_n \geq 0 \end{cases}$$

约束条件的系数矩阵为

$$A = \begin{pmatrix} a_{11} & \cdots & a_{1n} \\ \vdots & & \vdots \\ a_{m1} & \cdots & a_{mn} \end{pmatrix}$$

在 A 中，总会存在一个单位矩阵，不失一般性，设

$$B = (p_1, p_2, \cdots, p_m) = \begin{pmatrix} 1 & 0 & \cdots & 0 \\ 0 & 1 & \cdots & 0 \\ \vdots & \vdots & & \vdots \\ 0 & 0 & \cdots & 1 \end{pmatrix}$$

则 $p_1, p_2, \cdots, p_m$ 称为基向量，其对应的变量 $x_1, x_2, \cdots, x_m$ 称为基变量，模型中，其他变量 $x_{m+1}, x_{m+2}, \cdots, x_n$ 称为非基变量。在约束条件中，令所有非基变量等于零，即可找到一个解。通过运算，所有基变量都可以用非基变量来表示：

$$x_1 = b_1' - (a_{1,m+1}' x_{m+1} + a_{1,m+2}' x_{m+2} + \cdots + a_{1n}' x_n)$$
$$x_2 = b_2' - (a_{2,m+1}' x_{m+1} + a_{2,m+2}' x_{m+2} + \cdots + a_{2n}' x_n)$$
$$\cdots$$
$$x_m = b_m' - (a_{m,m+1}' x_{m+1} + a_{m,m+2}' x_{m+2} + \cdots + a_{mn}' x_n)$$

把它们代入目标函数，得

$$z = z' + \sigma_{m+1} x_{m+1} + \sigma_{m+2} x_{m+2} + \cdots + \sigma_n x_n \tag{2.1}$$

其中，

$$\sigma_j = c_j - (c_1 a_{1j}' + c_2 a_{2j}' + \cdots + c_m a_{mj}')$$

2）最优解检验及基变换

在非基变量表示的目标函数（式（2.1））中，非基变量 x_j 的系数称为检验数，记为 σ_j。对于某个可行解，若所有非基变量检验数 $\sigma_j \leqslant 0$，则这个可行解是最优解，否则进行下面的换基工作。

（1）确定进基变量。若 $\sigma_j > 0$，则相应非基变量 x_j 从当前值 0 开始增大时，目标函数值随之增大。这个选定的非基变量 x_j 称为进基变量。如果任何一个非基变量的值增大都不能使目标函数值增大，即所有 σ_j 非正，那么当前的基本可行解就是最优解，计算结束。

（2）确定出基变量。在用非基变量表示的基变量的表达式中，观察进基变量增加时各基变量变化情况，确定在进基变量增加过程中首先减小到 0 的基变量 x_r 满足：

$$\theta = \min \left\{ \frac{b_i'}{a_{ij}'} \,\middle|\, a_{ij}' > 0 \right\} = \frac{b_r'}{a_{rj}'} \tag{2.2}$$

这个基变量 x_r 称为出基变量。当进基变量的值增大到 θ，出基变量 x_r 的值减小为 0 时，可行解就移动到相邻的基本可行解。式（2.2）即 θ 规则，也称最小检验比规则。

如果进基变量的值增大时所有基变量的值都不减小，即所有 a_{ij}' 非正，那么可行域是无界的，且目标函数值随进基变量的增大可以无限增大，此时，不存在有限最优解，计算结束。

（3）将进基变量作为新的基变量，出基变量作为新的非基变量，确定新的基、新的基本可行解和新的目标函数值。在新的基变量、非基变量的基础上重复上述步骤，直到找到最优解。

例2.5 应用单纯形法求解例2.1。线性规划的标准型为

$$\max z = 5x_1 + 4x_2 + 0x_3 + 0x_4 + 0x_5$$

$$\text{s.t.} \begin{cases} x_1 + 3x_2 + x_3 = 90 \\ 2x_1 + x_2 + x_4 = 80 \\ x_1 + x_2 + x_5 = 45 \\ x_1, x_2, x_3, x_4, x_5 \geq 0 \end{cases}$$

解：第一次迭代如下。

（1）取初始可行基 $B = (p_3, p_4, p_5)$，那么 x_3、x_4、x_5 为基变量，x_1、x_2 为非基变量。将基变量和目标函数用非基变量表示：

$$z = 5x_1 + 4x_2$$
$$x_3 = 90 - x_1 - 3x_2$$
$$x_4 = 80 - 2x_1 - x_2$$
$$x_5 = 45 - x_1 - x_2$$

当非基变量 $x_1 = 0, x_2 = 0$ 时，相应的基变量和目标函数值为 $x_3 = 90, x_4 = 80, x_5 = 45, z = 0$，得到当前的基本可行解 $x = (0,0,90,80,45)^T, z = 0$。

（2）选择进基变量。在目标函数 $z = 5x_1 + 4x_2$ 中，非基变量 x_1、x_2 的系数 $\sigma_1 = 5, \sigma_2 = 4$ 都是正数，因此，x_1、x_2 进基都可以使目标函数 z 增大，但 x_1 的系数 σ_1 比 x_2 的系数 σ_2 大，因此选择 x_1 为进基变量。使 x_1 从 0 开始增大，另一个非基变量 x_2 保持 0 不变。

（3）确定出基变量。在约束条件

$$x_3 = 90 - x_1 - 3x_2$$
$$x_4 = 80 - 2x_1 - x_2$$
$$x_5 = 45 - x_1 - x_2$$

中，由于进基变量 x_1 的系数都是负数，当 x_1 从 0 开始增大时，基变量 x_3、x_4、x_5 分别从当前值 90、80 和 45 开始减小，当 x_1 增大到 $\theta = \min\left\{\dfrac{b_i'}{a_{ij}'} \mid a_{ij}' > 0\right\} = \dfrac{b_i'}{a_{rj}'} = \dfrac{80}{2} = 40$ 时，x_4 首先减小为 0，成为非基变量。这时，新的基变量为 x_3、x_5、x_1，新的非基变量为 x_2、x_4，当前的基本可行解和目标函数值为 $x = (40,0,50,0,5)^T, z = 200$。

第二次迭代如下。

（1）当前的可行基为 $B = (p_1, p_3, p_5)$，那么 x_1、x_3、x_5 为基变量，x_2、x_4 为非基变量。将基变量和目标函数用非基变量表示：

$$z = 200 + \dfrac{3}{2}x_2 - \dfrac{5}{2}x_4$$
$$x_1 = 40 - \dfrac{1}{2}x_2 - \dfrac{1}{2}x_4$$

$$x_3 = 50 - \frac{5}{2}x_2 + \frac{1}{2}x_4$$

$$x_5 = 5 - \frac{1}{2}x_2 + \frac{1}{2}x_4$$

（2）选择进基变量。在目标函数 $z = 200 + \frac{3}{2}x_2 - \frac{5}{2}x_4$ 中，非基变量 x_2 的系数 σ_2 是正数，因此，x_2 进基可以使目标函数 z 增大，故选择 x_2 为进基变量。使 x_2 从 0 开始增大，另一个非基变量 x_4 保持 0 不变。

（3）确定出基变量。在约束条件

$$x_1 = 40 - \frac{1}{2}x_2 - \frac{1}{2}x_4$$

$$x_3 = 50 - \frac{5}{2}x_2 + \frac{1}{2}x_4$$

$$x_5 = 5 - \frac{1}{2}x_2 + \frac{1}{2}x_4$$

中，由于进基变量 x_2 的系数都是负数，当 x_2 从 0 开始增大时，基变量 x_1、x_3、x_5 分别从当前值 40、50 和 5 开始减小，当 x_2 增大到 $\theta = \frac{5}{1/2} = 10$ 时，x_5 首先减小为 0，成为非基变量。这时，新的基变量为 x_1、x_2、x_3，新的非基变量为 x_4、x_5，当前的基本可行解和目标函数值为 $x = (35, 10, 25, 0, 0)^T, z = 215$。

第三次迭代如下。

（1）当前的可行基为 $B = (p_1, p_2, p_3)$，那么 x_1、x_2、x_3 为基变量，x_4、x_5 为非基变量。将基变量和目标函数用非基变量表示：

$$z = 215 - x_4 - 3x_5$$

$$x_1 = 35 - x_4 + x_5$$

$$x_3 = 25 - 2x_4 + 5x_5$$

$$x_2 = 10 + x_4 - 2x_5$$

（2）选择进基变量。在目标函数 $z = 215 - x_4 - 3x_5$ 中，非基变量 x_4、x_5 的系数 σ_4、σ_5 均不是正数，不可能使目标函数 z 增大，因此得最优解 $x^* = (35, 10, 25, 0, 0)^T$，最优目标函数值 $z^* = 215$，相应的基 $B = (p_1, p_2, p_3)$ 为最优基。

2.3.4 单纯形法的计算步骤

1. 求出线性规划的初始基本可行解，列出初始单纯形表

首先将非标准型的线性规划问题化成标准型。为了方便书写规范和便于计算，本节针对单纯形法的计算设计了一种专用表格，称为单纯形表，如表 2-3 所示。迭代计算中每找出一个新的基本可行解，就重新画一张单纯形表。含初始基本可行解的单纯形表称为初始单纯形表，含最优解的单纯形表称为最终单纯形表。

表 2-3 单纯形表

	c_j		c_1	$\cdots$	c_n	c_{n+1}	$\cdots$	c_{n+m}	
C_B	X_B	b	x_1	$\cdots$	x_n	x_{n+1}	$\cdots$	x_{n+m}	θ_i
c_{n+1}	x_{n+1}	b_1	a_{11}	$\cdots$	a_{1n}	1	$\cdots$	0	θ_1
c_{n+2}	x_{n+2}	b_2	a_{21}	$\cdots$	a_{2n}	0	$\cdots$	0	θ_2
$\vdots$	$\vdots$	$\vdots$	$\vdots$		$\vdots$	$\vdots$		$\vdots$	$\vdots$
c_{n+m}	x_{n+m}	b_m	a_{m1}	$\cdots$	a_{mn}	0	$\cdots$	1	θ_m
	$\sigma_j = c_j - z_j$		σ_1	$\cdots$	σ_n	0	$\cdots$	0	

2. 进行最优性检验

如果表 2-3 中所有检验数 $\sigma_j \leq 0$，且基变量中不含人工变量，那么表 2-3 中的基本可行解就是问题的最优解，计算停止。否则，继续进行步骤 3。

3. 从一个基本可行解转换到另一个目标函数值更大的基本可行解，列出新的单纯形表

（1）确定进基变量。选择 $\sigma_j > 0$，对应的变量 x_j 作为进基变量，当有一个以上检验数大于 0 时，一般选择最大的检验数，即 $\sigma_f = \max\{\sigma_j | \sigma_j > 0\}$，其对应的 x_f 作为进基变量，其中，$\sigma_j = c_j - z_j = c_j - (c_{n+1}a'_{1j} + c_{n+2}a'_{2j} + \cdots + c_{n+m}a'_{mj})$。

（2）确定出基变量。根据下式计算并选择 θ，选最小的 θ 对应的基变量 x_k 作为出基变量：

$$\theta = \min\left\{\frac{b'_i}{a'_{if}} \mid a'_{if} > 0\right\}$$

（3）用进基变量 x_f 替换出基变量 x_k，得到一个新的基。对应新的基可以找出一个新的基本可行解，相应地，可以画出一张新的单纯形表。

4. 重复步骤 2 和 3，直到计算结束。

例 2.6 应用单纯形表求解例 2.1。线性规划的标准型为

$$\max z = 5x_1 + 4x_2 + 0x_3 + 0x_4 + 0x_5$$

$$\text{s.t.} \begin{cases} x_1 + 3x_2 + x_3 = 90 \\ 2x_1 + x_2 + x_4 = 80 \\ x_1 + x_2 + x_5 = 45 \\ x_1, x_2, x_3, x_4, x_5 \geq 0 \end{cases}$$

解：填写初始单纯形表，如表 2-4 所示。

表 2-4 例 2.6 单纯形表（一）

	c_j		5	4	0	0	0	
C_B	X_B	b	x_1	x_2	x_3	x_4	x_5	θ_i
0	x_3	90	1	3	1	0	0	90
0	x_4	80	2	1	0	1	0	40
0	x_5	45	1	1	0	0	1	45
	$\sigma_j = c_j - z_j$		5	4	0	0	0	

由于表 2-4 中所有检验数未满足 $\sigma_j \leq 0$，不是最优解，继续求解。因 $\sigma_1 \leq \sigma_2$，故确定 x_1 为进基变量，x_4 的 θ 最小，因此 x_4 为出基变量。用进基变量 x_1 替换出基变量 x_4，得到一个新的基和新的基本可行解，相应地，可以画出一张新的单纯形表，如表 2-5 所示。

表 2-5　例 2.6 单纯形表（二）

C_B	X_B	c_j	5	4	0	0	0	θ_i
		b	x_1	x_2	x_3	x_4	x_5	
0	x_3	50	0	2.5	1	−0.5	0	20
5	x_1	40	1	0.5	0	0.5	0	80
0	x_5	5	0	0.5	0	−0.5	1	10
	$\sigma_j = c_j - z_j$		0	1.5	0	−2.5	0	

由于表 2-5 中所有检验数未满足 $\sigma_j \leq 0$，不是最优解。重复上述步骤，x_2 为进基变量，x_5 为出基变量，得到新的单纯形表，如表 2-6 所示。

表 2-6　例 2.6 单纯形表（三）

C_B	X_B	c_j	5	4	0	0	0	θ_i
		b	x_1	x_2	x_3	x_4	x_5	
0	x_3	25	0	0	1	2	−5	
5	x_1	35	1	0	0	1	−1	
4	x_2	10	0	1	0	−1	2	
	$\sigma_j = c_j - z_j$		0	0	0	−1	−3	

表 2-6 中所有检验数 $\sigma_j \leq 0$，因此最优解为 $x = (35, 10, 25, 0, 0)^T, z = 215$。

2.3.5　单纯形法的进一步讨论——人工变量法

在实际问题中，有些模型并不含单位矩阵，为了得到一组基向量和初始基本可行解，在约束条件的等式左端添加一组虚拟变量，得到一组基变量。这种人为添加的变量称为人工变量，构成的可行基称为人工基，用大 M 法或两阶段法求解。这种用人工变量作桥梁的求解方法称为人工变量法。

1. 大 M 法

例 2.7　小张在一次生产计划中又遇到了另一个问题。小张所在分公司的仓库目前有 57 单位牛奶和 70 单位配料的保质期临近，但还可以用于本次生产，下次生产则不能使用，因此，必须要在本次生产中使用完毕。生产单位产品所需的资源数及单位利润、资源可利用量如表 2-7 所示。因此，小张需要在处理掉库存原料资源的情况下，使本次生产计划两种产品的总利润最大，应如何制订生产计划？

表 2-7　生产计划问题的相关数据（二）

资源	单位产品所需的资源数		资源可利用量
	调制乳	纯牛奶	
牛奶	1	3	≥57
配料	2	1	≥70
调味剂	1	1	≤45
单位利润/万元	5	4	

解：例 2.7 的数学模型可表示为

目标函数

$$\max z = 5x_1 + 4x_2$$

约束条件

$$x_1 + 3x_2 \geq 57$$
$$2x_1 + x_2 \geq 70$$
$$x_1 + x_2 \leq 45$$
$$x_1, x_2 \geq 0$$

标准型为

$$\max z = 5x_1 + 4x_2 + 0x_3 + 0x_4 + 0x_5$$

$$\text{s.t.} \begin{cases} x_1 + 3x_2 - x_3 = 57 \\ 2x_1 + x_2 - x_4 = 70 \\ x_1 + x_2 + x_5 = 45 \\ x_1, x_2, x_3, x_4, x_5 \geq 0 \end{cases}$$

此时，模型的系数矩阵中不含单位矩阵，故人为添加两个单位向量，得到人工变量单纯形法数学模型如下：

$$\max z = 5x_1 + 4x_2 + 0x_3 + 0x_4 + 0x_5 - Mx_6 - Mx_7$$

$$\text{s.t.} \begin{cases} x_1 + 3x_2 - x_3 + x_6 = 57 \\ 2x_1 + x_2 - x_4 + x_7 = 70 \\ x_1 + x_2 + x_5 = 45 \\ x_1, x_2, x_3, x_4, x_5 \geq 0 \end{cases}$$

其中，M 为一个很大的抽象的正数，不需要给出具体的数值，可以理解为它能大于给定的任何一个确定数值。为了实现目标函数最大，必须把人工变量从基变量中换出，否则该问题无可行解。

用前面介绍的单纯形法求解该模型，如表 2-8 所示。

表 2-8　例 2.7 单纯形表

	c_j		5	4	0	0	0	$-M$	$-M$	θ_i
C_B	X_B	b	x_1	x_2	x_3	x_4	x_5	x_6	x_7	
$-M$	x_6	57	1	3	-1	0	0	1	0	⑲
$-M$	x_7	70	2	1	0	-1	0	0	1	70

续表

c_j			5	4	0	0	0	$-M$	$-M$	θ_i
C_B	X_B	b	x_1	x_2	x_3	x_4	x_5	x_6	x_7	
0	x_5	45	1	1	0	0	1	0	0	45
$\sigma_j = c_j - z_j$			$3M+5$	㊴$4M+4$	$-M$	$-M$	0	0	0	
4	x_2	19	$\frac{1}{3}$	1	$-\frac{1}{3}$	0	0	$\frac{1}{3}$	0	57
$-M$	x_7	51	$\frac{5}{3}$	0	$\frac{1}{3}$	-1	0	$-\frac{1}{3}$	1	㊴30.6
0	x_5	26	$\frac{2}{3}$	0	$\frac{1}{3}$	0	1	$-\frac{1}{3}$	0	39
$\sigma_j = c_j - z_j$			㊴$\frac{5}{3}M+\frac{11}{3}$	0	$\frac{1}{3}M+\frac{4}{3}$	$-M$	0	$-\frac{2}{3}M-\frac{4}{3}$	0	
4	x_2	$\frac{44}{5}$	0	1	$-\frac{2}{5}$	$\frac{1}{5}$	0	$\frac{2}{5}$	$-\frac{1}{5}$	44
5	x_1	$\frac{153}{5}$	1	0	$\frac{1}{5}$	$-\frac{3}{5}$	0	$-\frac{1}{5}$	$\frac{3}{5}$	—
0	x_5	$\frac{28}{5}$	0	0	$\frac{1}{5}$	$\frac{2}{5}$	1	$-\frac{1}{5}$	$-\frac{2}{5}$	㊴14
$\sigma_j = c_j - z_j$			0	0	$\frac{3}{5}$	㊴$\frac{11}{5}$	0	$-M-\frac{3}{5}$	$-M-\frac{11}{5}$	
4	x_2	6	0	1	$-\frac{1}{2}$	0	$-\frac{1}{2}$	$\frac{1}{2}$	0	
5	x_1	39	1	0	$\frac{1}{2}$	0	$\frac{3}{2}$	$-\frac{1}{2}$	0	
0	x_4	14	0	0	$\frac{1}{2}$	1	$\frac{5}{2}$	$-\frac{1}{2}$	-1	
$\sigma_j = c_j - z_j$			0	0	$-\frac{1}{2}$	0	$-\frac{11}{2}$	$\frac{1}{2}-M$	$-M$	

由表 2-8 可知，所有检验数 $\sigma_j \leqslant 0$，最优解为 $x = (39,6,0,14,0,0,0)^T$，$z = 219$。

解的判别方法如下。

（1）唯一最优解。当所有非基变量的检验数 $\sigma_j < 0$ 时，线性规划具有唯一最优解。

（2）多重最优解。当所有检验数 $\sigma_j \leqslant 0$，且存在某个非基变量的检验数 σ_j 为 0 时，线性规划具有多重最优解（或无穷多最优解）。

（3）无界解。当某个非基变量的检验数 $\sigma_j > 0$ 且 $p_{ij} \leqslant 0 (i=1,2,\cdots,m)$ 时，z 可无限增大，线性规划具有无界解。

（4）无可行解。当所有检验数 $\sigma_j \leqslant 0$ 时，若基变量中仍含有非零的人工变量（两阶段法求解时，第一阶段目标函数值不等于 0），则原线性规划问题无可行解。

（5）退化解。存在某个基变量为 0 的基本可行解。

2. 两阶段法

两阶段法是将加入人工变量后的线性规划问题分为两阶段求解。

在第一阶段，求解目标函数中只包含人工变量的线性规划问题，即令目标函数中其他变量的系数取 0，人工变量的系数取某个正的常数（一般取 1），在保持原问题约束条件不变的情况下，求这个目标函数极小化时的解。当人工变量取值为 0 时，目标函数值也为 0，最优解就是原线性规划问题的一个基本可行解。如果最优解的目标函数值不为 0，即最优解的基变量中含有非零的人工变量，那么原线性规划问题无可行解。

在第二阶段，当第一阶段求解结果表明问题有可行解时，在原问题中去除人工变量，并从此可行解（即第一阶段的最优解）出发，继续寻找问题的最优解。

例 2.8 用两阶段法求解例 2.7 的数学模型。其标准型表示为

$$\max z = 5x_1 + 4x_2 + 0x_3 + 0x_4 + 0x_5$$

$$\text{s.t.} \begin{cases} x_1 + 3x_2 - x_3 = 57 \\ 2x_1 + x_2 - x_4 = 70 \\ x_1 + x_2 + x_5 = 45 \\ x_1, x_2, x_3, x_4, x_5 \geq 0 \end{cases}$$

解：人工变量单纯形法数学模型为

$$\max z = 5x_1 + 4x_2 + 0x_3 + 0x_4 + 0x_5 - Mx_6 - Mx_7$$

$$\text{s.t.} \begin{cases} x_1 + 3x_2 - x_3 + x_6 = 57 \\ 2x_1 + x_2 - x_4 + x_7 = 70 \\ x_1 + x_2 + x_5 = 45 \\ x_1, x_2, x_3, x_4, x_5 \geq 0 \end{cases}$$

第一阶段的线性规划问题可写为

$$\min z = x_6 + x_7$$

$$\text{s.t.} \begin{cases} x_1 + 3x_2 - x_3 + x_6 = 57 \\ 2x_1 + x_2 - x_4 + x_7 = 70 \\ x_1 + x_2 + x_5 = 45 \\ x_1, x_2, x_3, x_4, x_5 \geq 0 \end{cases}$$

化为标准型为

$$\max z = -x_6 - x_7$$

$$\text{s.t.} \begin{cases} x_1 + 3x_2 - x_3 + x_6 = 57 \\ 2x_1 + x_2 - x_4 + x_7 = 70 \\ x_1 + x_2 + x_5 = 45 \\ x_1, x_2, x_3, x_4, x_5 \geq 0 \end{cases}$$

求解过程如表 2-9 所示。

表 2-9 例 2.8 单纯形表（一）

C_B	X_B	c_j	0	0	0	0	0	-1	-1	θ_i
		b	x_1	x_2	x_3	x_4	x_5	x_6	x_7	
-1	x_6	57	1	3	-1	0	0	1	0	⑲
-1	x_7	70	2	1	0	-1	0	0	1	70
0	x_5	45	1	1	0	0	1	0	0	45
	$\sigma_j = c_j - z_j$		3	④	-1	-1	0	0	0	
0	x_2	19	$\frac{1}{3}$	1	$-\frac{1}{3}$	0	0	$\frac{1}{3}$	0	57
-1	x_7	51	$\frac{5}{3}$	0	$\frac{1}{3}$	-1	0	$-\frac{1}{3}$	1	㉚.6
0	x_5	26	$\frac{2}{3}$	0	$\frac{1}{3}$	0	1	$-\frac{1}{3}$	0	39

续表

C_B	X_B	b	c_j	0	0	0	0	0	−1	−1	θ_i
				x_1	x_2	x_3	x_4	x_5	x_6	x_7	
	$\sigma_j = c_j - z_j$			⑤/③	0	$\frac{1}{3}$	−1	0	$-\frac{4}{3}$	0	
0	x_2	$\frac{44}{5}$		0	1	$-\frac{2}{5}$	$\frac{1}{5}$	0	$\frac{2}{5}$	$-\frac{1}{5}$	
0	x_1	$\frac{153}{5}$		1	0	$\frac{1}{5}$	$-\frac{3}{5}$	0	$-\frac{1}{5}$	$\frac{3}{5}$	
0	x_5	$\frac{28}{5}$		0	0	$\frac{1}{5}$	$\frac{2}{5}$	1	$-\frac{1}{5}$	$-\frac{2}{5}$	
	$\sigma_j = c_j - z_j$			0	0	0	0	0	−1	−1	

此时，所有非基变量检验数均小于等于 0，迭代结束，并且所有人工变量均被迭代出去，当前问题存在可行解，进入第二阶段。

第二阶段是将表 2-9 中的人工变量除去，目标函数回归到

$$\max z = 5x_1 + 4x_2 + 0x_3 + 0x_4 + 0x_5$$

再从表 2-9 的最后一个表出发，继续用单纯形法计算，求解过程如表 2-10 所示。

表 2-10 例 2.8 单纯形表（二）

C_B	X_B	b	c_j	5	4	0	0	0	θ_i
				x_1	x_2	x_3	x_4	x_5	
4	x_2	$\frac{44}{5}$		0	1	$-\frac{2}{5}$	$\frac{1}{5}$	0	44
5	x_1	$\frac{153}{5}$		1	0	$\frac{1}{5}$	$-\frac{3}{5}$	0	—
0	x_5	$\frac{28}{5}$		0	0	$\frac{1}{5}$	$\frac{2}{5}$	1	⑭
	$\sigma_j = c_j - z_j$			0	0	$\frac{3}{5}$	⑪/⑤	0	
4	x_2	6		0	1	$-\frac{1}{2}$	0	$-\frac{1}{2}$	
5	x_1	39		1	0	$\frac{1}{2}$	0	$\frac{3}{2}$	
0	x_4	14		0	0	$\frac{1}{2}$	1	$\frac{5}{2}$	
	$\sigma_j = c_j - z_j$			0	0	$-\frac{1}{2}$	0	$-\frac{11}{2}$	

得到最优解为 $x = (39, 6, 0)^T$，$z = 219$。

3. 单纯形法计算中的退化问题

若在一个基本可行解中至少有一个基变量 $x_i = 0$，则称此基本可行解是退化基本可行解。退化的结构会使单纯形法收敛的速度减慢，或出现基的循环。实际问题中经常遇到退化结构现象，循环现象则出现得较少。1976 年，布兰德（Bland）提出了一个避免循环的新方法，其原则十分简单。仅在选择进基变量和出基变量时作了以下规定。

（1）在选择进基变量时，在所有 $\sigma_j > 0$ 的非基变量中选取下标最小的变量进基。

（2）当有多个变量同时可作为出基变量时，选择下标最小的变量出基。

2.4 使用 Excel 求解线性规划问题

实践中经常会遇到有成百上千个决策变量的线性规划问题，可由计算机中的 Excel 来完成求解，其克服了笔算的缺点，操作方法简单、方便，大大提高了计算的效率和准确性。

例 2.9 使用 Excel 求解例 2.1。线性规划模型为

$$\max z = 5x_1 + 4x_2$$

$$\text{s.t.} \begin{cases} x_1 + 3x_2 \leq 90 \\ 2x_1 + x_2 \leq 80 \\ x_1 + x_2 \leq 45 \\ x_1, x_2 \geq 0 \end{cases}$$

调制乳、纯牛奶单位产品所需的资源数，以及单位利润、资源可利用量如表 2-1 所示。

解：（1）在 Excel 电子表格中建立线性规划模型。

如图 2-8 所示，将调制乳、纯牛奶单位产品所需的资源数，以及单位利润、资源可利用量等数据编入 Excel 中。把两种产品的产量（决策变量 x_1、x_2）分别放在 B6 和 C6 单元格中。含有需要做出决策的单元格称为可变单元格。把总利润放在 G3 单元格中。

	A	B	C	D	E	F	G
1	资源＼产品	调制乳	纯牛奶	资源可利用量	实际使用资源		
2	牛奶	1	3	90	0		总利润
3	配料	2	1	80	0		0
4	调味剂	1	1	45	0		
5	单位利润/万元	5	4				
6	产量	0	0				

实际使用资源	总利润
E2=SUMPRODUCT(B2:C2,$B6:$C6)	G3=SUMPRODUCT(B5:C5,B6:C6)
E3=SUMPRODUCT(B3:C3,$B6:$C6)	
E4=SUMPRODUCT(B4:C4,$B6:$C6)	

图 2-8 电子表格模型

将两种产品在生产过程中的实际使用资源分别放在 E2、E3、E4 单元格中，牛奶的实际使用资源为 $x_1 + 3x_2$，配料的实际使用资源为 $2x_1 + x_2$，调味剂的实际使用资源为 $x_1 + x_2$，因此，令 E2=B2×B6+C2×C6，E3=B3×B6+C3×C6，E4=B4×B6+C4×C6，其中，B6 和 C6 可表示为绝对引用$B$6 和$C$6。应用 Excel 中 SUMPRODUCT 函数，使相等行数和相等列数的多个单元格区域的对应单元格分别相乘后再求和，则 E2=SUMPRODUCT(B2:C2,$B6:$C6)，E3=SUMPRODUCT(B3:C3,$B6:$C6)，E4=SUMPRODUCT(B4:C4,$B6:$C6)。相应的总利润为 $5x_1 + 4x_2$，G3=SUMPRODUCT(B5:C5,B6:C6)。

（2）使用规划求解工具求解线性规划问题。

打开 Excel 中"数据"选项卡—分析—规划求解工具，弹出"规划求解参数"对话框，如图 2-9 所示，分别输入（可直接用鼠标在工作表中单击单元格选取数据）规划模型

的目标函数、决策变量和约束条件。在"设置目标"处输入规划模型的目标函数的单元格$G$3，并选择"最大值"单选按钮。在"通过更改可变单元格"处输入规划模型的决策变量$B$6:$C$6。在"遵守约束"内通过"添加""更改""删除"等选项输入规划模型的约束条件。勾选"使无约束变量为非负数"复选框，在"选择求解方法"处选择"单纯线性规划"选项，并单击"求解"按钮。

图 2-9　"规划求解参数"对话框

如图 2-10 所示，在"规划求解结果"对话框，显示"找到一解"，选择"保留规划求解的解"单选按钮，单击"确定"按钮，求解完成。如果模型没有可行解或没有最优解，那么"规划求解结果"对话框会显示"无法找到可行解"或"设定的单元格值不能收敛"。

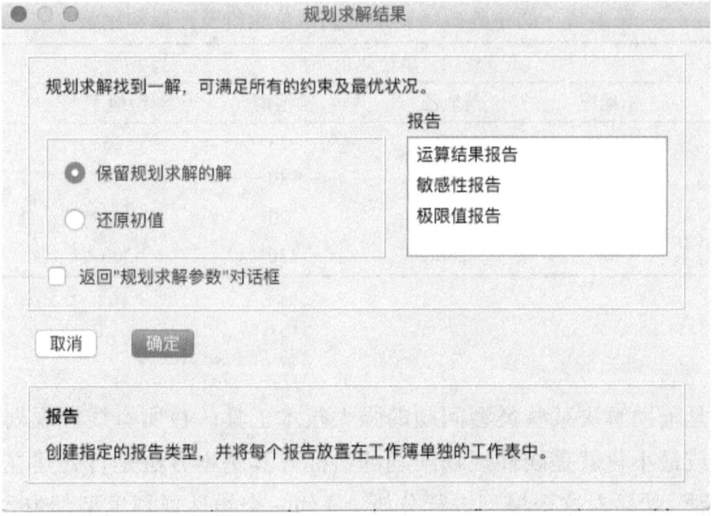

图 2-10　"规划求解结果"对话框

如图 2-11 所示，规划模型目标函数和决策变量的 Excel 求解结果分别显示在单元格 $G$3=215、$B$6=35、$C$6=10 中，因此，该分公司的最优生产计划方案是生产 35 单位调制乳，生产 10 单位纯牛奶，可得最大利润 215 万元。

	A	B	C	D	E	F	G
1	资源＼产品	调制乳	纯牛奶	资源可利用量	实际使用资源		
2	牛奶	1	3	90	65		总利润
3	配料	2	1	80	80		215
4	调味剂	1	1	45	45		
5	单位利润/万元	5	4				
6	产量	35	10				

图 2-11　Excel 求解结果

【案例小结】

小张运用管理运筹学很好地解决了目前遇到的生产计划问题。在该问题中，生产调制乳和纯牛奶的总利润的最大化就是线性规划问题的目标。首先根据生产调制乳、纯牛奶单位产品所需的资源数、单位利润及资源可利用量建立一个线性规划模型的数学模型，构建决策变量、约束条件及目标函数来表述问题；然后对这个模型进行分析，由于该模型只有两个决策变量，可采用图解法、单纯形法、计算机中的 Excel 来完成求解，当模型中不含单位矩阵时，可采用大 M 法或两阶段法求解。

类似的生产计划、送货、人员调度安排、业务具体执行计划等问题都可以用管理运筹学来解决。

问题扩展：XL 牛奶有限责任公司现拥有三个专业化奶牛养殖场，小张所在的分公司生产同一种产品，其产量为 1200 箱，需要供应甲、乙、丙、丁四个地方的销售，三个奶牛养殖场到四个销地的单位运价表如表 2-11 所示。小张应如何安排运输方案，使得总运费最小？

表 2-11　奶牛养殖场到销地的单位运价及产量和销量

产地	单位运价/元				产量/箱
	销地甲	销地乙	销地丙	销地丁	
养殖场一	21	17	23	25	300
养殖场二	10	15	30	19	400
养殖场三	23	21	20	22	500
销量/箱	400	250	350	200	1200

【本章小结】

线性规划是辅助解决某些类型问题的强大技术工具。在所有线性规划问题中某些数量上的最大化或最小化就是线性规划问题的目标。其基本方法是首先建立一个线性规划模型来表述问题，然后对这个模型进行分析。任何一个线性规划模型都包含决策变量（代表要制定的决策）、约束条件（代表对这些决策可行值的限制），以及目标函数。

图解法可以用来求解只有两个决策变量的线性规划模型。对多于两个决策变量的线性规划问题，应使用单纯形法求解。对于模型中不含单位矩阵的线性规划问题，应采用大 M 法或两阶段法求解。实际问题中经常会遇到有成百上千个决策变量的线性规划问题，可借助软件工具（如 Excel）来完成求解。

对于给定的线性规划问题，应将其化为标准型，选取或构造一个单位矩阵作为基，求出初始基本可行解并列出初始单纯形表。将各种类型线性规划问题化为标准型及选取初始基变量的方式见表 2-12。

表 2-12 将线性规划问题化为标准型及选取初始基变量的方式

建立模型	个数	取值			右端项		等式或不等式			极大或极小		新加变量系数	
	三个两个及以上	$x_j \geq 0$	x_j 无约束	$x_j \leq 0$	$b_i \geq 0$	$b_i < 0$	$\leq$	$=$	$\geq$	$\max z$	$\min z$	x_s	x_a
求解	图解法、单纯形法	不处理	令 $x_j = x_j' - x_j''$，其中，$x_j' \geq 0, x_j'' \geq 0$	令 $x' = -x_j$	不处理	约束条件两端同乘以 -1	加松弛变量 x_s	加人工变量 x_a	减 x_s加 x_a	不处理	令 $z' = -z$，$\max z' = -\min z$	0	$-M$

【专业术语】

线性规划模型（linear programming model）：表示线性规划问题的数学模型。

可行域（feasible region）：由所有可行解组成的几何区域。

可行解（feasible solution）：线性规划模型中同时满足所有约束条件的解。

图解法（graphical method）：在二维图形上求解两个决策变量的线性规划问题的一种方法。

目标函数（objective function）：根据问题的目标，线性规划模型中表示想要最大或最小化的部分，目标函数值显示在电子表格的目标单元格中。

最优解（optimal solution）：根据目标函数求出的最优可行解。

绝对引用（absolute reference）：利用固定地址引用一个（或一列、一行）单元格，可以通过单元格名称进行引用，也可以在表示单元格地址的字母和数字前加符号"$"。

可变单元格（changing cells）：电子表格中表示决策变量值的单元格。

决策变量（decision variable）：代表与特定活动水平相关的决策的代数变量，决策变量的值显示在电子表格的可变单元格中。

约束条件（constraint condition）：决策变量可行值的限制条件。

单纯形法（the simplex method）：通过不断转换基变量和最优性检验来获取最优解的一种迭代方法。

【实践题】

1. 某饲养场饲养动物用于出售，设每头动物每天至少需 700g 蛋白质、30g 矿物质、100mg 维生素。现有五种饲料可供选用，各种饲料每千克营养成分含量及单价如表 2-13 所示。

要求确定既满足动物生长的营养需要，又使费用最省的选用饲料的方案。

表 2-13　各种饲料每千克营养成分含量及单价

饲料	蛋白质/g	矿物质/g	维生素/mg	单价/（元/kg）
1	3	1	0.5	0.2
2	2	0.5	1	0.7
3	1	0.2	0.2	0.4
4	6	2	2	0.3
5	18	0.5	0.8	0.8

2. 一艘货轮分前、中、后三个舱位，它们的容积与最大允许载重量如表 2-14 所示。现有三种货物待运，已知有关数据如表 2-15 所示。考虑航运安全，前、中、后舱的实际载重量大体保持各舱最大允许载重量的比例关系。具体要求：前、后舱分别与中舱之间载重量比例的偏差不超过 15%，前、后舱之间载重量比例的偏差不超过 10%。问该货轮应装载商品 A、B、C 各多少件，使运费收入最大？

表 2-14　货轮舱位最大允许载重量和容积

参数	前舱	中舱	后舱
最大允许载重量/t	2000	3000	1500
容积/m³	4000	5400	1500

表 2-15　三种待运货物的有关数据

商品	数量/件	体积/（m³/件）	重量/（t/件）	运价/（元/件）
A	600	10	8	1000
B	1000	5	6	700
C	800	7	5	600

3. 一家贸易公司专门经营某种杂粮的批发业务。公司现有库容 5000t 的仓库。1 月 1 日，公司拥有库存 1000t 的杂粮，并有资金 20000 元。估计第一季度杂粮价格如表 2-16 所示。若买进的杂粮当月到货，则需到下月才能卖出，且规定"货到付款"。公司希望本季末库存为 2000t，问应采取什么样的买进与卖出的策略使 3 个月总的获利最大。要求列出本问题的线性规划模型，但无须求解。

表 2-16　估计第一季度杂粮价格（单位：元/吨）

月份	进货价	出货价
1	2850	3100
2	3050	3250
3	2900	2950

习　题

1. 判断下列说法是否正确。
（1）若线性规划问题的可行解为最优解，则该可行解一定为基本可行解。
（2）若线性规划问题存在可行域，则可行域一定包含坐标的原点。

（3）使用人工变量法求解标准线性规划问题时，若所有检验数 $\sigma_j \leqslant 0$，在基变量中仍含有非零的人工变量，则该线性规划问题无可行解。

（4）用单纯形法求解标准线性规划问题时，与 $\sigma_j < 0$ 对应的变量都可以选作入基变量。

（5）单纯形法计算过程中，选取最大正检验数 σ_k 对应的变量 x_k 作为入基变量，将使目标函数值得到最快的增长。

2. 考虑下面的线性规划问题：

$$\max z = 2x_1 + 3x_2$$

$$\text{s.t.} \begin{cases} x_1 + 2x_2 \leqslant 6 \\ 5x_1 + 3x_2 \leqslant 15 \\ x_1, x_2 \geqslant 0 \end{cases}$$

（1）画出其可行域。

（2）当 $z=6$ 时，画出等值线 $2x_1 + 3x_2 = 6$。

（3）用图解法求出其最优解及最优目标函数值。

3. 将下列线性规划问题化成标准型。

（1）

$$\max z = -2x_1 + x_2 + 3x_3$$

$$\text{s.t.} \begin{cases} 5x_1 + x_2 + x_3 \leqslant 7 \\ x_1 - x_2 - 4x_3 \geqslant 2 \\ -3x_1 + x_2 + 2x_3 = -5 \\ x_1, x_2 \geqslant 0, x_3 无约束 \end{cases}$$

（2）

$$\min z = 2x_1 - 2x_2 + 3x_3$$

$$\text{s.t.} \begin{cases} -x_1 + x_2 + x_3 = 4 \\ -2x_1 + x_2 - x_3 \leqslant 6 \\ x_1 \leqslant 0, x_2 \geqslant 0, x_3 无约束 \end{cases}$$

4. 已知线性规划问题如下：

$$\max z = 5x_1 + 9x_2$$

$$\text{s.t.} \begin{cases} \dfrac{1}{2}x_1 + x_2 \leqslant 8 \\ x_1 + x_2 \geqslant 10 \\ \dfrac{1}{4}x_1 + \dfrac{1}{2}x_2 \geqslant 6 \\ x_1, x_2 \geqslant 0 \end{cases}$$

（1）写出该线性规划问题的标准型。

（2）在这个问题的基本解中，将有多少个变量的值取为零？为什么？

（3）找出松弛变量的值取零的基本解。

（4）找出 x_1 和 x_2 的值取零的基本解。

（5）问题（3）和（4）的解是基本可行解吗？为什么？

（6）用图解法验证问题（3）和（4）的结果中是否有最优解。

5. 用图解法求解下列线性规划问题，并指出问题具有唯一最优解、无穷多最优解、无界解还是无可行解。

（1）
$$\min z = 2x_1 + 3x_2$$
$$\text{s.t.} \begin{cases} 2x_1 + 3x_2 \geqslant 3 \\ 3x_1 + 2x_2 \geqslant 4 \\ x_1, x_2 \geqslant 0 \end{cases}$$

（2）
$$\max z = 5x_1 + 6x_2$$
$$\text{s.t.} \begin{cases} 2x_1 - x_2 \geqslant 2 \\ -2x_1 + 3x_2 \leqslant 2 \\ x_1, x_2 \geqslant 0 \end{cases}$$

6. 用单纯形法求解下列线性规划问题。

（1）
$$\max z = 4x_1 + x_2$$
$$\text{s.t.} \begin{cases} x_1 + 3x_2 \leqslant 7 \\ 4x_1 + 2x_2 \leqslant 9 \\ x_1, x_2 \geqslant 0 \end{cases}$$

（2）
$$\max z = 6x_1 + 5x_2$$
$$\text{s.t.} \begin{cases} x_1 \leqslant 15 \\ x_2 \leqslant 6 \\ 3x_1 + 2x_2 \leqslant 18 \\ x_1, x_2 \geqslant 0 \end{cases}$$

（3）
$$\max z = 12x_1 + 8x_2 + 5x_3$$
$$\text{s.t.} \begin{cases} 3x_1 + 2x_2 + x_3 \leqslant 20 \\ x_1 + x_2 + x_3 \leqslant 11 \\ 12x_1 + 4x_2 + x_3 \leqslant 48 \\ x_1, x_2, x_3 \geqslant 0 \end{cases}$$

（4）
$$\min z = x_1 + 2x_2 - x_3$$
$$\text{s.t.} \begin{cases} 2x_1 + 2x_2 - x_3 \leqslant 4 \\ x_1 - x_2 + 2x_3 \leqslant 8 \\ x_1 + x_2 + x_3 \leqslant 5 \\ x_1, x_2, x_3 \geqslant 0 \end{cases}$$

7. 已知某线性规划问题的初始单纯形表和用单纯形法迭代后得到的单纯形表如表 2-17 所示，试求未知数 $a \sim l$ 的值。

表 2-17　未知数的单纯形表

X_B	b	x_1	x_2	x_3	x_4	x_5
x_4	6	b	c	d	1	0
x_5	1	-1	3	e	0	1
$\sigma_j = c_j - z_j$		a	-1	2	0	0
x_2	f	g	2	-1	$\frac{1}{2}$	0
x_5	4	h	i	1	$\frac{1}{2}$	1
$\sigma_j = c_j - z_j$		0	-7	j	k	l

8. 用大 M 法求解下列线性规划问题。

$$\max z = 5x_1 + x_2 + 3x_3$$

$$\text{s.t.} \begin{cases} x_1 + 4x_2 + 2x_3 \geq 10 \\ x_1 - 2x_2 + x_3 \leq 16 \\ x_1, x_2, x_3 \geq 0 \end{cases}$$

9. 用大 M 法或两阶段法求解下列线性规划问题，并指出问题的解所属的类型。

（1）
$$\max z = 3x_1 + 12x_2$$

$$\text{s.t.} \begin{cases} 2x_1 + 2x_2 \leq 11 \\ -x_1 + x_2 \geq 8 \\ x_1, x_2 \geq 0 \end{cases}$$

（2）
$$\max z = 2x_1 + x_2 + x_3$$

$$\text{s.t.} \begin{cases} 2x_1 + x_2 + x_3 \geq 2 \\ x_1 + 2x_2 \leq 10 \\ 2x_1 + 4x_2 + x_3 \geq 8 \\ x_1, x_2, x_3 \geq 0 \end{cases}$$

（3）
$$\max z = 10x_1 + 15x_2 + 12x_3$$

$$\text{s.t.} \begin{cases} 5x_1 + 3x_2 + x_3 \leq 9 \\ -5x_1 + 6x_2 + 15x_3 \leq 15 \\ 2x_1 + x_2 + x_3 \geq 5 \\ x_1, x_2, x_3 \geq 0 \end{cases}$$

（4）
$$\min z = -2x_1 - x_2 + 2x_3$$

$$\text{s.t.} \begin{cases} x_1 + x_2 + x_3 = 4 \\ -x_1 - x_2 + x_3 \geq -6 \\ x_1 + x_2 + x_3 \leq 5 \\ x_1, x_2 \geq 0, x_3 \text{无约束} \end{cases}$$

10. 用两阶段法求解下列线性规划问题。

$$\max z = 3x_1 + 2x_2 - x_3$$

$$\text{s.t.} \begin{cases} -4x_1 + 3x_2 + x_3 \geq 4 \\ x_1 - x_2 + 2x_3 \leq 10 \\ -2x_1 + 2x_2 - x_3 = -1 \\ x_1, x_2, x_3 \geq 0 \end{cases}$$

11. 试用两阶段法中第一阶段的求解，找出下述方程组的一个可行解，并利用计算得到的最终单纯形表，说明该方程组有多余方程。

$$x_1 + 3x_2 - x_3 = 2$$
$$3x_1 - x_2 = 3$$
$$4x_1 + 2x_2 - x_3 = 5$$
$$x_1, x_2, x_3 \geq 0$$

本 章 附 录

Excel 中的规划求解工具（Solver）为解决实际问题中成百上千个决策变量的线性规划问题提供了有效的方法。第一次使用 Solver 时，首先要在 Excel 宏菜单下安装 Solver。单击 Office 图标，选择 Excel Options 选项，单击窗口右侧的添加（Add-In）按钮，选择窗口底部的管理 Excel 加载项，然后单击跳转（Go）按钮。确保在加载对话框中选择 Solver 选项，它就会出现在数据选项卡里。Mac 版本的 Excel 可以在 www.solver.com/mac 中下载并安装 Solver 应用。

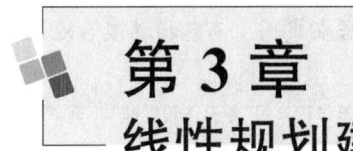

第 3 章
线性规划建模

【本章导读】

线性规划问题种类繁多、形式各异，这会使线性规划的学习者与管理者感到困惑，使他们难以判断何时能够利用线性规划来解决管理问题。由于管理科学研究是由管理者发起的，判断线性规划的适用性就成为一项重要的管理技能。以前的教科书往往给出一系列不同的线性规划应用例子，过分强调各种应用之间的差别而非共同点；本章强调的是线性规划应用的共性，正是这些共性特征（identifying feature）将内容各异的线性规划问题联系在一起。

本章首先介绍七类线性规划问题：生产计划问题、下料问题、运输问题、配料问题、背包问题、指派问题及排班问题。对于每类线性规划问题，最重要的共性特征是决策所基于的约束条件的性质，也就是线性规划建模中相应的函数约束的性质。具体地说，七类线性规划问题的函数约束分别为资源约束（≤）、收益约束（≥）和确定性需求约束（=）。

许多线性规划问题仅包含一种函数约束，并归属于七类线性规划问题中的某一类。实际上，更多的问题包含两种甚至多种函数约束。

【学习目标】

（1）识别能用线性规划求解的各类管理问题。
（2）描述线性规划问题的七种主要类型及各自的特点。
（3）为七类线性规划问题建立模型。
（4）描述资源约束与收益约束的区别，以及差异产生的原因。
（5）描述确定性需求约束及其产生的原因。
（6）了解线性规划电子表格模型中输出单元格（包括目标单元格）使用的各种函数。
（7）识别线性规划模型的四个基本组成部分，以及每部分使用的单元格。
（8）理解管理者在考虑线性规划模型的关键问题时所具有的灵活性。

【开篇案例】

YJ家居是来自瑞典的全球知名家具和家居零售商，其互为和谐的产品系列在功能和风格上种类繁多。YJ家居在全球29个国家/地区拥有356个商场（截至2017年8月31日），其中有37家在我国（不包括港澳台地区），分别在北京（3家）、天津（2家）、上海（5家）、郑州、武汉、广州（2家）、成都（2家）、深圳、青岛、南京、无锡、大连、沈阳、济南、宁波、重庆、杭州、西安、哈尔滨、佛山、苏州、徐州、南通、长沙、福州、南宁、贵阳、昆明。

YJ 家居采取全球化采购模式,在全球设立了 16 个采购区域,其中有 3 个在我国(不包括港澳台地区),分别为华南区、华中区和华北区。YJ 家居在我国(不包括港澳台地区)的采购量已占到采购总量的 18%,排名第一。

YJ 家居主要销售座椅/沙发系列、办公产品系列、卧室系列、厨房系列、照明系列、纺织品、炊具系列、房屋储藏系列、儿童产品系列等约 10000 种产品。作为世界家具巨头,YJ 家居在世界范围内均有门店,以售卖 YJ 品牌平整式包装的家具、浴室家居用品、客厅家具用品等。

【案例思考题】

春节将至,阖家团圆,人们的购买欲望上升。YJ 家居为了扩大其销量,准备借助节日开展促销工作。为应对即将来临的销售高峰,张总认真查看了往年的销售情况,发现消费者对椅子、书桌、餐桌和床具这四类产品的需求量较大,总会出现供不应求的情况,造成消费者不满和投诉。为此,他认为应该扩大这四类产品的产量。然而,他并不清楚当前 YJ 家居已有的生产能力是否可以支撑这四类产品的扩大生产,因此,他找来生产部门的负责人了解情况。生产部门负责人告诉张总,当前要想扩大这四类产品的产量,需要另购生产设备来组织生产。张总很清楚这将涉及很多问题,为此他让助理小王去各部门了解情况,并为该决策给出一个最优方案。

小王仔细思考,并到各部门了解情况。首先,他了解到需要购买 A、B、C 三种设备来进行生产,然而对于扩大生产所带来的其他一系列问题,小王仍不知如何给出最优方案,例如,

(1)如何用这些设备来生产这四类产品?

(2)生产加工中如何进行下料?

(3)如何运输产品原料到加工厂?

(4)如何为产品喷漆?

(5)产品生产完成后,如何装车?如何运输这些设备到各门店?

(6)如何安排员工进行这四类产品的组装?

(7)扩大销量后如何安排门店员工的数量?

(8)……

3.1 生产计划问题建模

生产计划问题是资源分配问题的典型例子。本节将介绍生产计划问题的基本概念,并结合案例建立线性规划模型求解。

3.1.1 生产计划问题的基本概念

生产计划问题是将有限的资源分配到各种活动(决策)中的线性规划问题。这类问题的共性是在线性规划模型中每个函数约束均为资源约束,并且每种资源都可以表现为如下形式:

$$使用的资源数量 \leqslant 可用的资源数量$$

对于资源分配问题，必须收集如下三种数据。

（1）每种资源的可供量（可用的资源数量）。

（2）每种活动所需要的各种资源的数量，对于每种资源与活动的组合，必须首先估计出单位活动所消耗的资源数量。

（3）每种活动对总的绩效测度（如总利润）的单位贡献（如单位利润）。

收集数据实际上需要很大的工作量。为了获得准确而及时的数据，需要进行一系列数据挖掘与调研统计工作，这一步是至关重要的，而参数估计的准确与否将直接影响线性规划模型是否有效。

3.1.2 生产计划问题的应用举例

例3.1 针对不同设备如何组织生产不同产品问题属于典型的生产计划问题。根据生产计划问题的特点，针对采购的 A、B、C 三种设备，小王了解到每种设备的最大机时数（设备能力）分别为 200h/月、490h/月、400h/月。这三种设备都可以用于生产椅子、书桌、餐桌及床具四类产品，并且生产每种单位产品所需要的机时数如表 3-1 所示。通过市场调查，基本确定这四类产品所获得的单位利润分别为 800 元、950 元、900 元、1150 元。应该如何安排生产才能使这批新生产的产品总利润最大呢？

表 3-1 生产计划问题的相关数据

设备	单位产品所需的机时数/h				设备能力/（h/月）
	椅子	书桌	餐桌	床具	
设备 A	1	1	2	2	200
设备 B	5	3	4	3	490
设备 C	2	4	3	5	400
单位利润/元	800	950	900	1150	

解： 本问题是典型的生产计划问题。

（1）决策变量。设椅子每月产量为 x_1（把）；书桌每月产量为 x_2（张）；餐桌每月产量为 x_3（张）；床具每月产量为 x_4（张）。

（2）目标函数。新生产的产品总利润最大，即

$$\max z = 800x_1 + 950x_2 + 900x_3 + 1150x_4$$

（3）约束条件。①设备每月的运作能力如下。

设备 A：$x_1 + x_2 + 2x_3 + 2x_4 \leqslant 200$

设备 B：$5x_1 + 3x_2 + 4x_3 + 3x_4 \leqslant 490$

设备 C：$2x_1 + 4x_2 + 3x_3 + 5x_4 \leqslant 400$

②非负：

$$x_i \geqslant 0 \ (i = 1,2,3,4)$$

因此，得到例 3.1 的整数线性规划模型：

$$\max z = 800x_1 + 950x_2 + 900x_3 + 1150x_4$$

$$\text{s.t.} \begin{cases} x_1 + x_2 + 2x_3 + 2x_4 \leqslant 200 \\ 5x_1 + 3x_2 + 4x_3 + 3x_4 \leqslant 490 \\ 2x_1 + 4x_2 + 3x_3 + 5x_4 \leqslant 400 \\ x_1, x_2, x_3, x_4 \geqslant 0 \text{ 且为整数} \end{cases}$$

例 3.1 的电子表格模型如图 3-1 所示。

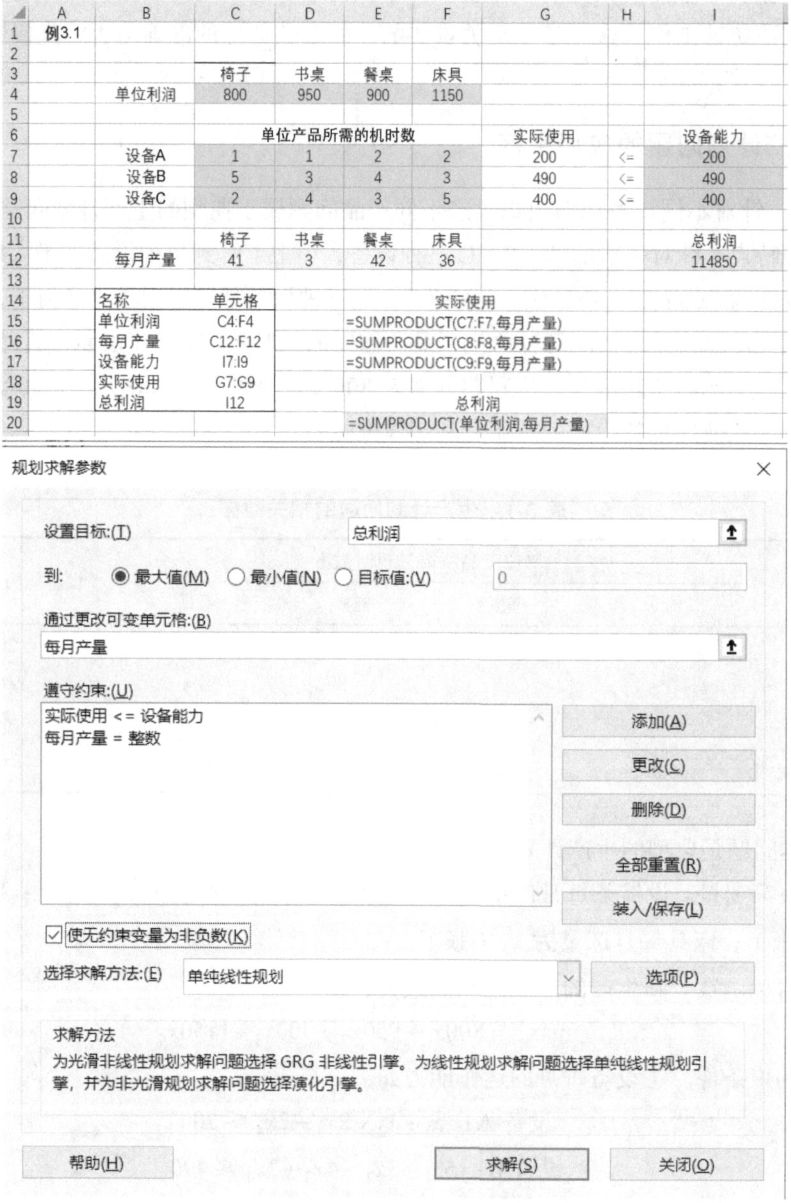

图 3-1 例 3.1 的电子表格模型

用 Excel 求解可得 $x_1 = 41$，$x_2 = 3$，$x_3 = 42$，$x_4 = 36$，即椅子每月产量为 41 把，书桌每月产量为 3 张；餐桌每月产量为 42 张；床具每月产量为 36 张。此时，新生产的产品总利润最大化为 114850 元。

3.2 下料问题建模

本节将介绍下料问题的基本概念,并结合案例建立线性规划模型求解。

3.2.1 下料问题的基本概念

制造过程中的优化下料问题已经成为制造系统中资源优化利用问题之一。优化下料可以提高原料利用率,是企业增加经济效益的途径之一。优化下料涉及的问题很多,其中,定长条材优化下料问题是制造过程中常见的下料问题。尤其在加工过程中,比较常见的钢材的裁切等都是定长条材下料问题。如何选择一个最佳的方案,使得所用的材料最少,其中既要使产生的总剩余料头尽量少,又要满足各种零件的配套要求。运用运筹学中的线性规划理论可以成功地解决这个问题。

3.2.2 下料问题的应用举例

例 3.2 将以上三种类型的设备各一台作为一组生产单位,由例 3.1 可知,YJ 家居生产商利用一组设备每月生产 42 张餐桌可使产品总利润最大化,每生产一张餐桌需要用长为 2.9m、2.1m 和 1.5m 的木料各一根。已知原木材长 7.4m,问应如何下料,使原木材最省?

解:本问题是典型的下料问题。最简单的做法是每根原木材上截取 2.9m、2.1m 和 1.5m 的木料各一根组成一件产品,每根原木材剩余料头 0.9m。为了生产 42 张餐桌,需用原木材 42 根,有 37.8m 总剩余料头,颇为浪费。若改用为套裁,则可以节约原木材。下面有五种套裁方案 A~E 可供采用,见表 3-2。

表 3-2 套裁方案相关数据

长度/m	木料根数/根				
	方案 A	方案 B	方案 C	方案 D	方案 E
2.9	1	2	0	1	0
2.1	0	0	2	2	1
1.5	3	1	2	0	3
合计	7.4	7.3	7.2	7.1	6.6
料头	0	0.1	0.2	0.3	0.8

为了得到 42 张餐桌,需要进行如下计算。

(1)决策变量。设按照方案 A、B、C、D、E 下料的原木材数量分别为 x_1、x_2、x_3、x_4、x_5。

(2)目标函数。总剩余木料最少,即

$$\min z = 0x_1 + 0.1x_2 + 0.2x_3 + 0.3x_4 + 0.8x_5$$

(3)约束条件。根据表 3-2,可列出该下料问题的约束条件。

①各方案产出的木料可生产的餐桌数量等于利润最大化下的产量:

$$x_1 + 2x_2 + x_4 = 42$$
$$2x_3 + 2x_4 + x_5 = 42$$

$$3x_1 + x_2 + 2x_3 + 3x_5 = 42$$

②非负：
$$x_i \geqslant 0 \ (i = 1,2,3,4,5)$$

因此，得到例 3.2 的线性规划模型：

$$\min z = 0x_1 + 0.1x_2 + 0.2x_3 + 0.3x_4 + 0.8x_5$$

$$\text{s.t.} \begin{cases} x_1 + 2x_2 + x_4 = 42 \\ 2x_3 + 2x_4 + x_5 = 42 \\ 3x_1 + x_2 + 2x_3 + 3x_5 = 42 \\ x_1, x_2, x_3, x_4, x_5 \geqslant 0 \text{ 且为整数} \end{cases}$$

例 3.2 的电子表格模型如图 3-2 所示。

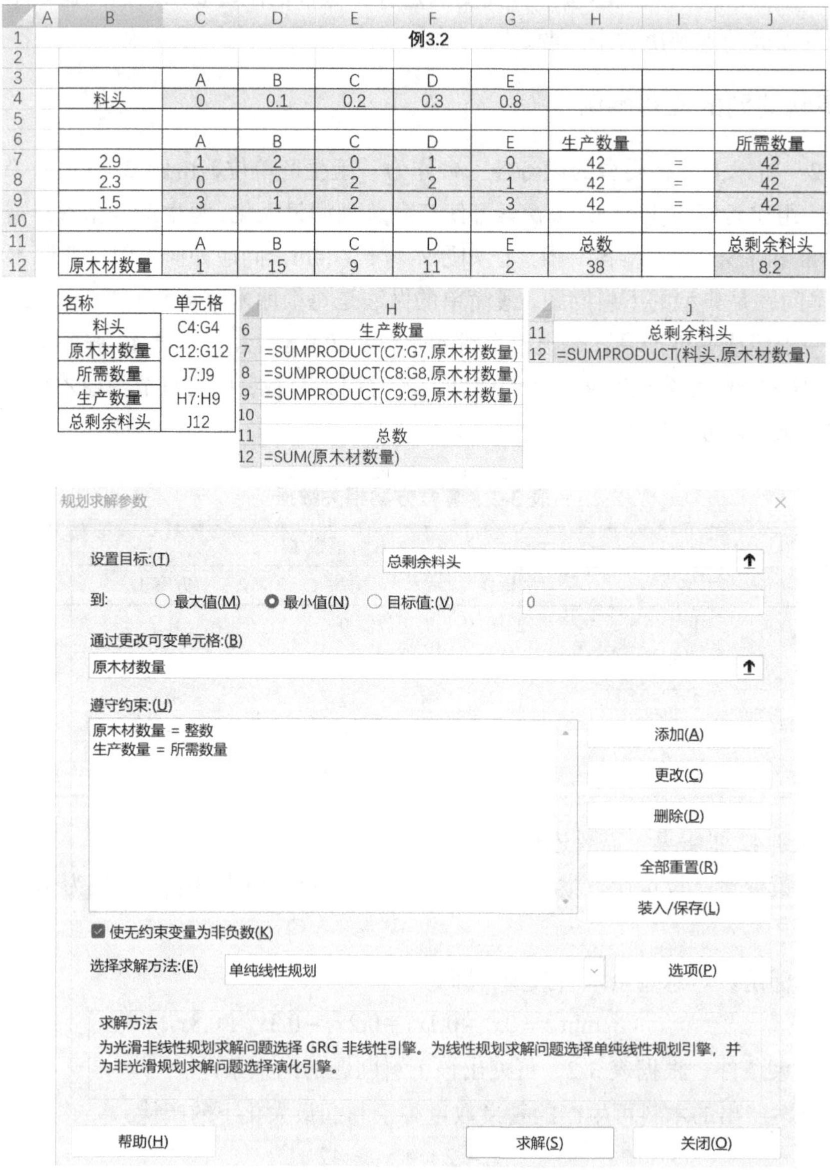

图 3-2　例 3.2 的电子表格模型

用 Excel 求解可得 $x_1=1$, $x_2=15$, $x_3=9$, $x_4=11$, $x_5=2$，即 1 根原木材采用方案 A，15 根原木材采用方案 B，9 根原木材采用方案 C，11 根原木材采用方案 D，2 根原木材采用方案 E，共需要原木材 38 根。此时，总剩余料头最少，为 8.2m。

3.3 运输问题建模

运输问题是网络配送问题的典型例子。本节将介绍运输问题的基本概念，并结合案例建立线性规划模型求解。

3.3.1 运输问题的基本概念

运输问题涉及如何以最优的方式运输货物或以最低的成本完成货物的配送。运输问题将在第 7 章中重点介绍。在此举一个简单的例子，以便读者对线性规划问题的各种主要类型有一个较全面的认识。

在这个例子中，读者可以看到一类新的限制条件：确定性需求约束。这类约束是运输问题的共性，与生产计划问题的资源约束、排班问题的收益约束一样，确定性需求约束在运输问题中是非常重要的。因此，与确定资源和收益一样，在运输问题中，必须确定需求并相应地得到确定性需求的约束条件。确定性需求约束的形式如下：

$$提供的数量 = 需求的数量$$

3.3.2 运输问题的应用举例

例 3.3 由例 3.2 可得一组生产设备每月生产餐桌需要 38 根原木材，厂商工人用同样的方法计算出生产椅子、书桌、床具分别需要原木材 32 根、2 根和 28 根，即一组生产设备每月共需要 100 根原木材用于生产产品。这些原木材主要从华南区、华中区、华北区三个采购中心分别运往各地区的生产商处进行生产并将生产出的半成品送往最近的商场销售。根据 YJ 家居以往的销量判断，促销活动期间，北京、天津、上海三个地区的销量将增长最多，所以这三个地区决定分别购置 2 组、4 组和 2 组设备，同时增加原木材采购量应对销售高峰期。各采购中心采购量及各加工销售地区需求量和各采购中心运往各加工销售地区的单位运输成本如表 3-3 所示。

表 3-3 运输问题相关数据

采购中心	单位运输成本/（元/根）			采购量/根
	北京	天津	上海	
华南区	10	9	7	200
华北区	6	6	8	250
华中区	7	7	5	350
需求量/根	200	400	200	

北京、天津、上海三个地区的生产商及门店负责人应该如何安排各地区的运输量使总运输成本最小？

解： 上述问题是运输问题，是典型的网络配送问题。

三个采购中心的总采购量为 200 + 250 + 350 = 800（根）；三个地区的总需求量为 200 + 400 + 200 = 800（根）。也就是说，总需求量等于总采购量，故该问题是一个产销平衡的运输问题。

（1）决策变量。本问题要做的决策是每个采购中心运送多少根原木材给每个地区。设 x_{ij} 为采购中心 i（$i = 1,2,3$）运送给地区 j（$j = 1,2,3$）的原木材数量。将这些变量列于表 3-4 中。

表 3-4 例 3.3 的决策变量表

采购中心	运输量/根			采购量/根
	北京	天津	上海	
华南区	x_{11}	x_{12}	x_{13}	200
华北区	x_{21}	x_{22}	x_{23}	250
华中区	x_{31}	x_{32}	x_{33}	350
需求量/根	200	400	200	

（2）目标函数。本问题的目标是公司的总运输成本最小，即

$$\min z = 10x_{11} + 9x_{12} + 7x_{13} + 6x_{21} + 6x_{22} + 8x_{23} + 7x_{31} + 7x_{32} + 5x_{33}$$

（3）约束条件。根据表 3-4，可写出该产销平衡运输问题的约束条件。

① 采购中心送出去的原木材数量等于其采购量。

华南区：$x_{11} + x_{12} + x_{13} = 200$

华北区：$x_{21} + x_{22} + x_{23} = 250$

华中区：$x_{31} + x_{32} + x_{33} = 350$

② 各地区收到的原木材数量等于其需求量。

北京：$x_{11} + x_{21} + x_{31} = 200$

天津：$x_{12} + x_{22} + x_{32} = 400$

上海：$x_{13} + x_{23} + x_{33} = 200$

③ 非负：

$x_{ij} \geq 0$ 且为整数（$i = 1,2,3; j = 1,2,3$）

因此，得到例 3.3 的线性规划模型：

$$\min z = 10x_{11} + 9x_{12} + 7x_{13} + 6x_{21} + 6x_{22} + 8x_{23} + 7x_{31} + 7x_{32} + 5x_{33}$$

$$\text{s.t.} \begin{cases} x_{11} + x_{12} + x_{13} = 200 \\ x_{21} + x_{22} + x_{23} = 250 \\ x_{31} + x_{32} + x_{33} = 350 \\ x_{11} + x_{21} + x_{31} = 200 \\ x_{12} + x_{22} + x_{32} = 400 \\ x_{13} + x_{23} + x_{33} = 200 \\ x_{ij} \geq 0 \ (i = 1, 2, 3; j = 1, 2, 3) \end{cases}$$

例 3.3 的电子表格模型如图 3-3 所示。

	A	B	C	D	E	F	G	H
1				例 3.3				
2								
3		单位运输成本	北京	天津	上海			
4		华南区	10	9	7			
5		华北区	6	6	8			
6		华中区	7	7	5			
7								
8		运输量	北京	天津	上海	实际运出		采购量
9		华南区	0	200	0	200	<=	200
10		华北区	200	50	0	250	<=	250
11		华中区	0	150	200	350	<=	350
12		实际收到	200	400	200			
13			=	=	=			
14			北京	天津	上海			总运输成本
15		需求量	200	400	200			5350

名称	单元格
单位运输成本	C4:E6
采购量	H9:H10
实际收到	C12:E12
实际运出	F9:F10
需求量	C15:E15
运输量	C9:E11
总运输成本	H15

	B	C	D	E
12	实际收到	=SUM(C9:C11)	=SUM(D9:D11)	=SUM(E9:E11)

	F
8	实际运出
9	=SUM(C9:E9)
10	=SUM(C10:E10)
11	=SUM(C11:E11)

	H
	总运输成本
	=SUMPRODUCT(单位运输成本,运输量)

规划求解参数

设置目标:(T) 　　　　　总运输成本

到: ○最大值(M) ●最小值(N) ○目标值:(V) 　0

通过更改可变单元格:(B)
运输量

遵守约束:(U)
实际收到 = 需求量
实际运出 = 采购量

☑ 使无约束变量为非负数(K)

选择求解方法:(E) 单纯线性规划

求解方法
为光滑非线性规划求解问题选择 GRG 非线性引擎。为线性规划求解问题选择单纯线性规划引擎,并为非光滑规划求解问题选择演化引擎。

图 3-3　例 3.3 的电子表格模型

利用 Excel 求解的结果如表 3-5 所示,此时,YJ 家居的总运输成本最低,为 5350 元。

表 3-5　YJ 家居总运输成本最低的方案

采购中心	运输量/根			采购量/根
	北京	天津	上海	
华南区	0	200	0	200
华北区	200	50	0	250
华中区	0	150	200	350
需求量/根	200	400	200	

3.4　配料问题建模

配料问题是混合问题的典型例子。本节将介绍配料问题的基本概念,并结合案例建立线性规划模型求解。

3.4.1　配料问题的基本概念

配料问题是一类特殊的线性规划问题,其目标是为最终产品寻求最优的混合成分,以满足一定的规格要求。例如,生产某一类由各种颜料混合而成的产品,如何在满足规定的质量标准的条件下,使所用颜料的总成本最低,决策同时受资源约束、收益约束和确定性需求约束。线性规划问题早期就用于解决汽油的混合问题,即混合各种石油成分以取得各种汽油的混合物。同类应用还有最终产品为钢铁、化肥、食品及动物饲料等的混合问题。

3.4.2　配料问题的应用举例

例 3.4　YJ 家居将原木材加工为不同家具后,需要对其进行喷漆。现有甲、乙、丙三种喷漆模式,不同的喷漆所要求的颜料配比不同,其产品增值也不一样。据了解,YJ 家居计划用 A、B、C 三种颜料混合调制出三种色泽的喷漆甲、乙、丙,为新制作的产品上色。已知每把椅子需要 2 单位喷漆,每张书桌需要 3 单位喷漆,每张餐桌需要 4 单位喷漆,每张床具需要 5 单位喷漆,剩余喷漆可按照增值价值进行销售,喷漆的规格要求和产品增值、每组生产设备颜料供应量和单价等数据如表 3-6 所示。

表 3-6　配料问题的相关数据

颜料	规格要求			颜料供应量/(kg/月)	颜料单价/(元/kg)
	喷漆甲	喷漆乙	喷漆丙		
颜料 A	≥50%	≥40%	30%	200	60
颜料 B	≤35%	≤45%	50%	150	35
颜料 C	不限	不限	20%	100	30
产品增值/元	90	85	65		

问 YJ 家居应如何安排喷漆，才能使产品总增加利润最大？

解：本问题是一个配料问题。

（1）决策变量。本问题的难点在于给出的数据是非确定的数值，而且各产品与颜料的关系比较复杂。为了方便，设 x_{ij} 为喷漆 j 含颜料 i 的数量（kg），其中，i = A,B,C；j = 1,2,3，分别表示甲、乙、丙，将这些变量列于表 3-7 中。

表 3-7 配料问题的决策变量 （单位：kg）

颜料	喷漆甲	喷漆乙	喷漆丙
颜料 A	x_{A1}	x_{A2}	x_{A3}
颜料 B	x_{B1}	x_{B2}	x_{B3}
颜料 C	x_{C1}	x_{C2}	x_{C3}

此时，颜料 A 的使用量为 $x_{A1}+x_{A2}+x_{A3}$（kg）；

颜料 B 的使用量为 $x_{B1}+x_{B2}+x_{B3}$（kg）；

颜料 C 的使用量为 $x_{C1}+x_{C2}+x_{C3}$（kg）；

喷漆甲的产量为 $x_{A1}+x_{B1}+x_{C1}$（kg）；

喷漆乙的产量为 $x_{A2}+x_{B2}+x_{C2}$（kg）；

喷漆丙的产量为 $x_{A3}+x_{B3}+x_{C3}$（kg）。

（2）目标函数。本问题的目标是企业总增加利润最大，而总增加利润 = 产品总增值 − 颜料总成本。

①产品总增值：喷漆甲的价值为 $90(x_{A1}+x_{B1}+x_{C1})$，喷漆乙的价值为 $85(x_{A2}+x_{B2}+x_{C2})$，喷漆丙的价值为 $65(x_{A3}+x_{B3}+x_{C3})$，三项相加；

②颜料总成本：颜料 A 的成本为 $60(x_{A1}+x_{A2}+x_{A3})$，颜料 B 的成本为 $35(x_{B1}+x_{B2}+x_{B3})$，颜料 C 的成本为 $30(x_{C1}+x_{C2}+x_{C3})$，三项相加。

因此，得到例 3.4 的目标函数，即

$$\max z = 90(x_{A1}+x_{B1}+x_{C1})+85(x_{A2}+x_{B2}+x_{C2})+65(x_{A3}+x_{B3}+x_{C3})$$
$$- 60(x_{A1}+x_{A2}+x_{A3}) - 35(x_{B1}+x_{B2}+x_{B3}) - 30(x_{C1}+x_{C2}+x_{C3})$$

（3）约束条件。本问题的约束条件有颜料供应量限制、规格要求、产品数量和决策变量非负。

①三种颜料供应量限制（三个资源约束）。

颜料 A 的供应量限制：$x_{A1}+x_{A2}+x_{A3} \leqslant 200$；

颜料 B 的供应量限制：$x_{B1}+x_{B2}+x_{B3} \leqslant 150$；

颜料 C 的供应量限制：$x_{C1}+x_{C2}+x_{C3} \leqslant 100$。

②喷漆的规格要求（两个收益约束、两个资源约束和三个确定性需求约束）。

喷漆甲对颜料 A 的要求：$x_{A1} \geq 50\%(x_{A1}+x_{B1}+x_{C1})$；

喷漆甲对颜料 B 的要求：$x_{B1} \leq 35\%(x_{A1}+x_{B1}+x_{C1})$；

喷漆乙对颜料 A 的要求：$x_{A2} \geq 40\%(x_{A2}+x_{B2}+x_{C2})$；

喷漆乙对颜料 B 的要求：$x_{B2} \leq 45\%(x_{A2}+x_{B2}+x_{C2})$；

喷漆丙对颜料 A 的要求：$x_{C1} = 30\%(x_{A3}+x_{B3}+x_{C3})$；

喷漆丙对颜料 B 的要求：$x_{C2} = 50\%(x_{A3}+x_{B3}+x_{C3})$；

喷漆丙对颜料 C 的要求：$x_{C3} = 20\%(x_{A3}+x_{B3}+x_{C3})$。

③产品数量对喷漆的最低需求约束。

回顾例 3.1，每组设备的最优生产策略如下：椅子每月产量为 41 把，书桌每月产量为 3 张，餐桌每月产量为 42 张，床具每月产量为 36 张。根据生产产品对喷漆的需求量计算可得，每组设备每月至少需要喷漆数量为

$$41 \times 2 + 3 \times 3 + 42 \times 4 + 36 \times 5 = 439$$

产品数量对喷漆的要求如下：

$$(x_{A1}+x_{A2}+x_{A3})+(x_{B1}+x_{B2}+x_{B3})+(x_{C1}+x_{C2}+x_{C3})=439$$

④非负：

$$x_{ij} \geq 0 \ (i = A,B,C; j = 1,2,3)$$

因此，得到例 3.4 的线性规划模型：

$$\max z = 90(x_{A1}+x_{B1}+x_{C1})+85(x_{A2}+x_{B2}+x_{C2})+65(x_{A3}+x_{B3}+x_{C3})$$
$$-60(x_{A1}+x_{A2}+x_{A3})-35(x_{B1}+x_{B2}+x_{B3})-30(x_{C1}+x_{C2}+x_{C3})$$

$$\text{s.t.} \begin{cases} x_{A1}+x_{A2}+x_{A3} \leq 200 \\ x_{B1}+x_{B2}+x_{B3} \leq 150 \\ x_{C1}+x_{C2}+x_{C3} \leq 100 \\ (x_{A1}+x_{A2}+x_{A3})+(x_{B1}+x_{B2}+x_{B3})+(x_{C1}+x_{C2}+x_{C3})=439 \\ x_{A1} \geq 50\%(x_{A1}+x_{B1}+x_{C1}) \\ x_{B1} \leq 35\%(x_{A1}+x_{B1}+x_{C1}) \\ x_{A2} \geq 40\%(x_{A2}+x_{B2}+x_{C2}) \\ x_{B2} \leq 45\%(x_{A2}+x_{B2}+x_{C2}) \\ x_{C1} = 30\%(x_{A3}+x_{B3}+x_{C3}) \\ x_{C2} = 50\%(x_{A3}+x_{B3}+x_{C3}) \\ x_{C3} = 20\%(x_{A3}+x_{B3}+x_{C3}) \\ x_{ij} \geq 0 \ (i = A, B, C; j = 1, 2, 3) \end{cases}$$

例 3.4 的电子表格模型如图 3-4 所示。

Excel 求解结果如表 3-8 所示，即用 122kg 的颜料 A、51kg 的颜料 B 及 71kg 的颜料 C 混合生产 244kg 的喷漆甲，用 78kg 的颜料 A、88kg 的颜料 B 及 29kg 的颜料 C 混合生产 195kg 的喷漆乙，但不生产喷漆丙，此时，获得的总增加利润最大，为 18670 元。

图 3-4　例 3.4 的电子表格模型

表 3-8　配料问题的求解结果　　　　　　　　　　　　　　　　　　　　　（单位：kg）

颜料	各喷漆的颜料使用量			颜料使用量
	喷漆甲	喷漆乙	喷漆丙	
颜料 A	122	78	0	200
颜料 B	51	88	0	139
颜料 C	71	29	0	100
产品产量	244	195	0	

3.5 背包问题建模

背包问题是动态规划问题的典型例子。在实际决策过程中,由于涉及的参数比较多,往往需要将问题分为若干阶段,不同阶段采取不同的决策,从而使整个决策过程达到最优。本节将介绍背包问题的基本概念,并结合案例建立线性规划模型求解。

3.5.1 背包问题的基本概念

背包问题可以抽象为这样一类问题:设有 n 种物品,已知每种物品的重量及价格;同时有一个背包,最大装重为 C,现从 n 种物品中选取若干整数件(同一种物品可以选择多件),使其总重量不超过 C,而总价值最大。这样符合线性规划,但是又增加了整数约束的问题称为整数规划问题(integer programming problem)。背包问题等同于车、船、人造卫星等工具的最大装载量问题,具有广泛而实际的意义。

3.5.2 背包问题的应用举例

例 3.5 在春节来临之际,为尽快将生产的椅子、书桌、餐桌及床具四类产品送往各门店开展促销活动,应对即将来临的销售高峰,YJ 家居决定租用一种最大承载能力为 10t 的卡车来装载四种类型的货物,已知每家门店单日销售需求为每种货物各 6 件,其他有关信息如表 3-9 所示,为确保优先送达的货物总价值最大,应如何确定装载方案?

表 3-9 货物相关数据

货物品种	货物编号	单位重量/t	单位价值/元
椅子	1	0.35	800
餐桌	2	0.50	950
书桌	3	0.45	900
床具	4	0.65	1150

解:本问题是典型的背包问题。

(1)决策变量。设卡车装载第 i 种货物的数量为 x_i 件($i=1,2,3,4$)。

(2)目标函数。卡车携带货物的总价值最大,即
$$\max z = 800x_1 + 950x_2 + 900x_3 + 1150x_4$$

(3)约束条件。①卡车最大承载能力为 10t:
$$0.35x_1 + 0.5x_2 + 0.45x_3 + 0.65x_4 \leqslant 10$$

②每种货物最多 6 件:
$$x_i \leqslant 6 \ (i=1,2,3,4)$$

③非负,且为整数:
$$x_i \geqslant 0 \text{ 且为整数}(i=1,2,3,4)$$

因此,得到例 3.5 的整数规划模型:
$$\max z = 800x_1 + 950x_2 + 900x_3 + 1150x_4$$

$$\text{s.t.} \begin{cases} 0.35x_1 + 0.5x_2 + 0.45x_3 + 0.65x_4 \leqslant 10 \\ x_i \leqslant 6 \ (i=1,2,3,4) \\ x_1, x_2, x_3, x_4 \geqslant 0 \text{且为整数} \end{cases}$$

例 3.5 的电子表格模型如图 3-5 所示。

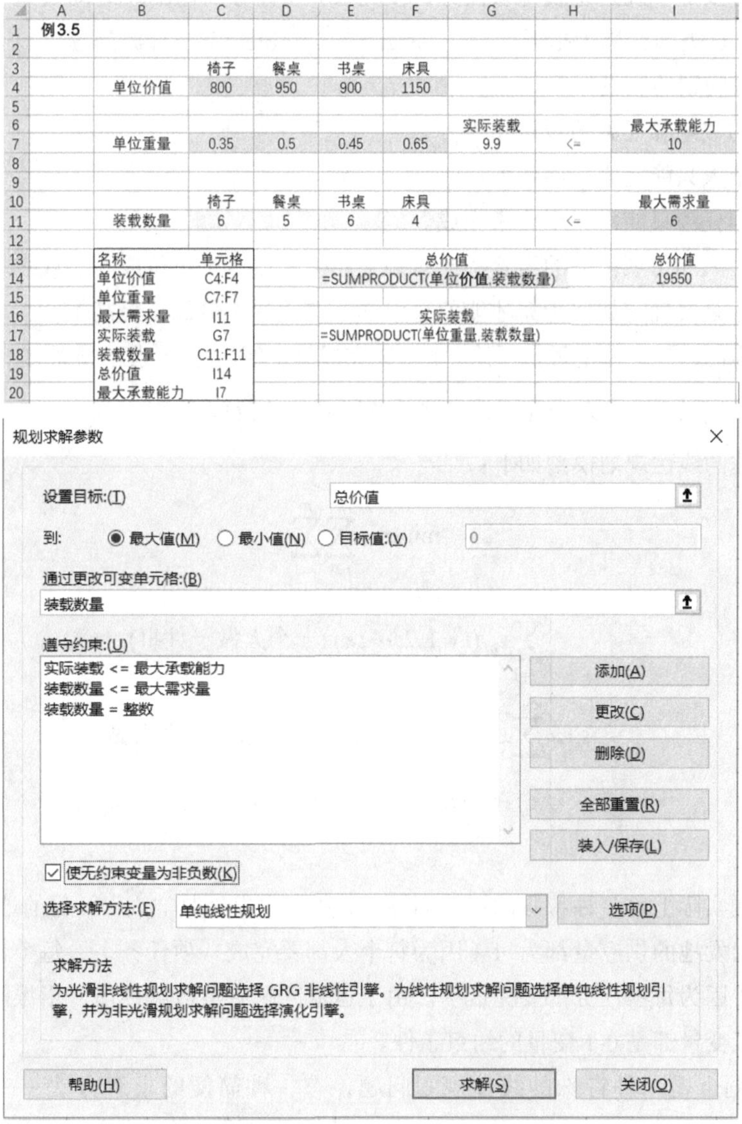

图 3-5　例 3.5 的电子表格模型

利用 Excel 求得的结果如下：当卡车装载椅子 6 把、餐桌 5 张、书桌 6 张、床具 4 张时，卡车所装载的产品总价值最大，为 19550 元。

3.6　指派问题建模

本节将介绍指派问题的基本概念，并结合案例建立线性规划模型求解。

3.6.1 指派问题的基本概念

在生活中经常会遇到这样的问题：某公司需完成 n 项任务，恰好有 n 个人可以承担这些任务。由于每个人的专长不同，各人完成的任务不同，所需的时间（或效率）也不同。因此产生应指派哪个人去完成哪项任务，使完成 n 项任务所需的总时间最短（或总效率最高）的问题。这类问题称为指派问题（assignment problem）或分派问题。

平衡指派问题的假设如下。

（1）人的数量和任务的数量相等。
（2）每个人只能完成一项任务。
（3）每项任务只能由一个人来完成。
（4）每个人和每项任务的组合都会有一个相关的成本（单位成本）或效率。
（5）目标是要确定如何指派才能使总成本（总效率）最低（最高）。

以成本为例，设 x_{ij} 为是否指派第 i 个人去完成第 j 项任务（1 表示指派，0 表示不指派），目标函数系数 c_{ij} 为第 i 个人去完成第 j 项任务所需的单位成本。

指派问题的线性规划模型如下：

$$\min z = \sum_{i=1}^{n}\sum_{j=1}^{n} c_{ij} x_{ij}$$

$$\text{s.t.} \begin{cases} \sum_{j=1}^{n} x_{ij}\ (i=1,2,\cdots,n)\ (\text{一个人做一件事}) \\ \sum_{i=1}^{n} x_{ij}\ (j=1,2,\cdots,n)\ (\text{一件事由一个人做}) \\ x_{ij} \geqslant 0\ (i,j=1,2,\cdots,n) \end{cases}$$

指派问题实际上是一种特殊的运输问题。其中，出发地是"人"，目的地是"任务"。只不过每个出发地的供应量都为 1（因为每个人都要完成一项任务），每个目的地的需求量也都为 1（因为每项任务都要完成）。由于运输问题有整数解性质，指派问题没有必要加上所有决策变量都是 0-1 变量的约束条件。

指派问题也是一种特殊的线性规划问题，有一种简便的求解方法——匈牙利方法（Hungarian method），但 Excel 的规划求解工具仍采用单纯形法来求解该问题。

指派问题常用来帮助管理者解决如何为一项即将开展的工作指派人员的问题。如何根据每个职工的素质、能力、公司整体利益及个人需求来安排工作，尽可能做到各显其能、各尽其职的人员最优安排是人力资源管理部门的核心问题。此外，指派问题还包括其他应用，例如，为任务指派机器、设备或工厂等。

3.6.2 指派问题的应用举例

例 3.6 消费者在购买家具时可以选择已经组装完毕的成品购买或者选择按照一定规

格加工完成的零件进行自行组装。YJ家居的每个门店都配有一定数量的员工可以帮助想要自行选择零件款式但无法自行完成组装的消费者进行最后的加工。为了避免销售高峰员工不足导致服务不周的问题，某门店新雇用了4名员工，分别指派他们完成加工椅子、床具、书桌、餐桌四项工作，经过一段时间的试用期，得出每人做每项工作所消耗的时间如表3-10所示。

表3-10 四名员工组装每种半成品的时间和工资

人	组装每种半成品的时间/h				工资/元
	椅子	床具	书桌	餐桌	
甲	0.5	2.0	1.0	1.5	14
乙	0.4	1.9	1.2	1.4	12
丙	0.5	2.3	0.8	1.4	13
丁	0.6	1.8	0.9	1.6	15

该门店的负责人应该如何指派四名员工工作，才能使总成本最小？

解： 该问题是一个典型的指派问题。单位成本为每个人完成每项任务的总工资；目标是要确定哪个人去完成哪项任务，可使总成本最少；供应量为1表示每个人都只能完成一项任务；需求量为1表示每项任务也只能由一个人来完成；总人数（4人）和总任务数（4项）相等。

设 $x_{ij} = \begin{cases} 0 \text{ (第}i\text{个人不去做任务}j) \\ 1 \text{ (第}i\text{个人去做任务}j) \end{cases}$，其中，$i = 1,2,3,4$ 分别代表甲、乙、丙、丁，$j = A,B,C,D$ 分别代表组装椅子、床具、书桌和餐桌。

其线性规划模型如下：

$$\min z = 14 \times (0.5x_{1A} + 2x_{1B} + 1x_{1C} + 1.5x_{1D}) + 12 \times (0.4x_{2A} + 1.9x_{2B} + 1.2x_{2C} + 1.4x_{2D})$$
$$+ 13 \times (0.5x_{3A} + 2.3x_{3B} + 0.8x_{3C} + 1.4x_{3D}) + 15 \times (0.6x_{4A} + 1.8x_{4B} + 0.9x_{4C} + 1.6x_{4D})$$

$$\text{s.t.} \begin{cases} x_{1A} + x_{1B} + x_{1C} + x_{1D} = 1 \\ x_{2A} + x_{2B} + x_{2C} + x_{2D} = 1 \\ x_{3A} + x_{3B} + x_{3C} + x_{3D} = 1 \\ x_{4A} + x_{4B} + x_{4C} + x_{4D} = 1 \\ x_{1A} + x_{2A} + x_{3A} + x_{4A} = 1 \\ x_{1B} + x_{2B} + x_{3B} + x_{4B} = 1 \\ x_{1C} + x_{2C} + x_{3C} + x_{4C} = 1 \\ x_{1D} + x_{2D} + x_{3D} + x_{4D} = 1 \\ x_{ij} \geq 0 \ (i = 1, 2, 3, 4; j = A, B, C, D) \end{cases}$$

例3.6的电子表格模型如图3-6所示。

整理出图3-6中C16:F19区域，得到图3-7所示的最优指派方案网络图。从图3-7中可以看出，安排甲去组装椅子，安排乙去组装餐桌，安排丙去组装书桌，安排丁去组装床具，此时，公司总成本最少，为61.2元。

	A	B	C	D	E	F	G	H	I
1	例 3.6								
2									
3		时间	椅子	床具	书桌	餐桌			工资
4		甲	0.5	2	1	1.5			14
5		乙	0.4	1.9	1.2	1.4			12
6		丙	0.5	2.3	0.8	1.4			13
7		丁	0.6	1.8	0.9	1.6			15
8									
9		单位成本	椅子	床具	书桌	餐桌			
10		甲	7	28	14	21			
11		乙	4.8	22.8	14.4	16.8			
12		丙	6.5	29.9	10.4	18.2			
13		丁	9	27	13.5	24			
14									
15		指派	椅子	床具	书桌	餐桌	实际指派		供应量
16		甲	1	0	0	0	1	=	1
17		乙	0	0	0	1	1	=	1
18		丙	0	0	1	0	1	=	1
19		丁	0	1	0	0	1	=	1
20		实际分派	1	1	1	1			
21			=	=	=	=			总成本
22		需求量	1	1	1	1			61.2
23									
24		名称	单元格			单位成本	椅子	床具	书桌	餐桌
25		单位成本	C10:F13			甲	=C4*$I$4	=D4*$I$4	=E4*$I$4	=F4*$I$4
26		供应量	I16:I19			乙	=C5*$I$5	=D5*$I$5	=E5*$I$5	=F5*$I$5
27		工资	I4:I7			丙	=C6*$I$6	=D6*$I$6	=E6*$I$6	=F6*$I$6
28		时间	C4:F7			丁	=C7*$I$7	=D7*$I$7	=E7*$I$7	=F7*$I$7
29		实际分派	C20:F20							
30		实际指派	G16:G19			实际分派	=SUM(C16 C19)	=SUM(D16 D19)	=SUM(E16 E19)	=SUM(F16 F19)
31		需求量	C22:F22							
32		指派	C16:F19			实际指派			总成本	
33						=SUM(C16:F16)			=SUMPRODUCT(单位成本,指派)	
34						=SUM(C17:F17)				
35						=SUM(C18:F18)				
						=SUM(C19:F19)				

规划求解参数

设置目标:(T) 总成本

到: ○最大值(M) ●最小值(N) ○目标值:(V) 0

通过更改可变单元格:(B)
指派

遵守约束:(U)
实际分派 = 需求量
实际指派 = 供应量
指派 = 整数

☑ 使无约束变量为非负数(K)

选择求解方法:(E) 单纯线性规划

求解方法
为光滑非线性规划求解问题选择 GRG 非线性引擎。为线性规划求解问题选择单纯线性规划引擎。并为非光滑规划求解问题选择演化引擎。

图 3-6 例 3.6 的电子表格模型

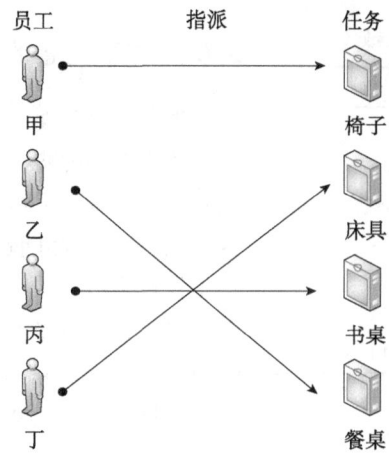

图 3-7　例 3.6 的最优指派方案网络图

3.7　排班问题建模

排班问题是典型的成本收益平衡问题。本节将介绍排班问题的基本概念，并结合案例建立线性规划模型求解。

3.7.1　排班问题的基本概念

成本收益平衡问题与资源分配问题的形式完全不同，这种差异主要是由两种问题的管理目标不同造成的。在资源分配问题中，各种资源（包括财务资源）是受限制的因素，问题的目标是最有效地利用各种资源，使获利最大。

对于成本收益平衡问题，管理层采取更为主动的姿态，他们指明哪些收益必须实现（不管如何使用资源），并且要以最低的成本实现所指明的收益。通过指明每种收益的最低可接受水平，以及实现这些收益的最小成本，管理层期望获得成本和收益之间的适度平衡。因此，成本收益平衡问题代表了一类线性规划问题。在这类问题中，通过选择各种活动水平的组合，从而以最小的成本来实现最低的可接受的各种收益水平。

$$\text{实现的水平} \geq \text{最低的可接受水平}$$

如果将收益的含义扩大，那么可以称用"≥"表示的函数约束为收益约束。在多数情况下，最低的可接受水平是作为一项政策由管理层制定的，但有时这一数据也可能是由其他条件决定的。

成本收益平衡问题需要收集如下三种数据。

（1）每种收益最低的可接受水平（管理决策）。

（2）每种活动对每种收益的贡献（单位活动的贡献）。

（3）每种活动的单位成本。

排班问题是成本收益平衡问题研究的最重要的应用领域之一。在这一领域，管理层意识到在向顾客提供令人满意的服务水平的同时必须进行成本控制，因此，必须寻找成本和收益之间的平衡。

表 3-11 不同时段最少需求人数（一）

时段	人数
8:00~10:00	32
10:00~12:00	56
12:00~14:00	68
14:00~16:00	32
16:00~18:00	48
18:00~20:00	64
20:00~22:00	40

表 3-12 排班类型

排班类型	时段	单位成本/元
排班 1	8:00~16:00	120
排班 2	10:00~18:00	110
排班 3	12:00~20:00	105
排班 4	14:00~22:00	125

3.7.2 排班问题的应用举例

例 3.7 YJ 家居门店众多，消费群体庞大，需要重视顾客的购物体验问题。YJ 家居 CG 门店负责人小王接到了顾客的投诉电话，投诉门店存在找不到导购、产品问题无人解答的现象。经过调查，小王发现果然存在这样的现象。既要考虑门店的服务质量，又不要损害员工的积极性，因此 YJ 家居 CG 门店负责人小王分析顾客流量数据，以确定一天中不同时段为达到顾客满意水平的最少需求人数，如表 3-11 所示。公司实行四种排班类型（连续工作 8h），不同时段排班的单位成本不同，具体信息如表 3-12 所示。小王应如何排班，既能保证满足各时段的服务水平，又使总成本最少？

解： 上述问题是排班问题，是典型的成本收益平衡问题。

（1）决策变量。本问题要做的决策是确定不同排班类型来上班人数。设 x_i 为排班类型 i 的来上班人数($i = 1,2,3,4$)。

（2）目标函数。本问题的目标是员工的总成本最低，即

$$\min z = 120x_1 + 110x_2 + 105x_3 + 125x_4$$

（3）约束条件。①每个时段的实际在岗人数必须不少于最低的可接受水平（最少需求人数），可对照表 3-13（有 7 个收益约束）：

$$x_1 \geqslant 32 \quad (8:00\sim10:00)$$
$$x_1 + x_2 \geqslant 56 \quad (10:00\sim12:00)$$
$$x_1 + x_2 + x_3 \geqslant 68 \quad (12:00\sim14:00)$$
$$x_1 + x_2 + x_3 + x_4 \geqslant 32 \quad (14:00\sim16:00)$$
$$x_2 + x_3 + x_4 \geqslant 48 \quad (16:00\sim18:00)$$
$$x_3 + x_4 \geqslant 64 \quad (18:00\sim20:00)$$
$$x_4 \geqslant 40 \quad (20:00\sim22:00)$$

②非负：

$$x_i \geqslant 0 \ (i = 1,2,3,4)$$

表 3-13 不同时段最少需求人数（二）

时段	排班 1	排班 2	排班 3	排班 4	最少需求人数
8:00~10:00	√				32
10:00~12:00	√	√			56
12:00~14:00	√	√	√		68
14:00~16:00	√	√	√	√	32
16:00~18:00		√	√	√	48
18:00~20:00			√	√	64
20:00~22:00				√	40

因此，得到例 3.7 的线性规划模型：

$$\min z = 120x_1 + 110x_2 + 105x_3 + 125x_4$$

$$\text{s.t.} \begin{cases} x_1 \geqslant 32 \\ x_1 + x_2 \geqslant 56 \\ x_1 + x_2 + x_3 \geqslant 68 \\ x_1 + x_2 + x_3 + x_4 \geqslant 32 \\ x_2 + x_3 + x_4 \geqslant 48 \\ x_3 + x_4 \geqslant 64 \\ x_4 \geqslant 40 \\ x_i \geqslant 0 \ (i = 1, 2, 3, 4) \end{cases}$$

例 3.7 的电子表格模型如图 3-8 所示。

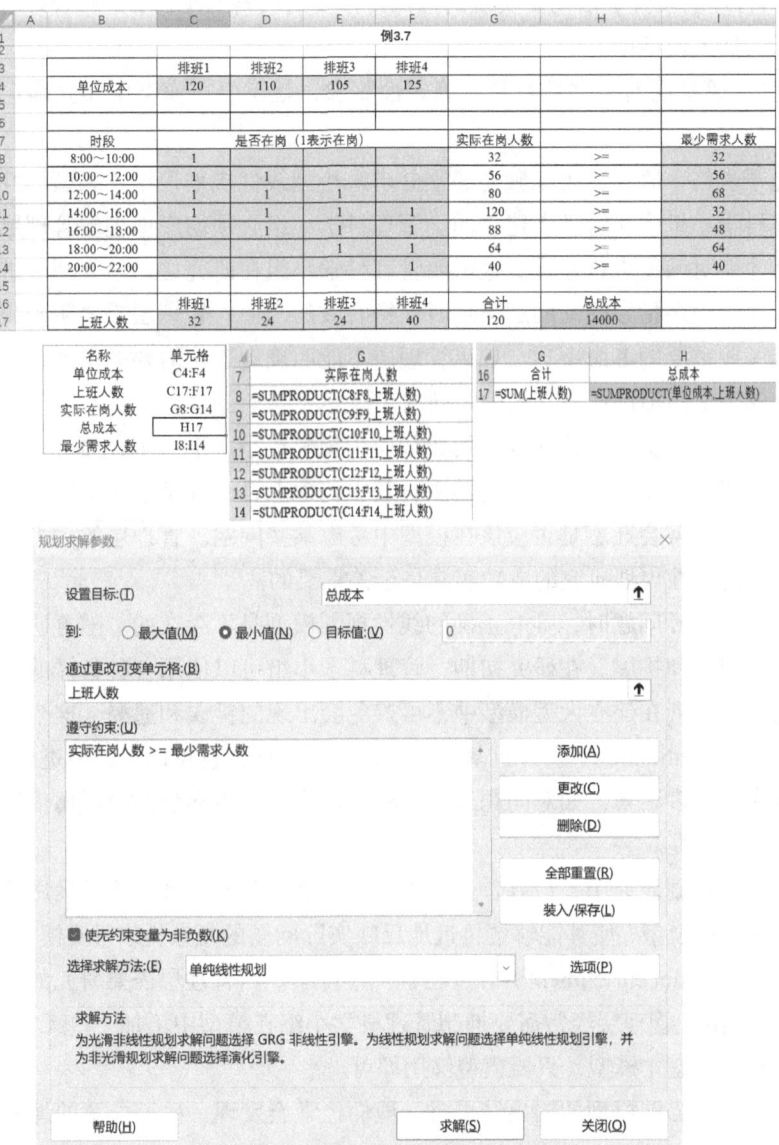

图 3-8　例 3.7 的电子表格模型

利用 Excel 求解得到的结果如表 3-14 所示，此时，YJ 家居 CG 门店的员工总成本最低，为 14000 元。

表 3-14 排班问题的求解结果

排班类型	上班人数
排班 1	32
排班 2	24
排班 3	24
排班 4	40
合计	120

【案例小结】

对线性规划问题的建模及分析提供了帮助管理者制定决策的相关信息，这意味着模型必须准确地从管理者的视角反映问题。

（1）总体绩效测度指标必须反映管理层希望实现的目标。

（2）当管理层限制了所考虑活动可用的资源数量时，这些限制就要描述成为资源约束。

（3）当管理层设置了活动要实现的最低可接受的收益水平时，这些管理目标将会以收益约束的形式加入模型中。

（4）如果管理层对某些数量具有确定性需求，就需要在模型中建立确定性需求约束条件。

借助电子表格，管理者可以独立建立并求解小型线性规划模型。大型线性规划模型一般是由管理科学小组而非管理者建立的。管理科学小组必须彻底地理解管理层对此问题的看法，然后才能对问题进行建模。这需要管理科学小组在研究之初与管理层进行明确的沟通，并在需要管理层指导的新问题出现时保持有效的沟通。管理层需要明确表达他们对问题的看法及一些重要的考虑事项。如果管理层不能明确地表达需要的帮助，那么线性规划研究是不能够为他们提供任何有用的帮助的。

教科书中每章的例子都比实际中的典型应用规模更小、更简单，而且更容易阐明。许多实际研究需要建立复杂的线性规划模型，其中包含上百个甚至上千个决策与约束。在这种情况下，人们常常会疑惑是否应该在模型中考虑某些问题。管理层的大力投入与支持对这种复杂问题的线性规划研究的成功实施是至关重要的。

当处理大型实际问题时，唯一正确的线性规划模型是不存在的。随着研究的进行，模型会被不断地修正和扩展。在研究初期，管理科学小组可以使用各种各样的技术来检验最初版本的模型，找到在建立大型模型中不可避免会出现的错误和遗漏。这个检验过程称为模型验证（model validation）。一旦基本模型通过了验证，就可以对模型进行合理的变动。这些变动取决于很多因素，如对问题最合理的假设、对模型参数的最可靠估计，以及模型希望实现的详细程度。

在大型线性规划研究中，最好首先建立一个相对简单的模型，然后运用从这个模型中获得的经验来扩展模型，使其能够更接近地反映实际问题的复杂性。只要模型很容易求解，这种模型扩展（model enrichment）的过程就一直持续。当管理层需要研究的结果时，又必须对模型进行缩减。管理层经常需要抑制管理科学小组在模型中增加一些无用功能的本能，从而以适时的方式建立模型，只要模型够用即可。

管理者在研究当前模型的输出结果时，他们经常会发现一些不如意的地方，需要管理科学小组对模型进行扩展。通过在模型扩展的过程中加入一些收益约束，以实现管理层之前没有提出的管理目标。

由于管理者是管理科学研究的发起人，他们需要对线性规划模型及建模有足够的了解。只有这样，他们才能认识到哪些管理问题可以应用线性规划来解决。另外，由于管理层的投入对于线性规划研究非常重要，管理者需要知道哪些管理考虑事项需要被编入模型中。

【本章小结】

一般来讲，一个经济管理问题要满足如下条件，才能归结为线性规划模型。

（1）问题的目标能用某种效益指标度量，并能用线性函数描述目标的要求。

（2）为实现这个目标，存在多种方案。

（3）实现的目标是可以量化的，并且是在一定约束条件下实现的，这些约束条件可用线性等式或不等式来描述。

（4）决策变量取值是连续的，可以是小数、分数或任意实数。

具有"≤"符号的函数约束称为资源约束，这是由于它们要求使用的资源数量必须小于等于可用的资源数量。资源分配问题的共性是它们的所有函数约束都是资源约束。

具有"≥"符号的函数约束称为收益约束，这是由于它们的形式是实现的收益水平必须大于等于最低可接受水平。经常地，收益约束反映了管理层所规定的目标。如果每个函数约束都是收益约束，这个问题就是一个成本收益平衡问题。

具有"="符号的函数约束称为确定性需求约束，这是由于它们表达了对于某些数量的固定需求，即提供的数量必须等于需要的数量。确定性需求问题的共性是它们的函数约束都是确定性需求约束。确定性需求问题的一种典型类型是运输问题，即找到一个最优的运输计划使产品从多个工厂运输到多个顾客的总成本最低。确定性需求问题的另一种典型类型是指派问题，即分配不同员工负责不同工作，目标是最低化执行工作的总成本。

不属于这三种类型中的任意一种类型的线性规划问题称为混合问题，如表 3-15 所示。

表 3-15　各类函数约束

类型	形式	解释	主要应用	典型问题
资源约束	LHS≤RHS	对于特定的资源 使用的数量≤可用的数量	资源分配问题	生产计划问题 背包问题
			混合问题	配料问题
收益约束	LHS≥RHS	对于特定的收益 实现的水平≥最低可接受水平	成本收益平衡问题	指派问题 排班问题
			混合问题	配料问题
确定性需求约束	LHS=RHS	对于特定的数量 提供的数量=需求的数量	确定性需求问题	运输问题 下料问题
			混合问题	配料问题

注：LHS = 左边（SUMPRODUCT 函数）；RHS = 右边（一般为常数）。

应用线性规划解决经济管理领域实际问题的最重要一步是建立实际问题的线性规划模型。这是一项技巧性很强的创造性工作，既要求对研究的问题有深入了解，又要求很好地掌握线性规划模型的结构特点，并具有较强的对实际问题进行数学描述的能力。因此，在研究建立一些较复杂的数学模型时，需要各方面专业人员的通力协作与配合。

【专业术语】

指派问题（assignment problem）：线性规划问题的一种类型，即分配不同员工负责不同工作，目标是最低化执行工作的总成本。

收益约束（benefit constraint）：具有"≥"符号的函数约束。式子的左边表示的是所考虑活动能够实现的收益水平，右边表示的是这一收益的最低可接受水平。

成本收益平衡问题（cost-benefit-trade-off problem）：线性规划问题的一种类型。这类线性规划问题考虑的是活动的总成本及活动能够实现的收益之间的平衡。它们的共性是线性规划模型中的每个函数约束都是收益约束。

确定性需求约束（fixed-requirement constraint）：具有"="符号的函数约束。式子的左边表示的是提供的数量，右边表示的是需求的数量。

共性特征（identifying feature）：能够指出其代表何种线性规划问题的线性规划模型的特征。

整数规划问题（integer programming problem）：线性规划问题的一种变异，具有对一部分或所有决策变量必须为整数值的一种额外约束。

混合问题（mixed problem）：包括至少两种类型函数约束（资源约束、收益约束、确定性需求约束）的任意线性规划问题。

模型扩展（model enrichment）：运用从模型中获得的经验来识别和增加重要的细节，以使模型能够更好地反映实际问题的过程。

模型验证（model validation）：对模型进行检验和测试以开发一个有效模型的过程。

资源分配问题（resource-allocation problem）：线性规划问题的一种类型，这类问题考虑的是如何将资源分配给活动。它们的共性是模型中的每个函数约束都是资源约束。

资源约束（resource constraint）：具有"≤"符号的函数约束。式子的左边表示的是活动所使用的资源数量，右边表示的是可用的资源数量。

运输问题（transportation problem）：线性规划问题的一种类型，即找到一个最优的运输计划使产品从多个工厂运输到多个顾客的总成本最低。

【实践题】

1. 出国留学装行李方案

某人出国留学前收拾行李，现有三个行李箱，容积分别为 $1000cm^3$、$1500cm^3$ 和 $2000cm^3$，根据需要列出需带物品清单，其中一些物品是必带物品，共有 7 件，其体积分别为 $400cm^3$、$300cm^3$、$150cm^3$、$250cm^3$、$450cm^3$、$760cm^3$、$190cm^3$。尚有 10 件可带可不带的物品，如果不带，那么将在目的地购买，通过网络查询可以得知其在目的地的价格。这些物品的体积及价格如表 3-16 所示，试给出一个合理的安排方案，把物品放在三个行李箱里。

表 3-16 相关物品的体积及价格

参数	物品1	物品2	物品3	物品4	物品5	物品6	物品7	物品8	物品9	物品10
体积/cm^3	200	350	500	430	320	120	700	420	250	100
价格/美元	15	45	100	70	50	75	200	90	20	30

2. 某医院护理部 24h 护士轮班计划优化研究

某医院决策层正在开会研究制订急诊病区的一昼夜护士值班安排计划。在会议上，护理部主任提交了一份该病区一昼夜 24h 各时段护士的最少需求人数的报告，见表 3-17。

表 3-17 该病区一昼夜 24h 各时段护士的最少需求人数

序号	时段	最少需求人数
1	2:00~6:00	10
2	6:00~10:00	15
3	10:00~14:00	25
4	14:00~18:00	20
5	18:00~22:00	18
6	22:00~2:00	12

护士分别在表 3-17 中所示的各时段开始时上班（即 6 种轮班方式），并连续工作 8h。现在医院决策层面临的问题如下。

（1）在不考虑在编和工资的前提下，应如何合理安排岗位，才能满足值班的需要（应如何安排各时段开始时上班的护士人数，才能使护士的总人数最少）？

（2）在会议做出安排之前，护理部又提出一个问题：目前全院在编护士只有 50 人，工资为 20 元/h；如果所需护士总人数超过 50 人，那么必须以 25 元/h 的较高薪酬外聘护士。另外，对于轮班 6（22:00~2:00）的护士，医院提供夜间加餐补贴，在编护士每人每班 20 元，外聘护士每人每班 25 元。这种情况下又该如何安排班次？医院最低成本是多少？

（3）护理部后来又提出，最好在深夜 2 点（2:00）时避免交班。这种情况下又该如何安排班次？医院在这方面的成本变化是多少？

3. 菜篮子工程

某市是一个人口不到 15 万人的小城市，根据该市的蔬菜种植情况，分别在 A、B 和 C 设三个收购点，再由收购点分送到全市的 8 个菜市场。按往年情况，A、B、C 三个收购点每天收购量分别为 20000kg、17000kg 和 16000kg，各菜市场每天的需求量及发生供应短缺时带来的损失见表 3-18。

表 3-18 各菜市场需求量及供应短缺损失数据

菜市场	每天需求量/kg	短缺损失/（元/kg）
1	7500	0.10
2	6000	0.08
3	8000	0.05
4	7000	0.10
5	10000	0.10
6	5500	0.08
7	9000	0.05
8	8000	0.08

各收购点至各菜市场的距离见表 3-19，各收购点至各菜市场蔬菜的单位运价为 0.0001 元/（kg·m）。

表 3-19　各收购点至菜市场的距离　　　　　　　　　　　　　　　　　　（单位：m）

收购点	菜市场							
	1	2	3	4	5	6	7	8
A	400	800	800	1900	1100	600	2200	1600
B	1400	700	700	1600	1200	1600	2300	1700
C	2000	1900	1100	1400	600	1500	500	1000

（1）为该市设计一个从各收购点至各菜市场的定点供应方案，使总费用（包括蔬菜运费、短缺损失）最小。

（2）若规定各菜市场短缺量一律不超过需求量的 20%，重新设计定点供应方案。

（3）为满足城市居民的蔬菜供应，该市的领导计划增加蔬菜种植面积，试问增产的蔬菜每天应分别向 A、B、C 三个收购点各供应多少最为经济合理？

4．回收中心的配料问题

某公司经营一个回收中心，专门从事四种固体废弃物（原料）的回收，并将回收物进行处理，混合成为可销售的三种产品。根据混合时各种原料的比例（规格要求），可将产品分为 A、B、C 三种等级，它们的混合成本和售价也不同，具体如表 3-20 所示。

表 3-20　回收中心产品的有关数据

产品等级	规格要求	混合成本/（元/kg）	售价/（元/kg）
A	原料 1：不超过总量的 30% 原料 2：不少于总量的 40% 原料 3：不超过总量的 50% 原料 4：总量的 20%	3	8.5
B	原料 1：不超过总量的 50% 原料 2：不少于总量的 10% 原料 4：总量的 10%	2.5	7
C	原料 1：不超过总量的 70%	2	5.5

回收中心可以从一些渠道定期收集所需的原料。表 3-21 给出了回收中心每周可收集的每种原料的数量及处理成本。

表 3-21　回收中心原料的有关数据

原料	每周可收集的每种原料的数量/kg	处理成本/（元/kg）	附加约束
1	3000	3	1. 对于每种原料，每周必须收集并处理一半以上的数量；
2	2000	6	
3	4000	4	2. 每周有 3 万元捐款，可用于处理这些原料
4	1000	5	

（1）该公司是一家专门从事环保业务的公司，公司的收益将全部用于环保事业，而公

司每周可获得 3 万元的捐款，专门用于原料的处理。公司决定在表 3-20 和表 3-21 所列的约束之内，有效地将各种原料混合到各种等级的产品中，以实现每周的总利润（销售收入减混合成本，不包括处理成本）最大。

（2）由于受到捐款额的限制，四种原料并没有全部收集并处理完。假设受四种原料每周可获得的数量限制，且要求收集并处理一半以上的情况下，处理成本先由捐款支付（捐款要全部用完），不足时从产品销售利润中支付（一部分产品销售利润作为处理成本）。在新的情况下，公司应收集、处理多少原料并混合成多少各种等级产品，才能使每周获得的总利润最大？

（3）作为一家专门从事环保事业的公司，公司有责任把每周可获得的四种原料全部收集并处理完，处理成本先由捐款支付（捐款要全部用完），不足时从产品销售利润中支付（一部分产品销售利润作为处理成本）。在新的情况下，公司每周获得的总利润是多少？

习　题

1. 某农民承包了五块土地共 206 亩（1 亩 ≈ 666.67m^2），打算种植小麦、玉米和蔬菜三种农作物，各种农作物的计划播种面积和土地面积及每块土地种植各种农作物的亩产见表 3-22，如何安排种植计划，可使总产量达到最高？

表 3-22　五块土地种植三种农作物的亩产、计划播种面积和土地面积

农作物	土地种植农作物的亩产/kg					计划播种面积/亩
	土地 1	土地 2	土地 3	土地 4	土地 5	
小麦	500	600	650	1050	800	86
玉米	850	800	700	900	950	70
蔬菜	1000	950	850	550	700	50
土地面积/亩	36	48	44	32	46	

2. 某食品厂产品配方决策问题。某食品厂生产两种芝麻核桃营养产品：芝麻核桃粉和低糖芝麻核桃粉，它们由芝麻、核桃、白糖三种原料以不同的比例混合而成。据市场调查，第四季度对芝麻核桃粉和低糖芝麻核桃粉的最小需求量分别为 10t 和 15t，它们的价格分别为 30 元/kg 和 40 元/kg，它们的原料成分、各种成分的比例、各种原料的成本和可提供量见表 3-23。该食品厂应如何分配这三种原料，才能在符合产品规格要求和满足最小需求量的前提下，获得最大利润？

表 3-23　某食品厂产品成分有关数据

参数	芝麻	核桃	白糖
成本/（元/kg）	45	25	4
可提供量/t	12	15	3
芝麻核桃粉成分	≥40%	≥30%	≤20%
低糖芝麻核桃粉成分	≥50%	≥40%	≤5%

3. 某集装箱最多只能装 9t 货物，现有三种货物供装载，每种货物的单位重量及相应的单位价值如表 3-24 所示。应该如何装载货物，才能使总价值最大？

表 3-24　货物的单位重量与单位价值

参数	货物 1	货物 2	货物 3
单位重量/t	2	3	4
单位价值/万元	3	4	5

4. 甲、乙、丙三个城市每年分别需要煤炭 320 万 t、250 万 t、350 万 t，由 A、B 两个煤矿负责供应。已知煤炭年供应量分别为 A 煤矿 400 万 t，B 煤矿 450 万 t。各煤矿至各城市的单位运价见表 3-25。由于需大于供（供不应求），经研究平衡决定，城市甲供应量可减少 0~30 万 t，城市乙需求量应全部满足，城市丙供应量不少于 270 万 t。试求将供应量分配完又使总运费最低的调运方案。

表 3-25　两个煤矿至三个城市的单位运价　　　　　　　　　　（单位：万元/万 t）

煤矿	城市甲	城市乙	城市丙
A	15	18	22
B	21	25	16

5. 某系有四位教师甲、乙、丙、丁，均有能力讲授课程 A、B、C 和 D。由于经验方面的原因，各位教师每周所需备课时间见表 3-26。

表 3-26　各位教师每周所需的备课时间　　　　　　　　　　　　　　（单位：h）

教师	课程 A	课程 B	课程 C	课程 D
甲	4	17	15	6
乙	12	6	16	7
丙	11	16	18	15
丁	9	18	13	11

教务部门的要求是每门课程由一位教师担任，同时每位教师只担任一门课程的教学任务，请给出教师整体备课时间最少的排课方案。

6. 有两批管材，需要长度分别为 2m、1.25m 和 0.5m 三种规格的管料，长度为 2m 的 2 根管料、1.25m 和 0.5m 的各 1 根管料构成一套。第一批管材共 50 根，每根长度为 6.5m，第二批管材共 200 根，每根长度为 4m。如何下料，可使得到的管料套数最多？

7. 某大学计算机中心的主任要为该中心的人员进行排班。该中心从 8:00 开到 22:00。主任观测了该中心在一天的不同时段的计算机使用量，并确定了如表 3-27 所示的各时段咨询员的最少需求人数。

表 3-27　各时段咨询员的最少需求人数

序号	时段	最少需求人数
1	8:00~12:00	6
2	12:00~16:00	8
3	16:00~20:00	10
4	20:00~22:00	6

需要聘用两类计算机咨询员：全职咨询员和兼职咨询员。全职咨询员将在以下三种轮班方式中连续工作8h或6h：上午上班（8:00～16:00）、中午上班（12:00～20:00）及下午上班（16:00～22:00）。全职咨询员的工资为14元/h。兼职咨询员将在表3-27所示的各个时段上班（即四种轮班方式，每次连续工作4h或2h），工资为12元/h。额外要求，在各时段，每个在岗的兼职咨询员必须配备至少两个在岗的全职咨询员（即全职咨询员与兼职咨询员的比例至少为2∶1）。主任希望能够确定每个轮班的全职咨询员与兼职咨询员的上班人数，从而能以最小的成本满足上述需求。

8. 三个城市每年需分别供应电力320单位、250单位和350单位，由A、B两个电站提供，它们的最大可供电量分别为400单位和450单位，单位费用如表3-28所示。由于需要量大于可供量，决定城市1的供应量可减少0～30单位，城市2的供应量不变，城市3的供应量不能少于270单位，试求总费用最低的分配方案（将可供电量用完）。

表3-28 供电单位费用数据 （单位：万元）

电站	城市1	城市2	城市3
A	15	18	22
B	21	25	16

9. 某大学计划为图书馆购买新的复印机。管理科学部门的三个成员正在分析要购买何种复印机。他们考虑了两种型号：型号A高速复印机及型号B低速但是相对便宜的复印机。型号A可以每天处理20000件复印任务，花费成本为6000美元。型号B可以每天处理10000件复印任务，花费成本只需4000美元。他们希望购买6台复印机以使其分布在图书馆各处，同时希望至少购买一台高速复印机，且所有的复印机具有每天处理至少75000件复印任务的能力。目标是确定这两种型号的复印机组合，以在满足复印需求的条件下花费最小的成本。

（1）在电子表格上为该问题建立一个线性规划模型并求解。

（2）写出该模型的代数形式。

10. 某农场有100hm²（1hm²=10000m²）土地及15000元资金可用于发展生产。农场劳动力情况为秋冬季3500人/日，春夏季4000人/日，若劳动力本身用不了，则可外出干活，春夏季收入为2.1元/（人·日），秋冬季收入为1.8元/（人·日）。该农场种植大豆、玉米和小麦三种农作物，并饲养奶牛和鸡。种植农作物时不需要专门投资，而饲养动物时每头奶牛投资400元，每只鸡投资3元。饲养奶牛时，每头需拨出1.5hm²土地种饲草，并占用人工（秋冬季为100人/日，春夏季为50人/日），年净收入400元/头。饲养鸡时，不占用土地，需人工喂每只鸡，秋冬季需0.6人/日，春夏季需0.3人/日，年净收入2元/只。农场现有鸡舍允许最多养3000只鸡，牛栏允许最多养32头奶牛。三种农作物每年需要的人工及收入情况如表3-29所示。试决定该农场的经营方案，使年净收入最大。（建立线性规划模型，不求解。）

表3-29 农场相关数据

参数	大豆	玉米	小麦
秋冬季需求人数	20	35	10
春夏季需求人数	50	75	40
年净收入/（元/hm²）	175	300	120

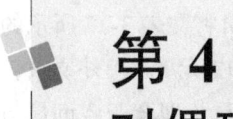

第4章
对偶理论及敏感性分析

【本章导读】

在线性规划的理论发展中最重要的发现就是对偶问题，即每个线性规划问题（称为原问题）都存在一个与它对应的对偶线性规划问题（称为对偶问题）。1928年，冯·诺依曼在研究对策论时就已发现线性规划与对策论之间存在密切的联系。两人零和对策可表达成线性规划的原问题和对偶问题。他于1947年提出对偶理论。1951年，丹齐克引用对偶理论求解线性规划的运输问题，研究了确定检验数的位势法原理。1954年，莱姆基提出的对偶单纯形法成为管理决策中进行敏感性分析的重要工具。对偶理论有许多重要应用：在原始的和对偶的两个线性规划中求解任何一个规划时，会自动地给出另一个规划的最优解；当对偶问题比原问题有较少约束时，求解对偶线性规划比求解原始线性规划方便得多；若把线性规划的约束看作广义资源约束，右端项则代表某种资源的可用量。对偶解的经济含义是资源的单位改变量引起目标函数值的改变量，通常称为影子价格。影子价格表明对偶解是对系统内部资源的客观估计，又表明它是一种虚拟的价格而不是真实的价格。对偶线性规划中的变量就是影子价格。对偶问题能提供原问题最优解的许多重要信息，有助于对原问题的求解和分析。尽管可以对模型进行一些合理的变动，但是对于一个特定版本的模型，一次只能求得一个最优解。敏感性分析可以对系统或事务因周围条件变化显示出来的敏感程度进行分析。这就是敏感性分析是线性规划研究的一个重要组成部分的原因。

【学习目标】

（1）掌握对偶模型的概念及与原模型的对应关系。

（2）将影子价格运用到企业经营管理问题中。

（3）使用对偶单纯形法求解线性规划问题。

（4）解释什么是敏感性分析并总结敏感性分析的优势。

（5）列举可以用敏感性分析研究的模型。

（6）描述如何用电子表格模型来进行各种敏感性分析。

（7）对单个或多个目标函数系数的变化进行评估，找出单个目标函数系数的允许变化范围。

（8）当一个或多个约束条件右端值发生变化时，预测这些变化给目标单元格的值带来的影响。

（9）在使预测值持续有效的前提下，预测约束条件系数变化给目标单元格的值带来的影响。

（10）增加一个新的变量或约束条件，分析目标单元格的值的变化。

【开篇案例】

YZ 是 YZW 餐饮管理有限公司旗下的餐饮品牌，成立于 2015 年，以中餐为主，是集品牌开发、餐饮管理为一体的企业。YZ 是其重点培育项目，经过不断地发展，目前已经成为众多消费者休闲娱乐的场所。公司在发展中一直坚持着"共创品质、共享品牌、共同发展、实现双赢"的经营理念，不断创新与提升，努力打造"特色味道"这一核心竞争力。

YZW 在昆明市共有 11 家门店，主打创意滇菜，其主要竞争对手是 WP 饭店。YZ 和 WP 在菜式、味道方面比较相近，且在当地的销量、翻桌率相近，竞争比较激烈。如何在同行中胜出，一直是 YZ 店长小赵的心事。

【案例思考题】

在近一段时间，YZ 店长小赵发现门店存在一些问题，例如，顾客投诉上菜速度慢、菜品质量欠佳及缺乏新意等。为了提高服务质量，打造专业滇菜口碑，小赵决定针对问题采取解决措施。小赵注意到洗菜的张师傅、配菜的李师傅和炒菜的王师傅在门店招牌菜的制作流程上都有较为突出的能力，于是决定安排三位师傅按照各自洗菜、配菜和炒菜的分工，将固定的时间用于招牌菜品流程化制作，同时不断开发新菜品吸引更多的顾客。在新措施实施前，虽经过与师傅的多次沟通，但并未在菜品数量和种类等分工上取得最优的答案，以下都是一些亟待解决的问题。

（1）如何安排招牌菜品制作的数量，保证获得的总利润最大化？

（2）师傅是否可以出租？

（3）如果一道菜品或多道菜品的单位利润改变，最优解是否会改变？对总利润又会产生怎样的影响？

（4）如果一位或多位师傅用于招牌菜的制作时间改变，总利润是否会发生变化？如何改变？最优解是否会发生变化？

（5）如果某位师傅优化工作效率，用于制作一道菜品的时长有所变化，最优解是否会发生改变？总利润是否会发生变化？

（6）如果餐厅增加一种新菜品，总利润是否会发生变化？

（7）如果餐厅新增食材使用限制，是否会改变原来的最优方案？

（8）……

4.1 对偶问题的提出

本章的对偶是指对同一事物（问题）从不同的角度（立场）观察，有两种看似对立的表述。例如，平面中矩形的面积与周长的关系可分别表述为"周长一定，面积最大的矩形是正方形"和"面积一定，周长最短的矩形是正方形"。又如，同一个数据集的线性规划问题可以有两种优化的表述，一个企业决策者做生产规划时，可以提出以最大利润为目标，也可以提出以最小资源消耗为目标。下面通过 YZ 案例中的问题来进一步了解。

例 4.1 为了提高菜品质量，挽回因菜品质量问题及上菜速度慢而流失的顾客，YZ 店长小赵决定优化招牌菜品制作流程。门店有分工不同的三位师傅，他们在制作小炒黄牛肉、三少爷焖鸡、柠檬花甲三道招牌菜品时都有较为突出的优势。为了提高工作效率，每位师傅利用固定时间负责这三道菜品的流程化制作，已知不同师傅制作三道菜的用时消耗、可用时间，以及每道菜师傅的单位利润如表 4-1 所示。

表 4-1　菜品制作用时消耗、可用时间与单位利润

师傅	菜品制作用时消耗/min			可用时间/（min/天）
	小炒黄牛肉	三少爷焖鸡	柠檬花甲	
张师傅（洗菜）	8	4	10	240
李师傅（配菜）	10	6	8	220
王师傅（炒菜）	6	13	10	360
单位利润/元	14	10	19	

应该如何安排菜品制作数量，能保证获得的总利润最大化？

解：根据线性规划理论分析求解。

（1）决策变量。设小炒黄牛肉、三少爷焖鸡、柠檬花甲三道招牌菜品的每日产量分别为 x_1、x_2 和 x_3（道）。

（2）目标函数。出产菜品的总利润最大，即

$$\max z = 14x_1 + 10x_2 + 19x_3$$

（3）约束条件。①师傅每天用于制作招牌菜品的可用时间如下。

张师傅：$8x_1 + 4x_2 + 10x_3 \leqslant 240$

李师傅：$10x_1 + 6x_2 + 8x_3 \leqslant 220$

王师傅：$6x_1 + 13x_2 + 10x_3 \leqslant 360$

②非负

$$x_i \geqslant 0 \ (i=1,2,3)$$

因此，得到例 4.1 的整数线性规划模型：

$$\max z = 14x_1 + 10x_2 + 19x_3$$

$$\begin{cases} 8x_1 + 4x_2 + 10x_3 \leqslant 240 \\ 10x_1 + 6x_2 + 8x_3 \leqslant 220 \\ 6x_1 + 13x_2 + 10x_3 \leqslant 360 \\ x_1, x_2, x_3 \geqslant 0 \end{cases}$$

如果从另一个角度来讨论这个问题：小赵发现目前市场上可以出租师傅，收取租赁费，试问小赵会选择这种模式出租这三位师傅吗？如果选择这种模式，该如何制定三位师傅的租赁费？

这个问题可以从两方面来思考：①采用出租三位师傅收取的租赁费应不低于三位师傅给自己做菜的可获总利润；②为了在市场上具有价格竞争力，定价又不能太高。

假设 y_1、y_2、y_3 分别为三位师傅的租赁价格，小赵收取的租赁费不能低于三位师傅

给自己做菜的可获总利润，所以有

$$\text{s.t.} \begin{cases} 8y_1 + 10y_2 + 6y_3 \geq 14 \\ 4y_1 + 6y_2 + 13y_3 \geq 10 \\ 10y_1 + 8y_2 + 10y_3 \geq 19 \\ y_1, y_2, y_3 \geq 0 \end{cases}$$

从租赁方来看，就希望租赁费 $\min w = 240y_1 + 220y_2 + 360y_3$ 最少，则应有如下模型：

$$\min w = 240y_1 + 220y_2 + 360y_3$$

$$\text{s.t.} \begin{cases} 8y_1 + 10y_2 + 6y_3 \geq 14 \\ 4y_1 + 6y_2 + 13y_3 \geq 10 \\ 10y_1 + 8y_2 + 10y_3 \geq 19 \\ y_1, y_2, y_3 \geq 0 \end{cases}$$

对以上模型进行求解，得出的结果就是租赁双方决策者认为的最优方案。

把生产模型（原问题）与顾客获利模型（对偶问题）进行对比：

$$\max z = 14x_1 + 10x_2 + 19x_3$$

$$\text{s.t.} \begin{cases} 8x_1 + 4x_2 + 10x_3 \leq 240 \\ 10x_1 + 6x_2 + 8x_3 \leq 220 \\ 6x_1 + 13x_2 + 10x_3 \leq 360 \\ x_1, x_2, x_3 \geq 0 \end{cases} \quad \text{（原问题）}$$

$$\min w = 240y_1 + 220y_2 + 360y_3$$

$$\text{s.t.} \begin{cases} 8y_1 + 10y_2 + 6y_3 \geq 14 \\ 4y_1 + 6y_2 + 13y_3 \geq 10 \\ 10y_1 + 8y_2 + 10y_3 \geq 19 \\ y_1, y_2, y_3 \geq 0 \end{cases} \quad \text{（对偶问题）}$$

对偶理论是线性规划的重要内容之一，每个线性规划问题（原问题）都伴随一个线性规划问题（对偶问题）。原问题与对偶问题有着非常密切的联系，下面我们进一步深入研究对偶理论中原问题和对偶问题的内在联系。

4.2 对 偶 理 论

以上讨论可直观地了解线性规划中原问题与对偶问题之间的关系；本节将从理论上进一步讨论线性规划的对偶问题。

4.2.1 对称形式下对偶问题的一般形式

对于同一数据集（a，b，c），可以用"≤"不等式约束条件和目标函数最大化的原问题与"≥"不等式约束条件和目标函数最小化的对偶问题建立标准的对应关系。

原问题：

$$\max z = c_1x_1 + c_2x_2 + \cdots + c_nx_n$$

$$\text{s.t.} \begin{bmatrix} a_{11} & a_{12} & \cdots & a_{1n} \\ a_{21} & a_{22} & \cdots & a_{2n} \\ \vdots & \vdots & & \vdots \\ a_{m1} & a_{m2} & \cdots & a_{mn} \end{bmatrix} \begin{pmatrix} x_1 \\ x_2 \\ \vdots \\ x_n \end{pmatrix} \leqslant \begin{pmatrix} b_1 \\ b_2 \\ \vdots \\ b_m \end{pmatrix}$$

$$x_1, x_2, \cdots, x_n \geqslant 0$$

对偶问题:

$$\min w = y_1b_1 + y_2b_2 + \cdots + y_mb_m$$

$$\text{s.t.} \begin{bmatrix} a_{11} & a_{21} & \cdots & a_{m1} \\ a_{12} & a_{22} & \cdots & a_{m2} \\ \vdots & \vdots & & \vdots \\ a_{1n} & a_{2n} & \cdots & a_{mn} \end{bmatrix} \begin{pmatrix} y_1 \\ y_2 \\ \vdots \\ y_m \end{pmatrix} \geqslant \begin{pmatrix} c_1 \\ c_2 \\ \vdots \\ c_n \end{pmatrix}$$

$$y_1, y_2, \cdots, y_m \geqslant 0$$

以上是原问题与对偶问题的标准形式,它们之间的关系可以用表 4-2 表示。

表 4-2 原问题与对偶问题之间的关系

	$x_1, x_2, \cdots, x_n$				原关系	$\min w$
y_1	a_{11}	a_{12}	$\cdots$	a_{1n}	$\leqslant$	b_1
y_2	a_{21}	a_{22}	$\cdots$	a_{2n}	$\leqslant$	b_2
$\vdots$	$\vdots$	$\vdots$		$\vdots$	$\vdots$	$\vdots$
y_m	a_{m1}	a_{m2}	$\cdots$	a_{mn}	$\leqslant$	b_m
对偶关系	$\geqslant$	$\geqslant$	$\cdots$	$\geqslant$		
$\max z$	c_1	c_2	$\cdots$	c_n		$\max z = \min w$

表 4-2 将原问题与对偶问题的关系汇总,从正面看是原问题,将它转 90°之后看是对偶问题。

将例 4.1 的原线性规划的系数列成表 4-2 的形式,就是表 4-3。

表 4-3 例 4.1 中原问题与对偶问题之间的关系

	x_1	x_2	x_3	b
y_1	8	4	10	240
y_2	10	6	8	220
y_3	6	13	10	360
c	14	10	19	

$$\max z = 14x_1 + 10x_2 + 19x_3 \qquad \min w = 240y_1 + 220y_2 + 360y_3$$

$$\text{s.t.} \begin{cases} 8x_1 + 4x_2 + 10x_3 \leqslant 240 \\ 10x_1 + 6x_2 + 8x_3 \leqslant 220 \\ 6x_1 + 13x_2 + 10x_3 \leqslant 360 \\ x_1, x_2, x_3 \geqslant 0 \end{cases} \Rightarrow \text{s.t.} \begin{cases} 8y_1 + 10y_2 + 6y_3 \geqslant 14 \\ 4y_1 + 6y_2 + 13y_3 \geqslant 10 \\ 10y_1 + 8y_2 + 10y_3 \geqslant 19 \\ y_1, y_2, y_3 \geqslant 0 \end{cases}$$

4.2.2 非对称形式下原问题与对偶问题的关系

上述原问题的形式称为对称形式。但并非所有线性规划问题都具有对称形式，故下面讨论一般形式下线性规划问题如何列出其对偶问题。

求解下列线性规划问题的对偶问题：

$$\max z = c_1 x_1 + c_2 x_2 + c_3 x_3$$

$$\text{s. t.} \begin{cases} a_{11} x_1 + a_{12} x_2 + a_{13} x_3 \leqslant b_1 & (4.1\text{a}) \\ a_{21} x_1 + a_{22} x_2 + a_{23} x_3 = b_2 & (4.1\text{b}) \\ a_{31} x_1 + a_{32} x_2 + a_{33} x_3 \geqslant b_3 & (4.1\text{c}) \\ x_1 \geqslant 0, x_2 \leqslant 0, x_3 \text{无约束} & (4.1\text{d}) \end{cases}$$

首先将约束条件转换为对称形式，然后按对应关系写出其对偶问题。

（1）将式（4.1b）先转换为 $a_{21} x_1 + a_{22} x_2 + a_{23} x_3 \leqslant b_2$ 和 $a_{21} x_1 + a_{22} x_2 + a_{23} x_3 \geqslant b_2$，再变换为 $a_{21} x_1 + a_{22} x_2 + a_{23} x_3 \leqslant b_2$ 和 $-a_{21} x_1 - a_{22} x_2 - a_{23} x_3 \leqslant -b_2$。

（2）将式（4.1c）两端乘以 -1，得 $-a_{31} x_1 - a_{32} x_2 - a_{33} x_3 \leqslant -b_3$。

（3）在式（4.1d）中，令 $x_2 = -x_2'$，由此得 $x_2' \geqslant 0$；令 $x_3 = x_3' - x_3''$，其中，$x_3' \geqslant 0$，$x_3'' \geqslant 0$。

经上述变换后原式可重新表示为

$$\max z = c_1 x_1 - c_2 x_2' + c_3 x_3' - c_3 x_3'' \qquad \text{对偶变量}$$

$$\text{s. t.} \begin{cases} a_{11} x_1 - a_{12} x_2' + a_{13} x_3' - a_{13} x_3'' \leqslant b_1 & y_1 \\ a_{21} x_1 - a_{22} x_2' + a_{23} x_3' - a_{23} x_3'' \leqslant b_2 & y_2' \\ -a_{21} x_1 + a_{22} x_2' - a_{23} x_3' + a_{23} x_3'' \leqslant -b_2 & y_2'' \\ -a_{31} x_1 + a_{32} x_2' - a_{33} x_3' + a_{33} x_3'' \leqslant -b_3 & y_3' \\ x_1 \geqslant 0, x_2' \geqslant 0, x_3' \geqslant 0, x_3'' \geqslant 0 \end{cases}$$

令各约束对应的对偶变量分别为 y_1、y_2'、y_2'' 和 y_3'，按对应关系写出其对偶问题为

$$\min z = b_1 y_1 + b_2 y_2' - b_2 y_2'' - b_3 y_3'$$

$$\text{s. t.} \begin{cases} a_{11} y_1 + a_{21} y_2' - a_{21} y_2'' - a_{31} y_3' \geqslant c_1 & (4.2\text{a}) \\ -a_{12} y_1 - a_{22} y_2' + a_{22} y_2'' + a_{32} y_3' \geqslant -c_2 & (4.2\text{b}) \\ a_{13} y_1 + a_{23} y_2' - a_{23} y_2'' - a_{33} y_3' \geqslant c_3 & (4.2\text{c}) \\ -a_{13} y_1 - a_{23} y_2' + a_{23} y_2'' + a_{33} y_3' \geqslant -c_3 & (4.2\text{d}) \\ y_1 \geqslant 0, y_2' \geqslant 0, y_2'' \geqslant 0, y_3' \geqslant 0 \end{cases}$$

令 $y_2 = y_2' - y_2''$，$y_3 = -y_3'$，将式（4.2c）和式（4.2d）转换为 $a_{13} y_1 + a_{23} y_2 - a_{33} y_3 = c_3$，将式（4.2b）两端乘以 -1，由此得

$$\min z = b_1 y_1 + b_2 y_2 + b_3 y_3$$

$$\text{s. t.} \begin{cases} a_{11} y_1 + a_{21} y_2 + a_{31} y_3 \geqslant c_1 \\ a_{12} y_1 + a_{22} y_2 - a_{32} y_3 \leqslant c_2 \\ a_{13} y_1 + a_{23} y_2 + a_{33} y_3 = c_3 \\ y_1 \geqslant 0, y_2 \text{无约束}, y_3 \leqslant 0 \end{cases}$$

综上所述，线性规划的原问题与对偶问题的关系的变换形式归纳为表 4-4 所示的对应关系。

表 4-4 原问题与对偶问题的关系的变换形式

原问题（或对偶问题）	对偶问题（或原问题）
目标函数 max z	目标函数 min w
变量 $\begin{cases} n\text{个} \\ \geqslant 0 \\ \leqslant 0 \\ \text{无约束} \end{cases}$	$\left.\begin{array}{l} n\text{个} \\ \geqslant \\ \leqslant \\ = \end{array}\right\}$ 约束条件
约束条件 $\begin{cases} m\text{个} \\ \leqslant \\ \geqslant \\ = \end{cases}$	$\left.\begin{array}{l} m\text{个} \\ \geqslant 0 \\ \leqslant 0 \\ \text{无约束} \end{array}\right\}$ 变量
约束条件右端项 目标函数变量的系数	目标函数变量的系数 约束条件右端项

4.2.3 对偶问题的基本性质

设原问题和对偶问题如例 4.1 所示，则对偶问题具有以下性质。

1. 对称性

对称性即对偶问题的对偶是原问题。

证：设原问题为

$$\max z = cX$$

约束条件为

$$AX \leqslant b$$
$$x_i \geqslant 0$$

其对偶问题为

$$\min f = b^{\mathrm{T}} Y$$

约束条件为

$$A^{\mathrm{T}} Y \geqslant c^{\mathrm{T}}$$
$$y_i \geqslant 0$$

将上面的对偶问题改写为

$$\max(-f) = -(b^{\mathrm{T}} Y)$$

约束条件为

$$-A^{\mathrm{T}} Y \leqslant -c^{\mathrm{T}}$$
$$y_i \geqslant 0$$

这样就可以得到这个问题的对偶问题：

$$\min(-z) = (-c^{\mathrm{T}})^{\mathrm{T}} X$$

约束条件为

$$(-A^{\mathrm{T}})^{\mathrm{T}} X \geqslant (-b^{\mathrm{T}})^{\mathrm{T}}$$
$$x_i \geqslant 0$$

则上面的规划可改写为

$$\max z = cX$$

约束条件为
$$AX \leqslant b$$
$$x_i \geqslant 0$$

即原问题。

2. 弱对偶性

若 $\bar{x}_j\,(j=1,2,\cdots,n)$ 是原问题的可行解，$\bar{y}_i\,(i=1,2,\cdots,m)$ 是其对偶问题的可行解，则恒有

$$\sum_{j=1}^{n} c_j \bar{x}_j \leqslant \sum_{i=1}^{m} b_i \bar{y}_i$$

证：因为

$$\sum_{j=1}^{n} c_j \bar{x}_j \leqslant \sum_{j=1}^{n}\left(\sum_{i=1}^{m} a_{ij} \bar{y}_i\right) \bar{x}_j = \sum_{i=1}^{m}\sum_{j=1}^{n} a_{ij} \bar{x}_j \bar{y}_i$$

$$\sum_{i=1}^{m} b_i \bar{y}_i \geqslant \sum_{i=1}^{m}\left(\sum_{j=1}^{n} a_{ij} \bar{x}_j\right) \bar{y}_i = \sum_{i=1}^{m}\sum_{j=1}^{n} a_{ij} \bar{x}_j \bar{y}_i$$

所以

$$\sum_{j=1}^{n} c_j \bar{x}_j \leqslant \sum_{i=1}^{m} b_i \bar{y}_i$$

由弱对偶性可得出以下推论。

推论 4.1 原问题最优解的目标函数值是其对偶问题目标函数值的下界；反之，对偶问题最优解的目标函数值是其原问题目标函数值的上界。

推论 4.2 若原问题有可行解且目标函数值无界（具有无界解），则其对偶问题无可行解；反之，若对偶问题有可行解且目标函数值无界，则其原问题无可行解。

推论 4.3 若原问题有可行解而其对偶问题无可行解，则原问题目标函数值无界；反之，若对偶问题有可行解而其原问题无可行解，则对偶问题目标函数值无界。

3. 最优性

如果 $\hat{x}_j\,(j=1,2,\cdots,n)$ 是原问题的可行解，$\hat{y}_i\,(i=1,2,\cdots,m)$ 是其对偶问题的可行解，且有

$$\sum_{j=1}^{n} c_j \hat{x}_j = \sum_{i=1}^{m} b_i \hat{y}_i$$

那么 $\hat{x}_j\,(j=1,2,\cdots,n)$ 是原问题的最优解 x_j^*，$\hat{y}_i\,(i=1,2,\cdots,m)$ 是其对偶问题的最优解 y_i^*。

证：设 $x_j^*\,(j=1,2,\cdots,n)$ 是原问题的最优解，$y_i^*\,(i=1,2,\cdots,m)$ 是对偶问题的最优解。因为

$$\sum_{j=1}^{n} c_j \hat{x}_j \leqslant \sum_{j=1}^{n} c_j x_j^*, \quad \sum_{i=1}^{m} b_i y_i^* \leqslant \sum_{i=1}^{m} b_i \hat{y}_i$$

又知

$$\sum_{j=1}^{n} c_j \hat{x}_j = \sum_{i=1}^{m} b_i \hat{y}_i, \quad \sum_{j=1}^{n} c_j x_j^* \leq \sum_{i=1}^{m} b_i y_i^*$$

所以

$$\sum_{j=1}^{n} c_j \hat{x}_j = \sum_{j=1}^{n} c_j x_j^* = \sum_{i=1}^{m} b_i y_i^* = \sum_{i=1}^{m} b_i \hat{y}_i$$

4. 强对偶性

若原问题及其对偶问题都有可行解，则两者都有最优解，且它们的最优解的目标函数值相等。

证：由于两者都有可行解，由弱对偶性的推论 4.1 可知，原问题与对偶问题的目标函数值分别有上界和下界，所以两者都有最优解；同时，当原问题为最优解时，其对偶问题的解为可行解，且原问题的目标函数值等于对偶问题的目标函数值，由最优性可知，这时两者的解均为最优解。

5. 互补松弛性

在线性规划问题的最优解中，如果对应某约束条件的对偶变量值非零，那么该约束条件取严格等式；反之，如果约束条件取严格不等式，那么其对应的对偶变量值一定为零。即

若 $\hat{y}_i > 0$，则有 $\sum_{j=1}^{n} a_{ij} \hat{x}_j = b_i$，即 $\hat{x}_{si} = 0$

若 $\sum_{j=1}^{n} a_{ij} \hat{x}_j < b_i$，即 $\hat{x}_{si} > 0$，则有 $\hat{y}_i = 0$

因此，一定有

$$\hat{x}_{si} \cdot \hat{y}_i = 0$$

证：由弱对偶性知

$$\sum_{j=1}^{n} c_j \hat{x}_j \leq \sum_{i=1}^{m} \sum_{j=1}^{n} a_{ij} \hat{x}_j \hat{y}_i \leq \sum_{i=1}^{m} b_i \hat{y}_i \tag{4.3}$$

又根据最优性，有

$$\sum_{j=1}^{n} c_j \hat{x}_j = \sum_{i=1}^{m} b_i \hat{y}_i$$

故式（4.3）中应全为等式。由式（4.3）右端等式得

$$\sum_{i=1}^{m} \left(\sum_{j=1}^{n} a_{ij} \hat{x}_j - b_i \right) \hat{y}_i = 0 \tag{4.4}$$

因 $\hat{y}_i \geq 0$，$\sum_{j=1}^{n} a_{ij} \hat{x}_j - b_i \leq 0$，故式（4.4）成立必须对所有 $i = 1, 2, \cdots, m$，有

$$\left(\sum_{j=1}^{n} a_{ij}\hat{x}_j - b_i\right)\hat{y}_i = 0$$

由此可知，当 $\hat{y}_i > 0$ 时，必有 $\sum_{j=1}^{n} a_{ij}\hat{x}_j - b_i = 0$；当 $\sum_{j=1}^{n} a_{ij}\hat{x}_j - b_i < 0$ 时，必有 $\hat{y}_i = 0$。

将互补松弛性应用于其对偶问题时可以这样叙述：

若有 $\hat{x}_i > 0$，则 $\sum_{i=1}^{m} a_{ij}\hat{y}_i = c_j$；若有 $\sum_{i=1}^{m} a_{ij}\hat{y}_i > c_j$，则 $\hat{x}_i = 0$

其证明方法同上所述。

上述针对对称形式证明的对偶问题的性质同样适用于非对称形式，读者不妨自己找一个例子来进行验证。

4.2.4　原问题与对偶问题的关系

对偶问题有许多重要的特征，它的变量能提供关于原问题最优解的许多重要资料，有助于原问题的求解和分析。对偶问题与原问题之间存在下列关系。

（1）目标函数对原问题是极大化，对对偶问题则是极小化。

（2）原问题目标函数中的收益系数是对偶问题约束不等式中的右端常数，原问题约束不等式中的右端常数则是对偶问题目标函数中的收益系数。

（3）原问题和对偶问题的约束不等式的符号方向相反。

（4）原问题约束不等式系数矩阵转置后即对偶问题约束不等式系数矩阵。

（5）原问题的约束方程数对应于对偶问题的变量数，原问题的变量数对应于对偶问题的约束方程数。

（6）对偶问题的对偶问题是原问题，这一性质称为原问题和对偶问题的对称性。

4.3　对偶问题的经济解释

4.3.1　影子价格的概念

若把线性规划的约束看作广义资源约束，右端项则代表某种资源的可用量。对偶解的经济含义是资源的单位改变量引起目标函数值的改变量，通常称为影子价格（shadow price）。影子价格表明对偶解是对系统内部资源的客观估计，又表明它是一种虚拟的价格而不是真实的价格。

考虑一对对称的对偶问题：

$$\max z = cx \qquad\qquad \min w = yb$$
原问题　s.t. $\begin{cases} Ax \leqslant b \\ x \geqslant 0 \end{cases}$　　　对偶问题　s.t. $\begin{cases} yA \geqslant b \\ y \geqslant 0 \end{cases}$

由对偶问题的基本性质可知，当原问题求得最优解 x^* 时，其对偶问题也得到最优解 y^*，且有

$$z^* = \sum_{j=1}^{n} c_j x_j^* = \sum_{i=1}^{m} b_i y_i^* = w^*$$

对偶变量 y_i^* 代表在资源最优利用条件下对单位第 i 种资源的估价，这种估价不是资源的市场价格，而是根据资源在生产中做出的贡献得到的估价。资源的影子价格依赖资源的利用情况。不同企业，即使是相同的资源，其影子价格也不一定相同；即便是同一家企业，一旦企业生产任务、产品结构等情况发生变化，资源的影子价格就随之改变。

在上式中，对 z^* 求 b_i 的偏导数，得 $\dfrac{\partial z^*}{\partial b_i} = y_i^*$，这说明 y_i^* 的值相当于在资源得到最优利用的生产条件下，b_i 每增加 1 单位时目标函数 z 的增量，因此影子价格是一种边际价格。

例 4.2 YZ 店师傅经过研究推出辣子炒肉和千张肉两种新菜品。辣子炒肉需要消耗 2 单位肉质食材和 1 单位人工；千张肉需要消耗 3 单位肉质食材和 2 单位人工；辣子炒肉利润为 23 元，千张肉利润为 40 元。该门店每天可用于制作新菜品的肉质食材为 250 单位、人工为 150 单位。问该门店如何生产才能使销售利润最大？若 1 单位肉质食材的采购成本为 5 元，1 单位人工工资为 10 元，是否应该在此基础上额外购买肉质食材或聘用临时人工？

解： 原问题如下。

设辣子炒肉和千张肉每日产量分别为 x_1 和 x_2（道），则模型为

$$\max z = 23x_1 + 40x_2$$
$$\text{s.t.} \begin{cases} 2x_1 + 3x_2 \leqslant 250 \\ x_1 + 2x_2 \leqslant 150 \\ x_1, x_2 \geqslant 0 \end{cases}$$

最优解 $x = (50, 50)^\mathrm{T}$，最优目标函数值 $z = 3150$，即辣子炒肉和千张肉均每日制作 50 道时，利润最大，$z = 3150$ 元。

对偶问题如下。

设肉质食材和人工分别增加 1 单位时，利润的增量分别为 y_1 和 y_2（元），则模型为

$$\min z' = 250y_1 + 150y_2$$
$$\text{s.t.} \begin{cases} 2y_1 + y_2 \geqslant 23 \\ 3y_1 + 2y_2 \geqslant 40 \\ y_1, y_2 \geqslant 0 \end{cases}$$

最优解 $y = (6, 11)^\mathrm{T}$，目标函数值 $z' = 3150$。

根据影子价格的概念，这说明其他条件不变的情况下，若增加 1 单位的肉质食材，该门店最优计划安排生产可多获利 6 元，因此可以额外购买肉质食材；若增加 1 单位人工，可增加利润 11 元，因此也可聘用临时人工。

4.3.2 影子价格在企业经营管理中的应用

影子价格在企业经营管理中的用处很多，可从以下方面来理解。

首先，影子价格说明增加哪一种资源对增加经济效益最有利。

然后，影子价格又是一种机会成本，企业管理者可以把本企业资源的影子价格与当时的市场价格进行比较，按如下原则考虑企业的经营策略。

（1）如果某资源的影子价格高于市场价格，那么该资源在系统内有获利能力，应买入该资源。

（2）如果某资源的影子价格低于市场价格，那么该资源在系统内无获利能力，应卖出该资源。

（3）如果某资源的影子价格等于市场价格，那么该资源在系统内处于平衡状态，既不用买入该资源，也不必卖出该资源。

4.3.3 影子价格的特征

影子价格的特征如下。

（1）影子价格是对系统资源的最优估计，只有系统达到最优状态时，才可能赋予资源这种价值。因此，影子价格也称最优价格。

（2）影子价格的取值与系统的价值取向有关，并受系统状态变化的影响。系统内部资源数量和价格是变化的，它是一种动态的价格体系。

（3）对偶解——影子价格的大小客观反映了资源在系统内的稀缺程度。如果某资源在系统内供大于求，尽管它有市场价格，但它的影子价格等于零，增加这种资源的供应不会引起系统目标的任何变化。如果某资源是稀缺资源，那么其影子价格必然大于零，影子价格越高，这种资源在系统中越稀缺。

（4）影子价格是一种边际价值，它与经济学中边际成本的概念相同，因此在经济管理中有十分重要的价值。企业管理者可以根据资源在企业内部影子价格的大小决定企业的经营策略。

4.4 对偶单纯形法

为了便于区别，本节把第2章所述的单纯形法称为原始单纯形法。

原始单纯形法的基本思路是在换基迭代过程中，始终保持基变量值非负，逐步使检验数变成非正，最后求得最优解或判断无最优解。

对偶单纯形法的基本思路是在换基迭代过程中，始终保持检验数非正，逐步使基变量值变成非负，最后求得最优解或判断无最优解。

对偶单纯形法计算步骤如下。

（1）根据线性规划问题，列出单纯形表。检查 b 列的数字，若都为非负，检验数都为非正，则已得到最优解，停止计算；若至少有 1 个负分量，检验数保持非正，则进行如下计算。

（2）确定出基变量。按 $\min\{(B^{-1}b)|(B^{-1}b)<0\}=(B^{-1}b)_i$，对应的 x_i 为出基变量。

（3）确定进基变量。在单纯形表中检查 x_i 所在行的各系数 a_{ij} $(j=1,2,\cdots,n)$。若所有 $a_{ij} \geq 0$，则无可行解，停止计算。若存在 $a_{ij} < 0$ $(j=1,2,\cdots,n)$，计算 $\theta = \min\left\{\dfrac{c_j-z_j}{a_{ij}} \middle/ a_{ij} < 0\right\} =$

$\dfrac{c_k - z_k}{a_{ik}}$，按 θ 规则所对应的列的非基变量 x_k 为进基变量，这样才能保持得到的对偶问题的解仍然是可行解。

（4）以 a_{ik} 为主元，按原单纯形表进行迭代计算，得到新单纯形表。

重复步骤（1）～（4）。

例 4.3 用对偶单纯形法求解下述线性规划问题：

$$\min w = x_1 + 4x_2 + 3x_4$$

$$\text{s.t.} \begin{cases} x_1 + 2x_2 - x_3 + x_4 \geq 3 \\ -2x_1 - x_2 + 4x_3 + x_4 \geq 2 \\ x_1, x_2, x_3, x_4 \geq 0 \end{cases}$$

解：将其化成标准型，约束两边同时乘以 -1，并加入松弛变量 x_5、x_6，得

$$\max w' = -x_1 - 4x_2 - 3x_4$$

$$\text{s.t.} \begin{cases} -x_1 - 2x_2 + x_3 - x_4 + x_5 = -3 \\ 2x_1 + x_2 - 4x_3 - x_4 + x_6 = -2 \\ x_1, x_2, x_3, x_4, x_5, x_6 \geq 0 \end{cases}$$

列出对偶单纯形表，见表 4-5。

表 4-5 例 4.3 对偶单纯形表（一）

c_B	c_j x_B	b	-1 x_1	-4 x_2	0 x_3	-3 x_4	0 x_5	0 x_6	
0	x_5	-3	[-1]	-2	1	-1	1	0	$(-1/-1), -4/-2, -, -3/-1$
0	x_6	-2	2	1	-4	-1	0	1	
	σ_j		-1	-4	0	-3	0	0	

计算检验数（方法与原始单纯形法相同）全为非正，称为对偶可行；常数项全为负，称为原始不可行。取常数项是负数且最小者，确定出基变量 x_5，用出基变量 x_5 行的所有负数分别去除对应的负的检验数（$\sigma_j \leq 0$），其最小值对应的变量为进基变量 x_1（用表 4-5 中方括号表示）。进行换基运算得到表 4-6。

表 4-6 例 4.3 对偶单纯形表（二）

c_B	c_j x_B	b	-1 x_1	-4 x_2	0 x_3	-3 x_4	0 x_5	0 x_6	b
-1	x_1	3	1	2	-1	1	-1	0	
0	x_6	-8	0	-3	[-2]	-3	2	1	$-2/-3, (-1/-2), -2/-3, -$
	σ_j		0	-2	-1	-2	-1	0	

确认出基变量 x_6，确定进基变量 x_3（用表 4-6 中方括号表示），进行换基运算得到表 4-7。

表 4-7 例 4.3 对偶单纯形表（三）

c_j		b	−1	−4	0	−3	0	0
c_B	x_B		x_1	x_2	x_3	x_4	x_5	x_6
−1	x_1	7	1	7/2	0	5/2	−2	−1/2
0	x_3	4	0	3/2	1	3/2	−1	−1/2
	σ_j		0	−1/2	0	−1/2	−2	−1/2

计算非基变量检验数，其数值全小于等于 0。但此时常数 b 已全大于 0，得到最优解 $x = (7,0,4,0)^T$，最优目标函数值 $w' = -7$，因此，$w = 7$。

4.5 敏感性分析

敏感性分析（sensitive analysis）能够为管理层决策提供非常有用的信息，帮助管理者做出正确决策。本节进一步讨论线性规划的敏感性分析、敏感性报告及其应用、影子价格及其应用等。

在线性规划建模过程中，假设模型中的各个系数 c_j、a_{ij}、b_i 是确定的常数，并根据这些数据，求得最优解：

$$\max(\text{或}\min) z = \sum_{j=1}^{n} c_j x_j$$

$$\text{s.t.} \begin{cases} \sum_{j=1}^{n} a_{ij} x_j \leqslant (=, \geqslant) b_i \ (i=1,2,\cdots,m) \\ x_j \geqslant 0 (j=1,2,\cdots,n) \end{cases}$$

但事实上，现实情况是复杂多变的，有些系数有时很难确定。这就要求管理者在取得最初模型的最优解之后，再对这些估计量进行进一步的分析，以决定是否需要调整决策。

此外，周围环境的变化也会使系数发生变化，这些系数的变化很可能影响已求得的最优解。因此，管理者为了让管理决策能够更好地适应现实环境，还要继续研究最优解对数据变化的反应程度，以适应各种偶然的变化。这就是敏感性分析研究的一类问题。敏感性分析研究的另一类问题是探讨在原线性规划模型的基础上增加一个变量或者一个约束条件对最优解的影响。也就是说，敏感性分析通常可以解决参数变化对模型的影响问题，见表 4-8。

表 4-8 各种因素变化对规划模型的影响（利润最大化问题）

企业遇到的实际问题	现状	运筹学模型中的系数	系数波动的表现
某单一产品价格上升	没有生产	目标函数中的某个系数 c_j	可能转入生产
	正在生产		继续生产该商品
某单一产品价格下降	正在生产		可能停止生产
	没有生产		继续停产该产品
某单一约束限制放宽	有剩余	某个约束的右端值 b_i	不影响规划
	无剩余		最优目标函数值改善
某单一约束限制紧缩	有剩余		可能影响规划
	无剩余		最优目标函数值恶化

续表

企业遇到的实际问题	现状	运筹学模型中的系数	系数波动的表现
增加新产品	尚未生产	a_{ij}中增加一列、目标函数中增加一个系数c_j	开始生产该产品 停留在规划阶段
增加新约束	当前生产格局	增加约束行	影响规划 不影响规划
停产某产品	正在生产	删除相关的系数	需要重新规划
减少某约束	发挥作用 不起作用	完全删除约束行	 不影响规划

4.6 敏感性分析的 Excel 建模和求解

例 4.1 的线性规划模型如下。

决策变量定义为制作小炒黄牛肉 x_1（道）、三少爷焖鸡 x_2（道）、柠檬花甲 x_3（道）。目标函数如下：

$$\max z = 14x_1 + 10x_2 + 19x_3$$

$$\text{s.t.} \begin{cases} 8x_1 + 4x_2 + 10x_3 \leqslant 240 \\ 10x_1 + 6x_2 + 8x_3 \leqslant 220 \\ 6x_1 + 13x_2 + 10x_3 \leqslant 360 \\ x_1, x_2, x_3 \geqslant 0 \end{cases}$$

利用 Excel 的规划求解命令求得的最优解为 $x = (0,10,20)^{\text{T}}$，此时，总利润最大，即最优目标函数值 $z = 480$（元）。

在该线性规划例子中，线性规划模型所需的全部数据都是已知的，这些数据称为模型参数（parameters of the model）。实际的应用没有这样简单和直接。为了获得所需的数据，必须付出相当多的时间与心血。即使是这样，有时也只能得到模型参数粗略的估计值。现在要作如下考虑（每个问题相互独立）。

问题 1：如果三少爷焖鸡菜品的单位利润由原来的 10 元增加到 12 元，最优解是否会改变？对总利润又会产生怎样的影响？

问题 2：如果三少爷焖鸡菜品和柠檬花甲菜品的单位利润都发生变化，最优解会不会发生改变？对总利润又会产生怎样的影响？

问题 3：如果张师傅制作招牌菜品的用时消耗增加 20min，总利润是否会发生变化？如何改变？最优解是否会发生变化？

问题 4：如果同时改变多个师傅的可用时间，总利润是否会发生变化？如何改变？最优解是否会发生变化？

问题 5：如果李师傅优化其配菜过程，制作一道小炒黄牛肉的用时消耗由原来的 10min 下降为 4min，最优解是否会发生改变？总利润是否会发生变化？

问题 6：如果 YZ 店考虑增加一种新菜品，总利润是否会发生变化？

问题 7：如果 YZ 店新增食材使用限制，是否会改变原来的最优方案？

后面的讨论将分别回答以上 7 个问题。

4.6.1 单个目标函数系数变化的敏感性分析

下面讨论假定只有一个系数 c_j 发生变化，模型中其他系数保持不变，单个目标函数系数变化对最优解的影响。结合本节提出的例 4.1 的问题 1，如果当初因为原料成本数据有误，对三少爷焖鸡菜品的单位利润估计不准确，现把它改成 12 元，是否会影响求得的最优解呢？

1. 使用电子表格进行分析

可以借助电子表格互动展开敏感性分析。当模型参数发生改变时，只要修改电子表格模型中相应的参数，再重新运行 Excel 规划求解命令，就可以看出改变参数对最优解和最优目标函数值的影响。

假如原先对三少爷焖鸡菜品的单位利润低估了，现在增加到 12 元，最优解会不会发生变化呢？

如图 4-1 所示，修改电子表格模型中相应的参数（将 D4 单元格中的 10 改为 12），然后重新运行规划求解命令。求解结果为：最优解没有发生改变，仍然是 $(0,10,20)^T$。由于三少爷焖鸡菜品的单位利润增加了 12 − 10 = 2（元），总利润增加了 2 × 10 = 20（元）。

	A	B	C	D	E	F	G	H
1					问题 1			
2								
3			小炒黄牛肉	三少爷焖鸡	柠檬花甲			
4		单位利润	14.0	12.0	19.0			
5								
6			菜品制作用时消耗			实际使用		可用时间
7		张师傅	8.0	4.0	10.0	240.0	<=	240.0
8		李师傅	10.0	6.0	8.0	220.0	<=	220.0
9		王师傅	6.0	13.0	10.0	330.0	<=	360.0
10								
11			小炒黄牛肉	三少爷焖鸡	柠檬花甲			总利润
12		每日产量	0.0	10.0	20.0			500.0
13								
14		名称	单元格					
15		单位利润	C4:E4		F		11	总利润
16		每日产量	C12:E12	7	=SUMPRODUCT(C7:E7,每日产量)		12	=SUMPRODUCT(单位利润,每日产量)
17		可用时间	H7:H9	8	=SUMPRODUCT(C8:E8,每日产量)			
18		实际使用	F7:F9	9	=SUMPRODUCT(C9:E9,每日产量)			
19		总利润	H12					

图 4-1 三少爷焖鸡菜品的单位利润增加到 12 元时，最优解不变

这种互动分析方法虽然能达到敏感性分析的目的，但是需要逐个进行尝试，效率略显低下，有没有更高效的方法呢？幸运的是，使用 Excel 规划求解命令，可以直接得到敏感性报告，利用该报告可以很方便地进行敏感性分析。

2. 运用敏感性报告寻找单个目标函数系数的允许变化范围

使用 Excel 2010 规划求解命令得到敏感性报告的步骤如下。

（1）在"数据"选项卡的"分析"组中，单击"规划求解"选项。

（2）在"规划求解参数"对话框中输入相应的参数（目标单元格、可变单元格、约束条件）。

（3）选择"使无约束变量为非负数"复选框，然后在"选择求解方法"右边的下拉列表中选择"单纯线性规划"选项（表示该问题是线性规划问题）。

（4）单击"求解"按钮，进行规划求解。

（5）在弹出的图 4-2（a）所示的"规划求解结果"对话框右边的"报告"列表框中选择"敏感性报告"选项，单击"确定"按钮。这时，生成一个名为"敏感性报告"的新工作表，如图 4-2（b）所示。

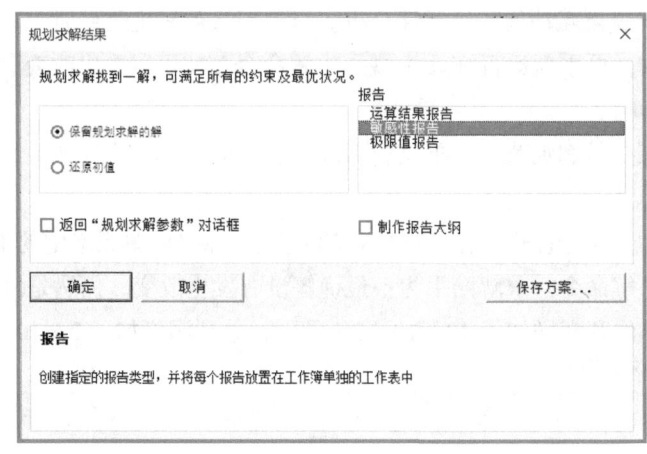

图 4-2 例 4.1 的敏感性报告

敏感性报告由两部分组成：①位于报告上半部分的"可变单元格"，反映了目标函数系数变化对最优解产生的影响；②位于报告下半部分的"约束"，反映了约束条件右端值变化对最优目标函数值产生的影响。

下面分析敏感性报告中目标函数系数变化对最优解产生的影响。在"可变单元格"区域中，前三列是关于线性规划问题的决策变量。

（1）"单元格"是决策变量所在的单元格。

（2）"名称"是这些决策变量的名称。

（3）"终值"是决策变量的终值，即通过规划求解后得到的最优解。

例 4.1 中有三个决策变量，即三道招牌菜品的每日产量，它们分别在 C12 单元格、D12 单元格和 E12 单元格，其最优解分别为 0（道）、10（道）和 20（道）。

第四列是"递减成本"，表示目标函数中决策变量的系数必须改进多少，才能得到该决策变量的正数解。这里的"改进"在最大化问题中是指增加，在最小化问题中则是指减少。在例 4.1 中，终值不为 0 的两个决策变量均已得到正数解，所以它们的递减成本均为 0。

第五列是"目标式系数"，是指目标函数中的系数，是已知的（常数）。在例 4.1 中，目标函数中三个决策变量的系数分别是小炒黄牛肉的单位利润为 14 元、三少爷焖鸡的单位利润为 10 元、柠檬花甲的单位利润为 19 元。

第六列与第七列分别是"允许的增量"和"允许的减量"，表示目标函数中的系数在允许的增量与减量范围内变化时原问题的最优解不变。

由此，可以从敏感性报告中得出例 4.1 的目标函数系数 c_1 的信息。

c_1 的现值为 14。

c_1 允许的增量为 4，此时，$c_1 \leqslant 14 + 4 = 18$。

c_1 允许的减量为 1E + 30（无限制），此时，c_1 无下限。

故 c_1 允许的变化范围为 $(-\infty, 18]$。

同理，可以得出例 4.1 的目标函数系数 c_2 和 c_3 的信息。

c_2 的现值为 10。

c_2 允许的增量为 4，此时，$c_2 \leqslant 10 + 4 = 14$。

c_2 允许的减量为 2，此时，$c_2 \geqslant 10 - 2 = 8$。

故 c_2 允许的变化范围为 $[8, 14]$。

因此，三少爷焖鸡菜品的单位利润从 10 元增加到 12 元在 c_2 允许的变化范围内，最优解不会发生变化，仍然是 $(0, 10, 20)^T$。

c_3 的现值为 19。

c_3 允许的增量为 6，此时，$c_3 \leqslant 19 + 6 = 25$。

c_3 允许的减量为 6，此时，$c_3 \geqslant 19 - 6 = 13$。

故 c_3 允许的变化范围为 $[13, 25]$。

需要注意的是，这里给出的单个目标函数系数的允许变化范围是指其他条件不变，仅当该目标函数系数变化时的允许变化范围。

4.6.2 多个目标函数系数同时变化的敏感性分析

现实问题的线性规划模型中可能同时有几个目标函数系数估计不准确，这就是例 4.1 中的问题 2。

1. 使用电子表格进行分析

这类问题最方便快捷的解决办法是在电子表格模型中进行相应的改动，重新运行规划求解命令。

假如原先三少爷焖鸡菜品的单位利润（10 元）被低估了，现在升为 12 元；同时，以前柠檬花甲菜品的单位利润（19 元）被高估了，现在降为 17 元。这样的变化是否会导致最优解发生变化呢?

如图 4-3 所示，修改电子表格模型中相应的参数（将 D4 单元格中的数值改为 12，再将 E4 单元格中的数值改为 17），然后重新运行规划求解命令。可以借助电子表格互动地展开敏感性分析。当模型参数发生改变时，只要修改电子表格模型中相应的参数，重新运行 Excel 规划求解命令，就可以看出改变参数对最优解和最优目标函数值的影响。

	A	B	C	D	E	F	G	H
1				问题 2				
2								
3			小炒黄牛肉	三少爷焖鸡	柠檬花甲			
4		单位利润	14.0	12.0	17.0			
5								
6				菜品制作用时消耗		实际使用		可用时间
7		张师傅	8.0	4.0	10.0	240.0	<=	240.0
8		李师傅	10.0	6.0	8.0	220.0	<=	220.0
9		王师傅	6.0	13.0	10.0	330.0	<=	360.0
10								
11			小炒黄牛肉	三少爷焖鸡	柠檬花甲			总利润
12		每日产量	0.0	10.0	20.0			460.0
13								
14		名称	单元格					
15		单位利润	C4:E4					
16		每日产量	C12:E12					
17		可用时间	H7:H9					
18		实际使用	F7:F9					
19		总利润	H12					

	F
6	实际使用
7	=SUMPRODUCT(C7:E7,每日产量)
8	=SUMPRODUCT(C8:E8,每日产量)
9	=SUMPRODUCT(C9:E9,每日产量)

	H
11	总利润
12	=SUMPRODUCT(单位利润,每日产量)

图 4-3　三少爷焖鸡菜品的单位利润增加到 12 元，
柠檬花甲菜品的单位利润降低到 17 元时，最优解不变

从求解结果中可以看出，最优解并没有发生变化，总利润由于三少爷焖鸡和柠檬花甲菜品的单位利润的改变相应地改变了：

$$(12-10)\times 10+(17-19)\times 20=-20\text{（元）}$$

2. 运用敏感性报告寻找多个目标函数系数的允许变化范围

当多个目标函数系数同时变化时，仍然可以使用敏感性报告提供的信息进行分析，只是需要使用一个新的分析方法——百分之百法则。目标函数系数同时变化的百分之百法则的具体含义是，如果目标函数系数同时变化，首先计算出每系数变化量占该系数允许变化量（允许的增量或允许的减量）的百分比，然后将各个系数变化的百分比相加。若所得的变化的百分比总和不超过 100%，则最优解不会改变；若所得的变化的百分比总和超过了 100%，则不能确定最优解是否改变（可能改变，也可能不变），可通过重新运行规划求解命令来判断。

百分之百法则的作用如下。

（1）在保持最优解不变的条件下，确定目标函数系数的变化范围。

（2）将允许的增量或减量在各个系数之间进行分摊，从而可以直接显示出每个系数允许的变化值。

（3）线性规划求解后，如果将来条件变化，致使目标函数中一部分或所有系数发生变化，那么百分之百法则可以直接表明最初最优解是否保持不变。利用百分之百法则再分析例 4.1 中的问题 2：如果三少爷焖鸡菜品的单位利润 c_2 从原来的 10 元上升到 11 元；同时，柠檬花甲菜品的单位利润 c_3 从原来的 19 元下降到 16 元。计算如下：

$$c_2：10 \text{元} \to 11 \text{元}（\uparrow），占允许增量的百分比 = \frac{11-10}{4} = 25\%$$

$$c_3：19 \text{元} \to 16 \text{元}（\downarrow），占允许减量的百分比 = \frac{19-16}{6} = 50\%$$

变化的百分比总和为 75%。

由于变化的百分比总和不超过 100%，可以确定最初的最优解 $(0,10,20)^T$ 保持不变。

如果发生更大的改变，c_2 从原来的 10 上升到 13，同时 c_3 从原来的 19 下降到 16。计算如下：

$$c_2：10 \text{元} \to 13 \text{元}（\uparrow），占允许增量的百分比 = \frac{13-10}{4} = 75\%$$

$$c_3：19 \text{元} \to 16 \text{元}（\downarrow），占允许减量的百分比 = \frac{19-16}{6} = 50\%$$

变化的百分比总和为 125%。

由于变化的百分比总和超过了 100%，那么百分之百法则就不能保证最优解 $(0,10,20)^T$ 仍为最优解。通过重新运行规划求解命令，可以看到，最优解已经变成了 $(0,15.5,15.9)^T$，如图 4-4 所示。

图 4-4　三少爷焖鸡菜品单位利润增加到 13 元，
柠檬花甲菜品单位利润降低到 16 元时，最优解改变

由于100%是75%和125%的中点,当c_2和c_3的变化量在以上两种情况的中点时,变化的百分比总和为100%,即c_2=12是11和13的中点,c_3=16为中点,对应的百分之百法则的计算如下:

c_2:10元 → 12元(↑),占允许增量的百分比 = $\dfrac{12-10}{4}$ = 50%

c_3:19元 → 16元(↓),占允许减量的百分比 = $\dfrac{19-16}{6}$ = 50%

变化的百分比总和为100%。

变化的百分比总和刚好等于100%,由于没有超过100%,最优解还是$(0,10,20)^T$,保持不变。

但是变化的百分比总和超过了100%,并不表示最优解一定会改变。例如,三道招牌菜品的单位利润都增加4元。计算如下:

c_1:14元 → 18元(↑),占允许增量的百分比 = $\dfrac{18-14}{4}$ = 100%

c_2:10元 → 14元(↑),占允许增量的百分比 = $\dfrac{14-10}{4}$ = 100%

c_3:19元 → 23元(↑),占允许增量的百分比 = $\dfrac{23-19}{6}$ = 67%

变化的百分比总和为267%。

变化的百分比总和超过了100%,但利用Excel求得的最优解还是$(0,10,20)^T$,没有发生改变。这是由于这三个单位利润同比例变化,等利润直线的斜率不变,最优解就保持不变。

4.6.3 单个约束条件右端值变化的敏感性分析

约束条件右端值发生变化的原因和目标函数系数变化的原因一样:在建模时不可能得到完全准确的信息,只能作粗略的估计。因此,需要分析:当只有一个约束条件右端值b_i改变,其他约束条件右端值均保持不变时,该情况对目标函数值的影响。

在例 4.1 中,每位师傅制作招牌菜品的可用时间是约束条件的右端值。王师傅的可用时间是360min,但在规划求解得出的最优方案中,王师傅只用了330min,因此,如果小范围地改变王师傅的可用时间,不会改变最优目标函数值和最优解。但对于张师傅和李师傅,情况就有所不同了,需要通过敏感性分析来研究改变这两位师傅的可用时间对最优目标函数值及最优解的影响。

下面对例4.1中的问题3进行分析。

1. 使用电子表格进行分析

到了周末,顾客数量增加。为了满足顾客需求,假设店长小赵把张师傅的可用时间从240min 增加到260min,如图 4-5 所示,修改电子表格模型中相应的参数(将 H7 单元格中的数值改为 260),然后重新运行规划求解命令。

图 4-5 张师傅的可用时间从 240min 增加到 260min，总利润增加了 24.3 元

	小炒黄牛肉	三少爷焖鸡	柠檬花甲	实际使用		可用时间
单位利润	14.0	10.0	19.0			
菜品制作用时消耗						
张师傅	8.0	4.0	10.0	260.0	<=	260.0
李师傅	10.0	6.0	8.0	220.0	<=	220.0
王师傅	6.0	13.0	10.0	298.6	<=	360.0
	小炒黄牛肉	三少爷焖鸡	柠檬花甲			总利润
每日产量	0.0	4.3	24.3			504.3

名称	单元格
单位利润	C4:E4
每日产量	C12:E12
可用时间	H7:H9
实际使用	F7:F9
总利润	H12

F 实际使用
7 =SUMPRODUCT(C7:E7,每日产量)
8 =SUMPRODUCT(C8:E8,每日产量)
9 =SUMPRODUCT(C9:E9,每日产量)

H 总利润
12 =SUMPRODUCT(单位利润,每日产量)

图 4-5 张师傅的可用时间从 240min 增加到 260min，总利润增加了 24.3 元

此时，总利润为 504.3 元，增加了 504.3 − 480 = 24.3（元）。由于总利润增加，而目标函数系数不变，最优解一定会发生改变。从图 4-5 中的 C12:E12 区域可以看出，最优解由原来的 $(0,10,20)^T$ 变为 $(0,4.3,24.3)^T$。

在电子表格模型中，把张师傅的可用时间继续上调，总利润将会继续增加，直到张师傅的可用时间增加到 275min（图 4-6），此时，再增加张师傅的可用时间不会带来总利润的增加（这是因为王师傅的可用时间为 360min，每日只能炒出 27.5 道柠檬花甲，所以张师傅相应的最多只会使用 275min，见图 4-7）。因此，当其他师傅的可用时间不发生改变时，275min 是张师傅可用时间的最大值。

	小炒黄牛肉	三少爷焖鸡	柠檬花甲	实际使用		可用时间
单位利润	14.0	10.0	19.0			
菜品制作用时消耗						
张师傅	8.0	4.0	10.0	275.0	<=	275.0
李师傅	10.0	6.0	8.0	220.0	<=	220.0
王师傅	6.0	13.0	10.0	275.0	<=	360.0
	小炒黄牛肉	三少爷焖鸡	柠檬花甲			总利润
每日产量	0.0	0.0	27.5			522.5

名称	单元格
单位利润	C4:E4
每日产量	C12:E12
可用时间	H7:H9
实际使用	F7:F9
总利润	H12

F 实际使用
7 =SUMPRODUCT(C7:E7,每日产量)
8 =SUMPRODUCT(C8:E8,每日产量)
9 =SUMPRODUCT(C9:E9,每日产量)

H 总利润
12 =SUMPRODUCT(单位利润,每日产量)

图 4-6 张师傅的可用时间增加到 275min，总利润为 522.5 元

	A	B	C	D	E	F	G	H
1				问题 3				
2								
3			小炒黄牛肉	三少爷焖鸡	柠檬花甲			
4		单位利润	14.0	10.0	19.0			
5								
6			菜品制作用时消耗			实际使用		可用时间
7		张师傅	8.0	4.0	10.0	275.0	<=	276.0
8		李师傅	10.0	6.0	8.0	220.0	<=	220.0
9		王师傅	6.0	13.0	10.0	275.0	<=	360.0
10								
11			小炒黄牛肉	三少爷焖鸡	柠檬花甲			总利润
12		每日产量	0.0	0.0	27.5			522.5
13								
14		名称	单元格			F		H
15		单位利润	C4:E4		6	实际使用	11	总利润
16		每日产量	C12:E12		7	=SUMPRODUCT(C7:E7,每日产量)	12	=SUMPRODUCT(单位利润,每日产量)
17		可用时间	H7:H9		8	=SUMPRODUCT(C8:E8,每日产量)		
18		实际使用	F7:F9		9	=SUMPRODUCT(C9:E9,每日产量)		
19		总利润	H12					

图 4-7 张师傅的可用时间从 275min 增加到 276min，总利润不发生改变

2. 运用敏感性报告寻找单个约束条件右端值的允许变化范围

约束条件右端值往往体现了管理层的决策。因此，在建模并求解后，管理者想要知道改变这些决策是否会提高最终收益。影子价格分析就可为管理者提供这方面的信息。

在给定线性规划模型的最优解和最优目标函数值的条件下，影子价格就是约束条件右端值每增加（或减少）1 单位，最优目标函数值的增量（或减量）。敏感性报告提供了每个约束的影子价格，如图 4-8 所示。

	A	B	C	D	E	F	G	H
9	约束							
10				终	阴影	约束	允许的	允许的
11		单元格	名称	值	价格	限制值	增量	减量
12		$F$7	张师傅 实际使用	240	1.21	240	35	19
13		$F$8	李师傅 实际使用	220	0.86	220	9	28
14		$F$9	王师傅 实际使用	330	0.00	360	1E+30	30

图 4-8 例 4.1 的敏感性报告中的约束

敏感性报告下半部分的"约束"反映了约束条件右端值变化对最优目标函数值产生的影响。前三列是关于约束条件左边的信息。

（1）"单元格"是约束条件左边（公式）所在的单元格。

（2）"名称"是约束条件左边的名称。

（3）"终值"是约束条件左边的终值。

例 4.1 中有三个约束条件，它们的左边分别是张师傅、李师傅和王师傅制作招牌菜品的实际使用时间（实际使用），它们分别在 F7 单元格、F8 单元格和 F9 单元格，终值分别是 240min、220min、330min。

第四列是"阴影价格"，即影子价格，表示约束条件右端值每增加（或减少）1 单位，最优目标函数值的相应增量（或减量）。

第五列是"约束限制值",是指约束条件右端值,是已知的(常数)。在例 4.1 中,三个约束条件右端值分别表示张师傅、李师傅和王师傅制作招牌菜品的可用时间,它们分别是 240min、220min、360min。

第六列与第七列是"允许的增量"和"允许的减量",表示约束条件右端值在允许的增量与减量范围内变化时,影子价格不变。在例 4.1 中,第三个约束条件右端值是 360,允许的增量是 1E+30(无穷大),允许的减量是 30,因此,该约束条件右端值在 $[360-30, \infty)$ 变化时,王师傅的影子价格不变。

需要注意的是,这里给出的某约束条件右端值的允许变化范围是指其他条件不变,只有该约束条件右端值变化时的允许变化范围。

从敏感性报告中可得到以下信息。

(1)第一个约束条件(张师傅的可用时间约束)的影子价格是 1.21,说明在允许的范围 $[221, 275]$,即 $[240-19, 240+35]$ 内,再增加(或减少)1min 的可用时间,总利润将增加(或减少)1.21 元。

(2)第二个约束条件(李师傅的可用时间约束)的影子价格为 0.86,说明在允许的范围 $[192, 229]$,即 $[220-28, 220+9]$ 内,再增加(或减少)1min 的可用时间,总利润将增加(或减少)0.86 元。

(3)第三个约束条件(王师傅的可用时间约束)的影子价格为 0。因为该师傅制作招牌菜品的实际使用时间(330min)低于可用时间(360min),所以再增加可用时间,总利润不变。

由于王师傅制作招牌菜品的可用时间全部利用,若增加王师傅的可用时间,必然会增加总利润,这是显而易见的。

4.6.4 多个约束条件右端值同时变化的敏感性分析

实际模型中各个约束条件右端值一般是相关的,管理者往往需要考虑这些约束条件同时变化的情况。下面对例 4.1 中的问题 4 进行分析。

1. 使用电子表格进行分析

下面分析将 10min 的可用时间从李师傅移到张师傅,对总利润所产生的影响。
由影子价格可知,总利润变化量如下。

张师傅:240min → 250min(↑),总利润变化量=张师傅约束的影子价格 = 12.1 元
李师傅:220min → 210min(↓),总利润变化量=李师傅约束的影子价格 = −8.6 元
因此,总利润增加了 12.1 − 8.6 = 3.5(元)

但是,不能确定两个约束条件右端值同时变化时,原先的影子价格是否依然有效。如图 4-9 所示,修改电子表格模型中相应的参数(将 H7 单元格中的数值改为 250,将 H8 单元格中的数值改为 210),然后重新运行规划求解命令。

求解结果显示,总利润增加了 483.5 − 480 = 3.5(元),影子价格在此方案中是有效的。单个约束条件右端值变化相同,由于总利润增加,而目标函数系数不变,最优解一定会发生改变。从图 4-9 中可以看出,最优解由原来的 $(0, 10, 20)^T$ 变为 $(0, 3.6, 23.6)^T$。

	A	B	C	D	E	F	G	H
1				问题 4				
2								
3			小炒黄牛肉	三少爷焖鸡	柠檬花甲			
4		单位利润	14.0	10.0	19.0			
5								
6			菜品制作用时消耗			实际使用		可用时间
7		张师傅	8.0	4.0	10.0	250.0	<=	250.0
8		李师傅	10.0	6.0	8.0	210.0	<=	210.0
9		王师傅	6.0	13.0	10.0	282.1	<=	360.0
10								
11			小炒黄牛肉	三少爷焖鸡	柠檬花甲			总利润
12		每日产量	0.0	3.6	23.6			483.5
13								
14		名称	单元格			F		H
15		单位利润	C4:E4		6	实际使用	11	总利润
16		每日产量	C12:E12		7	=SUMPRODUCT(C7:E7,每日产量)	12	=SUMPRODUCT(单位利润,每日产量)
17		可用时间	H7:H9		8	=SUMPRODUCT(C8:E8,每日产量)		
18		实际使用	F7:F9		9	=SUMPRODUCT(C9:E9,每日产量)		
19		总利润	H12					

图 4-9 从李师傅转移 10min 可用时间给张师傅，总利润增加 3.5 元

2. 运用敏感性报告寻找多个约束条件右端值的允许变化范围

虽然采用电子表格分析方法比较方便和快捷，但是当约束条件右端值发生一系列变化时，用电子表格逐个地进行尝试就会浪费大量时间。对于这一类问题，仍然可以使用敏感性报告提供的信息进行分析，只是需要使用一个与多个约束条件右端项同时变化的分析方法——百分之百法则。

约束条件右端值同时变化的百分之百法则的具体含义是，如果约束条件右端值同时变化，计算每个约束条件右端值变化量占该约束条件右端值允许变化量（允许的增量或允许的减量）的百分比，然后将各个约束条件右端值变化的百分比相加。如果所得的变化的百分比总和不超过 100%，那么影子价格依然有效；如果所得的变化的百分比总和超过了 100%，那么无法确定影子价格是否依然有效（可能有效，也可能无效），可通过重新运行规划求解命令来判断。

利用该百分之百法则再分析例 4.1 中的问题 4，现在将李师傅的 10min 可用时间转移给张师傅，计算如下：

张师傅：240min → 250min（↑），占允许增量的百分比 $= \dfrac{250-240}{35} = 28.57\%$

李师傅：220min → 210min（↓），占允许减量的百分比 $= \dfrac{220-210}{28} = 35.71\%$

变化的百分比总和为 64.28%。

由于变化的百分比总和不超过 100%，用影子价格来预测这些变化的影响是有效的。在影子价格的有效范围内，总利润的变化量也可以直接通过影子价格来计算。

4.6.5 约束条件系数变化的敏感性分析

约束条件中的技术（工艺）系数 a_{ij} 往往涉及车间生产能力、产品消耗资源数等比较确定的数据，因此，一般情况下，它比前面提到的目标函数系数和约束条件右端值更具有确

定性，但约束条件系数也有可能发生变化。

下面来讨论只有一个约束条件系数变化而模型中的其他系数不变的情况会对最优解产生的影响。解决这一类问题，需要修改模型中相应的参数并重新运行规划求解命令。

对于例 4.1 中的问题 5，李师傅优化配菜工作效率，准备一道小炒黄牛肉的配菜时间由原来的 10min 减少为 4min，此时，最优解是否会发生变化？图 4-10 显示了该问题的规划求解结果（C8 单元格中的数值由原来的 10 变为 4）。

图 4-10 李师傅准备一道小炒黄牛肉的配菜时间由原来的 10min 减少为 4min

规划求解后，最优解发生了改变，变为 $(5.25,14.5,14)^T$，总利润也由原来的 480 元增加到 484.5 元。可见，李师傅优化了配菜工作效率后，为门店增加了利润。

4.6.6 增加一个新的决策变量

对例 4.1 中的问题 6 进行分析。

在例 4.1 中，该门店开发了新菜品辣子炒肉，其推出后深得顾客喜爱，店长小赵决定将其归为招牌菜品系列进行重点宣传，其单位利润为 23 元，并且辣子炒肉会占用张师傅、李师傅、王师傅各 11min、11min、12min。现门店该如何安排小炒黄牛肉、三少爷焖鸡、柠檬花甲、辣子炒肉四道招牌菜品的生产，才能使利润最大？

假设小炒黄牛肉、三少爷焖鸡、柠檬花甲、辣子炒肉四道招牌菜品的每日产量分别为 x_1、x_2、x_3 和 x_4（道）。

此时，新的线性规划模型如下：

$$\max z = 14x_1 + 10x_2 + 19x_3 + 23x_4$$

$$\text{s.t.} \begin{cases} 8x_1 + 4x_2 + 10x_3 + 11x_4 \leqslant 240 \\ 10x_1 + 6x_2 + 8x_3 + 11x_4 \leqslant 220 \\ 6x_1 + 13x_2 + 10x_3 + 12x_4 \leqslant 360 \\ x_1, x_2, x_3, x_4 \geqslant 0 \end{cases}$$

其电子表格模型如图 4-11 所示。

图 4-11　增加新的决策变量

4.6.7　增加一个约束条件

对例 4.1 中的问题 7 进行分析。

在例 4.1 中，假定制作小炒黄牛肉、三少爷焖鸡、柠檬花甲需要消耗食材分别为 0.3kg、0.2kg 和 0.5kg，门店可供食材最多为 10kg，此时，应该在原有的模型中加入新的约束条件：

$$0.3x_1 + 0.2x_2 + 0.5x_3 \leqslant 10$$

则新模型一共有五个约束条件，它们是

$$\text{s.t.} \begin{cases} 8x_1 + 4x_2 + 10x_3 \leqslant 240 \\ 10x_1 + 6x_2 + 8x_3 \leqslant 220 \\ 6x_1 + 13x_2 + 10x_3 \leqslant 360 \\ 0.3x_1 + 0.2x_2 + 0.5x_3 \leqslant 10 \\ x_1, x_2, x_3 \geqslant 0 \end{cases}$$

其电子表格模型如图 4-12 所示。

图 4-12　增加新的约束条件

由此可见，食材约束的确限制了菜品的每日产量，最优解变成$(1.97, 17.78, 11.71)^T$，总利润也相应地下降为 427.8 元。

【案例小结】

对偶问题的基本思想是，每个线性规划问题都存在一个与其对偶的问题，在求出一个规划问题的解时，也给出了其对偶问题的解。当线性规划原问题求得最优解时，其对偶问题也得到最优解。对偶变量代表在资源最优利用条件下对某种资源的估价，这种估价不是资源的市场价格，而是在所给问题的最优方案中作出贡献的估价，是一种边际价格，称为影子价格。

敏感性分析是在求得基本模型的最优解之后进行的，可以为管理层制定决策提供非常有用的信息。本章讨论了如何对线性规划问题进行敏感性分析。在这类分析中，模型的电子表格和 Excel 的敏感性报告起了关键作用。

目标函数系数在建模时往往只是粗略的估计值。如果其中一个系数的估计值与实际值的差距太大，最后所求得的最优解可能就不是最优的。借助电子表格可以很快地检测出某个系数变动所产生的影响。敏感性报告能够系统地对系数的各试算值进行分析。根据每个系数的允许变化范围，可以在不同的情况下判断最优解是否依然正确。

如果两个或两个以上的目标函数系数变化，会产生怎样的后果呢？明确的系数变动可通过电子表格测算出。另外，通过使用 Excel 敏感性报告中的数据，运用目标函数系数的百分之百法则，可以更方便地检验所有系数同时变动的情况。

敏感性分析通常也会扩展到研究函数约束的变化带来的影响。我们偶尔也会考虑约束条件系数的变化，这是因为对它们最初的估计不确定。但更多的情况还是考虑右端值的变化。约束条件右端值体现的通常是管理层的政策决策。通过影子价格，可以分析研究改变决策会产生的影响，从而为管理层更好地决策提供指导。通过电子表格和敏感性报告很容易得到影子价格。

在约束条件右端值变动不大的情况下，影子价格会有效地显示此变动所产生的影响。如果只有一个约束条件右端值变动，那么该约束条件右端值的允许变化范围就表明了其可以变动的幅度。如果有几个约束条件右端值同时变动，那么可用约束条件右端值变动的百分之百法则来判断这些变动的幅度是否太大。Excel 敏感性报告为计算允许变化范围和运用百分之百法则提供了关键的信息。电子表格有时也能提供对这类同时变化问题的分析。

【本章小结】

本章先后介绍了线性规划的对偶理论和敏感性分析，它们都是对线性规划理论的进一步讨论。对偶理论揭示了线性规划问题具有对偶性，原问题与对偶问题之间存在密切关系。由原问题的表达式可以直接写出其对偶问题的表达式。知道原问题的解的信息，便可以推知其对偶问题的解的情况。基于这种关系，我们可以利用对偶单纯形法解决线性规划问题。

线性规划模型的系数往往是在建模时对实际情况的粗略估计，如果这种估计与实际值差距过大，那么通过模型计算得到的最优解是否有效就值得思考。通过敏感性分析可以考察线性规划不同系数变化情况对原线性规划问题解的影响。在实际管理问题中，敏感性分析对生产中的价格调整、资源购进、生产计划制订等具有重要意义。本章从理论上分析了在保持最优解不变的条件下,如何确定各类系数的变化范围,根据 Excel 规划求解功能,介绍了如何根据敏感性报告确定各系数的变化范围。

【专业术语】

目标函数系数的允许变化范围(allowable range for an objective function coefficient):在原模型的最优解保持不变的条件下,目标函数系数允许变动的范围。

右端值的允许变化范围(allowable range for the right-hand side):在约束的影子价格有效的前提下,约束条件右端值允许变动的范围。

模型参数(parameters of the model):线性规划模型的参数是约束条件和目标函数中的常数(系数或右端值)。

敏感性分析(sensitive analysis):模型单个参数的假设分析称为敏感性分析,通过这一分析可以判断最优解对每个参数的敏感性。

影子价格(shadow price):约束条件右端值增加一个微小的量时,所引起的最优目标函数值的增量。

【实践题】

1. 公司市场利润最大化问题

某公司是一家生产外墙涂料的建材公司,目前生产甲、乙两种规格的产品。这两种产品在市场上的单位利润分别是 4 万元和 5 万元。甲、乙两种产品均需要同时消耗 A、B、C 三种化工材料,生产 1 单位的产品甲需要消耗 1 单位的材料 A、2 单位的材料 B 和 1 单位的材料 C;生产 1 单位的产品乙则需要消耗 1 单位的材料 A、1 单位的材料 B 和 3 单位的材料 C。当前市场上的甲、乙两种产品供不应求,但是在每个生产周期(假设 1 年)内,公司的 A、B、C 三种化工材料的储备量分别是 45 单位、80 单位和 90 单位,年终剩余的材料必须无偿调回,而且近期没有额外材料渠道。面对这种局面,该公司应如何安排生产计划,以获得最大的市场利润?

该公司在运营 1 年后,管理层为第 2 年的运营进行了以下的预想(假设以下问题均单独出现)。

(1)由于建材市场受到其他竞争者的影响,公司市场营销部门预测当年的产品甲的价格会产生变化,产品甲的单位利润将会在 3.8 万~5.2 万元波动。公司该如何应对这种情况,提前对生产格局做好调整预案?

(2)供应链上游的化工材料价格不断上涨,这给该公司带来资源购置上的压力。公司采购部门预测现有 45 单位限额的材料 A 将会出现 3 单位的资源缺口,但是不排除通过其他渠道筹措来 1 单位材料 A 的可能。对于材料 A 的资源上限的增加或减少,该公司应如何进行新的规划?

(3)经过规划分析,材料 B 在最优生产格局中出现了 12.5 单位的剩余,那么应如何重新制订限额,做好节约工作?

(4)最坏的可能是公司停止生产,把各种化工材料清仓变卖。但是应如何在原料市场上对 A、B 和 C 三种化工材料进行报价,以使得该公司在直接出售原料的清算业务中损失最小?

（5）如果公司打算通过增加原料投入扩大生产规模，面对资源市场上的 A、B 和 C 三种化工材料的市价，该公司应如何做出经济合理的决策？

2. 奶制品加工生产

某奶制品加工厂用牛奶生产 A_1 和 A_2 两种奶制品。1 桶牛奶可以在甲类设备上用 1.2h 加工成 3kg A_1，或者在乙类设备上用 0.8h 加工成 4kg A_2。根据市场需求，生产的 A_1 和 A_2 全部能售出，且 1kg A_1 获利 24 元，1kg A_2 获利 16 元。现在加工厂每天能得到 50 桶牛奶的供应，每天正式工人总的劳动时间为 48h，并且甲类设备每天至多能加工 100kg A_1，乙类设备的加工能力没有限制。试为该厂制订一个生产计划，使每天获利最大，并进一步讨论以下问题。

（1）若用 35 元可以买到 1 桶牛奶，是否应该做这项投资？若投资，每天最多购买多少桶牛奶？

（2）若可以聘用临时工人以增加劳动时间，则付给临时工人的工资最多是每小时多少元？

（3）由于市场需求变化，1kg A_1 的获利增加到 30 元，是否应该改变生产计划？

3. 奶制品生产销售

以上 A_1 和 A_2 两种奶制品的生产条件、利润及工厂的资源限制全部不变。为增加工厂的获利，开发了奶制品的深加工技术：用 0.2h 加工时间和 3 元加工费，可将 1kg A_1 加工成 0.8kg 高级奶制品 B_1，也可将 1kg A_2 加工成 0.75kg 高级奶制品 B_2，1kg B_1 能获利 44 元，1kg B_2 能获利 32 元。试为该厂制订一个生产销售计划，使每天的净利润最大，并讨论以下问题。

（1）若投资 30 元可以增加 1 桶牛奶的供应，投资 30 元可以增加 1h 劳动时间，是否应该做这些投资？若每天投资 150 元，可赚回多少？

（2）1kg 高级奶制品 B_1、B_2 的获利经常有 10% 的波动，对制订的生产销售计划有无影响？若 1kg B_1 的获利下降 10%，计划应该变化吗？

习 题

1. 用对偶单纯形法解下列线性规划问题：

$$\min z = x_1 + 2x_2$$

$$\text{s.t.} \begin{cases} -x_1 + 2x_2 - x_3 \geq 1 \\ -x_1 - 2x_2 + x_3 \geq 6 \\ x_1, x_2, x_3 \geq 0 \end{cases}$$

2. 考虑线性规划问题：

$$\max z = 2x_1 + 4x_2 + 3x_3$$

$$\text{s.t.} \begin{cases} 3x_1 + 4x_2 + x_4 \geq 60 \\ 2x_1 + x_2 + 2x_3 \leq 40 \\ x_1 + 3x_3 + 2x_4 \leq 80 \\ x_1, x_2, x_3 \geq 0 \end{cases}$$

（1）写出其对偶问题。

（2）用单纯形法求解原问题，列出每步迭代计算得到的原问题的解与互补的对偶问题的解。

（3）用对偶单纯形法求解其对偶问题，并列出每步迭代计算得到的对偶问题的解及与其互补的对偶问题的解。

（4）比较问题（2）和问题（3）的计算结果。

3. 已知线性规划问题：

$$\min z = 8x_1 + 6x_2 + 3x_3 + 6x_4$$

$$\text{s.t.} \begin{cases} x_1 + 2x_2 + x_4 \geq 3 \\ 3x_1 + x_2 + x_3 + x_4 \geq 6 \\ x_3 + x_4 = 25 \\ x_1 + x_3 \geq 2 \\ x_1, x_2, x_3, x_4 \geq 0 \end{cases}$$

（1）写出其对偶问题。

（2）已知原问题最优解 $x^* = (1,1,2,0)^T$，试根据对偶理论，直接求出对偶问题的最优解。

4. 对下列线性规划模型：

$$\max z = 5x_1 - 6x_2 - 7x_3$$

$$\text{s.t.} \begin{cases} 2x_1 + 4x_2 - 3x_3 \geq 16 \\ 4x_1 + 0.4x_2 + 0.4x_3 \leq 30 \\ x_1 + x_2 + x_3 \leq 5 \\ x_1, x_2, x_3 \geq 0 \end{cases}$$

（1）求上述线性规划模型的最优解。

（2）写出上述线性规划问题的对偶线性规划模型，并求出其对偶线性规划模型的最优解。

（3）当目标函数中 x_1 和 x_3 的系数在什么范围内变化时，上述线性规划模型的最优解保持不变？

（4）约束条件中第 2 个约束条件的右端常数如何变化对最优解无影响？

（5）当 x_3 的系数向量由 $(-3,0.4,1)^T$ 变为 $(2,3,1)^T$ 时，上述线性规划模型的最优解有什么变化？

（6）当约束条件中增加一个变量 x_4，该变量在约束条件中的系数为 $(3,0,2)^T$、在目标函数中的系数为 5 时，上述线性规划模型的最优解有什么变化？

5. 某厂利用 A、B 两种原料生产甲、乙、丙三种产品，有关数据如表 4-9 所示。

表 4-9 两种原料生产三种产品的有关数据

原料	单位产品所需的原料/kg			拥有量/kg
	产品甲	产品乙	产品丙	
原料 A	6	3	5	45
原料 B	3	4	5	30
单位利润/元	4	1	5	

请分别回答下列问题：

（1）求使该厂获利最大的生产计划。

（2）若产品乙、丙的单位利润不变，当产品甲的单位利润在什么范围内变化时，最优解不变？

（3）若原料 A 市场紧缺，除拥有量外一时无法购进，若原料 B 数量不足，可去市场购买，单价为 0.5 元，问该厂是否应该购买，且以购进多少为宜？

6. 某工厂利用三种原料（甲、乙和丙）生产三种产品（A、B 和 C），有关数据如表 4-10 所示。

表 4-10　三种原料生产三种产品的有关数据

原料	单位产品所需的原料/kg			每月可供量/kg
	产品 A	产品 B	产品 C	
原料甲	2	1	1	200
原料乙	1	2	3	500
原料丙	2	2	1	600
单位利润/元	4000	1000	3000	

请分别回答下列问题：

（1）怎样安排生产，才能使总利润最大？

（2）若增加 1kg 原料甲，总利润增加多少？

（3）设原料乙的市场价格为 1200 元/kg，若要转卖原料乙，工厂应该至少叫价多少？为什么？

（4）产品的单位利润分别在什么范围内变化时，原生产计划不变？

（5）由于市场变化，产品 B、C 的单位利润变为 2000 元、4000 元，这时应该如何调整生产计划？

7. 已知某工厂计划生产三种产品，各产品需要在设备 A、B、C 上加工，有关数据如表 4-11 所示。

表 4-11　三种设备生产三种产品的有关数据

设备	单位产品所需的台时			每月设备有效台时
	产品 1	产品 2	产品 3	
设备 A	8	2	10	300
设备 B	10	5	8	400
设备 C	2	13	10	420
单位利润/元	3000	2000	2900	

请分别回答下列问题：

（1）如何充分发挥设备能力，才能使生产获利最大？

（2）为了增加产量，可借用其他工厂的设备 B，若每月可借用 60 台时，租金为 1.8 万元，问借用设备 B 是否合算？

（3）若另有两种新产品（产品 4 和产品 5），其中，生产单位产品 4 需用设备 A、B、C 各 12 台时、5 台时、10 台时，单位利润为 2100 元；生产单位产品 5 需用设备 A、B、C 各 4 台时、4 台时、12 台时，单位利润为 1870 元。如果设备 A、B、C 台时不增加，那么分别回答这两种新产品的投产在经济上是否合算？

（4）对产品工艺重新进行设计，改进构造。改进后，生产单位产品 1 需用设备 A、B、C 各 9 台时、12 台时、4 台时，单位利润为 4500 元，这对原生产计划有何影响？

8. 某公司为其冰淇淋经营店提供三种口味的冰淇淋：巧克力、香草和香蕉。因为天气炎热，顾客对冰淇淋的需求大增，而公司库存的原料已经不够了。这些原料分别为牛奶、糖和奶油。公司无法完成接收的订单，但是为了在原料有限的条件下使利润最大化，公司需要确定各种口味冰淇淋的最优组合。1gal(UK)（1gal(UK) = 4.54609L）巧克力、香草和香蕉三种口味的冰淇淋的利润分别为 100 元、90 元和 95 元。公司现有存货如下：牛奶 200gal、糖 150gal 和奶油 60gal。这一问题的线性规划模型如下。

假设 x_1、x_2、x_3 分别为三种口味（巧克力、香草、香蕉）冰淇淋的产量（gal）。公司的总利润最大，即

$$\max z = 100x_1 + 90x_2 + 95x_3$$

约束条件为

$$\text{s.t.} \begin{cases} 0.45x_1 + 0.5x_2 + 0.4x_3 \leq 200 \text{（牛奶）} \\ 0.5x_1 + 0.4x_2 + 0.4x_3 \leq 150 \text{（糖）} \\ 0.1x_1 + 0.15x_2 + 0.2x_3 \leq 60 \text{（奶油）} \\ x_1, x_2, x_3 \geq 0 \text{（非负）} \end{cases}$$

使用 Excel 重新规划求解后，利用敏感性报告请尽可能详细地回答下列问题（各问题互不干扰、相互独立）。

（1）最优解和总利润各是多少？

（2）假设 1gal 香蕉冰淇淋的利润变为 100 元，最优解是否改变？对总利润又会产生怎样的影响？

（3）假设 1gal 香蕉冰淇淋的利润变为 92 元，最优解是否改变？对总利润又会产生怎样的影响？

（4）假设 1gal 香草冰淇淋和香蕉冰淇淋的利润都变为 92 元，最优解是否改变？对总利润又会产生怎样的影响？

（5）公司发现有 3gal 的库存奶油已经变质，只能扔掉，最优解是否改变？对总利润又会产生怎样的影响？

（6）假设公司有机会购得 15gal 糖，总成本为 1500 元，公司是否应该购买这批糖？为什么？

9. 某工厂用甲、乙两种原料生产 A、B、C、D 四种产品，有关数据见表 4-12。

表 4-12　两种原料生产四种产品的有关数据

原料	单位产品所需的原料/kg				提供量/kg
	产品 A	产品 B	产品 C	产品 D	
原料甲	3	2	10	4	18
原料乙	0	0	8	1/2	3
单位利润/万元	9	8	2.9	19	

（1）怎样组织生产，才能使总利润最大？

（2）若产品 A、C 的单位利润产生波动，波动范围多大，其最优解不变？

（3）若想增加原料甲，增加多少时，原最优解不变？

（4）若考虑要生产产品 E，且生产单位产品 E 要消耗原料甲 3kg，消耗原料乙 1kg，则产品 E 的单位利润是多少时有利于投产？

（5）假设该工厂又增加了用电不超过 8kW 的限制，而生产单位产品 A、B、C、D 分别消耗电 4kW、3kW、5kW、2kW，此约束是否改变了原最优解？

10. 某文教用品厂利用原料白坯纸生产原稿纸、日记本和练习本三种产品。该厂现有工人 100 人，每天白坯纸的供应量为 30000kg。当单独生产各种产品时，每个工人每天可生产原稿纸 30 捆，或日记本 30 打，或练习本 30 箱。已知原料消耗情况如下：每捆原稿纸用白坯纸 $3\frac{1}{3}$ kg；每打日记本用白坯纸 $13\frac{1}{3}$ kg；每箱练习本用白坯纸 $26\frac{2}{3}$ kg。已知生产各种产品的单位利润如下：每捆原稿纸 1 元，每打日记本 2 元，每箱练习本 3 元。试确定：①在现有生产条件下使该厂获利最大的方案；②若白坯纸供应量不变，而工人数量不足时可从市场上招收临时工，临时工费用为 40 元/（人·日）。问该厂是否应招临时工及招收多少人为宜？

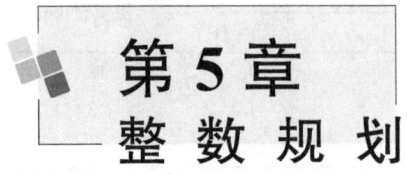

第 5 章
整 数 规 划

【本章导读】

前面我们学习了如何根据不同问题构建线性规划模型,并利用图解法、单纯形法,以及 Excel 中的规划求解命令对其进行求解。然而,在实际工作生活中,很多线性规划要求管理者得出最优整数解,如排班人数、加工设备台数、运送货物的车数等。显然,那些利用常规方法得出的非整数最优解与问题要求不符。此时,就需要借助其他求解方法,我们将这一类要求得出最优整数解的问题统称为整数规划(integer programming)问题。

整数规划问题在各类实际应用中经常出现。为了让学生更加直观地了解整数规划问题,首先进行案例研究——Y 省 JH 食品公司产品创新问题,并在该案例背景下衍生出更多整数规划问题,引导学生掌握不同整数规划问题的建模及求解技巧。此外,通过从案例场景中衍生出的实际经济管理问题,学生还能深刻体会到,与线性规划问题相同,复杂的整数规划问题也能够通过 Excel 中的规划求解命令轻易解决。

【学习目标】

(1)了解不同类型的整数规划问题,掌握不同类型的整数规划模型的构建方法。
(2)掌握分支定界法、割平面法等常规整数规划问题的求解技巧。
(3)能够熟练运用隐枚举法求解简单 0-1 整数规划问题。
(4)能够利用匈牙利法求解指派问题。
(5)能够熟练运用 Excel 构建整数规划的电子表格模型,并快速得到最优整数解。

【开篇案例】

Y 省 JH 食品公司是一家集面点研发、生产、销售、服务于一体的烘焙企业。通过现代烘焙技术与 Y 省特色美食文化的融合,JH 食品公司的烘焙产品深受全国消费者的喜爱。

Y 省的花卉饮食文化不仅有着悠久的历史,其独有性更是 Y 省面向国内外友人的一张名片。市场上的可食用花卉品种繁多(如玫瑰、桂花、百合、茉莉花)。JH 食品公司市场调研部的调查结果显示,一些烘焙企业已经根据不同花卉种类开发出了多样化的鲜花类糕点。然而,JH 食品公司只针对可食用玫瑰开发了较为单一的产品线。面对调查结果,JH 食品公司的高层管理者感到了前所未有的压力。在此情境下,JH 食品公司高层管理者做出了创新鲜花产品线的重大决策。经生产部与产品研发部商议,公司总部决定在未来一个月内新增桂花和茉莉花两种品类的特色烘焙产品,并在 K 市门店进行试运营。在收到总部产品创新的相关要求后,作为 K 市 JH 食品公司区域总店经理,李先生对生产创新计划进行了研究，遇到了一系列问题。

【案例思考题】

例 5.1 在李先生根据公司总部要求完成原料采购后，桂花和茉莉花特色烘焙产品正式进入了生产加工规划环节。根据市场定价规则，桂花和茉莉花烘焙产品为公司带来的单位利润均为 1 元/个。然而，由于鲜花品种不同，两种烘焙产品在流水线生产时所占用的烘烤炉、搅拌机时间也有所不同。已知每天预留给这两个产品的烘烤炉使用时间为 6h，搅拌机使用时间为 20h。生产 1000 个产品时，两种产品占用的烘烤炉和搅拌机时间，以及总体设备使用时间限制如表 5-1 所示。请问，李先生应该如何规划桂花和茉莉花烘焙产品的产量，使得两种产品的试运营总利润最大？

表 5-1 两种产品占用的烘烤炉和搅拌机时间，以及总体设备使用时间限制　　　　（单位：h）

设备	产品占用的设备时间		设备每日使用时间限制
	1000 个桂花烘焙产品	1000 个茉莉花烘焙产品	
烘烤炉	2	1	6
搅拌机	4	5	20

解：可以用线性规划知识求解例 5.1。为了方便运算，我们可以将 1000 个视作烘焙产品的生产单位；1000 元视作烘焙产品的获利单位。据此，上述生产信息可理解为：每生产 1 单位的桂花烘焙产品，需要耗费烘烤炉 2h、搅拌机 4h；每生产 1 单位的茉莉花烘焙产品，需要耗费烘烤炉 1h、搅拌机 5h；烘烤炉每天的使用时间不可超过 6h，搅拌机每天的使用时间不可超过 20h。基于此，设 x_1、x_2 分别为桂花、茉莉花烘焙产品的产量，z 为总利润：

$$\max z = x_1 + x_2$$

$$\text{s.t.} \begin{cases} 2x_1 + x_2 \leqslant 6 \\ 4x_1 + 5x_2 \leqslant 20 \\ x_1, x_2 \geqslant 0 \end{cases}$$

引入松弛变量 x_3、x_4，将问题化为标准型：

$$\max z = x_1 + x_2 + 0x_3 + 0x_4$$

$$\text{s.t.} \begin{cases} 2x_1 + x_2 + x_3 = 6 \\ 4x_1 + 5x_2 + x_4 = 20 \\ x_1, x_2, x_3, x_4 \geqslant 0 \end{cases}$$

利用单纯形法求解的结果见表 5-2。

表 5-2 利用单纯形法求解的结果

计算表		c_j		1	1	0	0
	C_B	X_B	b	x_1	x_2	x_3	x_4
初始计算表	0	x_3	6	2	1	1	0
	0	x_4	20	4	5	0	1
		c_j-z_j	0	1	1	0	0
最终计算表	1	x_1	5/3	1	0	5/6	−1/6
	1	x_2	8/3	0	1	−2/3	1/3
		c_j-z_j	−5/2	0	0	−1/6	−1/6

从而得到最优解及对应最优目标函数值：

$$x_1 = \frac{5}{3}, x_2 = \frac{8}{3}, x_3 = 0, x_4 = 0, \max z = \frac{13}{3}$$

然而，在构建的模型中，x_1、x_2 分别为桂花、茉莉花烘焙产品的最终单位产量。在现实场景中，工厂不可能生产 $\frac{5}{3}$ 单位的桂花烘焙产品和 $\frac{8}{3}$ 单位的茉莉花烘焙产品。因此，x_1、x_2 必须为整数。

按照四舍五入的常规思路，多数人会将 $x_1 = \frac{5}{3}$，$x_2 = \frac{8}{3}$ 化为 $x_1 = 1$，$x_2 = 2$，虽然 $x_1 = 1$，$x_2 = 2$ 是可行解，但不是最优解，这是因为当 $x_1 = 1$，$x_2 = 2$ 时，$z = 3$，而当 $x_1 = 2$，$x_2 = 2$ 时，$z = 4$。

5.1 整数规划问题及数学模型

如例 5.1 所示，对线性规划的求解结果进行"舍入化整"虽然可能可以得到可行解，但是不一定能得到最优解。因此，对于求最优整数解的问题，势必要依靠其他方法。我们将这一类问题统称为整数规划问题。根据对变量取值的不同要求，整数规划可以划分为以下类型。

（1）纯整数规划（pure integer programming）或全整数规划（all integer programming）：所有变量都要求为（非负）整数。

（2）混合整数规划（mixed integer programming）：所有变量中，部分变量被限制为整数，其他不作要求。

（3）0-1 整数规划（binary integer programming，BIP）：整数规划中的特殊情况，变量取值只能为 0 或 1。

整数规划数学模型的一般形式为

$$\max(或\min)z = \sum_{j=1}^{n} c_j x_j$$

$$\text{s.t.} \begin{cases} \sum_{j=1}^{n} a_{ij} x_j \leqslant (或 =, 或 \geqslant) b_i & (i = 1, 2, \cdots, m) \\ x_j \geqslant 0 & (j = 1, 2, \cdots, n) \\ x_1, x_2, x_3, \cdots, x_n 中部分取整或全部取整 \end{cases}$$

5.2 整数规划问题的解法

5.2.1 分支定界法

求解整数规划时，对于有界的可行域，显然可以用穷举法，即根据可行域的约束条件确定变量取值，并列举不同变量间的所有组合，最后将这些组合代入目标函数中计算，通过对比对应的目标函数值确定最优解。然而，穷举法只适用于变量数较少、可行解组合较少，以及规模较小的问题。在大规模、变量数多、可行解组合很多的问题中，穷举法不仅费时费力，而且极容易出错。

为解决这一难题，兰德·多伊格（Land Doig）和戴金（R. J. Dakin）等于20世纪60年代初期提出了分支定界法（branch and bound method）——先将整数规划看作普通的线性规划（即不考虑整数约束条件）来求解，若最优解不符合整数条件，则利用增加约束的方法求出整数规划的上下界，随后把可行域分为不同的子区域（分支）。在此基础上，再求解这些子区域上的线性规划问题，通过不断缩小整数规划中可行域的上下界距离，最终取得符合要求的最优解。分支定界法可用于纯整数规划和混合整数规划的求解，且凭借其操作的灵活性及求解思维的直观性成为现代整数规划求解的重要方法。当今市面上的大部分整数规划求解软件（如 CPLEX、BARON 等）是基于分支定界法来运行求解的。

现利用分支定界法求解例 5.1：

$$\max z = x_1 + x_2$$

$$\text{s.t.} \begin{cases} 2x_1 + x_2 \leqslant 6 & (5.1a) \\ 4x_1 + 5x_2 \leqslant 20 & (5.1b) \\ x_1, x_2 \geqslant 0 & (5.1c) \\ x_1, x_2 \text{为整数} & (5.1d) \end{cases}$$

（1）线性规划求解：不考虑约束(5.1d)，先将该问题当成普通线性规划问题进行求解，随即得到 $x_1 = \frac{5}{3}, x_2 = \frac{8}{3}, \max z = \frac{13}{3}$。

（2）确定最优目标函数值 z^* 的最初上下界：虽然 $x_1 = \frac{5}{3}, x_2 = \frac{8}{3}$ 不符合约束(5.1d)，但是 $z_1 = \frac{13}{3}$ 是例 5.1 最优目标函数值 z^* 的上界 $\overline{z}$，记 $z_1 = \overline{z}$。此外，通过观察法可知，$x_1 = 0$，$x_2 = 0$ 显然是符合所有约束条件的整数可行解，而其对应的目标函数值 $z_2 = 0$ 设定为最优目标函数值 z^* 的下界 $\underline{z}$，记 $z_2 = \underline{z}$。因此可以得到 $0 \leqslant z^* \leqslant \frac{13}{3}$。

（3）将线性规划问题分为两支，依次进行线性规划求解：在步骤（1）得出的非整数变量中，选择一个最远离整数的变量，并对其进行分支处理。在例 5.1 中，x_1、x_2 的数值与整数偏离度相同，故可任意挑选 $x_1 = \frac{5}{3}$。若对 x_1 取整数，则可以从 $x_1 \leqslant 1$ 或 $x_1 \geqslant 2$ 中取值。因此，可以将例 5.1 的原问题划分为线性规划 5.1.1 和线性规划 5.1.2 两个子问题。

①计算线性规划 5.1.1：

$$\max z = x_1 + x_2$$

$$\text{s.t.} \begin{cases} 2x_1 + x_2 \leqslant 6 & (5.2a) \\ 4x_1 + 5x_2 \leqslant 20 & (5.2b) \\ x_1, x_2 \leqslant 0 & (5.2c) \\ x_1, x_2 \text{为整数} & (5.2d) \\ x_1 \leqslant 1 & (5.2e) \end{cases}$$

求得目标函数值 $z_3 = 4$，且存在整数解 $x_1=1$，$x_2=3$。

由于得到了整数解，修改目标函数值下界 $\underline{z}=4$，其上界 $\overline{z}=\dfrac{13}{3}$ 不变。

②计算线性规划 5.1.2：

$$\max z = x_1 + x_2$$

$$\text{s.t.} \begin{cases} 2x_1 + x_2 \leqslant 6 & (5.3a) \\ 4x_1 + 5x_2 \leqslant 20 & (5.3b) \\ x_1, x_2 \geqslant 0 & (5.3c) \\ x_1, x_2 \text{为整数} & (5.3d) \\ x_1 \geqslant 2 & (5.3e) \end{cases}$$

求得目标函数值 $z_4 = 4$，且存在整数解 $x_1=2$，$x_2=2$。

根据分支求解结果调整最优目标函数值 z^* 的上界：由于线性规划 5.1.2 和线性规划 5.1.1 的最优目标函数值均为 4，可以将最优目标函数值 z^* 的上界调整为 4，记 $\overline{z}=4$。

（4）确定最优整数解：最优目标函数值 z^* 的上界和下界均为 4，即 $4 \leqslant z^* \leqslant 4$。

综上，例 5.1 的最优整数解为 $x_1=1$，$x_2=3$，或 $x_1=2$，$x_2=2$，使得 $z=4$。即桂花、茉莉花烘焙产品的最终生产计划为 1 单位和 3 单位，或 2 单位和 2 单位，这两种方案均能使最终获得最大利润 4 单位。

图 5-1 直观表示了例 5.1 的求解过程和求解结果。在基本了解求解流程后，现对分支定界法的求解范式进行统一概述。

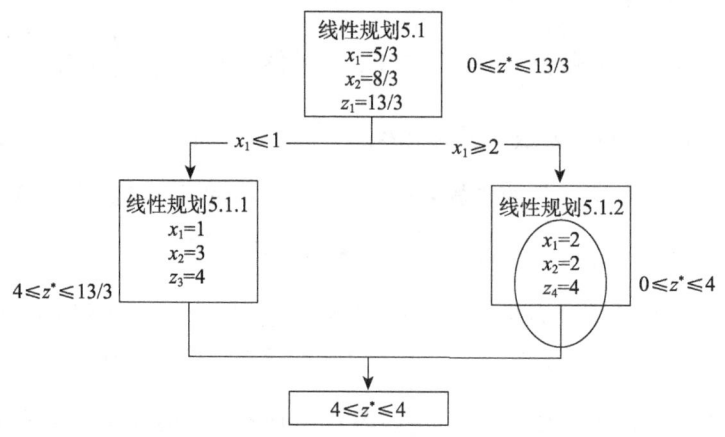

图 5-1　例 5.1 的求解过程和求解结果

设有最大化的整数规划问题 A，与之对应的不考虑整数约束条件的线性规划问题为 B。

（1）求解 B，将会得到以下三种情况。

①若 B 没有可行解，则 A 也没有整数可行解，此时可以结束求解。

②若 B 有最优解，且符合 A 对解的整数约束条件，则 B 的最优解即 A 的整数最优解，在求得对应的目标函数值 z 后，即可结束求解。

③若 B 有最优解，但不符合 A 对解的整数约束条件，则继续执行步骤（2）。

（2）确定 A 的最优目标函数 z^* 的上界和下界（定界）。在情况③中，B 所对应的最

优目标函数值必为 A 的最优目标函数值的上界，记为 $\bar{z}_1$。在此基础上，通过观察法找到一个 A 的整数可行解，此时，该可行解对应的目标函数值即 A 的最优目标函数 z^* 的下界，记为 $\underline{z}_1$。此时有 $\underline{z}_1 \leqslant z^* \leqslant \bar{z}_1$。

（3）针对非整数最优解展开分支。在 B 的最优解中选择一个最远离整数（即具有最大真分数）的变量 $x_j = b_j$，以此为切入点，构造两个约束条件：

$$x_j \leqslant [b_j], \quad x_j \geqslant [b_j]+1 \quad （[b_j] \text{ 表示小于 } b_j \text{ 的最大整数}）$$

分别将这两个约束条件加入 B 的线性规划模型中，从而形成问题 B 的两个分支 B_1 和 B_2。

（4）再次定界。分别求解 B_1 和 B_2，计算并对比 B_1 和 B_2 对应的最优目标函数值，将最大目标函数值确立为 z^* 的上界 $\bar{z}_2$。在此基础上，从符合整数条件的解中选择最大目标函数值作为 z^* 的下界 $\underline{z}_2$。此时有 $\underline{z}_2 \leqslant z^* \leqslant \bar{z}_2$。

（5）再分支。对 B_1 和 B_2 重复步骤（3）的操作，分别形成各自的两个分支，并求出相应的目标函数值。

（6）剪支和留支。各分支的目标函数值若有小于 z^* 下界 $\underline{z}_2$ 者，或不存在可行解者，则对其进行剪支操作（在分支下方打✘即可）。若有分支对应的目标函数值大于 z^* 下界 $\underline{z}_2$，则对该分支重复步骤（3）～步骤（6）的操作，直到最优目标函数值 z^* 的上界数值和下界数值相等，最终得到最优整数解。

求解关键如下：不断缩小整数规划中可行域的上下界距离，最终使最优目标函数值 z^* 的上界数值和下界数值相等，从而取得符合要求的最优整数解。

5.2.2 割平面法

为了简化整数规划的求解过程，美国学者戈莫里（R. E. Gomory）于 1958 年提出了割平面法（cutting-plane method），目前主要用于纯整数规划的求解。与分支定界法的基本思路相同，割平面法先不考虑变量的取整约束，将求解问题看作一般线性规划问题，并利用单纯形法求解。若所得的最优解满足整数约束条件，则该最优整数解即原整数规划的最优解；若得到非整数最优解，则在原整数规划的基础上增加适当的线性约束条件（在几何上称为割平面），从而切割掉原可行域中的非整数解，保留所有整数可行解。因此，割平面法的核心就是通过多次割平面操作，最终得到一个保留所有整数可行解的可行域，并且该可行域存在坐标为整数的极点，且其中一个极点恰好为问题的最优整数解。

考虑纯整数规划问题：

$$\max z = \sum_{j=1}^{n} c_j x_j \tag{5.4a}$$

$$\text{s.t.} \begin{cases} \sum_{j=1}^{n} a_{ij} x_j = b_i \ (i=1,2,\cdots,m) & (5.4b) \\ x_j \geqslant 0 & (5.4c) \\ x_j \text{ 取整数} & (5.4d) \end{cases}$$

其中，$a_{ij}\ (i=1,2,\cdots,m;j=1,2,\cdots,n)$ 和 $b_i(i=1,2,\cdots,m)$ 皆为整数（当不为整数时，可乘上一个倍数化为整数）。

纯整数规划的松弛问题由式（5.4a）、式（5.4b）和式（5.4c）构成，是一个线性规划问题，可以用单纯形法求解。在松弛问题的最优单纯形表中，记 Q 为 m 个基变量的下标集合，K 为 $(n-m)$ 个非基变量的下标集合，则 m 个约束方程可表示为

$$x_i + \sum_{j \in K} \bar{a}_{ij} x_j = \bar{b}_i \ (i \in Q) \tag{5.5}$$

对应的最优解 $X^* = (x_1^*, x_2^*, \cdots, x_n^*)^T$，其中，

$$x_i^* = \begin{cases} \bar{b}_i \ (i \in Q) \\ 0 \ (i \in K) \end{cases} \tag{5.6}$$

若 $\bar{b}_i(i \in Q)$ 皆为整数，则 X^* 满足式（5.4d），因此就是纯整数规划的最优解；若 $\bar{b}_i(i \in Q)$ 不全为整数，则 X^* 不满足式（5.4d），因此就不是纯整数规划的可行解，自然也不是原整数规划的最优解。

用割平面法求解整数规划时，若其松弛问题的最优解 X^* 不满足式（5.4d），则从 X^* 的非整数变量中选取一个，用以构造一个线性约束条件，将其加入松弛问题中，形成一个新的线性规划，随后进行求解即可。若新的最优解满足整数要求，则它就是整数规划的最优解；否则，重复上述步骤，直到获得整数最优解。为最终获得整数最优解，每次增加的线性约束条件应当具备两个基本性质：①已获得的不符合整数要求的线性规划最优解不满足该线性约束条件，从而不可能在以后的解中再出现；②凡整数可行解均满足该线性约束条件，因此最优整数解始终被保留在每次形成的线性规划可行域中。

为此，若 $\bar{b}_{i_0}(i_0 \in Q)$ 不是整数，在式（5.5）中对应的约束方程为

$$x_{i_0} + \sum_{j \in K} \bar{a}_{i_0 j} x_j = \bar{b}_{i_0} \ (i_0 \in Q) \tag{5.7}$$

其中，x_{i_0} 和 $x_j(j \in K)$ 按式（5.4d）应为整数；$\bar{b}_{i_0}$ 不是整数；$\bar{a}_{i_0 j}(j \in K)$ 可能是整数，也可能不是整数。

将 $\bar{a}_{i_0 j}$ 和 $\bar{b}_{i_0}$ 分解成两部分：一部分是不超过该数的最大整数 $N_{i_0 j}$ 和 N_{i_0}；另一部分是余下的正的真分数 $f_{i_0 j}$ 和 f_{i_0}。即

$$\bar{a}_{i_0 j} = N_{i_0 j} + f_{i_0 j}, \quad N_{i_0 j} \leq \bar{a}_{i_0 j} \text{ 且为整数}, \quad 0 \leq f_{i_0 j} < 1, \ j \in K \tag{5.8}$$

$$\bar{b}_{i_0} = N_{i_0} + f_{i_0}, \quad N_{i_0} < \bar{b}_{i_0} \text{ 且为整数}, \quad 0 < f_{i_0} < 1 \tag{5.9}$$

把式（5.8）和式（5.9）代入式（5.7），将整数部分移到等式左端，非整数部分移动到等式右端，移项后得

$$x_{i_0} + \sum_{j \in K} N_{i_0 j} x_j - N_{i_0} = f_{i_0} - \sum_{j \in K} f_{i_0 j} x_j \tag{5.10}$$

其中，左边是一个整数，右边是一个小于 1 的数，因此有

$$f_{i_0} - \sum_{j \in K} f_{i_0 j} x_j \leq 0$$

即
$$\sum_{j \in K}(-f_{i_0 j})x_j \leqslant -f_{i_0} \tag{5.11}$$

下面考察线性约束（式（5.11））的性质。

一方面，由于式（5.11）中 $j \in K$，如果将 X^* 代入式（5.11），各 x_j 作为非基变量皆为 0，有

$$0 \leqslant -f_{i_0}$$

显然，这和式（5.9）矛盾，可见，X^* 不满足式（5.11）。

另一方面，满足式（5.4）的任何一个整数可行解 X 一定也满足式（5.5）。式（5.7）是式（5.5）中的一个表达式，当然也满足。因此，X 必定也满足式（5.10）和式（5.11）。由此可知，任何整数可行解一定满足式（5.11）。

综上所述，线性约束（式（5.11））具备上述两个基本性质。将式（5.11）和式（5.4）合并，构成一个新的线性规划。记 R 为原松弛问题可行域，R' 为新的线性规划可行域。从几何意义上看，式（5.11）实际上对 R 做了一次"切割"，在留下的 R' 中，保留了整数规划的所有整数可行解，但不符合整数要求的 X 被"切割"掉了。随着"切割"过程的不断继续，整数规划最优解最终有机会成为某个线性规划可行域的顶点，作为该线性规划的最优解而被解得。

实际解题时，经验表明，若从最优单纯形表中选择具有最大正真分数部分的非整分量所在行构造割平面约束，往往可以提高"切割"效果，减少"切割"次数。

下面通过例 5.1 的求解具体展示割平面法的操作步骤。

$$\max z = x_1 + x_2$$
$$\text{s.t.} \begin{cases} 2x_1 + x_2 \leqslant 6 \\ 4x_1 + 5x_2 \leqslant 20 \\ x_1, x_2 \geqslant 0 \\ x_1, x_2 \text{为整数} \end{cases}$$

（1）引入松弛变量 x_3，x_4，将问题化为标准型：

$$\begin{cases} 2x_1 + x_2 + x_3 = 6 \\ 4x_1 + 5x_2 + x_4 = 20 \end{cases}$$

如表 5-2 所示，得到非整数最优解：

$$x_1 = \frac{5}{3}, x_2 = \frac{8}{3}, x_3 = 0, x_4 = 0, \max z = \frac{13}{3}$$

（2）由于不满足最优整数解的要求，选择具有最大正真分数部分的非整分量所在行构造割平面约束。由于 x_1, x_2 的正真分数都是 2/3，选择 x_2 所在行来构造割平面方程：

$$x_2 - \frac{2}{3}x_3 + \frac{1}{3}x_4 = \frac{8}{3}$$

在此基础上，将系数和常数都分解为整数和非负真分数之和：

$$x_2 + \left(-1 + \frac{1}{3}\right)x_3 + \frac{1}{3}x_4 = 2 + \frac{2}{3}$$

（3）将整数部分移到等式左边，真分数移到右边，得

$$x_2 - x_3 - 2 = \frac{2}{3} - \frac{1}{3}(x_3 + x_4)$$

现考虑 x_1, x_2 为整数的约束条件。显然，由 $2x_1 + x_2 + x_3 = 6$ 和 $4x_1 + 5x_2 + x_4 = 20$ 可知，x_3, x_4 也都是非负整数。在由步骤（3）初步得出的式中，等式左边显然为整数，因此等式右边必然也为整数。不仅如此，由于等式右边的 $x_3 + x_4$ 是正数，推导可知等式右边为小于 1 的整数，即小于等于 0。因此，割平面约束为

$$-\frac{1}{3}(x_3 + x_4) \leqslant -\frac{2}{3}$$

（4）引入松弛变量。基于 $-\frac{1}{3}(x_3 + x_4) \leqslant -\frac{2}{3}$，引入松弛变量 x_5，割平面方程为

$$-\frac{1}{3}x_3 - \frac{1}{3}x_4 + x_5 = -\frac{2}{3}$$

将上式并入原单纯形表中。

（5）用对偶单纯形法求解，得表 5-3。

表 5-3　对偶单纯形法求解结果（一）

计算表		c_j		1	1	0	0	0
	C_B	X_B	b	x_1	x_2	x_3	x_4	x_5
初始计算表	1	x_1	5/3	1	0	5/6	−1/6	0
	1	x_2	8/3	0	1	−2/3	1/3	0
	0	x_5	−2/3	0	0	[−1/3]	−1/3	1
		$c_j - z_j$		0	0	−1/6	−1/6	0
最终计算表	1	x_1	0	1	0	0	−1	5/2
	1	x_2	4	0	1	0	1	−2
	0	x_3	2	0	0	1	1	−3
		$c_j - z_j$		0	0	0	0	−1/2

最终得整数最优解 $X^* = (0,4)^T$，$z = 4$，同时，非基变量 x_4 的检验数=0，说明当前问题存在多个最优解，如表 5-4 所示。

表 5-4　对偶单纯形法求解结果（二）

计算表		c_j		1	1	0	0	0
	C_B	X_B	b	x_1	x_2	x_3	x_4	x_5
初始计算表	1	x_1	0	1	0	0	−1	5/2
	1	x_2	4	0	1	0	1	−2
	0	x_3	2	0	0	1	1	−3
		$c_j - z_j$		0	0	0	0	−1/2
最终计算表	1	x_1	2	1	0	1	0	−1/2
	1	x_2	2	0	1	−1	0	1
	0	x_4	2	0	0	1	1	−3
		$c_j - z_j$		0	0	0	0	−1/2

得另一整数最优解 $X^* = (2,2)^T$，$z = 4$。

注意：根据被重新引入松弛变量的不等式 $-\frac{1}{3}x_3 - \frac{1}{3}x_4 + x_5 = -\frac{2}{3}$，由 $2x_1 + x_2 + x_3 = 6$ 和 $4x_1 + 5x_2 + x_4 = 20$ 可得用 x_1, x_2 表示的不等式：

$$6 - 2x_1 - x_2 + (20 - 4x_1 - 5x_2) \geqslant 2$$
$$x_2 \leqslant 2$$

在这种形式下，"切割"的几何意义是显而易见的。但是，在用割平面法求解整数规划时，常会遇到收敛很慢的情形。因此，在实际使用中，割平面法往往与分支定界法一起使用。

5.3　0-1 整数规划

前面我们主要学习如何对有关活动发生量的线性规划问题进行决策，因此在构建的模型中决策变量表示相关活动的等级。本书将这一类问题统称为定量决策。与其相对应，本节将着眼于另一类常见问题——是非决策（yes-or-no decision）问题，即所考虑问题的答案只有"是"（采取此选择）与"非"（不采取此选择）。

是非决策的决策变量是 0-1 变量（binary variable）。0-1 变量的可能值只有 0 和 1。因此，在进行是非决策时，当选择"是"时，0-1 决策变量（binary decision variable）的值为 1；当选择"非"时，0-1 决策变量的值为 0。使用 0-1 决策变量的线性规划模型称为 0-1 整数规划模型。例如，

$$x = \begin{cases} 1, & \text{决策采取方案} A \\ 0, & \text{决策不采取方案} A \end{cases}$$

当问题含有多项要素，而每项要素皆有两种选择时，可用一簇 0-1 变量来描述。一般地，设问题有限项要素为 $E_1, E_2, \cdots, E_n$，其中，每项 E_j 有两种选择（选择 A_j 和不选择 A_j），则可令

$$x_j = \begin{cases} 1, & E_j \text{选择} A_j \\ 0, & E_j \text{不选择} A_j \end{cases} \quad (j = 1, 2, \cdots, n)$$

此外，在应用中，有时会遇到变量可以取多个整数值的问题。这时，利用 0-1 变量是二进制变量的性质，可利用一组 0-1 变量来取代该变量。例如，变量 x 可取 0~9 的任意整数时，可构建 4 个 0-1 变量 x_0, x_1, x_2, x_3，并令

$$x = 2^0 x_0 + 2^1 x_1 + 2^2 x_2 + 2^3 x_3 \leqslant 9$$

其中，x_0, x_1, x_2, x_3 均为 0-1 变量。

纯 0-1 整数规划问题（pure BIP problem）是指在 0-1 整数规划问题中所有变量都是 0-1 变量。混合 0-1 整数规划问题（mixed BIP problem）是指在 0-1 整数规划问题中只有一部分变量是 0-1 变量。

5.3.1　不同场景下的 0-1 整数规划问题

0-1 变量不仅在科学研究领域广泛应用，而且与实际经济管理问题有着较深的融合

度。本节将介绍在不同场景下引入 0-1 变量的实际经济管理问题。

1. 含有相互排斥的约束条件的问题

例 5.2 经过一段时间的试运营，李先生发现新推出的两种产品受众度很高，销量非常不错。公司总部考察后，也对这两种产品的销售成绩非常满意。经商议，JH 食品公司总部决定在 K 市门店正式上架桂花和茉莉花糕点。此外，还要根据玫瑰、桂花、茉莉 3 种基础糕点，再开发 5 种创新糕点，并在 K 市门店再次进行试运营。李先生再次被赋予重任。为了帮助李先生减轻工作压力，公司总部决定让市场部负责人王女士辅助李先生完成工作。

在和王女士初步确定 5 种创新糕点的产量后，现需要从 2 个车间中选择 1 个车间来进行这 5 种糕点的生产，使其总利润最大。李先生和王女士在选择车间问题上产生了分歧。由于各车间对这 5 种糕点的生产时间并不相同，每个车间的最大工时也不一样。王女士认为应该选车间 A，而李先生认为应该选车间 B。

为了解决分歧，李先生和王女士决定向公司总部的管理科学小组请求帮助。管理科学小组对王女士和李先生主导的生产方案进行了量化，如表 5-5 所示。

表 5-5 单位产品（阶段）生产耗时、车间最大工时和单位利润

车间	单位产品（阶段）生产耗时/h					最大工时/h
	创新糕点 A	创新糕点 B	创新糕点 C	创新糕点 D	创新糕点 E	
车间 A	6	7	4	8	7	190
车间 B	8	8	5	9	7	220
单位利润/获利单位	11	14	8	15	9	

注：1000 个糕点为 1 生产单位；1000 元为 1 获利单位。

为此，将 A、B、C、D、E 五种创新糕点分别设为糕点 1、糕点 2、糕点 3、糕点 4、糕点 5。

方法一：设 x_j 为产品 j 的单位产量（$j=1,2,3,4,5$），z 为最终选定的车间所创造的总利润。目标函数为

$$\max z = 11x_1 + 14x_2 + 8x_3 + 15x_4 + 9x_5$$

若采用车间 A，相应的约束条件为

$$6x_1 + 7x_2 + 4x_3 + 8x_4 + 7x_5 \leqslant 190 \quad (5.12)$$

若采用车间 B，相应的约束条件为

$$8x_1 + 8x_2 + 5x_3 + 9x_4 + 7x_5 \leqslant 220 \quad (5.13)$$

案例场景中的问题是选择王女士主导的车间 A，还是选择李先生主导的车间 B，选择哪个车间产生的总利润更大？因此，式（5.12）和式（5.13）在模型中就成为两个互相排斥的约束条件。为了将这两个约束条件统一在一个问题中，就需要引入 0-1 变量：

$$y = \begin{cases} 0, & \text{采用车间A} \\ 1, & \text{采用车间B} \end{cases}$$

于是，相互排斥的约束条件（式（5.12）和式（5.13））即可由下列三个约束条件统一起来：

$$\max z = 11x_1 + 14x_2 + 8x_3 + 15x_4 + 9x_5$$

$$\text{s.t.} \begin{cases} 6x_1 + 7x_2 + 4x_3 + 8x_4 + 7x_5 \leqslant 190 + My & (5.14) \\ 8x_1 + 8x_2 + 5x_3 + 9x_4 + 7x_5 \leqslant 220 + M(1-y) & (5.15) \\ x_i \geqslant 0, i = 1,2,3,4,5; \ y = 0\text{或}1 \end{cases}$$

其中，M 是充分大的数。在模型中，$y=0$ 时，式（5.14）的右端项无穷大，其约束不起作用，而式（5.13）的约束则起作用；反之亦然。

方法二：选取两个 0-1 变量，令

$$y_1 = \begin{cases} 1, \text{不采用车间A} \\ 0, \text{采用车间A} \end{cases}, \quad y_2 = \begin{cases} 1, \text{不采用车间B} \\ 0, \text{采用车间B} \end{cases}$$

$$\max z = 11x_1 + 14x_2 + 8x_3 + 15x_4 + 9x_5$$

$$\text{s.t.} \begin{cases} 6x_1 + 7x_2 + 4x_3 + 8x_4 + 7x_5 \leqslant 190 + My_1 & (5.16) \\ 8x_1 + 8x_2 + 5x_3 + 9x_4 + 7x_5 \leqslant 220 + My_2 & (5.17) \\ y_1 + y_2 = 1 & (5.18) \\ x_i \geqslant 0 (i = 1,2,3,4,5) \\ y_j = 0\text{或}1(j=1,2) \end{cases}$$

方法三：设 x_{ij} 为第 i 车间生产第 j 类产品的单位数量，其中，$i=1,2; j=1,2,3,4,5$。

$$y_1 = \begin{cases} 1, \text{采用车间A} \\ 0, \text{不采用车间A} \end{cases}, \quad y_2 = \begin{cases} 1, \text{采用车间B} \\ 0, \text{不采用车间B} \end{cases}$$

$$\max z = 11(x_{11} + x_{21}) + 14(x_{12} + x_{22}) + 8(x_{13} + x_{23}) + 15(x_{14} + x_{24}) + 9(x_{15} + x_{25})$$

$$\text{s.t.} \begin{cases} 6x_{11} + 7x_{12} + 4x_{13} + 8x_{14} + 7x_{15} \leqslant 190y_1 & (5.19) \\ 8x_{21} + 8x_{22} + 5x_{23} + 9x_{24} + 7x_{25} \leqslant 220y_2 & (5.20) \\ y_1 + y_2 = 1 & (5.21) \\ x_{ij} \geqslant 0(i=1,2; j=1,2,3,4,5) \\ y_k = 0\text{或}1(k=1,2) \end{cases}$$

此外，一般地，若需要从 p 个约束条件

$$\sum_{j=1}^{n} a_{ij}x_j \leqslant b_i \ (i=1,2,\cdots,p)$$

中恰好选择 $q(q<p)$ 个约束条件，则可引入 p 个 0-1 变量：

$$y_i = \begin{cases} 0, \text{选择第}i\text{个约束条件} \\ 1, \text{不选择第}i\text{个约束条件} \end{cases} (i=1,2,\cdots,p)$$

在此基础上，可以得到相应约束条件组：

$$\begin{cases} \sum_{j=1}^{n} a_{ij}x_j \leqslant b_i + My_i \\ \qquad\qquad\qquad (i=1,2,\cdots,p) \\ \sum_{i=1}^{p} y_i = p - q \end{cases}$$

上述约束条件组保证了在 p 个 0-1 变量中有 $(p-q)$ 个为 1，q 个为 0。凡取 0 的 y_i 对应

的约束条件即原约束条件；而取 1 的 y_i 对应的约束条件将自然满足，因此是多余的。

如图 5-2 所示，其对应的是方法二的 Excel 求解。在 Excel 规划求解命令的辅助下，电子表格中的 C14:C15、C11:G11 给出了最优解，也就是应采用李先生的建议，即使用车间 B 生产。

	A	B	C	D	E	F	G	H
1				Y省JH食品公司糕点创新问题				
2								
3			单位产品（阶段）生产耗时					
4			创新糕点A	创新糕点B	创新糕点C	创新糕点D	创新糕点E	最大工时
5		车间A	6	7	4	8	7	190
6		车间B	8	8	5	9	7	220
7		单位利润	11	14	8	15	9	
8								
9								
10			创新糕点A	创新糕点B	创新糕点C	创新糕点D	创新糕点E	
11		糕点实际产量	0	26	1	0	1	
12								
13			车间选择？	车间实际耗时		最大工时		
14		车间A	1	193	<=	1190		
15		车间B	0	220	<=	220		
16				选择车间数量				
17				1	=	1		
18		目标函数	max z					
19			381					
20								

	D
14	车间A实际耗时=SUMPRODUCT(C5:G5,C11:G11)
15	车间B实际耗时=SUMPRODUCT(C6:G6,C11:G11)
17	选择车间数量=SUM(C14:C15)

	F
14	车间A最大工时=H5+1000*C14
17	车间B最大工时=H6+1000*C15

规划求解参数

设置目标：最终选定的车间所创造的总利润
到：最大值
通过更改可变单元格
选择哪间车间？在选择该车间的基础上，这五种糕点的产量是多少？

遵守约束
车间选择？=binary
选择车间数量=1
车间实际耗时<=最大工时

规划求解选项：
使无约束变量非负
选择求解方法：单纯线性规划

名称	单元格
车间最大工时限制	F14:F15
只能选择1间车间	F17
y_1	C14
y_2	C15
相对极大值M	取值1000

图 5-2　含有相互排斥的约束条件的 0-1 整数规划电子表格模型

2. 固定费用问题

例 5.3　在管理科学小组的帮助下，李先生和王女士解决了创新糕点生产方式上的意见分歧。然而，在生产计划的后续拟定过程中，李先生和王女士又迎来另一个问题。为进一步提升创新糕点的口感和质量，JH 食品公司产品研发部对生产这 5 种创新糕点的 3 种核心原料进行了再次升级。

由于升级过的 3 种核心原料没有进入量产阶段，资源数量有限。在和王女士商议后，李先生决定从 5 种创新糕点中选取 2 种糕点，并使用 3 种升级过的核心原料生产这 2 种糕点。其他创新糕点使用没有升级的核心原料。原料限制量、糕点单个可变费用及售价、生产单个糕点的原料消耗量,以及生产各糕点的固定费用如表 5-6 所示。问：在资源有限的情况下,李先生应该将这 3 种升级过的核心原料运用到哪 2 种创新糕点的生产中,从而获得利润最大化？

表 5-6 原料限制量、糕点单个可变费用及售价、生产单个糕点的原料消耗量,以及生产各糕点固定费用

原料	单个糕点的原料消耗量/g					原料限制量/kg
	创新糕点 A	创新糕点 B	创新糕点 C	创新糕点 D	创新糕点 E	
原料甲/g	30	40	50	20	60	500
原料乙/g	50	30	40	20	30	450
原料丙/g	40	20	30	50	60	600
糕点单个可变费用/元	2	3	3	4	3	
固定费用/元	1000	1300	1200	1100	2000	
糕点售价/元	14	18	12	19	13	

解： 设 z 为对 2 种创新糕点使用升级核心原料的总利润。

总利润等于销售收入减去生产上述糕点的固定费用和可变费用之和。建模碰到的困难主要是事先不能确切知道某种糕点是否生产,因此不能确定相应的固定费用是否发生。下面借助 0-1 变量解决这个困难。

将 A、B、C、D、E 五种创新糕点分别设为糕点 1、糕点 2、糕点 3、糕点 4、糕点 5。设 x_j 为糕点 j 的产量（$j=1,2,3,4,5$）,z 为最终的总利润,引入 0-1 变量：

$$y_j = \begin{cases} 1, & 生产第j种糕点 \\ 0, & 不生产第j种糕点 \end{cases}$$

从而得到整数规划模型：

$$\max z = (14-2)x_1 + (18-3)x_2 + (12-3)x_3 + (19-4)x_4 + (13-3)x_5 \\ -1000y_1 - 1300y_2 - 1200y_3 - 1100y_4 - 2000y_5$$

$$\text{s.t.} \begin{cases} 30x_1 + 40x_2 + 50x_3 + 20x_4 + 60x_5 \leq 500000 \\ 50x_1 + 30x_2 + 40x_3 + 20x_4 + 30x_5 \leq 450000 \\ 40x_1 + 20x_2 + 30x_3 + 50x_4 + 60x_5 \leq 600000 \\ y_1 + y_2 + y_3 + y_4 + y_5 = 2 \\ y_1 \leq x_1 \leq M_1 y_1 \\ y_2 \leq x_2 \leq M_2 y_2 \\ y_3 \leq x_3 \leq M_3 y_3 \\ y_4 \leq x_4 \leq M_4 y_4 \\ y_5 \leq x_5 \leq M_5 y_5 \\ x_j \geq 0 且为整数(j=1,2,3,4,5) \\ y_j = 0 或 1 (j=1,2,3,4,5) \end{cases}$$

其中,M_j 为 x_j 的某个上界或大数。

如果生产第 j 种糕点,则 $y_j=1$,其产量 $x_j>0$,即 $x_j \geq y_j$。此时,由约束条件知 $x_j \leq M_j y_j$,不受上限约束。同时,在目标函数中考虑相应的固定费用。如果不生产第 j

种糕点，则 $y_j=0$，其产量 $x_j=0$。此时，由约束条件 $x_j \leqslant M_j y_j$ 知，$x_j \geqslant y_j$ 仍成立。同时，在目标函数中不考虑相应的固定费用。

如图 5-3 所示，在 Excel 规划求解命令的辅助下，电子表格中的 C19:G19、C20:G20 给出了最优解，也就是将升级过的 3 种核心原料运用到创新糕点 B 和创新糕点 D 的生产工作中，其他创新糕点使用没有升级的核心原料。

图 5-3　固定费用问题的 0-1 整数规划电子表格模型

3. 工件排序问题

例 5.4 在李先生和王女士商定了一系列生产基础计划后，他们又和 JH 食品公司 K 市食品生产加工负责人钟先生召开了一次会议，专门研讨糕点的生产加工细节问题。

钟先生指出，创新糕点 A、B、C 至少需要进行 4 道工序中的 2 种。由于糕点不同，这 4 道工序在 A、B、C 这 3 种创新糕点上的前后顺序及生产耗时有所不同，如表 5-7 所示，其中，a_{ij} 为第 i 种糕点在第 j 道工序上的生产耗时。此外，基于对口感的特殊要求，创新糕点 B 的生产总耗时不得超过 d。为此，以最短生产耗时为目标，他们再一次向公司总部的管理科学小组寻求意见，想要制订一套各糕点在不同工序中的最优生产方案。

表 5-7 工序在 3 种创新糕点上的前后顺序及生产耗时

创新糕点	前后顺序及生产耗时
糕点 A	a_{11} 工序 1→a_{13} 工序 3→a_{14} 工序 4
糕点 B	a_{21} 工序 1→a_{22} 工序 2→a_{24} 工序 4
糕点 C	a_{32} 工序 2→a_{33} 工序 3

解：将 A、B、C 三种创新糕点分别设为糕点 1、糕点 2、糕点 3。设 x_{ij} 表示糕点 i 在工序 j 中生产的开始时间($i=1,2,3;j=1,2,3,4$)，从而逐步得到整数规划模型。

（1）同一种糕点在不同机床上的生产顺序约束。对于同一种糕点，在下一道工序上生产的开始时间不得早于在上一道工序上生产的结束时间。

糕点 1：$x_{11}+a_{11} \leqslant x_{13}$ 且 $x_{13}+a_{13} \leqslant x_{14}$。

糕点 2：$x_{21}+a_{21} \leqslant x_{22}$ 且 $x_{22}+a_{22} \leqslant x_{24}$。

糕点 3：$x_{32}+a_{32} \leqslant x_{33}$。

（2）每道工序对不同糕点的生产顺序约束。一道工序在工作中，若已开始的生产还没有结束，则不能开始另一种糕点的生产。对于工序 1，有两种生产顺序：先生产糕点 1，后生产糕点 2；或反之。对于其他 3 道工序，情况类似。为了容纳两种相互排斥的约束条件，对于每道工序，分别引入 0-1 变量：

$$y_i = \begin{cases} 0, & \text{工序}i\text{先生产某糕点} \\ 1, & \text{工序}i\text{先生产另一糕点} \end{cases} \quad (j=1,2,3,4)$$

因此，每道工序上生产糕点的顺序可用下列约束条件来保证。

工序 1：$x_{11}+a_{11} \leqslant x_{21}+My_1$ 且 $x_{21}+a_{21} \leqslant x_{11}+M(1-y_1)$。

工序 2：$x_{22}+a_{22} \leqslant x_{32}+My_2$ 且 $x_{32}+a_{32} \leqslant x_{22}+M(1-y_2)$。

工序 3：$x_{13}+a_{13} \leqslant x_{33}+My_3$ 且 $x_{33}+a_{33} \leqslant x_{13}+M(1-y_3)$。

工序 4：$x_{14}+a_{14} \leqslant x_{24}+My_4$ 且 $x_{24}+a_{24} \leqslant x_{14}+M(1-y_4)$。

其中，M 是一个足够大的数。

y_j 的意义是明显的。例如，当 $y_1=0$ 时，工序 1 先生产糕点 1，后生产糕点 2；当 $y_1=1$

时，工序 1 先生产糕点 2，后生产糕点 1。同理，y_2、y_3、y_4 表示的意义也是如此。

（3）糕点 2 的生产总时间约束。糕点 2 的开始生产时间是 x_{21}，结束生产时间是 $x_{24}+a_{24}$，从而有

$$x_{24}+a_{24}-x_{21} \leqslant d$$

（4）构建目标函数。设全部糕点生产完成的总时间为 W。

由于 3 种糕点的生产结束时间分别为 $x_{14}+a_{14}$、$x_{24}+a_{24}$、$x_{33}+a_{33}$，全部糕点的实际生产结束时间为

$$W=\max(x_{14}+a_{14},x_{24}+a_{24},x_{33}+a_{33})$$

目标函数 z 的线性表达式为

$$\min z=W$$

$$\text{s.t.}\begin{cases} W \geqslant x_{14}+a_{14} \\ W \geqslant x_{24}+a_{24} \\ W \geqslant x_{33}+a_{33} \end{cases}$$

例 5.4 的整数规划模型为

$$\min z=W$$

$$\text{s.t.}\begin{cases} x_{11}+a_{11} \leqslant x_{13} & x_{13}+a_{13} \leqslant x_{33}+My_3 \\ x_{13}+a_{13} \leqslant x_{14} & x_{33}+a_{33} \leqslant x_{13}+M(1-y_3) \\ x_{21}+a_{21} \leqslant x_{22} & x_{14}+a_{14} \leqslant x_{24}+My_4 \\ x_{22}+a_{22} \leqslant x_{24} & x_{24}+a_{24} \leqslant x_{14}+M(1-y_4) \\ x_{32}+a_{32} \leqslant x_{33} & x_{24}+a_{24}-x_{21} \leqslant d \\ x_{11}+a_{11} \leqslant x_{21}+My_1 & W \geqslant x_{14}+a_{14} \\ x_{21}+a_{21} \leqslant x_{11}+M(1-y_1) & W \geqslant x_{24}+a_{24} \\ x_{22}+a_{22} \leqslant x_{32}+My_2 & W \geqslant x_{33}+a_{33} \\ x_{32}+a_{32} \leqslant x_{22}+M(1-y_2) & \\ x_{11},x_{13},x_{14},x_{21},x_{22},x_{24},x_{32},x_{33},W \geqslant 0 \\ y_j=0 \text{或} 1(j=1,2,3,4) \end{cases}$$

5.3.2　0-1 整数规划的解法

求解 0-1 整数规划的主流方法有很多，本节将着重介绍隐枚举法（implicit enumeration）。

现通过例题求解来展示隐枚举法的具体步骤。

$$\max z=4x_1+3x_2+2x_3$$

$$\text{s.t.}\begin{cases} 2x_1-5x_2+3x_3 \leqslant 4 \\ 4x_1+x_2+3x_3 \geqslant 3 \\ x_2+x_3 \geqslant 1 \\ x_1,x_2,x_3=0\text{或}1 \end{cases}$$

解：（1）使目标函数中 $x_i(i=1,2,3)$ 的系数由小到大排列，约束条件中的变量顺序也作相应调整：

$$\max z = 2x_3 + 3x_2 + 4x_1$$

$$\text{s.t.} \begin{cases} 3x_3 - 5x_2 + 2x_1 \leq 4 \\ 3x_3 + x_2 + 4x_1 \geq 3 \\ x_3 + x_2 \geq 1 \\ x_1, x_2, x_3 = 0 \text{ 或 } 1 \end{cases}$$

（2）增加约束条件，再次求解模型。很容易观察到，$x_3, x_2, x_1 = (1,1,1)^T$ 是满足约束条件的可行解，使得 $z = 9$。然而，我们的目标是求解最优目标函数值 $\max z$，当然希望 $z \geq 9$。为此，再增加一个约束条件 $2x_3 + 3x_2 + 4x_1 \geq 9$，从而有

$$\text{s.t.} \begin{cases} 2x_3 + 3x_2 + 4x_1 \geq 9 & (5.22\text{a}) \\ 3x_3 - 5x_2 + 2x_1 \leq 4 & (5.22\text{b}) \\ 3x_3 + x_2 + 4x_1 \geq 3 & (5.22\text{c}) \\ x_3 + x_2 \geq 1 & (5.22\text{d}) \\ x_1, x_2, x_3 = 0 \text{ 或 } 1 & (5.22\text{e}) \end{cases}$$

增加的约束条件（式（5.22a））称为过滤条件（filtering constraint）。采用全部枚举的方法，3 个变量共有 $2^3 = 8$ 个解，原来的模型中有 3 个约束条件，所以共需 24 次运算。增加过滤条件的目的就是减少运算次数。

（3）将 5 个约束条件按式（5.22a）～式（5.22e）的顺序排好，依次将每个解代入约束条件左侧，求出数值，若某一条件不满足不等式，则同行以后各条件不必再行检查，实现了减少运算次数的目的。具体如表 5-8 所示。

表 5-8　运用隐枚举法求解 0-1 整数规划

式（5.22e）中 x_3, x_2, x_1	约束条件				是否满足条件	目标函数值 z
	式（5.22a）	式（5.22b）	式（5.22c）	式（5.22d）		
$(0,0,0)^T$	0				×	
$(0,0,1)^T$	4				×	
$(0,1,0)^T$	3				×	
$(0,1,1)^T$	7				×	
$(1,0,0)^T$	2				×	
$(1,0,1)^T$	6				×	
$(1,1,0)^T$	5				×	
$(1,1,1)^T$	9	0	8	2	√	9

综上，得到最优解 $x_3, x_2, x_1 = (1,1,1)^T$，最优目标函数值 $z = 9$。

实际的线性规划问题常常是复杂多变的，用传统的隐枚举法或拉格朗日松弛法求解含有多个变量的复杂 0-1 整数规划问题不仅耗费精力，而且极容易出错。因此，本节将在完整的大型实际案例背景下构建大规模 0-1 整数规划模型，并通过 Excel 中的实际演练详细介绍求解方法和求解技巧，为学生在学习生活中快速解决实际线性规划问题打下坚实基础。

例 5.5 在陆续确定了创新糕点的加工生产方案、生产原料分配方案及工序分配方案后，钟先生又向王女士和李先生提出了问题——当前负责 K 市门店产品加工生产的工厂加工产量有限，只能在原有加工生产任务的基础上，再另外承担两种创新糕点的加工生产任务。为此，李先生和王女士决定额外租用两个烘焙糕点的加工生产车间，用以承担其他三种创新糕点的加工生产任务。在同总部市场部的负责人王女士一起考察后，李先生最终确定了一家工厂。然而，李先生和王女士此时却犯了难——该工厂拥有 4 个空闲的加工生产车间，由于车间对应机床和工人的经验不同，生产不同糕点的效率也不同，导致不同糕点在不同车间的生产耗时也不同。李先生开始思考：不考虑成本，在 4 个空闲车间中应该选择哪两个车间进行生产？在 5 种创新糕点中应该挑选哪 3 种创新糕点到租用车间进行生产？

王女士同下属再次对糕点和市场进行了调查，了解到不同车间在租赁期内的总工时，并对每种糕点在租赁期内的最大销量及在不同车间中生产耗时进行了预测，如表 5-9～表 5-11 所示。

表 5-9 单位产品生产耗时

车间	单位产品生产耗时/h				
	创新糕点 A	创新糕点 B	创新糕点 C	创新糕点 D	创新糕点 E
车间 1	5	8	4	9	7
车间 2	7	11	3	10	7
车间 3	4	9	3	8	6
车间 4	3	7	5	9	5
单位利润/获利单位	11	14	8	15	9

注：1000 个糕点为 1 生产单位，1000 元为 1 获利单位。

表 5-10 产品在车间租赁期内的最大销量 （单位：生产单位）

单位产品	最大销量	单位产品	最大销量
1 生产单位创新糕点 A	21	1 生产单位创新糕点 D	15
1 生产单位创新糕点 B	25	1 生产单位创新糕点 E	18
1 生产单位创新糕点 C	23		

注：1000 个糕点为 1 生产单位。

表 5-11　各车间租赁期总工时　　　　　　　　　　　　　（单位：h）

车间	租赁期总工时	车间	租赁期总工时
车间 1	180	车间 4	165
车间 2	230	总计	745
车间 3	170		

解：将 A、B、C、D、E 五种创新糕点分别设为糕点 1、糕点 2、糕点 3、糕点 4、糕点 5。设 x_{ij} 为第 i 个车间生产第 j 种糕点的数量($i=1,2,3,4; j=1,2,3,4,5$)，z 为最终选定的两个车间所创造的总利润，从而有

$$\max z = 11(x_{11}+x_{21}+x_{31}+x_{41}) + 14(x_{12}+x_{22}+x_{32}+x_{42}) + 8(x_{13}+x_{23}+x_{33}+x_{43}) \\ + 15(x_{14}+x_{24}+x_{34}+x_{44}) + 9(x_{15}+x_{25}+x_{35}+x_{45})$$

通过对例 5.5 背景进行分析可以看出，该整数规划问题含有多个要素，并且每项要素皆有两种选择。因此可以用一簇 0-1 变量来进一步描述线性规划模型。现引入 0-1 变量 Y、W。

综上，可以得到对应的 0-1 整数规划模型：

$$Y_i = \begin{cases} 1, & 租第 i 个车间 \\ 0, & 不租第 i 个车间 \end{cases} \quad (i=1,2,3,4)$$

$$W_j = \begin{cases} 1, & 选择生产糕点 j \\ 0, & 不选择生产糕点 j \end{cases} \quad (j=1,2,3,4,5)$$

$$\max z = 11(x_{11}+x_{21}+x_{31}+x_{41}) + 14(x_{12}+x_{22}+x_{32}+x_{42}) + 8(x_{13}+x_{23}+x_{33}+x_{43}) \\ + 15(x_{14}+x_{24}+x_{34}+x_{44}) + 9(x_{15}+x_{25}+x_{35}+x_{45})$$

$$\text{s.t.} \begin{cases} 5x_{11} + 8x_{12} + 4x_{13} + 9x_{14} + 7x_{15} \leq 180Y_1 \\ 7x_{21} + 11x_{22} + 3x_{23} + 10x_{24} + 7x_{25} \leq 230Y_2 \\ 4x_{31} + 9x_{32} + 3x_{33} + 8x_{34} + 6x_{35} \leq 170Y_3 \\ 3x_{41} + 7x_{42} + 5x_{43} + 9x_{44} + 5x_{45} \leq 165Y_4 \\ Y_1 + Y_2 + Y_3 + Y_4 = 2 \\ W_1 + W_2 + W_3 + W_4 + W_5 = 3 \\ x_{11} + x_{21} + x_{31} + x_{41} + x_{51} \leq 21W_1 \\ x_{12} + x_{22} + x_{32} + x_{42} + x_{52} \leq 25W_2 \\ x_{13} + x_{23} + x_{33} + x_{43} + x_{53} \leq 23W_3 \\ x_{14} + x_{24} + x_{34} + x_{44} + x_{54} \leq 15W_4 \\ x_{15} + x_{25} + x_{35} + x_{45} + x_{55} \leq 18W_5 \\ Y_i = 0 或 1; W_j = 0 或 1 (i=1,2,3,4; j=1,2,3,4,5) \end{cases}$$

面对上述大型线性规划模型，隐枚举法的适用度明显降低，Excel 中的规划求解命令则能够快速得出最优解。

如图 5-4 所示，在 Excel 规划求解命令的辅助下，电子表格中的 C18:G18、H14:H17 给出了最优解，也就是选择租用车间 2 和 4 来生产创新糕点 A、B、D。

122 管理运筹学

	A	B	C	D	E	F	G	H	I	J	K
1					Y省JH食品公司产品创新问题						
2											
3	车间		创新糕点A	创新糕点B	创新糕点C	创新糕点D	创新糕点E	租赁期总工时			
4		车间1	5	8	4	9	7	180			
5		车间2	7	11	3	10	7	230			
6		车间3	4	9	3	8	6	170			
7		车间4	3	7	5	9	5	165			
8	单位利润		11	14	8	15	9	745			
9	最大销量		21	25	23	15	18				
10											
11											
12											
13	输入变量		创新糕点A	创新糕点B	创新糕点C	创新糕点D	创新糕点E	选择车间?	车间耗时		车间租赁期工时
14		车间1	0.00	0.00	0.00	0.00	0.00	0	0.00	<=	0.00
15		车间2	0.00	7.27	0.00	15.00	0.00	1	230.00	<=	230.00
16		车间3	0.00	0.00	0.00	0.00	0.00	0	0.00	<=	0.00
17		车间4	21.00	14.57	0.00	0.00	0.00	1	165.00	<=	165.00
18		选择生产?	1	1	0	1	0		选择车间数量		
19		产品生产总数	21.00	21.84	0.00	15.00	0.00		2.00		2.00
20			<=	<=	<=	<=	<=		选择产品种类数量		
21			21	25	23	15	18		3.00		3.00
22									目标函数	max z	
23										761.82	

	B	C	D	E	F	G
19	各类产品生产总数	=SUM(C14:C17)	=SUM(D14:D17)	=SUM(E14:E17)	=SUM(F14:F17)	=SUM(G14:G17)

规划求解参数
设置目标：选定车间所创造的总利润
到：最大值
通过更改可变单元格：
选择哪两个车间？选择生产哪三个产品？各车间生产多少产品？
遵守约束
选择车间？=binary
选择生产？=binary
选择车间数量=2
选择生产产品种类=3
各类产品生产总数<=最大销量
各车间总耗时<=租赁期工时

规划求解选项：
使无约束变量非负
选择求解方法：单纯线性规划

名称	单元格
车间租赁工时限制	K14:K17
产品产量限制	C21:G21
只能选择三种产品	K19
只能选择两个车间	K21

	I
14	车间1总耗时=SUMPRODUCT(C4:G4,C14:G14)
15	车间2总耗时=SUMPRODUCT(C15:G15,C5:G5)
16	车间3总耗时=SUMPRODUCT(C6:G6,C16:G16)
17	车间4总耗时=SUMPRODUCT(C6:G6,C16:G16)
19	选择车间总数=SUM(H14:H17)
21	总共选择几种产品=SUM(C18:G18)

	K
13	车间租赁工时
14	=H4*H14
15	=H5*H15
16	=H6*H16
17	=H7*H17

图 5-4 例 5.5 整数规划电子表格模型

可变单元格为各车间生产的糕点数量（C14:G17）、选择生产的糕点种类（C18:G18）、选择车间（H14:H17），最终得出了最优解。此外，由于本案例问题只要求李先生选出最适车间及最适创新糕点，在建模过程中不对各车间生产的糕点数量进行约束

5.4 指派问题

在实际生活中，管理者常常会遇到这样的问题——有若干工作需要分配给若干人（部门）来完成；有若干合同需要选择若干投标者来承包；有若干班级需要安排在若干教室里上课等。对于这些为工作分配承担者的问题，它们的基本要求是在满足特定的指派条件下，使得指派方案的总体效果最佳。这一类问题统称为指派问题（assignment problem）。

由于指派问题多种多样，现对指派问题的标准型作如下定义。

有 n 个人和 n 件事，已知第 i 人做第 j 件事的费用为 $c_{ij}(i,j=1,2,\cdots,n)$，要求确定人和事之间的一一对应方案，使完成这些事的费用最少。

一般称矩阵 $C=(c_{ij})_{n\times n}$ 为指派问题的系数矩阵（coefficient matrix）。在实际问题中，根据 c_{ij} 的具体意义，系数矩阵 C 可以有不同含义，如费用、工资、成本、时间。系数矩阵 C 中，第 i 行各元素表示第 i 人做各事的费用，第 j 列各元素表示第 j 件事由各人做的费用。

指派问题是 0-1 整数规划问题的特殊形式。为了建立标准型指派问题的数学模型，引入 n^2 个 0-1 变量：

$$x_{ij}=\begin{cases}1, & 指派第\,i\,人做第\,j\,件事 \\ 0, & 不指派第\,i\,人做第\,j\,件事\end{cases} \quad (i,j=1,2,\cdots,n)$$

从而可以得到标准型指派问题的数学模型：

$$\min z=\sum_{i=1}^{n}\sum_{j=1}^{n}c_{ij}x_{ij}$$

$$\text{s.t.}\begin{cases}\sum_{i=1}^{n}x_{ij}=1\ (j=1,2,\cdots,n) & (5.23\text{a}) \\ \sum_{j=1}^{n}x_{ij}=1\ (i=1,2,\cdots,n) & (5.23\text{b}) \\ x_{ij}=1\text{或}0\ (i,j=1,2,\cdots,n) & (5.23\text{c})\end{cases}$$

其中，式（5.23a）表示每件事必有且只有一个人去做，式（5.23b）表示每个人必做且只做一件事。

问题的每个可行解可以用矩阵 $X=(x_{ij})_{n\times n}$ 来表示。作为可行解，矩阵每列各元素中都有且只有一个 1，以满足式（5.23a）；每行各元素中都有且只有一个 1，以满足式（5.23b）。因此指派问题具有 $n!$ 个可行解。例如，(x_{ij}) 就是一个"4 个人分配 4 个任务"指派问题的可行解：

$$(x_{ij})=\begin{bmatrix}0 & 1 & 0 & 0 \\ 0 & 0 & 1 & 0 \\ 1 & 0 & 0 & 0 \\ 0 & 0 & 0 & 1\end{bmatrix}$$

指派问题不仅是 0-1 整数规划的特例，而且是运输问题的特例。当然可以用 0-1 规划或运输问题的解法去求解指派问题，但这就如同用单纯形法求解运输问题是不合算的。库恩（W. W. Kuhn）于 1955 年提出了指派问题的解法——匈牙利法（Hungarian method），他引用匈牙利数学家康尼格（D. Kőnig）提出的一个关于矩阵中零元素的定理：系数矩阵中独立零元素的最多数量等于能覆盖所有零元素的最少直线数量。

下面结合例题具体讲述匈牙利法的计算步骤。

例 5.6 已知某个指派问题的系数矩阵为

$$C = \begin{pmatrix} 4 & 8 & 7 & 15 & 12 \\ 7 & 9 & 17 & 14 & 10 \\ 6 & 9 & 12 & 8 & 7 \\ 6 & 7 & 14 & 6 & 10 \\ 6 & 9 & 12 & 10 & 6 \end{pmatrix}$$

（1）对系数矩阵 C 进行变换，使得矩阵各行各列中都至少有一个零元素，同时不出现负元素。

①将系数矩阵的每行元素减去该行的最小元素。

②将所得系数矩阵的每列元素减去该列的最小元素。

从而有

$$C' = \begin{pmatrix} 0 & 4 & 3 & 11 & 8 \\ 0 & 2 & 10 & 7 & 3 \\ 0 & 3 & 6 & 2 & 1 \\ 0 & 1 & 8 & 0 & 4 \\ 0 & 3 & 6 & 4 & 0 \end{pmatrix} \rightarrow C'' = \begin{pmatrix} 0 & 3 & 0 & 11 & 8 \\ 0 & 1 & 7 & 7 & 3 \\ 0 & 2 & 3 & 2 & 1 \\ 0 & 0 & 5 & 0 & 4 \\ 0 & 2 & 3 & 4 & 0 \end{pmatrix}$$

此时，C'' 中各行各列都出现了至少一个零元素。

（2）在变换后的矩阵中确定独立零元素。若独立零元素有 n 个，则已得出最优解；若独立零元素少于 n 个，则做能覆盖所有零元素的最少直线数量的直线集合。理由是对于系数矩阵非负的指派问题，若能在系数矩阵中找到 n 个位于不同行和不同列的零元素，则对应的指派方案总费用为 0，从而一定是最优的。

在选择零元素时，当同一行（或列）上有多个零元素时，若选择其一，则其他零元素就不能再被选择而成为多余的。因此，关键并不在于有多少个零元素，而要看它们是否恰当地分布在不同行和不同列上，即独立零元素的数量。

为了确定独立零元素，可以在只有一个零元素的行（或列）中加圈，表示此人只能做该事（或此事只能由该人来做）。每圈一个零元素，同时把位于同列（或同行）的其他零元素划去，表示此事已不能再由其他人来做（或此人已不能做其他事）。如此反复进行，直至系数矩阵中所有零元素都被圈去或划去。在此过程中，若在所有的行和列中零元素都不止一个（存在零元素的闭回路），则可任选其中一个零元素加圈，同时划去同行和同列中其他零元素。当过程结束时，被画圈的零元素即独立零元素。

若独立零元素有 n 个，则可确定最优指派方案。此时，令解矩阵中和独立零元素对应位置上的元素为 1，其他元素为 0，即得最优解矩阵。但若独立零元素少于 n 个，则不能确定最优指派方案，转入步骤（3）。

（3）确定能覆盖所有零元素的最少直线数量的直线集合。可按下面的方法来进行。

① 对没有被圈零元素的行打"√"。
② 在已打"√"的行中，对被划去零元素所在列打"√"。
③ 在已打"√"的列中，对被圈零元素所在行打"√"。
④ 重复步骤②和③，直到再也不能找到可以打"√"的行或列。
⑤ 对没有打"√"的行画一横线，对打"√"的列画一垂线，这样就得到了覆盖所有零元素的最少直线数量的直线集合。

为了确定 C'' 中的独立零元素数量，对 C'' 中的零元素加圈，有

$$C'' = \begin{pmatrix} \cancel{0} & 3 & ⓪ & 11 & 8 \\ ⓪ & 1 & 7 & 7 & 3 \\ \cancel{0} & 2 & 3 & 2 & 1 \\ \cancel{0} & ⓪ & 5 & \cancel{0} & 4 \\ \cancel{0} & 2 & 3 & 4 & ⓪ \end{pmatrix}$$

由于只有 4 个独立零元素，少于系数矩阵阶数 $n=5$，需要确定能覆盖所有零元素的最少直线数量的直线集合。采用步骤①～⑤的方法，结果如下：

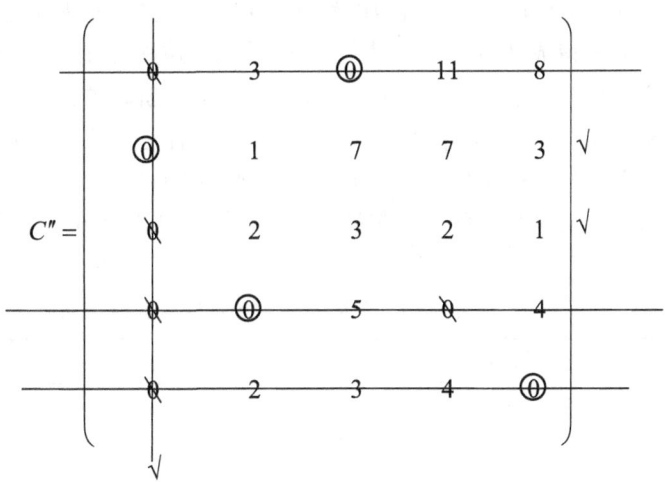

（4）继续变换系数矩阵。在未被直线覆盖的元素中找出一个最小元素。将未被直线覆盖的元素所在行（或列）中各元素都减去这个最小元素。这样，在未被直线覆盖的元素中势必会出现零元素，同时使已被直线覆盖的元素中出现负元素。为了消除负元素，只要将它们所在列（或行）中各元素都加上这一最小元素（可以看作减去这一最小元素的相反数）。返回步骤（2）。

将第二行和第三行中各元素都减去未被直线覆盖的元素中的最小元素 1。但这样一来，第一列中出现了负元素。为了消除负元素，将第一列各元素加上 1，即

$$C'' = \begin{pmatrix} 0 & 3 & 0 & 11 & 8 \\ -1 & 0 & 6 & 6 & 2 \\ -1 & 1 & 2 & 1 & 0 \\ 0 & 0 & 5 & 0 & 4 \\ 0 & 2 & 3 & 4 & 0 \end{pmatrix} \rightarrow C'' = \begin{pmatrix} 1 & 3 & 0 & 11 & 8 \\ 0 & 0 & 6 & 6 & 2 \\ 0 & 1 & 2 & 1 & 0 \\ 1 & 0 & 5 & 0 & 4 \\ 1 & 2 & 3 & 4 & 0 \end{pmatrix}$$

回到步骤（2），对 C'' 加圈：

$$C'' = \begin{pmatrix} 1 & 3 & ⓪ & 11 & 8 \\ \cancel{0} & ⓪ & 6 & 6 & 2 \\ ⓪ & 1 & 2 & 1 & \cancel{0} \\ 1 & \cancel{0} & 5 & ⓪ & 4 \\ 1 & 2 & 3 & 4 & ⓪ \end{pmatrix}$$

C'' 中已有 5 个独立零元素，故可确定该例题的最优指派方案为

$$X^* = \begin{pmatrix} 0 & 0 & 1 & 0 & 0 \\ 0 & 1 & 0 & 0 & 0 \\ 1 & 0 & 0 & 0 & 0 \\ 0 & 0 & 0 & 1 & 0 \\ 0 & 0 & 0 & 0 & 1 \end{pmatrix}$$

现利用匈牙利法求解例 5.7。

例 5.7 可食用鲜花馅料是鲜糕点生产的核心。为了全面保证鲜花糕点的质量，JH 食品公司在 Q 市 M 县拥有一个占地面积逾 3000 亩的实用鲜花种植基地。在推出一系列创新鲜花糕点并取得成功后，为应对产品不断创新的需求，该基地又新种植了 5 种可食用鲜花，以供 JH 食品公司产品研发部开发出更多新型鲜花糕点。

由于新种植的 5 种鲜花仅供产品研发部创新研发，基地负责人张先生决定让一个员工负责一种鲜花的采摘工作。现有 6 名待安排任务的员工，表 5-12 给出了 6 名员工采摘不同鲜花所需要的平均时间，问怎样指派工作才能使采摘 5 种鲜花的总时间最短？

表 5-12　不同员工采摘不同鲜花所用时长　　　　　　　　　　　　（单位：h）

员工	鲜花 A	鲜花 B	鲜花 C	鲜花 D	鲜花 E
员工 1	8	7	2	6	4
员工 2	3	6	2	5	7
员工 3	4	4	4	8	3
员工 4	5	7	6	2	8
员工 5	4	7	2	8	6
员工 6	7	4	3	4	5

该指派问题数学模型如下：

$$\min z = \sum_{i=1}^{6} \sum_{j=1}^{5} c_{ij} x_{ij}$$

$$\text{s.t.} \begin{cases} \sum_{i=1}^{6} x_{ij} = 1 \ (j=1,2,\cdots,5) & (5.24\text{a}) \\ \sum_{j=1}^{5} x_{ij} \leqslant 1 \ (i=1,2,\cdots,6) & (5.24\text{b}) \\ x_{ij} = 1\text{或}0 \ (i=1,2,\cdots,6; j=1,2,\cdots,5) & (5.24\text{c}) \end{cases}$$

其中，式（5.24a）表示每种鲜花有且仅有一个员工去采摘，式（5.24b）表示每个员工最多只采摘一种鲜花。系数矩阵(c_{ij})中，第i行中各元素表示第i个员工分别采摘5种鲜花耗时，第j列各元素表示第j类鲜花分别被6个员工采摘完成所需时间。

例5.7中涉及的任务数量与员工数量不对等，为非标准型指派问题。在此情况下，首先将指派问题的系数矩阵(c_{ij})化为标准型，然后利用匈牙利法求解模型。在例5.7中，人多事少，此时就需要加上一件虚拟任务使人和任务的数量相等，所有员工完成这件虚拟任务耗时均为0，从而有

$$(c_{ij}) = \begin{bmatrix} 8 & 7 & 2 & 6 & 4 & 0 \\ 3 & 6 & 2 & 5 & 7 & 0 \\ 4 & 4 & 4 & 8 & 3 & 0 \\ 5 & 7 & 6 & 2 & 8 & 0 \\ 4 & 7 & 2 & 8 & 6 & 0 \\ 7 & 4 & 3 & 4 & 5 & 0 \end{bmatrix}$$

现可利用匈牙利法求解模型。

（1）对系数矩阵(c_{ij})进行变换，使得矩阵中的各行各列都出现零元素。

①将系数矩阵的每行元素减去该行的最小元素。

②将所得系数矩阵的每列元素减去该列的最小元素。

若每行（列）已有零元素，则进行步骤（2）。在例5.7的系数矩阵(c_{ij})中，由于每行的最小元素均为0，直接进行步骤（1）的②。

$$(c_{ij}) = \begin{bmatrix} 8 & 7 & 2 & 6 & 4 & 0 \\ 3 & 6 & 2 & 5 & 7 & 0 \\ 4 & 4 & 4 & 8 & 3 & 0 \\ 5 & 7 & 6 & 2 & 8 & 0 \\ 4 & 7 & 2 & 8 & 6 & 0 \\ 7 & 4 & 3 & 4 & 5 & 0 \end{bmatrix} \rightarrow (b_{ij}) = \begin{bmatrix} 5 & 3 & 0 & 4 & 1 & 0 \\ 0 & 2 & 0 & 3 & 4 & 0 \\ 1 & 0 & 2 & 6 & 0 & 0 \\ 2 & 3 & 4 & 0 & 5 & 0 \\ 1 & 3 & 0 & 6 & 3 & 0 \\ 4 & 0 & 1 & 2 & 2 & 0 \end{bmatrix}$$

min　　　3　4　2　2　3　0

（2）进行指派，寻求最优解。

①从只有一个零元素的行开始，给该零元素加圈，表示对这行所代表的人只有一种任务可以指派。然后划去该零元素所在列的其他零元素，表示这列所代表的任务已分配完，不再考虑其他人。

②给只有一个零元素的列的零元素加圈，然后划去该零元素所在行的其他零元素。

③若矩阵(b_{ij})中仍然存在没有被圈出的零元素，且同行的零元素至少有 2 个，则这个人可以从两个零元素所在列代表的两个任务中任选其一。此时可从剩余零元素最少的行开始，比较各零元素所在列中零元素的数量，选择零元素少的那列的某个零元素加圈，随后划掉同行同列的其他零元素。

④反复进行步骤①~③，直到所有零元素都被圈出或划掉，此时，若画圈的零元素数量等于矩阵的阶数 n，则得到最优解。若画圈的零元素数量小于矩阵的阶数 n，则转入匈牙利法的步骤（3）和（4）。

在例 5.7 中，由于矩阵(b_{ij})每行至少都有两个零元素，跳过步骤（2）的①，进行步骤（2）的②，从而有

$$\begin{bmatrix} 5 & 3 & \cancel{0} & 4 & 1 & ⓪ \\ ⓪ & 2 & \cancel{0} & 3 & 4 & \cancel{0} \\ 1 & \cancel{0} & 2 & 6 & ⓪ & \cancel{0} \\ 2 & 3 & 4 & ⓪ & 5 & \cancel{0} \\ 1 & 3 & ⓪ & 6 & 3 & \cancel{0} \\ 4 & ⓪ & 1 & 2 & 2 & \cancel{0} \end{bmatrix}$$

至此，系数矩阵(b_{ij})中画圈的独立零元素有 6 个，其数量与系数矩阵(c_{ij})的阶数相等，所以当前已得到最优指派方案。对应的最优解矩阵为

$$(x_{ij}) = \begin{bmatrix} 0 & 0 & 0 & 0 & 0 & 1 \\ 1 & 0 & 0 & 0 & 0 & 0 \\ 0 & 0 & 0 & 0 & 1 & 0 \\ 0 & 0 & 0 & 1 & 0 & 0 \\ 0 & 0 & 1 & 0 & 0 & 0 \\ 0 & 1 & 0 & 0 & 0 & 0 \end{bmatrix}$$

这表示员工 1 不分配工作，员工 2 负责 A 类鲜花的采摘工作，员工 3 负责 E 类鲜花的采摘工作，员工 4 负责 D 类鲜花的采摘工作，员工 5 负责 C 类鲜花的采摘工作，员工 6 负责 B 类鲜花的采摘工作。

【案例小结】

本章介绍了整数规划相关理论知识，帮助 Y 省 JH 食品公司解决了由产品创新引发的一系列问题。

例 5.1 利用分支定界法和割平面法帮助李先生确定了茉莉花和桂花烘焙产品的最优产量，从而让这两种产品在试运营期间尽可能为公司带来利润。

例 5.2（0-1 整数规划——含有相互排斥的约束条件的问题）构建了 0-1 整数规划模型，帮助李先生和王女士解决了在创新产品生产方案上的分歧，确定了最经济划算的生产方案。

例 5.3（0-1 整数规划——固定费用问题）构建了 0-1 整数规划模型，以利润最大化为目标，帮助李先生和王女士确定了甲、乙、丙三种原料在 A、B、C、D、E 五种创新糕点中的最优分配使用方案。

例 5.4（0-1 整数规划——工件排序问题）构建了 0-1 整数规划模型，以最短生产耗时为目标，帮助李先生、王女士、钟先生确定了 A、B、C 三种创新糕点在不同工序中最经济（人力、物力耗费最小）的生产方案。

例 5.5 构建了复杂 0-1 整数规划模型，通过利用 Excel 构建电子表格模型并快速求出最优整数解，从利润最大化角度帮助李先生、钟先生、王女士选定了外包生产产品及外包车间。

例 5.7（指派问题）构建了 0-1 整数规划模型，利用匈牙利法帮助张先生确定了鲜花采摘任务的最优分配方案。

【本章小结】

线性规划问题在我们的工作生活中随处可见。在实际情境中，很多线性规划问题要求答案必须是整数，有时利用常规求解技巧无法得到最优整数解。此时就需要我们掌握整数规划问题的求解技巧。本章引入 Y 省 JH 食品公司的案例，以案例问题为教学主线，引导学生在真实案例背景中掌握整数规划问题及数学模型的概念，以及常规整数规划、0-1 整数规划、指派问题的建模和求解技巧。

此外，考虑实际工作场合中问题的复杂性和混合性，本章还根据实际情况构建了案例背景下的复杂 0-1 整数规划问题，让学生直观感受到传统求解方法的局限性，从而进一步引导学生掌握 Excel 的电子表格建模和求解技巧，让学生通过 Excel 中的实际演练完全掌握求解方法和求解技巧，为学生在学习生活中快速解决实际线性规划问题打下坚实基础。

【专业术语】

纯整数规划（pure integer programming）或全整数规划（all integer programming）：所有变量都要求为（非负）整数。

混合整数规划（mixed integer programming）：所有变量中，部分变量被限制为整数，其他不作要求。

是非决策（yes-or-no decision）：这种决策只能选"是"（以 1 表示）或选"非"（以 0 表示）。

0-1 决策变量（binary decision variable）：一个 0-1 决策变量表示一个是非决策，其中，1 值表示"是"，0 值表示"非"。

0-1 整数规划（binary integer programming，BIP）：将线性规划模型中的非负约束改为要求决策变量为 0-1 变量。

0-1 变量（binary variable）：取值只能为 0 或 1 的变量。

混合 0-1 整数规划问题（mixed BIP problem）：在 0-1 整数规划问题中，一部分决策变量必须为 0-1 变量，其他决策变量则没有限制。

纯 0-1 整数规划问题（pure BIP problem）：在 0-1 整数规划问题中，所有的变量均为 0-1 变量。

指派问题（assignment problem）：纯 0-1 整数规划问题的特殊形式，旨在指派完成任务效率最高的人去完成任务。

分支定界法（branch and bound method）和割平面法（cutting-plane method）：为求解整数规划（纯整数规划、混合整数规划）问题而专门设计的算法。

隐枚举法（implicit enumeration）：为求解纯 0-1 整数规划问题而专门设计的有效算法。

匈牙利法（Hungarian method）：为求解指派问题而专门设计的有效算法。

【实践题】

1. 某公司考虑 7 项投资，不同投资机会的净现值收益及投资所需金额如表 5-13 所示。公司要求总投资不得超过 1 亿元，投资机会 1 与 2 为互斥事件，投资机会 3 与 4 亦同。在投资机会 1 或 2 均不被选择的情况下，投资机会 3 或 4 则不予选择，投资机会 5、6、7 则无限制，试根据上述情况建立投资组合使获利最大的整数规划模型，并利用 Excel 求解。

表 5-13　不同投资机会的净现值收益及投资所需金额　　　　　（单位：万元）

参数	投资机会 1	投资机会 2	投资机会 3	投资机会 4	投资机会 5	投资机会 6	投资机会 7
净现值收益	1700	1000	1500	1900	700	1300	900
投资所需金额	4300	2800	3400	4800	1700	3200	2300

2. 某家电厂商拟在 $A_j(j=1,2,3,4,5)$ 中选择若干地点建设直销门店，各门店的投资成本、预期年利润、年均顾客量、年均投诉量如表 5-14 所示。

表 5-14　各门店的投资成本、预期年利润、年均顾客量、年均投诉量

参数	A_1	A_2	A_3	A_4	A_5
投资成本/万元	100	120	150	80	70
预期年利润/万元	36	40	50	22	20
年均顾客量/万个	3.5	4.4	6.4	3.2	3.6
年均投诉量/万个	0.3	0.4	0.3	0.2	0.2

用于门店的投资预算不超过 300 万元。此外，若年均顾客总量大于 15 万个且年均投诉总量大于 1 万个，则需要额外建立一个售后服务中心，售后服务中心的年均成本为 35 万元。问应该选择哪几个地点可使年利润最大？请构建模型并利用 Excel 求解。

3. 国内某消费电子产品生产企业 G 公司的研发部门最近研究开发出 4 种新产品，管理层现在必须决定生产哪些产品，以及各种产品的产量。为此，公司要求生产运作管理部门研究该问题并找出最优产品的生产组合。每种产品的生产准备成本及单位毛利润如表 5-15 所示。管理层的目标是获得最大利润（总毛利润减去最大成本）。请根据上述背景构建整数规划模型，并利用 Excel 求解。

表 5-15　每种产品的生产准备成本及单位毛利润　　　　　　（单位：元）

参数	产品 1	产品 2	产品 3	产品 4
生产准备成本	50000	40000	70000	60000
单位毛利润	70	60	90	80

4. 某汽车生产商生产三种汽车：微型轿车、中级轿车和高级轿车。每种轿车需要的

资源和单位利润如表 5-16 所示。该生产商每月可使用的资源如下：钢材量为 6000t，人工工时 55000h。为了达到规模经济，生产商规定每种汽车的月产量必须达到一定数量才能进行生产，即微型轿车 1500 辆、中级轿车 1500 辆及高级轿车 1000 辆。试构造一个数学规划模型使该生产商的利润最大，并利用 Excel 求解。

表 5-16 每种轿车需要的资源和单位利润

参数	微型轿车	中级轿车	高级轿车
钢材量/t	1.5	2	2.5
人工工时/h	30	40	50
单位利润/万元	2	3	4

习　题

1. 请利用分支定界法求解下列混合整数规划。

（1）
$$\max z = 7x_1 + 9x_2$$
$$\text{s.t.} \begin{cases} -x_1 + 3x_2 \leqslant 6 \\ 7x_1 + x_2 \leqslant 36 \\ x_1, x_2 \geqslant 0, x_2 \text{为整数} \end{cases}$$

（2）
$$\max z = 2x_1 + 3x_2$$
$$\text{s.t.} \begin{cases} x_1 + x_2 \leqslant 6 \\ 2x_1 + 4x_2 \leqslant 17 \\ x_1, x_2 \geqslant 0, x_1, x_2 \text{为整数} \end{cases}$$

（3）
$$\max z = 3x_1 + 2x_2 + x_3$$
$$\text{s.t.} \begin{cases} x_1 + x_2 - 2x_3 \leqslant 6 \\ -2x_1 + 3x_2 \leqslant 1 \\ x_1 - x_2 + 2x_3 \leqslant 4 \\ x_1, x_2, x_3 \geqslant 0 \text{为整数} \end{cases}$$

2. 请利用隐枚举法求解下列 0-1 整数规划。

（1）
$$\max z = 4x_1 + 3x_2 + 2x_3$$
$$\text{s.t.} \begin{cases} 2x_1 - 5x_2 + 3x_3 \leqslant 4 \\ 4x_1 + x_2 + 3x_3 \geqslant 3 \\ x_2 + x_3 \geqslant 1 \\ x_1, x_2, x_3 = 0 \text{或} 1 \end{cases}$$

（2）
$$\max z = 2x_1 + x_2 - x_3$$
$$\text{s.t.} \begin{cases} x_1 + 3x_2 + x_3 \leqslant 2 \\ 4x_2 + x_3 \leqslant 5 \\ x_1 + 2x_2 - x_3 \leqslant 4 \\ x_1, x_2, x_3 = 0\text{或}1 \end{cases}$$

3. 某企业可生产四种产品，单位产品的资源消耗量及单位利润见表 5-17。如果产品 3 的生产需要用特殊机器，其固定成本（启用成本）为 3000 元/次，产品 2 和产品 4 的生产也需要共用一特定的机器，其固定成本（启用成本）为 1000 元/次，请写出此时求利润最大的线性规划模型。

表 5-17 单位产品的资源消耗量及单位利润

资源	单位产品的资源消耗量				可供量
	产品 1	产品 2	产品 3	产品 4	
钢	1	10	3	0	5000
人力	2	6	4	1	3000
能源	2	0	2	5	3000
单位利润/元	1	7	8	4	

4. 用割平面法求解下列整数规划问题。

（1）
$$\min z = 6x_1 + 8x_2$$
$$\text{s.t.} \begin{cases} 3x_1 + x_2 \geqslant 4 \\ x_1 + 2x_2 \geqslant 4 \\ x_1, x_2 \geqslant 0\text{且为整数} \end{cases}$$

（2）
$$\min z = 5x_1 + 5x_2$$
$$\text{s.t.} \begin{cases} x_1 + 2x_2 \leqslant 6 \\ x_1 - x_2 \leqslant 2 \\ 5x_1 + 4x_2 \leqslant 15 \\ x_1, x_2 \geqslant 0, x_2\text{为整数} \end{cases}$$

5. 对于 max 型整数规划问题，若其松弛问题的单纯形表中一行数据如表 5-18 所示。

表 5-18 单纯形表中某行数据

X_B	b	x_1	x_2	x_3	x_4
x_2	7/4	0	1	1/2	−5/2

要求：

（1）给出对应的割平面方程。

（2）写出下一步两个分支问题中各要增加的约束条件。

6. 国家女子游泳队拟选拔 4 位运动员参加奥运会 4×100m 混合接力比赛，她们的单项百米成绩如表 5-19 所示。如何安排各位运动员的泳姿才可获得最佳成绩？请用整数规划建模，并用匈牙利法求解。

表 5-19　各位运动员单项百米成绩　　　　　　　　　　　　　（单位：s）

运动员	仰泳成绩	蛙泳成绩	蝶泳成绩	自由泳成绩
运动员 1	62	71	57	52
运动员 2	64	69	60	54
运动员 3	64	66	58	55
运动员 4	65	66	57	53

7. 有 4 项工作要分派给 3 个人完成，每个人只能做 1 项或 2 项工作，每项工作也只能由 1 个人完成，每人完成各项工作所需费用如表 5-20 所示。问应如何安排人选，才能使完成 4 项工作的总费用最低？

表 5-20　每人完成各项工作所需费用　　　　　　　　　　　　（单位：万元）

人员	工作 A	工作 B	工作 C	工作 D
甲	10	9	7	8
乙	5	8	7	7
丙	5	4	6	5

8. 某人力资源管理部门计划分配 4 名员工从事 4 项工作，他们都可以从事这 4 项工作，只是不同员工在不同岗位上创造的价值不同，如表 5-21 所示。现需要找出最佳分配方案，使企业收益最大，请用匈牙利法求解。

表 5-21　每名员工完成各项工作创造的价值　　　　　　　　　（单位：万元）

员工	工作 A	工作 B	工作 C	工作 D
甲	10	9	8	7
乙	3	4	5	6
丙	2	1	1	2
丁	4	3	5	6

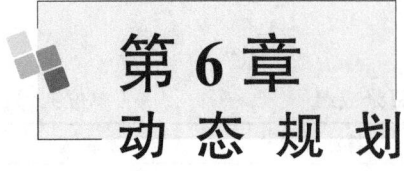

第 6 章
动 态 规 划

【本章导读】

在生产实践中,有一类活动具有特殊性,可将其过程分为若干相互联系的阶段,在每个阶段都要做出决策,全部过程的决策形成一个决策序列。这种把一个问题看作一个前后关联具有链状结构的多阶段过程称为多阶段决策过程,这种问题称为多阶段决策问题,也属于序贯决策问题。

多阶段决策过程最优化的目标是整个活动过程的总体效果最优。由于各阶段决策间有机地联系着,本阶段决策的执行将影响下一阶段的决策,以至于影响总体效果,决策者在每阶段决策时,不应仅考虑本阶段最优,而且应考虑对最终目标的影响,从而做出对全局来讲最优的决策。动态规划(dynamic programming)方法就是符合这种要求的一种决策方法。

由上述可知,动态规划方法与阶段关系很密切,随着时间的推移决定各阶段的决策,产生一个决策序列,这就是"动态"的意思。然而,它也可以处理与时间无关的静态问题,如某些线性规划或非线性规划问题,只要在问题中人为地引入"时间"因素,将问题看作多阶段的决策过程(decision process)即可。

动态规划方法是现代企业管理中的一种重要决策方法,可用于解决最优路径、资源分配、生产计划与库存、投资、装载、排序等问题及实现生产过程的最优控制等。由于它具有独特的解题思路,在处理某些优化问题时,比线性规划或非线性规划方法更有效。

本章主要介绍动态规划问题的例子和动态规划的相关概念与解法,其本质是进行多阶段求解;讨论资源分配问题,其本质是如何使资源分配后达到利益最大;介绍生产计划中的动态规划问题。

【学习目标】

(1)掌握动态规划问题的特点。
(2)建立各种动态规划问题的模型。
(3)明确动态规划问题的应用领域。
(4)求解一般的动态规划问题。

【开篇案例】

CWW公司是某品牌工程机械全线产品在中国西南区域的生产商,公司服务网络遍布八省一市。

工程机械行业具有较强的周期性，与市场宏观经济、固定资产投资的波动密切相关。尤其是与冶金、风电和石化等投资相关的各类工程机械产品受宏观经济波动的影响较大。以挖掘机为代表的工程机械产品需求主要取决于下游施工，而施工需求主要来源于基础设施建设、房地产投资、矿山开采等。

根据东方财富网 2021 年的数据，自 2021 年 2 月开始，基础设施建设和房地产固定投资完成额累计同比呈下降趋势，下游行业增速放缓，工程机械设备需求减少。2021 年第三季度，工程机械产品销量较上季度出现下滑，但核心产品出口情况依旧强劲；钢铁等原材料价格持续上涨，代理商进货成本控制形成一定压力。

自 2021 年第三季度末以来，基础设施建设项目出台及地方专项债券规模增加，拉动工程机械行业新增需求；环保政策趋严、旧机设备加快退出市场，引发设备更新需求增长。

目前 CWW 公司企划部中层经理是张女士，她正在接受培训，以便将来进入 CWW 公司的高级管理层任职。

张女士最初被 CWW 公司指派到企划部工作，从基层开始学习业务。企划部被认为是 CWW 公司的"神经中枢"。当张女士到来后，她对公司各生产环节进行了全方位的调研，并制订了一系列整改计划，通过收集相关数据（包括各种公司资源数据，如机械设备参数、生产计划等），经过优化分析后，给出一系列优化决策，从而使 CWW 公司的生产效率得到了大幅提高。

【案例思考题】

在张女士到来之前，CWW 公司遇到了大量严重的生产管理和资源分配等问题，具体如下。

（1）设备分配问题。公司原有 5 台设备，3 个工厂，如何根据各工厂的生产能力和所创造的利润来进行设备分配？

（2）机器连续分配问题。公司原有一批完好的机器，如何为未来 5 年安排生产任务，使公司生产量最大？

（3）货车装载产品问题。公司有 1 辆卡车，最大能装 10t 的物品，有 3 种设备，如何更有效地装载设备，使价值最大？

（4）产品生产存储费用问题。面对未来 4 个月机械设备预订任务，如何组织生产和存储可使成本最小？

（5）旧设备更新问题。

（6）……

6.1 多阶段决策问题

6.1.1 应用举例

例 6.1 最短路线问题。

如图 6-1 所示，给定一个线路网络图，要从 A 地向 E 地铺设一条输油管道，各点间连线上的数字表示距离，问应选择什么路线，可使总距离最短？这是一个多阶段决策问题。

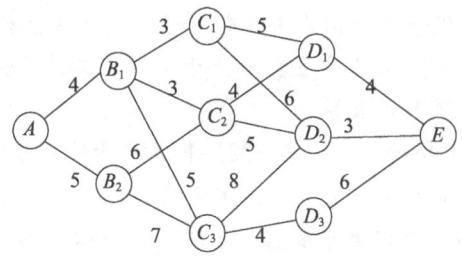

图 6-1 某线路网络图

例 6.2 投资决策问题。

某公司有资金 20 万元，当投资于项目 $i(i=1,2,3)$ 的投资额为 x_i 时，其收益分别为 $g(x_1)=3x_1$，$g(x_2)=4x_2$，$g(x_3)=5x_3^2$。问应如何分配投资额才能使总收益最大？

这是一个与时间无明显关系的静态最优化问题，可列出其静态模型：求 x_1,x_2,x_3，使

$$\max z = 3x_1 + 4x_2 + 5x_3^2$$

$$\text{s.t.} \begin{cases} x_1 + x_2 + x_3 = 20 \\ x_i \geqslant 0 (i=1,2,3) \end{cases}$$

同时，也可将其看作一个资源动态分配问题，将资金 20 万元看作初始资源，然后依次向三个项目投资 x_i，这个投资过程就是一个多阶段决策问题。

例 6.3 设备更新问题。

企业在使用设备时都要考虑设备的更新问题。设备越陈旧，所需的维修费用越高，但购买新设备则要一次性支出较高的费用。现某企业要制订一台设备未来 5 年的更新计划，已预测了第 i 年购买设备的价格为 x_i，设 G_i 为设备经过 i 年后的残值，C_i 为设备连续使用（$i-1$）年后在第 i 年的维修费用（$i=1,2,\cdots,5$），问应在哪年更新设备可使总费用最小？

以上都是动态规划的相关例子，可以看出动态规划问题是一个多阶段决策问题。

6.1.2 基本概念、方程、最优原理及解法

1. 基本概念

动态规划模型包括阶段、状态、决策、策略、状态转移方程、指标函数。下面结合例 6.1 说明这些概念。

1）阶段（stages）

将所给问题的过程按时间或空间特征分解为若干互相联系的阶段，以便按一定的次序去求每个阶段的解，常用字母 k 表示阶段变量。图 6-1 中，从 A 到 E 可以分为 $A \rightarrow B$（B 有两种选择 B_1、B_2）$\rightarrow C$（C 有三种选择 C_1、C_2、C_3）$\rightarrow D$（D 有三种选择 D_1、D_2、D_3）$\rightarrow E$ 四个阶段，$k=1,2,3,4$。

2）状态（states）

状态是指每个阶段开始时所处的自然状况或客观条件。在例 6.1 中，某个阶段的状态就是某个阶段的始点。它既是这个阶段的始点，又是前一个阶段的终点。通常，第 k 阶

段有若干状态,用状态变量 s_k 描述。

动态规划中的状态应具有如下性质:若某阶段状态给定,则在这个阶段以后过程的发展不受这个阶段以前各阶段状态的影响。换句话说,当前的状态是过去历史的一个完整总结,过程的过去历史只能通过当前状态去影响它未来的发展,称为无后效性。如果所选定的变量不具备无后效性,就不能作为状态变量来构造动态规划模型。

在例 6.1 中,第 1 阶段状态为 A,第 2 阶段则有两个状态:B_1、B_2。状态变量 s_1 的集合 $S_1=\{A\}$,后面各阶段的状态集合分别为

$$S_2=\{B_1,B_2\}$$
$$S_3=\{C_1,C_2,C_3\}$$
$$S_4=\{D_1,D_2,D_3\}$$
$$S_5=\{E\}$$

当某阶段的初始状态已选定某个点时,从这个点以后的铺管路线只与该点有关,不受以前的铺管路线影响,满足状态的无后效性。

3)决策(decisions)

决策是某阶段内的抉择,第 k 阶段的决策与第 k 阶段的状态有关,通常用 $u_k(s_k)$ 表示第 k 阶段处于 s_k 状态时的决策变量,而这个决策又决定了第 ($k+1$) 阶段的状态。在实际问题中,决策变量的取值往往限制在一定范围内,称此范围为允许决策集合(set of admissible decisions),常用 $D_k(s_k)$ 表示第 k 阶段从状态 s_k 出发的允许决策集合,显然有 $u_k(s_k)\in D_k(s_k)$。在例 6.1 中,从第 2 阶段的状态 B_1 出发,可选择下一阶段的 C_1,C_2,C_3,即其允许决策集合为

$$D_2(B_1)=\{C_1,C_2,C_3\}$$

$u_2(B_1)=C_2$ 表示第 2 阶段处于 B_1 为始点的状态下选择了由 B_1 到 C_2 的决策(即选择 C_2 为第 2 阶段的终点)。第 k 阶段在某种状态下可以有不同的决策,可以 $u_2(B_1)=C_1$,也可以 $u_2(B_1)=C_3$。

4)策略(policy)

策略是一个由按顺序排列的决策组成的集合。由过程的第 k 阶段开始到终止状态为止的过程,称为 k 子问题。由每个阶段的决策按顺序排列组成的决策函数序列 $\{u_k(s_k),u_{k+1}(s_{k+1}),\cdots,u_n(s_n)\}$ 称为 k 子过程策略,简称子策略,记为 $p_{k,n}(s_k)$,即

$$p_{k,n}(s_k)=\{u_k(s_k),u_{k+1}(s_{k+1}),\cdots,u_n(s_n)\}$$

当 $k=1$ 时,此决策函数序列称为全过程的一个策略,简称策略,记为 $p_{1,n}(s_1)$,即

$$p_{1,n}(s_1)=\{u_1(s_1),u_2(s_2),\cdots,u_n(s_n)\}$$

在实际问题中,可供选择的策略有一定的范围,此范围称为允许策略集合,用 P 表示。从允许策略集合中找出达到最优效果的策略称为最优策略(optimal policy)。

5)状态转移方程

动态规划中,本阶段的状态往往是上一阶段状态和上一阶段的决策结果。若给定第 k 阶段的状态 s_k,本阶段决策为 $u_k(s_k)$,第 ($k+1$) 阶段的状态 s_{k+1} 就完全确定,它们的

关系式为

$$s_{k+1} = T_k(s_k, u_k)$$

它表示由第 k 阶段到第（$k+1$）阶段的状态转移规律，称为状态转移方程。例 6.1 中，从第 k 阶段到第（$k+1$）阶段的状态转移方程为

$$s_{k+1} = u_k(s_k)$$

6）指标函数和最优指标函数

指标函数（value function）是衡量全过程策略或 k 子过程策略优劣的数量指标。它分为阶段指标函数和过程指标函数两种。阶段指标函数是指第 k 阶段，从状态 s_k 出发，采取决策 u_k 时的效益，用 $d(s_k, u_k)$ 表示。对于一个 n 阶段决策过程，从第 1 阶段到第 n 阶段的过程称为问题的原过程；对于任意一个给定的 $k(1 \leq k \leq n)$，从第 k 阶段到第 n 阶段的过程称为原过程的一个后部子过程。$V_{1,n}(s_1, p_{1,n})$ 表示初始状态为 s_1 采用策略 $p_{1,n}$ 时，原过程的指标函数值；$V_{k,n}(s_k, p_{k,n})$ 表示在第 k 阶段，状态为 s_k 采用策略 $p_{k,n}$ 时，后部子过程的指标函数值。最优指标函数记为 $f_k(s_k)$，表示从第 k 阶段状态 s_k 采用最优策略到过程终止时的最佳效益值，其中，$f_1(s_1)$ 为全过程上的最优指标函数值。最优指标函数可表示为

$$f_k(s_k) = V_{k,n}(s_k, p_{k,n}^*) = \operatorname*{opt}_{p_{k,n} \in P_{k,n}} V_{k,n}(s_k, p_{k,n})$$

其中，opt 表示最优化（optimization），可为 min 或者 max。

在例 6.1 中，指标函数 $V_{k,n}$ 是指第 k 阶段从某点 s_k 到终点 E 的距离，其最优指标函数 $f_k(s_k)$ 是指第 k 阶段从 s_k 出发到终点 E 的最短距离。从图 6-1 中可以看出，$f_3(C_1)$ 表示从第 3 阶段中的点 C_1 到点 E 的最短距离。

2. 基本方程

对于 n 阶段的动态规划问题，在求子过程上的最优指标函数时，k 子过程与（$k+1$）子过程有如下递推关系：

$$\begin{cases} f_k(s_k) = \operatorname*{opt}_{u_k \in D_k(s_k)} \{v_k(s_k, u_k) + f_{k+1}(s_{k+1})\}, \ k = n, n-1, \cdots, 2, 1 \\ \text{终点条件：} f_{n+1}(s_{n+1}) = 0 \end{cases}$$

其中，opt 可根据题意取 min 或者 max。min 是指在状态 s_k 下，在所有做出的各种决策 u_k 中，取一个第 k 阶段的指标函数值 $v_k(s_k, u_k)$，与以 u_k 为第（$k+1$）阶段的状态的（$k+1$）子过程的最优指标函数值之和中的最小值。由图 6-1 可知，

$$f_2(B_1) = \min\{d_2(B_1, x_2) + f_3(s_3)\}$$

$$= \min \begin{cases} d_2(B_1, C_1) + f_3(C_1) \\ d_2(B_1, C_2) + f_3(C_2) \\ d_2(B_1, C_3) + f_3(C_3) \end{cases}$$

$$= \min \begin{cases} 3+9 \\ 3+8 \\ 5+10 \end{cases}$$

$$= 11$$

反之，opt 也可取 max，即求指标函数值最大的动态规划问题。

3. 最优原理

作为整个过程的最优策略具有如下性质：不管在此最优策略上的某个状态以前的状态和决策如何，该状态以后的所有决策必定构成最优子策略。也就是说，最优策略的任一子策略都是最优的。对于最短路线问题，最优策略即从最短路线上的任一点到终点的部分路线（最短路线上的子路线）也一定是从该点到终点的最短路线（最短子路线）。

利用上述最优原理，可以把多阶段决策问题求解过程表示为一个连续的递推过程，由后向前逐步计算。在求解时，对于后面的子过程，前面的各状态与决策只相当于初始条件，并不影响后面子过程的最优决策。

4. 逆序解法与顺序解法

动态规划的求解有两种基本方法：逆序解法（后向动态规划方法）和顺序解法（前向动态规划方法）。下面以例 6.1 为例进行介绍。

1）逆序解法

使用逆序解法求解时，寻优方向与多阶段决策过程的实际行进方向相反，从最后阶段开始计算，逐阶段前推，求得全过程的最优策略。

（1）从 $k=4$ 开始，状态变量 s_4 可取三种状态 D_1、D_2、D_3。它们到终点 E 的距离分别为 4、3、6，即

$$f_4(D_1)=4, \ f_4(D_2)=3, \ f_4(D_3)=6$$

（2）$k=3$，状态变量 s_3 可取三种状态 C_1、C_2、C_3，这是经过一个中途点到达终点 E 的两级决策问题，从 C_1 到终点 E 有两条路线，需加以比较，取其中最短的，即

$$f_3(C_1)=\min\begin{cases}d(C_1,D_1)+f_4(D_1)\\d(C_1,D_2)+f_4(D_2)\end{cases}=\min\begin{cases}5+4\\6+3\end{cases}=9$$

这说明从 C_1 到终点 E 的最短距离为 9，其路线为 $C_1\to D_1\to E$ 或者 $C_1\to D_2\to E$，相应的决策为 $u_3^*(C_1)=D_1$ 或 D_2；

$$f_3(C_2)=\min\begin{cases}d(C_2,D_1)+f_4(D_1)\\d(C_2,D_2)+f_4(D_2)\end{cases}=\min\begin{cases}4+4\\5+3\end{cases}=8$$

即从 C_2 到终点 E 的最短距离为 8，其路线为 $C_2\to D_1\to E$ 或者 $C_2\to D_2\to E$，相应的决策为 $u_3^*(C_2)=D_1$ 或 D_2；

$$f_3(C_3)=\min\begin{cases}d(C_3,D_2)+f_4(D_2)\\d(C_3,D_3)+f_4(D_3)\end{cases}=\min\begin{cases}8+3\\4+6\end{cases}=10$$

即从 C_3 到终点 E 的最短距离为 10，其路线为 $C_3\to D_3\to E$，相应的决策为 $u_3^*(C_3)=D_3$。

（3）类似地，可得 $k=2$ 时，有

$$f_2(B_1)=11 \qquad u_2^*(B_1)=C_2$$

$$f_2(B_2) = 14 \quad u_2^*(B_2) = C_2$$

$k = 1$ 时，有

$$f_1(A) = \min \begin{Bmatrix} d(A, B_1) + f_2(B_1) \\ d(A, B_2) + f_2(B_2) \end{Bmatrix} = \min \begin{Bmatrix} 4 + 11 \\ 5 + 14 \end{Bmatrix} = 15$$

即从始点 A 到终点 E 的最短距离为 15。本阶段 $u_1^*(A) = B_1$。

（4）按计算顺序反推可得最优决策序列 $\{u_k\}$，即 $u_1^*(A) = B_1$，$u_2^*(B_1) = C_2$，$u_3^*(C_2) = D_1$ 或 D_2，$u_4^*(D_1) = E$ 和 $u_4^*(D_2) = E$，所以最优路线为 $A \to B_1 \to C_2 \to D_1 \to E$ 和 $A \to B_1 \to C_2 \to D_2 \to E$。

2）顺序解法

使用顺序解法求解时，寻优方向与多阶段决策过程的实际行进方向相同，从第一阶段开始计算，逐阶段后推，计算后一阶段要用到前一阶段的求优结果，最后阶段计算的结果就是全过程的最优结果。由于此问题的始点 A 与终点 E 都是固定的，计算由点 A 到点 E 的最短路线与由点 E 到点 A 的最短路线没有不同。若 $f_k(s_{k+1})$ 表示从起点 A 到第 k 阶段状态 s_{k+1} 的最短距离，就可以由前向后逐步求出起点 A 到各阶段起点的最短距离，最后求出点 A 到点 E 的最短距离及路线。计算步骤如下。

（1）$k = 0$ 时，$f_0(s_1) = f_0(A) = 0$，这是边界条件。

（2）$k = 1$ 时，按 $f_1(s_2)$ 的定义，有

$$\begin{cases} f_1(B_1) = 4 \\ u_1(B_1) = A \end{cases} \quad \begin{cases} f_1(B_2) = 5 \\ u_1(B_2) = A \end{cases}$$

（3）$k = 2$ 时，有

$$\begin{cases} f_2(C_1) = d(B_1, C_1) + f_1(B_1) = 3 + 4 = 7 \\ u_2(C_1) = B_1 \end{cases}$$

$$\begin{cases} f_2(C_2) = \min \begin{Bmatrix} d(B_1, C_2) + f_1(B_1) \\ d(B_2, C_2) + f_1(B_2) \end{Bmatrix} = \min \begin{Bmatrix} 3 + 4 \\ 6 + 5 \end{Bmatrix} = 7 \\ u_2(C_2) = B_1 \end{cases}$$

$$\begin{cases} f_2(C_3) = \min \begin{Bmatrix} d(B_1, C_3) + f_1(B_1) \\ d(B_2, C_3) + f_1(B_2) \end{Bmatrix} = \min \begin{Bmatrix} 5 + 4 \\ 7 + 5 \end{Bmatrix} = 9 \\ u_2(C_3) = B_1 \end{cases}$$

同样可得

$$f_3(D_1) = 11 \quad u_3(D_1) = C_2$$
$$f_3(D_2) = 12 \quad u_3(D_2) = C_2$$
$$f_3(D_3) = 13 \quad u_2(D_3) = C_3$$
$$f_4(E) = 15 \quad u_2(E) = D_1 \text{ 和 } D_2$$

所以最优路线为 $A \to B_1 \to C_2 \to D_1 \to E$ 和 $A \to B_1 \to C_2 \to D_2 \to E$，与逆序解法结论相同。

顺序解法与逆序解法本质上并无区别。一般来说，当初始状态给定时，可用逆序解

法；当终止状态给定时，可用顺序解法。若问题给定了一个初始状态与一个终止状态，则两种方法均可使用，如例 6.1 所示。当初始状态虽已给定，但终点状态有多个，需比较到达不同终点状态的各路线及最优指标函数值，在选取总效益最佳的终点状态时，使用顺序解法比较简便。总之，针对问题的不同特点，灵活地选用这两种方法，可以使求解过程简化。

使用上述两种方法求解时，除求解的行进方向不同外，在建模时要注意以下区别。

（1）状态转移方式不同。逆序解法中第 k 阶段的输入状态为 s_k，决策为 u_k，由此确定输出为 s_{k+1}，即第（$k+1$）阶段的状态，所以状态转移方程为 $s_{k+1} = T_k(s_k, u_k)$，称为状态 s_k 到 s_{k+1} 的顺序转移方程。顺序解法中第 k 阶段的输入状态为 s_{k+1}，决策为 u_k，输出为 s_k，所以状态转移方程为 $s_k = T_k(s_{k+1}, u_k)$，称为状态 s_{k+1} 到 s_k 的逆序转移方程。

（2）指标函数的定义不同。逆序解法中，定义最优指标函数 $f_k(s_k)$ 为第 k 阶段从状态 s_k 到终点的后部子过程最优效益值，$f_1(s_1)$ 是整体最优指标函数值。顺序解法中，定义最优指标函数 $f_k(s_{k+1})$ 为第 k 阶段从起点到状态 s_{k+1} 的前部子过程最优效益值，$f_n(s_{n+1})$ 是整体最优指标函数值。

（3）基本方程形式不同。

① 当指标函数为阶段指标和形式时，在逆序解法中，

$$V_{k,n} = \sum_{j=k}^{n} v_j(s_j, u_j)$$

基本方程为

$$\begin{cases} f_k(s_k) = \underset{u_k \in D_k(s_k)}{\mathrm{opt}} \{v_k(s_k, u_k) + f_{k+1}(s_{k+1})\}, k = n, n-1, \cdots, 2, 1 \\ 边界条件：f_{n+1}(s_{n+1}) = 0 \end{cases}$$

而在顺序解法中，

$$V_{1,k} = \sum_{j=1}^{n} v_j(s_{j+1}, u_j)$$

基本方程为

$$\begin{cases} f_k(s_{k+1}) = \underset{u_k \in D_k(s_k)}{\mathrm{opt}} \{v_k(s_{k+1}, u_k) + f_{k-1}(s_k)\}, k = 1, 2, \cdots, n-1, n \\ 边界条件：f_0(s_1) = 0 \end{cases}$$

② 当指标函数为阶段指标积形式时，在逆序解法中，

$$V_{k,n} = \prod_{j=k}^{n} v_j(s_j, u_j)$$

基本方程为

$$\begin{cases} f_k(s_k) = \underset{u_k \in D_k(s_k)}{\mathrm{opt}} \{v_k(s_k, u_k) \cdot f_{k+1}(s_{k+1})\}, k = n, n-1, \cdots, 2, 1 \\ 边界条件：f_{n+1}(s_{n+1}) = 1 \end{cases}$$

而在顺序解法中，

$$V_{1,k} = \prod_{j=1}^{n} v_j(s_{j+1}, u_j)$$

基本方程为

$$\begin{cases} f_k(s_{k+1}) = \underset{u_k \in D_k(s_k)}{\text{opt}} \{v_k(s_{k+1}, u_k) \cdot f_{k-1}(s_k)\}, k = 1, 2, \cdots, n-1, n \\ \text{边界条件：} f_0(s_1) = 1 \end{cases}$$

6.2 资源分配问题

6.2.1 一维资源分配问题

一维资源分配问题就是将数量一定的一种或若干资源（如原材料、资金、机器设备、劳力、食品）恰当地分配给若干使用者，使目标函数值最优。

例 6.4 CWW 公司总共拥有某种设备 5 台，这种设备是公司生产多个机械产品的重要资源。起初这 5 台设备随意分配给公司下属的甲、乙、丙三个工厂，完全没有按照各工厂的生产能力和所创造的利润来进行分配。公司张经理上任后，重新分配这 5 台设备给三个工厂。表 6-1 为甲、乙、丙三个工厂获得不同数量设备后可获得的利润。

表 6-1　三个工厂获得不同数量设备后可获得的利润　　　　　　　　（单位：万元）

设备台数	工厂甲	工厂乙	工厂丙
0	0	0	0
1	3	5	4
2	7	10	6
3	9	11	11
4	12	11	12
5	12	11	12

解： 张经理首先将问题按工厂分为三个阶段，甲、乙、丙三个工厂分别编号为 1、2、3。设 s_k 为分配给第 k 个工厂至第 n 个工厂的设备台数，x_k 为分配给第 k 个工厂的设备台数，则 $s_{k+1} = s_k - x_k$ 为分配给第 $(k+1)$ 个工厂至第 n 个工厂的设备台数。$P_k(x_k)$ 为 x_k 台设备分配到第 k 个工厂所得的利润。$f_k(s_k)$ 为 s_k 台设备分配到第 k 个工厂至第 n 个工厂所得到的最大利润。因此可列出逆推关系为

$$\begin{cases} f_k(s_k) = \max_{0 \leq x_k \leq s_k} [P_k(x_k) + f_{k+1}(s_k - x_k)], k = 3, 2, 1 \\ \text{边界条件：} f_4(s_4) = 0 \end{cases}$$

（1）从最后阶段开始向前逆推计算。

在第 3 阶段（$k=3$），设将 s_3 台设备（$s_3 = 0, 1, 2, 3, 4, 5$）全部分配给工厂丙，则最大利润为

$$f_3(s_3) = \max_{x_3} [P_3(x_3)]$$

其中，$x_3 = s_3 = 0, 1, 2, 3, 4, 5$。

因为此时只有一个工厂,有多少台设备只能分配给工厂丙,所以工厂丙的利润就是第 3 阶段的最大利润。计算结果如表 6-2 所示。

表 6-2 例 6.4 第 3 阶段计算结果

s_3	$P_3(x_3)$						$f_3(s_3)$	x_3^*
	x_3							
	0	1	2	3	4	5		
0	0						0	0
1		4					4	1
2			6				6	2
3				11			11	3
4					12		12	4
5						12	12	5

注:x_3^* 表示使 $f_3(s_3)$ 最大时的最优决策。

在第 2 阶段($k=2$),设将 s_2 台设备($s_2=0,1,2,3,4,5$)分配给工厂乙和丙,则最大利润为

$$f_2(s_2) = \max_{x_2}[P_2(x_2) + f_3(s_2 - x_2)]$$

其中,$x_2 = 0, 1, 2, 3, 4, 5$。

因为若分配给工厂乙 x_2 台,利润为 $P_2(x_2)$,则工厂丙为($s_2 - x_2$)台,利润为 $f_3(s_2 - x_2)$,所以需要求出 x_2 的值,使 $P_2(x_2) + f_3(s_2 - x_2)$ 最大。计算结果如表 6-3 所示。

表 6-3 例 6.4 第 2 阶段计算结果

s_2	$P_2(x_2)+f_3(s_2-x_2)$						$f_2(s_2)$	x_2^*
	x_2							
	0	1	2	3	4	5		
0	0						0	0
1	0+4	5+0					5	1
2	0+6	5+4	10+0				10	2
3	0+11	5+6	10+4	11+0			14	2
4	0+12	5+11	10+6	11+4	11+0		16	1,2
5	0+12	5+12	10+11	11+6	11+4	11+0	21	2

在第 1 阶段($k=1$),设将 s_1 台设备($s_1=5$)分配给工厂甲、乙和丙,则最大利润为

$$f_1(5) = \max_{x_1}[P_1(x_1) + f_2(5 - x_1)]$$

其中,$x_1 = 0, 1, 2, 3, 4, 5$。

因为若分配给工厂甲 x_1 台,利润为 $P_1(x_1)$,则工厂乙和丙为($5-x_1$)台,利润为 $f_2(5-x_1)$,所以需要求出 x_1 的值,使 $P_1(x_1) + f_2(5-x_1)$ 最大。计算结果如表 6-4 所示。

表 6-4 例 6.4 第 1 阶段计算结果

s_1	$P_1(x_1)+f_2(5-x_1)$						$f_1(s_1)$	x_1^*
	x_1							
	0	1	2	3	4	5		
5	0+21	3+16	7+14	9+10	12+5	12+0	21	0,2

（2）从 $k=1$ 逆向反推，可知最优方案有 2 种。

①根据第 1 阶段最优解 $x_1^*=0$，得 $s_2=s_1-x_1^*=5-0=5$，查表 6-3 可知，$x_2^*=2$，得 $s_3=s_2-x_2^*=5-2=3$，$x_3^*=s_3=3$。最优方案为：工厂甲分得 0 台，工厂乙分得 2 台，工厂丙分得 3 台。

②根据第 1 阶段最优解 $x_1^*=2$，得 $s_2=s_1-x_1^*=5-2=3$，查表 6-3 可知，$x_2^*=2$，得 $s_3=s_2-x_2^*=3-2=1$，$x_3^*=s_3=1$。最优方案为：工厂甲分得 2 台，工厂乙分得 2 台，工厂丙分得 1 台。

其最大总利润为 21 万元。

6.2.2 资源连续分配问题

设有数量为 s_1 的某种资源，可投入 A 和 B 两种生产。第一年若以数量 u_1 投入生产 A，剩下的数量（s_1-u_1）就投入生产 B，则可得收入为 $g(u_1)+h(s_1-u_1)$，其中，$g(u_1)$ 和 $h(u_1)$ 为已知函数，且 $g(0)=h(0)=0$。这种资源在投入 A、B 生产后，年终还可回收再投入生产。设年回收率分别为 $0<a<1$ 和 $0<b<1$，则在第一年生产后，回收的资源量合计为 $s_2=a\cdot u_1+b\cdot(s_1-u_1)$。第二年将资源数量 s_2 中的 u_2 和（s_2-u_2）分别再投入 A、B 两种生产，则第二年又可得到收入为 $g(u_2)+h(s_2-u_2)$。如此继续进行 n 年，试问应当如何决定每年投入 A 生产的资源量 $u_1,u_2,\cdots,u_n$，才能使总收入最大？

例 6.5 CWW 公司拥有一批完好机器，数量为 1000 台，这种机器可在高、低两种负荷下进行生产，设机器在高负荷下生产的产量函数为 $g=8x$（个），其中，x 为投入生产的机器数量，年完好率 $a=0.7$；机器在低负荷下生产的产量函数为 $h=5y$（个），其中，y 为投入生产的机器数量，年完好率 $b=0.9$，试问张经理如何安排机器每年在高、低负荷下的数量，使 5 年内的总产量最大？

解：按年度设阶段 k（$k=1,2,\cdots,5$）。设 s_k 为第 k 年初拥有的完好机器数量，也是第（$k-1$）年末时的完好机器数量。u_k 为第 k 年度中分配在高负荷下生产的机器数量，（s_k-u_k）则为该年度中分配在低负荷下生产的机器数量。

状态转移方程为
$$s_{k+1}=a\cdot u_k+b\cdot(s_k-u_k)=0.7u_k+0.9(s_k-u_k)\ (k=1,2,\cdots,5)$$

允许决策集合为
$$D_k(s_k)=\{u_k\,|\,0\leqslant u_k\leqslant s_k\}$$

设 $v_k(s_k,u_k)$ 为第 k 年度的产量，则 $v_k=8u_k+5(s_k-u_k)$，指标函数为
$$V_{1,5}=\sum_{k=1}^{5}v_k(s_k,u_k)=\sum_{k=1}^{5}8u_k+5(s_k-u_k)$$

设最优指标函数 $f_k(s_k)$ 为在资源量 s_k 下，从第 k 年初到第 5 年末时的最大总产量。因此，可列出逆推关系为

$$\begin{cases}f_k(s_k)=\max_{u_k\in D_k(s_k)}\{8u_k+5(s_k-u_k)+f_{k+1}[0.7(u_k)+0.9(s_k-u_k)]\}\quad(k=1,2,\cdots,5)\\ \text{边界条件：}f_6(s_6)=0\end{cases}$$

下面从最后阶段开始向前逆推计算。

当 $k=5$ 时，有
$$f_5(s_5) = \max_{0 \leq u_5 \leq s_5} \{8u_5 + 5(s_5 - u_5) + f_6[0.7u_5 + 0.9(s_5 - u_5)]\}$$
$$= \max_{0 \leq u_5 \leq s_5} \{8u_5 + 5(s_5 - u_5)\}$$
$$= \max_{0 \leq u_5 \leq s_5} \{3u_5 + 5s_5\}$$

因为 f_5 为 u_5 的线性单调增函数，所以最大解为 $u_5^* = s_5, f_5(s_5) = 8s_5$。

当 $k=4$ 时，有
$$f_4(s_4) = \max_{0 \leq u_4 \leq s_4} \{8u_4 + 5(s_4 - u_4) + f_5[0.7u_4 + 0.9(s_4 - u_4)]\}$$
$$= \max_{0 \leq u_4 \leq s_4} \{8u_4 + 5(s_4 - u_4) + 8[0.7u_4 + 0.9(s_4 - u_4)]\}$$
$$= \max_{0 \leq u_4 \leq s_4} \{13.6u_4 + 12.2(s_4 - u_4)\}$$
$$= \max_{0 \leq u_4 \leq s_4} \{1.4u_4 + 12.2s_4\}$$

同理可得，$u_4^* = s_4, f_4(s_4) = 13.6s_4$。

依次可得，当 $k=3$ 时，$u_3^* = s_3, f_3(s_3) = 17.5s_3$；当 $k=2$ 时，$u_2^* = 0, f_2(s_2) = 20.8s_2$；当 $k=1$ 时，$u_1^* = 0, f_1(s_1) = 23.7s_1$。

当 $s_1 = 1000$ 台时，$f_1(s_1) = 23700$ 个，同时可得
$$s_2 = 0.7u_1^* + 0.9(s_1 - u_1^*) = 900 \text{台}$$
$$s_3 = 0.7u_2^* + 0.9(s_2 - u_2^*) = 810 \text{台}$$
$$s_4 = 0.7u_3^* + 0.9(s_3 - u_3^*) = 567 \text{台}$$
$$s_5 = 0.7u_4^* + 0.9(s_4 - u_4^*) = 397 \text{台}$$
$$s_6 = 0.7u_5^* + 0.9(s_5 - u_5^*) = 278 \text{台}$$

因此最优方案为 $u_1^* = 0, u_2^* = 0, u_3^* = s_3, u_4^* = s_4, u_5^* = s_5$，即前两年年初把完好的机器全部投入低负荷生产，后三年年初把完好的机器全部投入高负荷生产，得到最大总产量为23700个。

6.2.3 背包问题

背包问题又称装载问题（也包括车、船、人造卫星等装载或者选择），一般是指一位旅行者携带背包登山，已知他所能承受的背包重量有限，对于 n 种具有不同重量和不同价值的物品，在携带物品总重量限制的情况下，问旅行者应如何选择携带各种物品的件数，以使总价值最大？

例 6.6 CWW 公司面临的一个挑战是销售具有明显的季节性。每年春节过后开工季即 3~5 月是销售旺季，9~11 月是第二个销售旺季，相较于这几个月，其他月份销售稍有回落。为了满足旺季的销售需求，公司通常会在淡季多备一些库存到各分公司。现有一辆卡车最大能装 10t 的物品，如果用以装载 3 种机械设备，每种机械设备的单位重量及单位价值如表 6-5 所示。CWW 公司应如何装载可使总价值最大？

表 6-5　各种机械设备的单位重量及单位价值

参数	机械设备 1	机械设备 2	机械设备 3
单位重量/t	3	4	5
单位价值/万元	4	5	6

解：设第 i 种机械设备装载的数量为 x_i（$i=1,2,3$），则问题可表示为

$$\max = 4x_1 + 5x_2 + 6x_3$$

$$\text{s.t.} \begin{cases} 3x_1 + 4x_2 + 5x_3 \leqslant 10 \\ x_i \geqslant 0 \text{ 且为整数} \ (i=1,2,3) \end{cases}$$

按机械设备种类分为三个阶段：$k=1,2,3$。

s_{k+1} 为第 k 阶段开始时，卡车允许装载前 k 种机械设备的重量。状态转移方程为

$$s_k = s_{k+1} - a_k x_k$$

其中，a_k 为第 k 种机械设备的单位重量，即 $s_1 = s_2 - 3x_1$，$s_2 = s_3 - 4x_2$，$s_3 = 10 - 5x_3$。

允许决策集合为

$$D_k(s_{k+1}) = \{x_k \mid 0 \leqslant x_k \leqslant \lfloor s_{k+1}/a_k \rfloor, k \text{ 为整数}\}$$

其中，$\lfloor s_{k+1}/a_k \rfloor$ 为不超过 s_{k+1}/a_k 的最大整数。

顺推关系为

$$\begin{cases} f_k(s_{k+1}) = \max\limits_{u_k \in D_k(s_{k+1})} v_k(x_k) + f_{k-1}(s_k), \quad k=1,2,3 \\ \text{边界条件：} f_0(s_1) = 0 \end{cases}$$

当 $k=1$ 时，$f_1(s_2) = \max\limits_{0 \leqslant 3x_1 \leqslant s_2} 4x_1 + f_0(s_1)$

$$= \max\limits_{0 \leqslant 3x_1 \leqslant s_2} 4x_1$$

$$= \max\limits_{0 \leqslant x_1 \leqslant s_2/3} 4x_1$$

$$= 4s_2/3$$

结果如表 6-6 所示。

表 6-6　例 6.6 第 1 阶段计算结果

参数	s_2										
	0	1	2	3	4	5	6	7	8	9	10
$f_1(s_2)$	0	0	0	4	4	4	8	8	8	12	12
x_1^*	0	0	0	1	1	1	2	2	2	3	3

当 $k=2$ 时，$f_2(s_3) = \max\limits_{0 \leqslant x_2 \leqslant s_3/4} 5x_2 + f_1(s_2)$

$$= \max\limits_{0 \leqslant x_2 \leqslant s_3/4} 5x_2 + f_1(s_3 - 4x_2)$$

结果如表 6-7 所示。

表 6-7 例 6.6 第 2 阶段计算结果

参数	s_3										
	0	1	2	3	4	5	6	7	8	9	10
x_2	0	0	0	0	0 1	0 1	0 1	0 1	0 1 2	0 1 2	0 1 2
$5x_2+f_1(s_3-4x_2)$	0	0	0	4	4 5	4 5	8 5	8 9	8 9 10	12 9 10	12 13 10
$f_2(s_3)$	0	0	0	4	5	5	8	9	10	12	13
x_2^*	0	0	0	0	1	1	0	1	2	0	1

当 $k=3$ 时，

$$f_3(s_2) = \max_{0 \leq 5x_3 \leq 10}\{6x_3 + f_2(s_3)\}$$

$$= \max_{0 \leq 5x_3 \leq 10}\{6x_3 + f_2(10-5x_3)\}$$

$$= \max_{x_3=0,1,2}\{6x_3 + f_2(10-5x_3)\}$$

$$= \max\{f_2(10), 6+f_2(5), 12+f_2(0)\}$$

$$= \max\{13, 6+5, 12+0\}$$

$$= 13$$

可得 $x_3^* = 0$，逆推可得最优策略：$x_1^* = 2$，$x_2^* = 1$，$x_3^* = 0$，最大总价值为 13 万元。

6.3 产品生产计划安排问题

6.3.1 生产与存储问题

在生产和经营管理中，经常遇到要合理安排生产（或购买）与库存的问题，以达到满足社会需要且尽量降低费用的目的。因此，应正确制定生产（或购买）策略，确定不同时期的产量（或采购量）和库存量，以使总成本（生产成本和储存费之和）最小。

例 6.7 CWW 公司同时为主要房地产公司生产大型工程机械。由于房地产公司采取预订方式购买大型工程机械，该公司可以预测未来几个月的需求量。已知公司今后四个月需求量如表 6-8 所示。

表 6-8 该公司今后四个月需求量 （单位：个）

月份 k	需求量 d_k	月份 k	需求量 d_k
1	2	3	2
2	3	4	4

设该公司生产每批产品的固定成本为 3 万元，若不生产产品，固定成本为 0；每个产品成本为 1 万元；每月最大产量为 6 个产品；每月未售出的每个产品需付储存费 0.5 万元。若要求计划开始时（1 月初）和计划结束后（4 月末）的库存量为 0，最大库存量为 3 个产品。问该厂如何安排各月的生产和库存，才能在满足需求的条件下，使总成本最小？

解：设每个月为一个阶段，$k=1,2,3,4$。由题意知，第 k 个月的生产成本为

$$c(x_k) = \begin{cases} 0, & x_k = 0 \\ 3+1x_k, & x_k = 1,2,\cdots,6 \end{cases}$$

设 s_k 为第 k 个月初的库存量，x_k 为第 k 个月的产量，d_k 为第 k 个月的需求量，状态转移方程为

$$s_{k+1} = s_k + x_k - d_k$$

最优指标函数 $f_k(s_k)$ 表示第 k 个月状态为 s_k 时，采取最佳策略生产，从第 k 个月到 4 月末的生产与存储最低费用。由此得逆推关系为

$$\begin{cases} f_k(s_k) = \min_{0 \leq x_k \leq \sigma_k} [c(x_k) + 0.5 s_k + f_{k+1}(s_k + x_k - d_k)], & k = 1, 2, 3, 4 \\ 边界条件：f_5(s_5) = 0 \end{cases}$$

考虑最大库存量为 3 个，每月最大产量为 6 个，每月的需求量 d_k，允许决策集合 x_k 和状态集合 s_k 分别为

$$\max(1, d_k - s_k) \leq x_k \leq \min\left(6, \sum_{j=k}^{4}(d_k - s_k), d_k + 3 - s_k\right)$$

$$0 \leq s_k \leq \min\left[3, \sum_{j=k}^{4} d_j, \sum_{j=1}^{k-1}(6 - d_j)\right]$$

当 $k = 4$ 时，因为要求 4 月末库存量为 0，本月需求量 $d_4 = 4$ 个，所以本月产量应为 $x_4 = 4 - s_4$。由于最大库存量为 3 个，s_4 取值只能是 0,1,2,3。

$$f_4(s_4) = [\min c(x_4) + 0.5 s_4 + f_5(s_5)] = \min [c(x_4) + 0.5 s_4]$$

结果如表 6-9 所示。

表 6-9　例 6.7 第 4 阶段计算结果

参数	s_4			
	0	1	2	3
$f_4(s_4)$	7	6.5	6	5.5
$x_4^*(s_4)$	4	3	2	1

当 $k = 3$ 时，先分析状态变量 s_3 的取值范围，它与库存量、产量、需求量均有关，在此由最大库存量决定 $s_3 = \{0, 1, 2, 3\}$；再分析决策变量 x_3 的允许决策集合，为满足本月需求，产量 x_3 至少为 $d_3 - s_3 = 2 - s_3$，若库存量 $s_3 > 2$ 个，则 x_3 最小可取 0。为保证期末库存量为 0，x_3 不能超过 $d_3 + d_4 - s_3 = 6 - s_3$。另外，$x_3$ 还受最大库存量（3 个）的限制，即不能超过 $d_3 + 3 - s_3 = 5 - s_3$，同时受最大产量（6 个）的限制。x_3 为如下范围的整数：

$$\max(0, 2 - s_3) \leq x_3 \leq \min(6, 5 - s_3, 6 - s_3)$$

又有

$$f_3(s_3) = \min[c(x_3) + 0.5 s_3 + f_4(s_3 + x_3 - d_3)]$$

由 $s_3 = 0, 1, 2, 3$，分别求出 $f_3(s_3)$ 的值。

当 $s_3 = 0$ 时，

$$f_3(0) = \min_{2 \leq x_3 \leq 5}[(3+x_3)+0.5\times 0 + f_4(x_3-2)]$$

$$= \min\begin{cases} x_3=2; & 5+7 \\ x_3=3; & 6+6.5 \\ x_3=4; & 7+6 \\ x_3=5; & 8+5.5 \end{cases}$$

$$= 12$$

$$x_3^*(0) = 2$$

即若 3 月初库存量为 0，则 3 月、4 月两个月最低成本为 12 万元，3 月最佳产量为 2 个。依此类推，可得表 6-10。

表 6-10　例 6.7 第 3 阶段计算结果

参数	s_3														
	0				1				2				3		
$x_3(s_3)$	2	3	4	5	1	2	3	4	0	1	2	3	0	1	2
$c(x_3)+0.5s_3+f_4$	12	12.5	13	13.5	11.5	12	12.5	13	8	11.5	12	12.5	8	11.5	12
$f_3(s_3)$	12				11.5				8				8		
$x_3^*(s_3)$	2				1				0				0		

当 $k=2$ 时，有

$$f_2(s_2) = \min[c(x_2)+0.5s_2+f_3(s_2+x_2-d_2)]$$

其中，$s_2 = 0, 1, 2, 3$，x_2 为如下范围的整数：

$$\max(0, d_2-s_2) \leq x_2 \leq \min(6, d_2+3-s_2, d_2+d_3+d_4-s_2)$$

$$\max(0, 3-s_2) \leq x_3 \leq \min(6, 6-s_2, 9-s_2)$$

结果如表 6-11 所示。

表 6-11　例 6.7 第 2 阶段计算结果

参数	s_2														
	0				1				2				3		
$x_2(s_2)$	3	4	5	6	2	3	4	5	1	2	3	4	0	1	2	3
$c(x_2)+0.5s_2+f_3$	18	18.5	16	17	17.5	18	15.5	16.5	17	17.5	15	16	13.5	17	14.5	15.5
$f_2(s_2)$	16				15.5				15				13.5			
$x_2^*(s_2)$	5				4				3				0			

当 $k=1$ 时，有

$$f_1(s_1) = \min[c(x_1)+0.5s_1+f_2(s_1+x_1-d_1)]$$

由于状态 $s_1=0$，本月产量 x_1 同样要受本月需求量、最大库存量、最大产量等约束限制，应为 $2 \leq x_1 \leq 5$ 的整数，结果如表 6-12 所示。

表 6-12　例 6.7 第 1 阶段计算结果

参数	$s_1=0$			
$x_1(s_1)$	2	3	4	5
$c(x_1)+0.5s_1+f_2$	21	21.5	22	21.5
$f_1(s_1)$			21	
$x_1^*(s_1)$			2	

由表 6-12 可知，最低总成本为 $f_1(0)=21$ 万元，1 月最佳产量为 2 个，需求量 $d_1=2$ 个，所以 2 月初库存量为 0；由表 6-11 可得，2 月最佳产量为 5 个；由表 6-10 和表 6-9 可得 3 月、4 月的最佳产量。最佳生产计划为 1 月生产 2 个产品，2 月生产 5 个产品，3 月不生产，4 月生产 4 个产品。

6.3.2　设备更新问题

在工业和交通运输中经常会遇到一台设备应该使用多少年更新最合算的问题，即制定最佳策略使在某一时间的总收益最大（或者总费用最小）。

现以一台设备为例，设备较新时，年运转量大，收入高，故障少，维修费用少；但随着使用年限的增加，年运转量减少，收入减少，故障变多，维修费用增加。

设 $r_k(t)$ 为一台在第 k 年已使用过 t 年（役龄为 t 年）的设备再使用一年的收益，$u_k(t)$ 为一台在第 k 年役龄为 t 年的设备再使用一年的维修费用；$c_k(t)$ 为一台在第 k 年役龄为 t 年的设备卖掉后买进一台新设备的更新净费用；α 为折扣因子（$0 \leqslant \alpha \leqslant 1$），表示一年以后的单位收益的价值相当于现年的 α 单位收益的价值。

下面建立动态规划模型。阶段 $k(k=1,2,\cdots,n)$ 为计划使用该设备的年限。状态变量 s_k 为从第一年开始设备使用过的年数，即役龄。决策变量 x_k 表示第 k 年初更新（replacement）或保留使用（keep）旧设备，分别用 R 与 K 表示。状态转移方程为

$$s_{k+1} = \begin{cases} s_k+1, & x_k=K \\ 1, & x_k=R \end{cases}$$

阶段指标为

$$v_j(s_k,x_k) = \begin{cases} r_k(s_k)-u_k(s_k), & x_k=K \\ r_k(0)-u_k(0)-c_k(s_k), & x_k=R \end{cases}$$

指标函数为

$$V_{k,n} = \sum_{j=k}^{n} v_j(s_k,x_k), \quad k=1,2,\cdots,n$$

最优指标函数 $f_k(s_k)$ 表示第 k 年初，拥有一台役龄为 s_k 的设备，采用最优更新策略到第 n 年末的最大收益，可得逆推关系为

$$\begin{cases} f_k(s_k) = \max_{x_k=K \text{或} R} [v_j(s_k,x_k)+\alpha f_{k+1}(s_{k+1})], & k=n,n-1,\cdots,1 \\ \text{边界条件：} f_{n+1}(s_{n+1})=0 \end{cases}$$

即

$$f_k(s_k) = \max \begin{cases} r_k(s_k) - u_k(s_k) + \alpha f_{k+1}(s_{k+1}), & x_k = K \\ r_k(0) - u_k(0) - c_k(s_k) + \alpha f_{k+1}(s_{k+1}), & x_k = R \end{cases}$$

例 6.8 在例 6.4 中，张经理解决了某种设备的分配问题。对于这种大型设备，需要定期维护。已知 CWW 公司该设备的年收益及年维修费用、更新净费用如表 6-13 所示。试确定今后 5 年内的更新策略，使总收益最大（设折扣因子 $\alpha=1$）。

表 6-13 该设备的年收益及年维修费用、更新净费用

参数	役龄					
	0	1	2	3	4	5
年收益 $r_k(t)$	5	4.5	4	3.75	3	2.5
年维修费用 $u_k(t)$	0.5	1	1.5	2	2.5	3
更新净费用 $c_k(t)$	—	1.5	2.2	2.5	3	3.5

解： $n=5$。

当 $k=5$ 时，有

$$f_5(s_5) = \max \begin{cases} r_5(s_5) - u_5(s_5), & x_5 = K \\ r_5(0) - u_5(0) - c_5(s_5), & x_5 = R \end{cases}$$

状态变量 $s_5 = 1,2,3,4$，则

$$f_5(1) = \max \begin{cases} r_5(1) - u_5(1), & x_5 = K \\ r_5(0) - u_5(0) - c_5(1), & x_5 = R \end{cases}$$

$$= \max \begin{cases} 4.5 - 1 \\ 5 - 0.5 - 1.5 \end{cases} = 3.5 \quad x_5(1) = K$$

$$f_5(2) = \max \begin{cases} 4 - 1.5 \\ 5 - 0.5 - 2.2 \end{cases} = 2.5 \quad x_5(2) = K$$

$$f_5(3) = \max \begin{cases} 3.75 - 2 \\ 5 - 0.5 - 2.5 \end{cases} = 2 \quad x_5(3) = R$$

$$f_5(4) = \max \begin{cases} 3 - 2.5 \\ 5 - 0.5 - 3 \end{cases} = 1.5 \quad x_5(4) = R$$

当 $k=4$ 时，有

$$f_4(s_4) = \max \begin{cases} r_4(s_4) - u_4(s_4) + f_5(s_4+1), & x_4 = K \\ r_4(0) - u_4(0) - c_4(s_4) + f_5(1), & x_4 = R \end{cases}$$

状态变量 $s_4 = 1,2,3$，则

$$f_4(1) = \max \begin{cases} 4.5 - 1 + 2.5 \\ 5 - 0.5 - 1.5 + 3.5 \end{cases} = 6.5 \quad x_4(1) = R$$

$$f_4(2) = \max \begin{cases} 4 - 1.5 + 2 \\ 5 - 0.5 - 2.2 + 3.5 \end{cases} = 5.8 \quad x_4(2) = R$$

$$f_4(3) = \max \begin{cases} 3.75 - 2 + 1.5 \\ 5 - 0.5 - 2.5 + 3.5 \end{cases} = 5.5 \quad x_4(3) = R$$

当 $k=3$ 时，有

$$f_3(s_3) = \max \begin{cases} r_3(s_3) - u_3(s_3) + f_4(s_3+1), & x_3 = K \\ r_3(0) - u_3(0) - c_3(s_3) + f_4(1), & x_3 = R \end{cases}$$

状态变量 $s_3 = 1, 2$，则

$$f_3(1) = \max \begin{cases} 4.5 - 1 + 5.8 \\ 5 - 0.5 - 1.5 + 6.5 \end{cases} = 9.5 \quad x_3(1) = R$$

$$f_3(2) = \max \begin{cases} 4 - 1.5 + 5.5 \\ 5 - 0.5 - 2.2 + 6.5 \end{cases} = 8.8 \quad x_3(2) = R$$

当 $k = 2$ 时，有

$$f_2(s_2) = \max \begin{cases} r_2(s_2) - u_2(s_2) + f_3(s_2+1), & x_2 = K \\ r_2(0) - u_2(0) - c_2(s_2) + f_3(1), & x_2 = R \end{cases}$$

状态变量 $s_2 = 1$，则

$$f_2(1) = \max \begin{cases} 4.5 - 1 + 8.8 \\ 5 - 0.5 - 1.5 + 9.5 \end{cases} = 12.5 \quad x_2(1) = R$$

当 $k = 1$ 时，有

$$f_1(s_1) = \max \begin{cases} r_1(s_1) - u_1(s_1) + f_2(s_1+1), & x_1 = K \\ r_1(0) - u_1(0) - c_1(s_1) + f_2(1), & x_1 = R \end{cases}$$

状态变量 $s_1 = 0$，则

$$f_1(0) = \max \begin{cases} 5 - 0.5 + 12.5 \\ 5 - 0.5 - 0.5 + 12.5 \end{cases} = 17 \quad x_1(0) = K$$

根据上述计算逆推，当 $x_1^*(0) = K$ 时，由状态转移方程

$$s_2 = \begin{cases} s_1 + 1, & x_1 = K \\ 1, & x_1 = R \end{cases}$$

可知，$s_2 = 1$，查 $f_2(1)$ 得

$$x_2^* = R$$

则

$$s_3 = \begin{cases} s_2 + 1, & x_2 = K \\ 1, & x_2 = R \end{cases}$$

推出 $s_3 = 1$ 后，查 $f_3(1)$ 得

$$x_3^* = R$$

推出 $s_4 = 1$ 后，查 $f_4(1)$ 得

$$x_4^* = R$$

推出 $s_5 = 1$ 后，查 $f_5(1)$ 得

$$x_5^* = K$$

可得例 6.8 最优更新策略为 $\{K, R, R, R, K\}$，即第 1 年初购买的设备到第 2、第 3、第 4 年初各更新一次，用到第 5 年末，其总收益为 17 万元。

【案例小结】

虽然 CWW 公司的各种生产问题属于不同的类型，但是其问题背后都是多阶段决策过程。在看清楚问题的本质后，张经理首先解决了公司设备分配问题（把工厂视为不同阶段），然后参与了 1000 台机器的连续分配问题（把时间视为不同阶段）。处理完上述两大问题后，张经理面临货车装载的难题，在有限的容量下获取了最大价值（把物品视为不同阶段），然后处理了公司某型号设备生产与存储问题和设备更新问题（把时间视为不同阶段）。

【本章小结】

动态规划是一种用来解决多阶段决策过程最优化问题的数量方法。其特点在于，它可以把一个 n 维决策问题变换为几个一维最优化问题，从而逐个解决。它包括以下关键的要素：阶段、状态、决策、策略、状态转移方程、指标函数和最优指标函数。动态规划是求解某类问题的一种方法，是考查问题的一种途径，而不是一种算法。必须对具体问题进行具体分析，首先运用动态规划的原理和方法建立相应的模型，然后采用动态规划方法去求解。其具体应用如下。

（1）一维资源分配问题是指将数量一定的一种或若干资源（如原材料、资金、机器设备、劳力、食品）恰当地分配给若干使用者，使目标函数值最优。

（2）资源连续分配问题需要考虑资源回收利用的问题，其决策变量为连续值，是一种特殊的资源分配问题。

（3）背包问题，又称装载问题（也包括车、船、人造卫星等装载或者选择），一般是指在携带物品总重量限制的情况下，旅行者应如何选择携带各种物品的件数，以使总价值最大。

（4）生产与存储问题是指如何正确制定生产（或购买）策略，确定不同时期的产量（或采购量）和库存量，以使总成本（生产成本和储存费之和）最小。

（5）设备更新问题即一台设备应该使用多少年更新最合算的问题。

【专业术语】

动态规划（dynamic programming）：是运筹学的一个分支，是求解决策过程（decision process）最优化的数学方法。动态规划的基本思想是将待求解问题分解为相互关联的子问题，先求解子问题，再从这些子问题的解中得到原问题的解。

阶段（stages）：将所给问题的过程按时间或空间特征分解为若干互相联系的阶段。

状态（states）：指每个阶段开始时所处的自然状况或客观条件。

决策（decisions）：是某个阶段内的抉择。

允许决策集合（set of admissible decisions）：决策变量的取值往往限制在一定范围内，此范围为允许决策集合。

策略（policy）：是一个由按顺序排列的决策组成的集合。

最优策略（optimal policy）：从允许策略集合中找出达到最优效果的策略。

指标函数（value function）：衡量全过程策略或 k 子过程策略优劣的数量指标，分为阶段指标函数和过程指标函数两种。

【实践题】

1. 某公司为主要电力公司生产大型变压器，由于大型设备的购买方式属于预约制度，即采取预订方式购买，该公司可以预测未来几个月的需求量。为确保需求，该公司为这四个月制订一项生产计划，这四个月的需求量如表 6-14 所示。

表 6-14　这四个月的需求量　　　　　　　　　　　　　　（单位：台）

月份	需求量	月份	需求量
5月	3	7月	5
6月	6	8月	2

生产成本随着产量变化，如表 6-15 所示。

表 6-15　生产成本随着产量的变化

产量/台	生产成本/万元	产量/台	生产成本/万元
0	0	3	13
1	5	4	17
2	9		

每台变压器在仓库中由这个月存到下个月的储存费为 1000 元，最大库存量为 3 台。另外，5 月 1 日仓库里存有 1 台变压器，要求在 8 月 30 日仓库的库存量为 0。试问该公司应如何制订生产计划，使得四个月的总成本（生产成本和储存费）最少？

2. 随着第五代移动通信技术（5th-generation mobile communication technology，5G）的推广，电信公司相继推出了 5G 资费，为让客户体验更好的 5G 服务，在市场层面要逐步推动客户将原有资费迁移为 5G 资费。资费价格由集团公司统一制定，各地区不能修改，经过一段时间的推广，发现 5G 套餐的推广效果并不理想，客户接受度没那么高，于是交给某咨询公司去推广。

该咨询公司有 10 个工作日可以去处理 4 种类型的 5G 套餐咨询项目，每种类型的 5G 套餐咨询项目中待处理客户数量、处理每个客户所需工作日及所获得的利润如表 6-16 所示。显然，该公司在 10 个工作日内不能处理完所有的客户，它可以自己挑选一些客户，其他客户请其他咨询公司去做。问该咨询公司应如何选择客户使得在这 10 个工作日中获利最大？

表 6-16　待处理客户数量、处理每个客户所需工作日及所获得的利润

5G 套餐	待处理客户数量/人	处理每个客户所需要的工作日/个	处理每个客户所获得利润/元
1	5	1	2
2	3	2	3
3	4	2	4
4	4	3	5

习　题

1. 请判断下列说法是否正确。
（1）对于一个动态规划问题，应用顺序解法和逆序解法可能得出不同的最优解。
（2）在用逆序解法求解动态规划问题时，$f_k^*(s_k)$ 表示从第 k 个阶段到最后阶段的最优解。
（3）在动态规划中，问题的阶段等于问题中子问题 B 的数量。

2. 现有一个小区需要接通天然气，旁边有一个天然气站。假设天然气站为 A，小区为 E，可以选择的设计路线如图 6-2 所示，$B_1,\cdots,D_2$ 各点是中间加压站，各路线的费用已标在线段旁（单位：万元），试设计费用最低的路线。要求分别用动态规划的逆序解法和顺序算法求解。

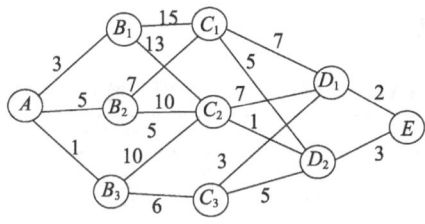

图 6-2　某设计路线图

3. 某货车从 A 城到 E 城运输货物，途经 $B_1,B_2,\cdots,D_3,D_4$，可供选择的各站站点如图 6-3 所示，图中数字为城市间的最短距离（单位：$\times 10^2$km）。问如何选择路线才能使得距离最短？

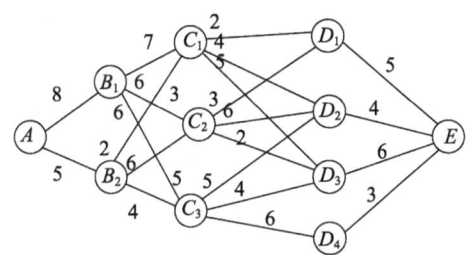

图 6-3　某运输路线图

4. 有一辆货车每天沿着公路给 4 个零售店运送 6 箱货物，各零售店出售该货物所得到的利润如表 6-17 所示。试求给各零售店运送几箱货物能使获得总利润最大？其值是多少？

表 6-17　各零售店出售该货物所得到的利润　　　　　　　　（单位：万元）

箱数	零售店 1	零售店 2	零售店 3	零售店 4
0	0	0	0	0
1	4	2	3	4
2	6	4	5	5
3	7	6	7	6
4	7	8	8	6
5	7	9	8	6
6	7	10	8	6

5. 设有某种肥料共 4 单位重量，准备供给 4 块粮田用，每块粮田增产量如表 6-18 所示。试问对每块粮田施多少单位重量的肥料，才使粮食总增产量最大？

表 6-18　每块粮田增产量　　　　　　　　　　　　　　　　（单位：kg）

施肥量	粮田 1	粮田 2	粮田 3	粮田 4
0	0	0	0	0
1	20	25	18	28
2	42	45	39	47
3	60	57	61	65
4	75	65	78	74

6. 某公司有资金 4 万元，可向 A、B、C 三个项目投资，已知各项目不同投资额的相应效益值如表 6-19 所示，问如何分配资金可使总效益最大？列出动态规划模型，并分别用逆序解法和顺序解法求解。

表 6-19　各项目不同投资额的相应效益值　　　　　　　　　（单位：万元）

项目	投资额/万元				
	0	1	2	3	4
项目 A	0	41	48	60	66
项目 B	0	42	50	60	66
项目 C	0	64	68	78	76

7. 列出下列问题的动态规划的基本方程。

（1）

$$\max z = \sum_{i=1}^{n} c_i x_i$$

$$\text{s.t.} \begin{cases} \sum_{i=1}^{n} x_i = b, b > 0 \\ x_i \geq 0, i = 1, 2, \cdots, n \end{cases}$$

（2）

$$\max z = \sum_{i=1}^{n} c_i x_i^2$$

$$\text{s.t.} \begin{cases} \sum_{i=1}^{n} a_i x_i = b, b > 0 \\ x_i \geq 0, i = 1, 2, \cdots, n \end{cases}$$

8. 用动态规划的思想求下列问题。

（1）

$$\max z = 4x_1 + 5x_2 + 6x_3$$

$$\text{s.t.} \begin{cases} x_1 + x_2 + x_3 = 10 \\ x_i \geq 0, \ i = 1, 2, 3 \end{cases}$$

（2）
$$\max z = 4x_1 + 5x_2 + 2x_3^2$$
$$\text{s.t.} \begin{cases} x_1 + 2x_2 + x_3 \leqslant 10 \\ x_i \geqslant 0, \ i = 1, 2, 3 \end{cases}$$

9. 某工厂有 1000 台机器，拟分四个阶段使用。已知在每个阶段有两种生产任务，进行第一种生产任务每台机器可收益 9000 元，其机器报废率为 0.3，而进行第二种生产任务每台机器可收益 6000 元，其机器报废率为 0.1。问怎样分配机器，可使总收益最大？

10. 某公司生产并销售某产品。根据市场预测，今后四个月的市场需求量如表 6-20 所示。已知生产一件产品的成本是 1000 元，每批产品的生产准备成本是 3000 元，每月仅能生产一批产品，每批 6 件。每件产品储存费为 500 元，且 1 月初无存货，4 月末的存货量要求为 0。求最优生产计划。

表 6-20　某四个月的市场需求量　　　　　　　　　　　　　（单位：件）

月份	需求量 d_k
1	2
2	3
3	2
4	4

11. 某厂计划连续生产 B 产品，每月初开始生产。B 的生产成本为 x^2 万元/t，其中，x 为 B 产品当月的产量。仓库储存费是 1 万元/（月·t）。估计 3 个月的需求量分别为 5t、10t、15t。现设第 1 个月初库存量为 0，第 3 个月末库存量为 0。试问每月应生产多少吨 B 产品，可使总成本（生产成本和储存费）最小？（用动态规划方法求出最优解，不必求最优值。）

第二篇

应 用 篇

第 7 章
运输问题与指派问题

【本章导读】

本章分别对运输问题和指派问题进行介绍。在很多情况下，这两种类型相似的问题出现得非常频繁。由于它们非常重要，本章将单独对这两类问题及其应用进行详细阐释。

运输问题的许多应用涉及"确定如何以最优的方式运输货物"。然而，该问题的许多应用和运输并没有关系。

指派问题因其应用涉及"如何将任务指派给不同人员"而广为人知。然而，该问题同样在其他方面有着广泛的应用。

本章从案例研究着手，描述运输问题及其变形问题的特征，给出运输问题的求解方法，介绍如何用电子表格模型解决该问题，并对指派问题进行同样的分析。

【学习目标】

（1）描述运输问题的特征。
（2）根据所描述的运输问题，建立电子表格模型。
（3）能够处理一些变形的运输问题。
（4）找出运输问题及其变形问题的应用领域。
（5）描述指派问题的特征。
（6）找出运输问题与指派问题之间的关系。
（7）根据所描述的指派问题，建立电子表格模型。
（8）能够处理一些变形的指派问题。

【开篇案例】

LX 科技集团（简称 LX 集团）是中国台湾省的高新科技企业，现拥有 120 余万名员工及全球顶尖客户群。LX 集团在中国、日本等国及东南亚、美洲、欧洲等地拥有上百家子公司和派驻机构，全球布局策略为"两地研发、三区设计制造、全球组装交货"。现在 LX 集团面临着成本的飞速增长难题，若增长的成本不能得到有效的控制，则会使集团的资金链断裂，给集团带来不可挽回的损失。作为集团的首席执行官王总意识到必须马上采取措施来控制不断上涨的成本。为此，他找来配送经理小李。

王总：小李，咱们集团电子零配件的运费一直在涨，这是什么情况呢？

小李：王总，是这样的，集团一直沿用之前的一套调运方案，现在单位运价一直在上涨，导致我们的运费也跟着提升了。

王总：哦，那你们小组有没有考虑换一套调运方案呢？
小李：我们组内讨论过这个问题，但是提出的各种方法都成效不佳。
王总：为什么会出现这种问题？
小李：因为集团的一种产品（如螺丝）就有三个产地和四个销地，更不用说其他更加复杂的调运问题了。
王总：我们能否使用一种专门的数学模型来计算得出一个最优调运方案？
小李：这个我们也想过，但是目前组内没有人可以做到。
王总：我想或许管理科学技术能够帮我们有效地解决这个问题。
小李：是的，这应该可行。王总，我还想到一个可以提高集团利润的途径。
王总：你说。
小李：集团最近计划在国内投资四个生产点，不同的项目投资到不同的地方会产生截然不同的利润，如果我们能够通过科学的计算，就一定能在稳定成本的同时获得较高的利润。
王总：你说得很有道理，那这样可以一并用管理科学的知识来帮助我们达成目标。我想集团新引进的管理人才或许能够针对调运问题和投资决策问题给出一个令人满意的方案。
小李：您说得对，那我现在就去请教，希望能够有所收获，帮助集团渡过难关。
王总：好的，去吧。

【案例思考题】

目前，集团的成本一路飙升，为了使集团能够实现可持续发展，在解决生产问题之余，最需要引起管理层关注的当属零部件的调运问题和投资决策问题。

问题1：LX集团从三个电子零配件产地（珠江（A_1）、济南（A_2）、上海（A_3））将物品分别运往四个销地（深圳（B_1）、青岛（B_2）、南京（B_3）、廊坊（B_4）），此种情况下，该集团如何调运物品，才能完成运输任务，并使得总运费最低呢？

问题2：LX集团计划在国内投资四个生产点，分别生产消费性电子、半导体设备、液晶显示设备、合金材料和无线通信关键零组件5个类别。通过评估，合金材料不能放在第三个生产点，无线通信关键零组件不能放在第四个生产点，不同类别的商品投资到各生产点的年利润不同。此时，LX集团如何做出投资决策可使年利润最大？

7.1 运输问题及其数学模型

7.1.1 运输问题的数学模型

本节研究单一品种物资的运输调度问题，其典型情况如下：设某种物品有 m 个产地 $A_1, A_2, \cdots, A_m$，各产地的产量分别是 $a_1, a_2, \cdots, a_m$；有 n 个销地 $B_1, B_2, \cdots, B_n$，各销地的销量分别为 $b_1, b_2, \cdots, b_n$。假定从产地 $A_i (i=1,2,\cdots,m)$ 向销地 $B_j (j=1,2,\cdots,n)$ 运输单位物品的运价是 c_{ij}，问怎样调运这些物品才能使总运费最小？

为直观清楚起见，可列出该问题的运输表，如表 7-1 所示。运输表中的变量 $x_{ij}(i=1,2,\cdots,m;\ j=1,2,\cdots,n)$ 为由产地 A_i 运往销地 B_j 的物品数量，c_{ij} 为 A_i 到 B_j 的单位运价。此外，也可将单位运价单独列入另一个表中，称为单位运价表。

表 7-1 某问题的运输表

产地	销地				产量
	B_1	B_2	$\cdots$	B_n	
A_1	c_{11} x_{11}	c_{12} x_{12}		c_{1n} x_{1n}	a_1
A_2	c_{21} x_{21}	c_{22} x_{22}		c_{2n} x_{2n}	a_2
$\vdots$	$\vdots$	$\vdots$		$\vdots$	$\vdots$
A_m	c_{m1} x_{m1}	c_{m2} x_{m2}		c_{mn} x_{mn}	a_m
销量	b_1	b_2	$\cdots$	b_n	

若运输问题的总产量等于其总销量，即有

$$\sum_{i=1}^{m} a_i = \sum_{j=1}^{n} b_j \tag{7.1}$$

则称该运输问题为产销平衡的运输问题；反之，称该运输问题为产销不平衡的运输问题。

产销平衡运输问题的数学模型可表示如下：

$$\min z = \sum_{i=1}^{m}\sum_{j=1}^{n} c_{ij} x_{ij} \tag{7.2a}$$

$$\text{s.t.} \begin{cases} \sum_{j=1}^{n} x_{ij} = a_i (i=1,2,\cdots,m) & (7.2b) \\ \sum_{i=1}^{m} x_{ij} = b_j (j=1,2,\cdots,n) & (7.2c) \\ x_{ij} \geqslant 0 (i=1,2,\cdots,m;\ j=1,2,\cdots,n) & (7.2d) \end{cases}$$

其中，约束条件右侧常数 a_i 和 b_j 满足式（7.1）。在模型（7.2）中，目标函数（7.2a）表示总运费，要求其极小化；约束条件（7.2b）指由某一产地运往各销地的物品数量之和等于该产地的产量；约束条件（7.2c）指由各产地运往某一销地的物品数量之和等于该销地的销量；约束条件（7.2d）为变量非负条件。

LX 集团的运输问题描述如下：表 7-2 为运输问题中对应的术语，表 7-3 为 LX 集团单位运价表，表 7-4 为 LX 集团产销平衡表。

表 7-2　运输问题的术语

LX 集团问题	一般模型
零配件产地为珠江、济南、上海	产地
零配件销地为深圳、青岛、南京、廊坊	销地
零配件的产量	产量
对销地的分配量	销量
从零配件产地到销地的单位运输成本	单位运价

表 7-3　LX 集团单位运价表　　　　　　　　　　（单位：元/万件）

产地	销地			
	B_1	B_2	B_3	B_4
A_1	3	11	3	10
A_2	1	9	2	8
A_3	7	4	10	5

表 7-4　LX 集团产销平衡表　　　　　　　　　　（单位：万件）

产地	销地				产量
	B_1	B_2	B_3	B_4	
A_1					7
A_2					4
A_3					9
销量	3	6	5	6	20

设由产地 i 到销地 j 的运输量为 x_{ij}，则 LX 集团的运输问题的数学模型可表示为

$$\min z = 3x_{11} + 11x_{12} + 3x_{13} + 10x_{14} + x_{21} + 9x_{22} + 2x_{23} + 8x_{24} + 7x_{31} + 4x_{32} + 10x_{33} + 5x_{34}$$

$$\text{s.t.} \begin{cases} x_{11} + x_{12} + x_{13} + x_{14} = 7 \\ x_{21} + x_{22} + x_{23} + x_{24} = 4 \\ x_{31} + x_{32} + x_{33} + x_{34} = 9 \\ x_{11} + x_{21} + x_{31} = 3 \\ x_{12} + x_{22} + x_{32} = 6 \\ x_{13} + x_{23} + x_{33} = 5 \\ x_{14} + x_{24} + x_{34} = 6 \\ x_{ij} \geqslant 0 \ (i = 1, 2, 3; j = 1, 2, 3, 4) \end{cases}$$

该模型是一种线性规划模型，因此可用单纯形法求解。但是，当用单纯形法求解运输问题时，首先需要在每个约束条件中引入一个人工变量，这样一来，即使对于 LX 集团 $m=3, n=4$ 这样简单的运输问题，变量数量也会达到 19 个（未考虑去掉 1 个多余约束条件），因此需要寻求更简便的解法。

为了说明适合求解运输问题的更好的解法，下面分析运输问题数学模型的特点。

7.1.2　产销平衡运输问题数学模型的特点

基于运输问题的结构和性质，该问题具有以下特点。

1. 运输问题存在有限最优解

对于运输问题的数学模型（7.2），若令其变量

$$x_{ij} = \frac{a_i b_j}{Q} (i=1,2,\cdots,m; j=1,2,\cdots,n) \tag{7.3}$$

其中，$Q = \sum_{i=1}^{m} a_i = \sum_{j=1}^{n} b_j$，则式（7.3）就是运输问题的数学模型（7.2）的一个可行解。这说明运输问题的数学模型（7.2）的目标函数有下界，目标函数值不会趋于 $-\infty$。由此可知，运输问题必存在有限最优解。

2. 运输问题约束条件的系数矩阵

将运输问题的数学模型（7.2）的结构加以整理，可知其系数矩阵具有下述形式：

$$\begin{array}{c} \begin{matrix} x_{11} & x_{12} & \cdots & x_{1n} & x_{21} & x_{22} & \cdots & x_{2n} & \cdots & x_{m1} & x_{m2} & \cdots & x_{mn} \end{matrix} \\ \left[\begin{matrix} 1 & 1 & \cdots & 1 & & & & & & & & & \\ & & & & 1 & 1 & \cdots & 1 & & & & & \\ & & & & & & & & \ddots & & & & \\ & & & & & & & & & 1 & 1 & \cdots & 1 \\ 1 & & & & 1 & & & & & 1 & & & \\ & 1 & & & & 1 & & & & & 1 & & \\ & & \ddots & & & & \ddots & & & & & \ddots & \\ & & & 1 & & & & 1 & & & & & 1 \end{matrix} \right] \end{array} \begin{matrix} \left.\vphantom{\begin{matrix}1\\1\\1\\1\end{matrix}}\right\} m \text{ 行} \\ \\ \left.\vphantom{\begin{matrix}1\\1\\1\\1\end{matrix}}\right\} n \text{ 行} \end{matrix} \tag{7.4}$$

其系数列向量的结构为

$$A_{ij} = (0,\cdots,0,\underset{\text{第 } i \text{ 个}}{1},0,\cdots,0,\underset{\text{第 }(m+j)\text{ 个}}{1},0,\cdots,0)^{\mathrm{T}} \tag{7.5}$$

即除第 i 个和第 $(m+j)$ 个分量为 1 外，其他分量全等于 0。

由此可知，运输问题的约束条件具有下述特点。

（1）约束条件系数矩阵的元素等于 0 或 1。

（2）约束条件系数矩阵的每列有两个非零元素，这对应每个变量在前 m 个约束方程中出现一次，在后 n 个约束方程中也出现一次。

产销平衡运输问题除上述两个特点外，还具有以下特点。

（1）所有结构的约束条件都是等式约束。

（2）各产地产量之和等于各销地销量之和。

3. 运输问题的解

根据运输问题的数学模型求出的运输问题的解 $X = (x_{ij})$ 代表一个调运方案，其中，每个变量 x_{ij} 的值表示由 A_i 调运数量为 x_{ij} 的物品给 B_j。7.1.1 节已指出运输问题是一种线性规划问题，可设想用迭代法进行求解，即先找出它的某一个基本可行解，再进行解的最优性检验。若它不是最优解，则进行迭代调整，以得到一个新的更好的解，继续检验和

调整改进，直至得到最优解。

为了能按上述思路求解运输问题，要求每步得到的解 $X=(x_{ij})$ 都必须是其基本可行解，这意味着以下条件成立。

（1）解 X 必须满足模型中的所有约束条件。

（2）基变量对应的约束方程组的系数列向量线性无关。

（3）解中非零变量 x_{ij} 的数量不能大于 $m+n-1$ 个，原因是运输问题中虽有 $m+n$ 个结构约束条件，但因总产量等于总销量，故只有 $m+n-1$ 个结构约束条件是线性独立的。

（4）为使迭代顺利进行，基变量的数量在迭代过程中应始终保持为 $m+n-1$ 个。

运输问题解的每个分量都唯一地对应其运输表中的一个格。得出运输问题的一个基本可行解后，就将基变量的值 x_{ij} 填入运输表相应的格 (A_i, B_j) 内，并将这种格称为填有数字的格（含填数字 0 的格，这时的解为退化解）；非基变量对应的格不填入数字，称为空格。

7.1.3 运输问题的若干说明

（1）若运输问题的某一基本可行解有多个非基变量的检验数为负，在继续进行迭代时，取它们中的任一变量为换入变量，均可使目标函数值得到改善，但通常取 $\sigma_{ij}<0$ 中最小者对应的变量为换入变量。

（2）当迭代到运输问题的最优解时，若有某非基变量的检验数等于 0，则该运输问题有多重最优解。

（3）当运输问题某部分产地的产量和与某部分销地的销量和相等时，在迭代过程中有可能在某个格填入一个运输量，此时，需同时划去运输表的一行和一列，就出现了退化。在运输问题中，退化解是时常发生的。为了使表上作业法的迭代工作能顺利进行，退化时应在同时划去的一行或一列中的某个格中填入数字 0，表示这个格中的变量是取值为 0 的基变量，以使迭代过程中基变量数量始终恰好为 $m+n-1$ 个。

7.2 运输问题的求解

表上作业法是求解运输问题的一种简便而有效的方法，其求解工作在运输表上进行。它是一种迭代法，迭代步骤如下：首先按某种规则找出一个初始解（初始调运方案）；然后对现行解作最优性判别，若这个解不是最优解，就在运输表上对它进行调整改进，得出一个新解，再判别，再改进，直至得到运输问题的最优解。如前所述，迭代过程中得出的所有解都要求是运输问题的基本可行解。当用一般单纯形法求解运输问题时，应去掉一个多余的约束等式（任意一个约束等式均可）；当用表上作业法求解运输问题时，因在运输表上进行，故不必写出其上述数学模型。

表上作业法是一种求解运输问题的特殊方法，其实质是单纯形法。表上作业法针对运输问题变量多、结构独特的情况，大大简化了计算过程。

这里假设所有的运输问题都是产销平衡的运输问题，至于产销不平衡的运输问题可以先化为产销平衡的问题再求解。

（1）找出基本可行解。对于有 m 个产地和 n 个销地的产销平衡的运输问题，由其线性规划模型可知，在它的约束条件中有 m 个关于产量的约束方程和 n 个关于销量的约束方程，共有 $m+n$ 个约束方程，但由于产销平衡，前 m 个约束方程之和等于后 n 个约束方程之和，所以其模型最多只有 $m+n-1$ 个独立的约束方程。实际上其正好是 $m+n-1$ 个独立的约束方程，也就是说其系数矩阵的秩为 $m+n-1$，即运输问题有 $m+n-1$ 个基变量，找出初始基本可行解，就是在 $m \times n$ 产销平衡表上给出 $m+n-1$ 个数字格，其相应的运输量就是基变量，数字格中所填写的值即基变量的值。

（2）求各非基变量的检验数，即通过在运输表中计算除上述 $m+n-1$ 个数字格以外的空格的检验数，来判别问题是否达到最优解，若已是最优解，则停止计算，否则，转到步骤（3）。在运输问题中都存在最优解。

（3）确定入基变量与出基变量，找出新的基本可行解。在运输表中用闭回路法（cycle method）调整。

（4）重复步骤（2）和（3），直至得到最优解。

以上运算都可以在运输表中完成，下面通过例子来说明表上作业法的计算步骤。

7.2.1　给出运输问题的初始基本可行解（初始调运方案）

下面介绍三种常用的求解运输问题的初始基本可行解的方法。

1. 西北角法

先从表的左上角的变量 x_{11} 开始分配运输量，并使 x_{11} 取尽可能大的值。以 LX 集团的运输问题为例，其中，产地 A_1 的产量为 7 万件，B_1 的销量为 3 万件，x_{11} 只能取 3 万件，即 $x_{11} = \min(7,3) = 3$（万件）；再依次选取剩余表的左上角的变量并分配运输量，直到得到初始基本可行解。

2. 最小元素法

为了减少运费，应优先考虑单位运价最小（或运距最短）的产销业务，最大限度地满足其产销量。即对所有 i 和 j，找出 $C_{i_0 j_0} = \min(c_{ij})$，并将 $x_{i_0 j_0} = \min(a_{i_0}, b_{j_0})$ 的物品量由 A_{i_0} 供应给 B_{j_0}。若 $x_{i_0 j_0} = a_{i_0}$，则产地 A_{i_0} 的可供物品已用完，以后不再继续考虑这个产地，且 B_{j_0} 的需求量由 b_{j_0} 减少为 $b_{j_0} - a_{i_0}$；若 $x_{i_0 j_0} = b_{j_0}$，则销地 B_{j_0} 的需求已全部得到满足，以后不再考虑这个销地，且 A_{i_0} 的可供量由 a_{i_0} 减少为 $a_{i_0} - b_{j_0}$。在余下的产销地的产销关系中，继续按上述方法安排调运，直至安排完所有产销任务，得到一个完整的调运方案（完整的解）。这样就得到了运输问题的一个初始基本可行解（初始调运方案）。

该方法基于优先满足单位运价最小（或运距最短）的产销业务，称为最小元素法。

在 LX 集团的案例中，给出初始基本可行解的步骤如表 7-5 所示。

表 7-5　给出初始基本可行解的步骤　　　　　　　　　　（单位：万件）

产地	销地				产量	
	B_1	B_2	B_3	B_4		
A_1	3	11	3　　4	10　　3	7−4=3 3−3=0	⑥
A_2	1　　3	9	2　　1	8	4−3=1 1−1=0	②
A_3	7	4　　6	10	5　　3	9−6=3 3−3=0	⑤
销量	3−3=0	6−6=0	5−1=4 4−4=0	6−3=3 3−3=0		
	①	④	③	⑥		

（1）找出最小单位运价为 1 元/万件，先将 A_2 的产品供应给 B_1，因 $a_2 > b_1$，A_2 除满足 B_1 的全部需求外，还可多余 4−3=1（万件）产品。在 (A_2, B_1) 格中填入数字 3，并将 B_1 列划去（见虚线①）。

（2）在未划去的元素中再找出最小单位运价为 2 元/万件，确定 A_2 多余的 1 万件产品的销地 B_3。在 (A_2, B_3) 格中填入数字 1，并将 A_2 行划去（见虚线②）。

（3）在未划去的元素中再找出最小单位运价为 3 元/万件，在 (A_1, B_3) 格中填入数字 4，划去 B_3 列（见虚线③）；在 (A_3, B_2) 格中填入数字 6，划去 B_2 列（见虚线④）；在 (A_3, B_4) 格中填入数字 3，划去 A_3 行（见虚线⑤）；至此，只有 (A_1, B_4) 格未被划去，在其中填入数字 3，使 A_1 的可供量和 B_4 的需求量同时得到满足，并同时划去 A_1 行和 B_4 列（见虚线⑥）。这时，运输表中的全部格子均被划去，所有供销要求均得到满足。得到一个初始调运方案，如表 7-6 所示。

表 7-6　初始调运方案　　　　　　　　　　（单位：万件）

产地	销地				产量
	B_1	B_2	B_3	B_4	
A_1			4	3	7
A_2	3		1		4
A_3		6		3	9
销量	3	6	5	6	

这个方案的总运费为 $z = \sum_{i=1}^{3} \sum_{j=1}^{4} c_{ij} x_{ij} = 4 \times 3 + 3 \times 10 + 3 \times 1 + 1 \times 2 + 6 \times 4 + 3 \times 5 = 86$（元）。

3. 沃格尔（Vogel）法

最小元素法初看十分合理。但是，有时按某一最小单位运价优先安排物品调运时，可能导致不得不采用运费很高的其他产销点，从而使整个运费增加。对每个产地或销地，均可由它到各销地或到各产地的单位运价找出最小单位运价和次小单位运价，并称这两个单位运价之差为该产地或销地的罚数。若罚数的值不大,不按最小单位运价安排运输造成的运费损失不大;反之,若罚数的值很大,不按最小单位运价安排运输就会造成很大的运费损失,应尽量按最小单位运价安排运输。沃格尔法就是基于这种考虑提出来的。

根据上述案例,沃格尔法的具体步骤如表 7-7 所示。

表 7-7 沃格尔法的具体步骤 (单位:万件)

产地	销地				产量	行罚数		
	B_1	B_2	B_3	B_4		1	2	3
A_1	3	11	3 5	10 2	7−5=2 2−2=0	0	0	⑦
A_2	1 3	9	2 1	8	4−3=1 1−1=0	1	1	6
A_3	7	4 6	10 3	5	9−6=3 3−3=0	1	2	
销量	3−3=0	6−6=0	5−5=0	6−3=3 3−2=1 1−1=0	20			
列罚数 1	2	⑤	1	③				
列罚数 2	②		1	2				

(1) 计算运输表中每行和每列的次小单位运价和最小单位运价之间的差值,并分别称为相应的行罚数和列罚数。将算出的行罚数填入位于运输表右侧行罚数栏的第一列的相应数字格中,列罚数填入位于运输表下边列罚数栏的第一行的相应数字格中(表 7-7)。例如,A_1 行中的次小单位运价和最小单位运价均为 3 元/万件,故其行罚数等于 0;A_2 行中的次小单位运价和最小单位运价分别为 2 元/万件和 1 元/万件,其行罚数等于 2−1=1;B_1 列中的次小单位运价和最小单位运价分别为 3 元/万件和 1 元/万件,其列罚数等于 2。如此进行,计算出 A_1、A_2 和 A_3 行的行罚数分别为 0、1 和 1;B_1、B_2、B_3 和 B_4 列的列罚数分别为 2、5、1 和 3。在这些罚数中,最大者为 5(用小圆圈示出),它位于 B_2 列。由于 B_2 列中的最小单位运价是位于 (A_3, B_2) 格中的 4,在 (A_3, B_2) 格中填入尽可能大的运输量 6,此时,B_2 列的需求得到满足,划去 B_2 列。

(2) 在尚未划去的各行和各列中,如上所述,重新计算各行罚数和列罚数,并分别填入行罚数栏的第 2 列。例如,在 A_3 行中剩下的次小单位运价和最小单位运价分别为 7 元/万件和 5 元/万件,故其行罚数等于 2。由运输表中填入这一轮计算出的各罚数可知,最大者等于 3,位于 B_4 列。由于 B_4 列中的最小单位运价为 5 元/万件,在其相应的格中填入这时可能的最大运输量 3,划去 A_3 行。继续采用上述方法,依次算出每次迭代的行罚数和列罚数,根据其最大罚数值的位置,在运输表中的适当格中填入一个尽可能大的运输量,并划去对应的一行或一列。

(3) 依次在运输表中填入运输量:$x_{32}=6, x_{34}=3, x_{21}=3, x_{13}=5, x_{14}=2, x_{24}=1$,并相应地依次划去 B_2 列、A_3 行、B_1 列、B_3 列。最后未划去的格仅为 (A_1, B_4) 和 (A_2, B_4),在这两个格中依次填入数字 2、1,并同时划去剩余的行和列。用这种方法得到的初始基本可

行解是 $x_{32}=6, x_{34}=3, x_{21}=3, x_{13}=5, x_{14}=2, x_{24}=1$，其他变量的值等于 0。这个解的目标函数值 $z = 5×3+2×10+3×1+1×8+6×4+3×5=85$。

在 LX 集团案例中，以沃格尔法给出的解的目标函数值较小。一般来说，沃格尔法得出的初始基本可行解的质量较好，常用来作为较小规模运输问题最优解的近似解。

7.2.2 解的最优性检验

在得到运输问题的初始基本可行解之后，应对这个解进行最优性判别，看它是不是最优解。下面介绍两种常用的判别方法：闭回路法和对偶变量法（dual variable method，也称位势法）。

1. 闭回路法

要判定运输问题的某个解是不是最优解，可仿照一般单纯形法，检验这个解的各非基变量（对应运输表中的空格）的检验数。若某空格 (A_i, B_j) 的检验数为负，则将 x_{ij} 变为基变量将使总运费减少，故当前解不是最优解。若所有空格的检验数非负，则不管怎样变换解，均不能使总运费减少，即目标函数值已无法加以改进，当前解就是最优解。

在已给出的调运方案的运输表上从一个代表非基变量的空格出发，沿水平或垂直方向前进，只有碰到代表基变量的填入数字的格才能向左或右转 90°（当然也可以不改变方向）继续前进，这样继续下去，直至回到出发的那个空格，由此形成的封闭的折线称为闭回路，一个空格存在唯一的闭回路。

闭回路法思路如下：将代表非基变量的空格（其运输量为 0）的运输量调整为 1，由于产销平衡，必须对这个空格的闭回路的顶点的运输量加 1 或减 1；计算出由这些变化给整个调运方案的总运费带来的变化，其增加值或减少值作为该空格的检验数填入该空格。如果所有代表非基变量的空格的检验数（即非基变量的检验数）大于等于零，也就是任意一个非基变量变成基变量都会使得总运费增加（对于求目标函数最大值的线性规划问题，是要求所有检验数小于等于零），那么原基本可行解就是最优解，否则，要进一步迭代，以找出最优解。

现结合 LX 集团案例中用最小元素法给出的初始基本可行解说明检验数的计算方法（表 7-8）。

表 7-8 闭回路法　　　　　　　　　　（单位：万件）

产地	销地				产量
	B_1	B_2	B_3	B_4	
A_1	3	11	3 4	10 3	7
A_2	1 3	9	2 1	8	4
A_3	7	4 6	10	5 3	9
销量	3	6	5	6	

空格 (A_1, B_1) 的闭回路的顶点由以下各格组成：(A_1, B_1)、(A_1, B_3)、(A_2, B_3)、(A_2, B_1)，其检验数 $\sigma_{11} = c_{11} - c_{13} + c_{23} - c_{21} = 3 - 3 + 2 - 1 = 1$。按照该方法可得其他空格（非基变量）的检验数，如表7-9所示。

表7-9 空格（非基变量）的检验数

空格	闭回路	检验数
x_{11}	$x_{11} \to x_{13} \to x_{23} \to x_{21}$	1
x_{12}	$x_{12} \to x_{14} \to x_{34} \to x_{32}$	2
x_{22}	$x_{22} \to x_{23} \to x_{13} \to x_{14} \to x_{34} \to x_{31}$	1
x_{24}	$x_{24} \to x_{14} \to x_{13} \to x_{23}$	−1
x_{31}	$x_{31} \to x_{21} \to x_{23} \to x_{13} \to x_{14} \to x_{34}$	10
x_{33}	$x_{33} \to x_{13} \to x_{14} \to x_{34}$	12

用闭回路法求检验数，需要给每个空格找一条闭回路，当产销点很多时这种计算方法很烦琐。下面介绍一种较为简便的方法——对偶变量法。

2. 对偶变量法

用闭回路法判定一个调运方案是不是最优方案，需要找出所有空格的闭回路，并计算出其检验数。当运输问题的产地和销地很多时，空格的数量很大，计算检验数的工作十分繁重，此时采用对偶变量法就要简便得多。

对产销平衡运输问题的数学模型（7.2），若用 $u_1, u_2, \cdots, u_m$ 分别表示前 m 个约束等式相应的对偶变量（或称行位势），用 $v_1, v_2, \cdots, v_n$ 分别表示后 n 个约束等式相应的对偶变量（或称列位势），即有对偶变量向量

$$Y = (u_1, u_2, \cdots, u_m, v_1, v_2, \cdots, v_n)$$

这时可将运输问题的数学模型（7.2）的对偶规划写为

$$\max z' = \sum_{i=1}^{m} a_i u_i + \sum_{j=1}^{n} b_j v_j$$

$$\text{s.t.} \begin{cases} u_i + v_j \leqslant c_{ij} \\ i = 1, 2, \cdots, m \\ j = 1, 2, \cdots, n \\ u_i, v_j \text{的符号不限} \end{cases} \quad (7.6)$$

已知线性规划问题 x_j 的检验数可表示为

$$\sigma_j = c_j - z_j = c_j - C_B B^{-1} P_j = c_j - Y P_j$$

由此可列出运输问题某变量 x_{ij}（对应运输表中的 (A_i, B_j) 格）的检验数如下：

$$\begin{aligned} \sigma_{ij} &= c_{ij} - z_{ij} = c_{ij} - Y P_{ij} \\ &= c_{ij} - (u_1, u_2, \cdots, u_m, v_1, v_2, \cdots, v_n) P_{ij} \\ &= c_{ij} - (u_i + v_j) \end{aligned} \quad (7.7)$$

设已得到运输问题的数学模型（7.2）的一个基本可行解，其变量为

$$x_{i_1j_1}, x_{i_2j_2}, \cdots, x_{i_sj_s} \quad (s=m+n-1)$$

由于基变量的检验数等于 0，对这组基变量，可列出方程组：

$$\begin{cases} u_{i_1}+v_{j_1}=c_{i_1j_1} \\ u_{i_2}+v_{j_2}=c_{i_2j_2} \\ \vdots \\ u_{i_s}+v_{j_s}=c_{i_sj_s} \end{cases} \quad (7.8)$$

显然，这个方程组有 $m+n-1$ 个方程。运输表中每个产地和每个销地都对应原运输问题的一个约束条件，从而对应各自的一个对偶变量。由于运输表中每行和每列都含有基变量，这样构造的方程组（7.8）中含有全部 $m+n$ 个对偶变量。可以证明，方程组（7.8）有解，且由于对偶变量数比方程数多一个，解不唯一，位势的值也不唯一。

若由方程组（7.8）解得的某组解满足式（7.6）的所有约束条件，即对所有 i 和 j 均有 $\sigma_{ij}=c_{ij}-(u_i+v_j) \geqslant 0$，即这组对偶变量（位势）对偶可行，则互补松弛条件 $(YA-C)X=0$ 成立（请读者说明理由），从而这时得到的解：

$$X=(X_B, X_N)^T=(x_{i_1j_1}, x_{i_2j_2}, \cdots, x_{i_sj_s}, 0, 0, \cdots, 0)^T$$

和

$$Y=(u_1, u_2, \cdots, u_m, v_1, v_2, \cdots, v_n)$$

分别为原运输问题及其对偶问题的最优解。

对 LX 集团案例由最小元素法得到的解进行最优性检验，结果如表 7-10 所示。

表 7-10 基变量（有数字格）成本表 （单位：元）

	B_1	B_2	B_3	B_4	u_i
A_1			3	10	u_1
A_2	1		2		u_2
A_3		4		5	u_3
v_j	v_1	v_2	v_3	v_4	

由基变量的检验数为 0，即 $c_{ij}=u_i+v_j$，得

$$u_2+v_1=1 \quad u_2+v_3=2$$
$$u_3+v_2=4 \quad u_1+v_4=10$$
$$u_1+v_3=3 \quad u_3+v_4=5$$

令 $u_1=0$，由此可算出

$$v_1=2, \ v_2=9, \ v_3=3, \ v_4=10, \ u_2=-1, \ u_3=-5$$

上述各位势的值示于表 7-11 中相应的格子内。有了位势 u_i 和 v_j 后，即可由式（7.7）计算各空格的检验数，如表 7-11～表 7-13 所示。

表 7-11 $u_i + v_j$

	B_1	B_2	B_3	B_4	u_i
A_1	2	9	3	10	0
A_2	1	8	2	9	−1
A_3	−3	4	−2	5	−5
v_j	2	9	3	10	

表 7-12 单位运价 c_{ij} （单位：元）

	B_1	B_2	B_3	B_4
A_1	3	11	3	10
A_2	1	9	2	8
A_3	7	4	10	5

表 7-13 检验数 σ_{ij}

	B_1	B_2	B_3	B_4
A_1	1	2	0	0
A_2	0	1	0	−1
A_3	10	0	12	0

表 7-13 中的检验数还有负数，说明还未得到最优解，应继续调整。

7.2.3 解的改进

对于运输问题的一个解，若最优性检验时某非基变量 x_{ij}（空格 (A_i, B_j)）的检验数 σ_{ij} 为负，则将这个非基变量变为基变量时总运费会更小，因此这个解不是最优解，还可以进一步改进。改进的方法是在运输表中找出这个空格对应的闭回路 L_{ij}，在满足所有约束条件的前提下，使 x_{ij} 尽量增大，并相应调整此闭回路上其他顶点的运输量，以得到另一个更好的基本可行解。

解改进的具体步骤如下。

（1）以 x_{ij} 为换入变量，找出它在运输表中的闭回路。

（2）以空格 (A_i, B_j) 为第一个奇数顶点，沿闭回路的顺（或逆）时针方向前进，对闭回路上的顶点依次编号。

（3）在闭回路上的所有偶数顶点集合 $L(e)$ 中，找出运输量最小（$\min\limits_{L(e)} x_{ij}$）的顶点，以该格中的变量为换出变量。

（4）以 $\min\limits_{L(e)} x_{ij}$ 为调整量，将该闭回路上所有奇数顶点处的运输量都加上这一数值，所有偶数顶点处的运输量都减去这一数值，从而得出新的调运方案。该调运方案的总运费比原调运方案减少，改变量等于 $\sigma_{ij}(\min\limits_{L(e)} x_{ij})$。

（5）对得到的新解进行最优性检验，若不是最优解，则重复以上步骤，继续进行调整，直到得出最优解。

对 LX 集团案例由最小元素法得到的解进行改进，结果如表 7-14 所示。

表 7-14 改进解

	B_1	B_2	B_3	B_4	u_i
A_1	3 / 1	11 / 2	3 / 0	10 / 0	0
A_2	1 / 0	9 / 1	2 / 0	8 / −1	−1
A_3	7 / 10	4 / 0	10 / 12	5 / 0	−5
v_j	2	9	3	10	

由于 $\sigma_{24} = -1 < 0$，以 x_{24} 为换入变量，它对应的闭回路如表 7-9 所示，即 $x_{24} \to x_{14} \to x_{13} \to x_{23}$。

(A_2, B_4) 格的调入量 θ 是选择闭回路上具有（−1）的数字格中最小者，即 $\theta = \min(1, 3) = 1$；按照闭回路上的正负号进行加减，得到调整的调运方案，如表 7-15 所示。

表 7-15 调整的调运方案　　　　　　　　　　（单位：万件）

	B_1	B_2	B_3	B_4	产量
A_1			(+1) 4	(−1) 3	7
A_2	3		(−1) 1	(+1)	4
A_3		6		3	9
销量	3	6	5	6	

运输量调整后，必然使某个数字格变为 0，把一个变成 0 的数字格抹去，得到新调运方案，如表 7-16 所示。

表 7-16 新调运方案　　　　　　　　　　（单位：万件）

	B_1	B_2	B_3	B_4	产量
A_1			5	2	7
A_2	3			1	4
A_3		6		3	9
销量	3	6	5	6	

重复上述的检验过程，可得新调运方案的检验数，如表 7-17 所示。

表 7-17 新调运方案检验数

	B_1	B_2	B_3	B_4	u_i
A_1	3 / 0	11 / 2	3 / 0	10 / 0	0
A_2	1 / 0	9 / 2	2 / 1	8 / 0	−2
A_3	7 / 9	4 / 0	10 / 12	5 / 0	−5
v_j	3	9	3	10	

由此可知，所有 $\sigma_{ij} \geq 0$，该解为最优解，即该方案为最优调运方案，最小总运费为 85 元。

7.3　使用 Excel 建立并求解运输问题

（1）建立电子表格模型，如图 7-1 和图 7-2 所示。

图 7-1　LX 集团案例运输问题的电子表格模型

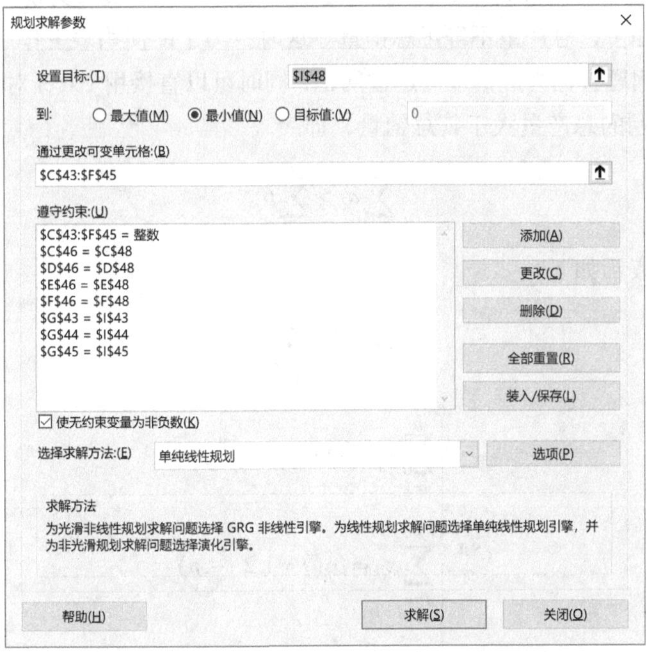

图 7-2　LX 集团案例运输问题的规划求解参数设置

（2）求解得出最优解，如图 7-3 所示。

变量及约束条件	销地 产地	B_1	B_2	B_3	B_4	实际发送量		产量
	A_1	2	0	5	0	7	=	7
	A_2	1	0	0	3	4	=	4
	A_3	0	6	0	3	9	=	9
	实际接收量	3	6	5	6			总运费
		=	=	=	=			85
	销量	3	6	5	6			

图 7-3　LX 集团案例运输问题的最优解

可变单元格里的数字表示由某一产地运往对应销地的物品数量，即最优调运方案，与表上作业法所得最优解完全一致，单元格 I48 给出最小总运费为 85 元。在设置规划求解参数时，遵守约束的第 1 个约束条件表示表格（C43:F45）中各变量均为整数，第 2~4 个约束条件表示某销地接收的物品数量之和等于该销地的需求量；第 5~8 个约束条件表示由各产地运往各销地的物品数量之和等于该产地的产量；后面勾选上的条件"使无约束变量为非负数"表示变量为非负。

7.4　对运输问题的变形问题进行建模

LX 集团调运电子零配件问题是非常典型的运输问题，它符合运输问题的每个条件。但是在现实生活中，这种情况很少出现；经常出现的是类似该问题，但其中一个或几个特征并不符合运输问题条件的运输问题。下面介绍两种常见的运输问题的变形问题。

7.4.1　产销不平衡的运输问题

7.2 节的运输问题的算法是以总产量等于总销量（产销平衡）为前提的。实际上，在很多实际运输问题中，总产量不等于总销量。这时，为了能使用表上作业法求解，就需将产销不平衡运输问题转化为产销平衡运输问题，同时可以直接用 Excel 对其进行建模求解。

如果运输问题的总产量大于其总销量，即

$$\sum_{i=1}^{m} a_i > \sum_{j=1}^{n} b_j$$

那么数学模型可表示如下：

$$\min z = \sum_{i=1}^{m}\sum_{j=1}^{n} c_{ij}x_{ij}$$

$$\text{s.t.} \begin{cases} \sum_{j=1}^{n} x_{ij} \leq a_i (i=1,2,\cdots,m) \\ \sum_{i=1}^{m} x_{ij} = b_j (j=1,2,\cdots,n) \\ x_{ij} \geq 0 \end{cases} \quad (7.9)$$

为借助产销平衡时的表上作业法求解该问题，可增加一个假想的销地 B_{n+1}，由于实际上它不存在，由产地 $A_i(i=1,2,\cdots,m)$ 调运到这个假想销地的物品数量 $x_{i,n+1}$（相当于松弛变量）实际上是就地存储在 A_i 的物品数量。就地存储的物品不经运输，故可令其单位运价 $c_{i,n+1}=0(i=1,2,\cdots,m)$。

若令假想销地的销量为 b_{n+1}，且

$$b_{n+1}=\sum_{i=1}^{m}a_i-\sum_{j=1}^{n}b_j \tag{7.10}$$

则模型（7.9）变为

$$\min z=\sum_{i=1}^{m}\sum_{j=1}^{n}c_{ij}x_{ij}$$

$$\text{s.t.}\begin{cases}\sum_{j=1}^{n+1}x_{ij}=a_i(i=1,2,\cdots,m)\\ \sum_{i=1}^{m}x_{ij}=b_j(j=1,2,\cdots,n+1)\\ x_{ij}\geqslant 0\end{cases} \tag{7.11}$$

总销量大于总产量的情形可仿照上述方法进行处理，即增加一个假想的产地 A_{m+1}，它的产量等于

$$a_{m+1}=\sum_{j=1}^{n}b_j-\sum_{i=1}^{m}a_i \tag{7.12}$$

由于这个假想的产地并不存在，求出由它发往各销地的物品数量 $x_{m+1,j}(j=1,2,\cdots,n)$ 实际上是各销地欠缺的物品数量，显然有

$$c_{m+1,j}=0(j=1,2,\cdots,n)$$

对于产销不平衡的运输问题，可以通过添加虚拟的产地或销地将其转化为产销平衡的运输问题。

例 7.1 销大于产的运输问题。

LX 集团除了生产电子零配件还生产精密模具，已知集团有两个产地（珠江（A_1）、上海（A_2）），生产之后将物品运往三个销地（深圳（B_1）、青岛（B_2）、南京（B_3）），各产地的产量、各销地的销量和各产地运往销地的单位运价如表 7-18 所示。问应如何安排调运，可使总运费最小？

表 7-18 各产地的产量、各销地的销量和各产地运往销地的单位运价（一）

产地	单位运价/（元/万件）			产量/万件
	销地 B_1	销地 B_2	销地 B_3	
产地 A_1	6	4	6	200
产地 A_2	6	5	5	300
销量/万件	250	200	200	

解：（1）建立电子表格模型，如图 7-4 和图 7-5 所示。

		销地	B_1	B_2	B_3	产量		
销大于产	产地							
		A_1	6	4	6	200		
		A_2	6	5	5	300		
	销量		250	200	200			

		销地	B_1	B_2	B_3	实际发送量		产量
变量及约束条件	产地							
		A_1				0	=	200
		A_2				0	=	300
	实际接收量		0	0	0			总运费
			<=	<=	<=			0
	销量		250	200	200			

目标单元格总运费(H68=SUMPRODUCT(C57:E58,C64:E65))
目标函数值：求最小
可变单元格：$C$64:$E$65

	C	D	E	F列
66行	SUM(C64:C65)	SUM(D64:D65)	SUM(E64:E65)	SUM(C64:E64)
				SUM(C65:E65)

图 7-4　例 7.1 对应的电子表格模型

图 7-5　例 7.1 对应电子表格模型的规划求解参数设置

（2）求解得出最优解，如图7-6所示。

变量及约束条件	销地＼产地	B_1	B_2	B_3	实际发送量		产量
	A_1	0	200	0	200	=	200
	A_2	100	0	200	300	=	300
	实际接收量	100	200	200			总运费
		<=	<=	<=			2400
	销量	250	200	200			

图 7-6　例 7.1 的最优解

由图 7-6 可以看出，最小总运费为 2400 元。图 7-5 中，遵守约束的第 1 个约束条件表示表格（C64:E65）中的各变量均为整数，与产销平衡的运输问题一致；与其不同的地方在于，第 2~4 个约束条件表示由各产地运往某销地的物品数量之和小于等于该销地的销量，在进行电子表格建模时，因为销大于产，所以需要用"≤"而不是"="。运用 Excel 进行求解，就可以得出最优解。

此外，也可以加入一个虚拟产地，将其转换为产销平衡的运输问题，图 7-7 给出求解结果，中间步骤在此不再赘述。

变量及约束条件	销地＼产地	B_1	B_2	B_3	实际发送量		产量
	A_1	0	200	0	200	=	200
	A_2	100	0	200	300	=	300
	A_3	150	0	0	150	=	150
	实际接收量	250	200	200			总运费
		=	=	=			2400
	销量	250	200	200			

图 7-7　例 7.1 转化为产销平衡运输问题后的 Excel 求解结果

例 7.2　产大于销的运输问题。

由于生产技术的成熟，LX 集团生产的精密模具逐渐增多，出现供过于求的情况，如今各销地的销量没有发生变化，各产地的产量发生了一系列变动，变动之后的相关数据如表 7-19 所示。问应如何调运，才可使总运费最小？

表 7-19　各产地的产量、各销地的销量和各产地运往销地的单位运价（二）

产地	单位运价/（元/万件）			产量/万件
	销地 B_1	销地 B_2	销地 B_3	
产地 A_1	6	4	6	300
产地 A_2	6	5	5	300
销量/万件	150	150	200	

解：（1）建立电子表格模型，如图 7-8 和图 7-9 所示。

	A	B	C	D	E	F	G	H
1								
2			销地					
3		产地	B_1	B_2	B_3	产量		
4	产大于销	A_1	6	4	6	300		
5		A_2	6	5	5	300		
6		销量	150	150	200			
7								
8								
9			销地					
10		产地	B_1	B_2	B_3	实际发送量		产量
11	变量及约束条件	A_1	0	0	0	0	<=	300
12		A_2	0	0	0	0	<=	300
13		实际接收量	0	0	0			
14			=	=	=			总运费
15		销量	150	150	200			0
16								
17		目标单元格总运费（H15=SUMPRODUCT(C4:E5,C11:E12))						
18		目标函数值：求最小						
19		可变单元格：$C$11:$E$12						

	C	D	E	F列
13行	SUM(C11:C12)	SUM(D11:D12)	SUM(E11:E12)	11 SUM(C11:E11)
				12 SUM(C12:E12)

图 7-8　例 7.2 对应的电子表格模型

规划求解参数

- 设置目标(T)：$H$15
- 到：○最大值(M)　●最小值(N)　○目标值(V)　0
- 通过更改可变单元格(B)：$C$11:$E$12
- 遵守约束(U)：
  - $C$11:$E$12 = 整数
  - $C$13 = $C$15
  - $D$13 = $D$15
  - $E$13 = $E$15
  - $F$11 <= $H$11
  - $F$12 <= $H$12
- ☑ 使无约束变量为非负数(K)
- 选择求解方法(E)：单纯线性规划

求解方法
为光滑非线性规划求解问题选择 GRG 非线性引擎。为线性规划求解问题选择单纯线性规划引擎，并为非光滑规划求解问题选择演化引擎。

图 7-9　例 7.2 对应电子表格模型的规划求解参数设置

（2）求解得出最优解，如图 7-10 所示。

变量及约束条件	产地＼销地	B_1	B_2	B_3	实际发送量		产量
	A_1	150	150	0	300	<=	300
	A_2	0	0	200	200	<=	300
	实际接收量	150	150	200			
		=	=	=			总运费
	销量	150	150	200			2500

图 7-10　例 7.2 的最优解

由图 7-10 可以看出，最小总运费为 2500 元。图 7-9 中，遵守约束的第 1 个约束条件表示表格（C11:E12）中各变量均为整数，与产销平衡的运输问题一致；与其不同的地方在于，第 5 和 6 个约束条件表示在进行电子表格建模时，因为产大于销，所以需要用"≤"而不是"="。运用 Excel 进行求解，就可以得出最优解。

在进行求解时，也可以加入一个虚拟的销地，将其转换为产销平衡的运输问题，图 7-11 给出求解结果，中间步骤在此不再赘述。

变量及约束条件	产地＼销地	B_1	B_2	B_3	B_4	实际发送量		产量
	A_1	150	150	0	0	300	=	300
	A_2	0	0	200	100	300	=	300
	实际接收量	150	150	200	100			
		=	=	=	=			总运费
	销量	150	150	200	100			2500

图 7-11　例 7.2 转化为产销平衡运输问题后的 Excel 求解结果

7.4.2　有转运的运输问题

在以上讨论中，假定物品由产地直接运送到销地，不经中间转运（transshipment）。但是，常常会遇到这种情形：需先将物品由产地运到某个转运站（可能是其他产地、销地或中间转运仓库），再转运到销地。有时，由产地经转运比直接运到销地更为经济。总之，在很多情况下，在决定运输方案时有必要把转运考虑进去。显然，考虑转运将使运输问题变得更为复杂（图 7-12）。

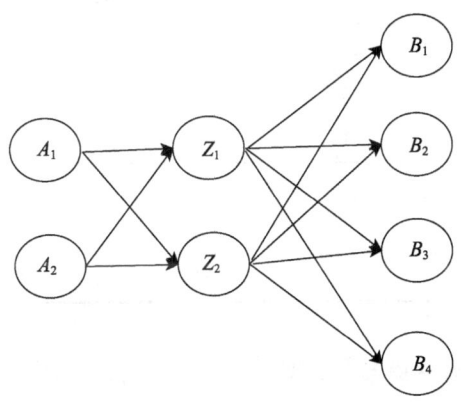

图 7-12　有转运的运输问题

转运问题是运输问题的一个扩充,在原来的运输问题中的产地、销地之外还增加了转运站。在运输问题中,只允许物品从产地运往销地;在转运问题中,允许将物品从一个产地运往另一个产地、转运站或销地,也允许把物品从一个转运站运往另一个转运站、产地或销地,还允许将物品从一个销地运往另一个销地、转运站或产地。

在每个产地的供应量一定、每个销地的需求量一定,每两个点之间的单位运价已知的条件下,如何进行调运使得总运费最小?

假定 m 个产地 $A_1, A_2, \cdots, A_m$ 和 n 个销地 $B_1, B_2, \cdots, B_n$ 都可以作为转运站使用,从而发送物品的地点和接收物品的地点都有 $m+n$ 个。这样一来,就得到一个扩大了的运输问题。令 a_i 为第 i 个产地的产量(净供应量);b_j 为第 j 个销地的销量(净需求量);x_{ij} 为由第 i 个产地运到第 j 个销地的物品数量;c_{ij} 为由第 i 个产地到第 j 个销地的单位运价;c_i 为第 i 个地点的单位转运费。

若将产地和销地统一编号,并把产地排在前面,销地排在后面,则有

$$a_{m+1} = a_{m+2} = \cdots = a_{m+n} = 0$$
$$b_1 = b_2 = \cdots = b_m = 0$$

假定为产销平衡运输问题,即

$$\sum_{i=1}^{m} a_i = \sum_{j=m+1}^{m+n} b_j = Q$$

当不考虑单位转运费时,可令 $c_i = 0 \quad (i=1,2,\cdots,m+n)$。

例 7.3 LX 集团在两个工厂生产一系列精密模具,随着其市场占有率的扩大,现收到 4 家厂商的订单,并要求这些精密模具必须通过两个转运站进行运送,如图 7-12 所示。表 7-20 给出了单位运价、工厂产量和销量。试求此种情况下使得总运费最小的配送方案。

表 7-20 单位运价、工厂产量和销量

产地和转运站		单位运价/(元/万件)						产量/万件
		转运站 Z_1	转运站 Z_2	销地 B_1	销地 B_2	销地 B_3	销地 B_4	
产地	产地 A_1	2	3					600
	产地 A_2	3	1					400
转运站	转运站 Z_1			2	6	3	6	
	转运站 Z_2			4	4	6	5	
销量/万件				200	150	350	300	

解:(1)建立电子表格模型,如图 7-13 和图 7-14 所示。

第 7 章 运输问题与指派问题

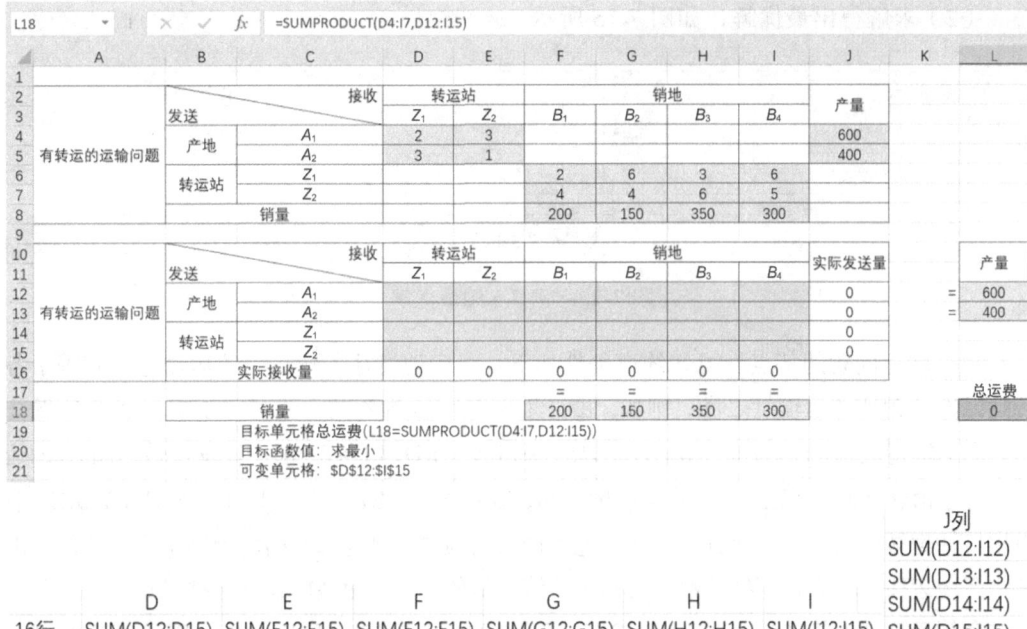

L18			f_x	=SUMPRODUCT(D4:I7,D12:I15)							
	A	B	C	D	E	F	G	H	I	J	K	L

（图示电子表格内容）

第1-8行（有转运的运输问题 参数表）：
- 接收：转运站 Z_1, Z_2；销地 B_1, B_2, B_3, B_4；产量
- 产地 A_1：2, 3, , , , , 600
- 产地 A_2：3, 1, , , , , 400
- 转运站 Z_1：, , 2, 6, 3, 6
- 转运站 Z_2：, , 4, 4, 6, 5
- 销量：, , 200, 150, 350, 300

第10-18行（有转运的运输问题 决策变量表）：
- 发送/接收：转运站 Z_1, Z_2；销地 B_1, B_2, B_3, B_4；实际发送量；产量
- 产地 A_1：实际发送量=0，=600
- 产地 A_2：实际发送量=0，=400
- 转运站 Z_1：实际发送量=0
- 转运站 Z_2：实际发送量=0
- 实际接收量：0, 0, 0, 0, 0, 0
- 销量：=, =, =, =；200, 150, 350, 300
- 总运费：0

第19-21行：
- 目标单元格总运费（L18=SUMPRODUCT(D4:I7,D12:I15)）
- 目标函数值：求最小
- 可变单元格：$D$12:$I$15

J列：
- SUM(D12:I12)
- SUM(D13:I13)
- SUM(D14:I14)
- SUM(D15:I15)

16行：
D	E	F	G	H	I
SUM(D12:D15)	SUM(E12:E15)	SUM(F12:F15)	SUM(G12:G15)	SUM(H12:H15)	SUM(I12:I15)

图 7-13 例 7.3 对应的电子表格模型

规划求解参数

- 设置目标(T)：$L$18
- 到：○ 最大值(M) ● 最小值(N) ○ 目标值(V) 0
- 通过更改可变单元格(B)：$D$12:$I$15

遵守约束(U)：
- $D$12:$I$15 = 整数
- $D$14:$E$15 = 0
- $D$16 = $J$14
- $E$16 = $J$15
- $F$12:$I$13 = 0
- $F$16 = $F$18
- $G$16 = $G$18
- $H$16 = $H$18
- $I$16 = $I$18
- $J$12 = $L$12
- $J$13 = $L$13

☑ 使无约束变量为非负数(K)

选择求解方法(E)：单纯线性规划

求解方法：
为光滑非线性规划求解问题选择 GRG 非线性引擎。为线性规划求解问题选择单纯线性规划引擎，并为非光滑规划求解问题选择演化引擎。

图 7-14 例 7.3 对应电子表格模型的规划求解参数设置

（2）求解得出最优解，如图 7-15 所示。

有转运的运输问题	发送\接收		转运站		销地				实际发送量		产量
			Z_1	Z_2	B_1	B_2	B_3	B_4			
	产地	A_1	550	50	0	0	0	0	600	=	600
		A_2	0	400	0	0	0	0	400	=	400
	转运站	Z_1	0	0	200	0	350	0	550		
		Z_2	0	0	0	150	0	300	450		
	实际接收量		550	450	200	150	350	300			总运费
	销量				=	=	=	=			5200
					200	150	350	300			

图 7-15　例 7.3 的最优解

根据转运问题的特点，可知约束条件如下：由产地发往各转运站的运输量之和等于各转运站发往销地的运输量之和，例如，由产地发往转运站 Z_1 的运输量等于由转运站 Z_1 发往销地的运输量之和，即 D16[SUM(D12:D15)]=J14[SUM(D14:I14)]；由产地发往转运站 Z_2 的运输量等于由转运站 Z_2 发往销地的运输量之和，即 E16[SUM(E12:E15)] = J15[SUM(D15:I15)]；由转运站到转运站及由产地直接发往销地的产量均为 0，可变单元格的运输量均为整数；由某一产地运往各转运站的物品数量之和等于该产地的产量；由各转运地运往某销地的物品数量之和等于该销地的销量，即 SUM(D12:I12) = 600，SUM(D13:I13) = 400，SUM(F12:F15) = 200，SUM(G12:G15) = 150，SUM(H12:H15) = 350，SUM(I12:I15) = 300。由此可得出，该问题的最优解如图 7-15 所示，最小的总运费为 5200 元。

7.5　指派问题

针对开篇案例的问题 2，为了解决 LX 集团的投资决策问题，本节在 5.4 节的基础上进一步补充指派问题的相关知识。

7.5.1　指派问题的标准型及其数学模型

在现实生活中，有各种性质的指派问题（assignment problem）。例如，有若干工作需要分配给若干人（或部门）来完成；有若干合同需要选择若干投标者来承包；有若干班级需要安排在各教室里上课等。此类问题的基本要求是在满足特定的指派要求条件下，使指派方案的总体效果最佳。由于指派问题具有多样性，有必要定义指派问题的标准型。

指派问题的标准型（以人和事为例）如下：有 n 个人和 n 件事，已知第 i 人做第 j 件事的费用为 $c_{ij}(i,j=1,2,\cdots,n)$，要求确定人和事之间的一一对应的指派方案，使完成这 n 件事的总费用最少。

一般称矩阵 $C = (c_{ij})_{n\times n}$ 为指派问题的系数矩阵（coefficient matrix）。在实际问题中，根据 c_{ij} 的具体意义，系数矩阵 C 可以有不同的含义，如费用、成本、时间。系数矩阵 C 中，第 i 行中各元素表示第 i 人做各事的费用，第 j 列各元素表示第 j 件事由各人做的费用。为了建立标准型指派问题的数学模型，引入 n^2 个 0-1 变量：

$$x_{ij} = \begin{cases} 1, & \text{指派第 } i \text{ 人做第 } j \text{ 件事} \\ 0, & \text{不指派第 } i \text{ 人做第 } j \text{ 件事} \\ i,j = 1,2,\cdots,n \end{cases}$$

这样，问题的数学模型可写为

$$\min z = \sum_{i=1}^{n}\sum_{j=1}^{n} c_{ij} x_{ij} \qquad (7.13\text{a})$$

$$\text{s.t.} \begin{cases} \sum_{i=1}^{n} x_{ij} = 1 \, (j=1,2,\cdots,n) & (7.13\text{b}) \\ \sum_{j=1}^{n} x_{ij} \, (i=1,2,\cdots,n) & (7.13\text{c}) \\ x_{ij} = 0 \text{ 或 } 1 \, (i,j=1,2,\cdots,n) & (7.13\text{d}) \end{cases}$$

其中，式（7.13b）表示每件事必有且只有一个人去做，式（7.13c）表示每个人必做且只做一件事。

问题的每个可行解可用解矩阵 $X=(x_{ij})_{n \times n}$ 来表示。作为可行解，矩阵每列各元素中都有且只有一个 1，以满足式（7.13b）；每行各元素中都有且只有一个 1，以满足式（7.13c）。指派问题有 $n!$ 个可行解。

7.5.2 非标准型的指派问题

在实际应用中，常会遇到各种非标准型的指派问题。通常的处理方法是先将它们转化为标准型，再用匈牙利法解之。

1. 最大化指派问题

设最大化指派问题系数矩阵 $C=(c_{ij})_{n \times n}$，其中，最大元素为 m。令矩阵 $B=(b_{ij})_{n \times n}=(m-c_{ij})_{n \times n}$，以 B 为系数矩阵的最小化指派问题和以 C 为系数矩阵的原最大化指派问题有相同最优解。

2. 人数和事数不等的指派问题

若人少事多，则添上一些虚拟的"人"。这些虚拟的"人"做各事的费用系数可取 0，理解为这些费用实际上不会发生。若人多事少，则添上一些虚拟的"事"。这些虚拟的"事"被各人做的费用系数同样取 0。

3. 一个人可做几件事的指派问题

若某个人可做几件事，则可将该人化作相同的几个"人"来接受指派。这几个"人"做同一件事的费用系数一样。

4. 某事一定不能由某人做的指派问题

若某件事一定不能由某人做，则可将相应的费用系数取作足够大的数 M。

例 7.4 LX 集团的投资决策问题是求最大值且人数与事数不相等的一个综合指派问

题，不同类别的商品投资到各生产点的年利润预测值见表 7-21。将投资决策表简化为矩阵，利用匈牙利法进行指派问题求解。

表 7-21　不同类别的商品投资到各生产点的年利润预测值　　　　　（单位：万元）

商品	生产点 1	生产点 2	生产点 3	生产点 4
消费性电子	120	300	360	400
半导体设备	80	350	420	260
液晶显示设备	150	160	380	300
合金材料	90	200	—	180
无线通信关键零组件	220	260	270	—

根据上述对非标准型指派问题的处理办法，即首先将最大化问题转化为最小化问题（即将 420 万元减去各利润），其次增加一个虚拟生产点 5 构成产销平衡问题，可将表 7-21 转换为表 7-22。

表 7-22　处理后的不同类别的商品投资到各生产点的年利润预测值　　　　　（单位：万元）

商品	生产点 1	生产点 2	生产点 3	生产点 4	生产点 5
消费性电子	300	120	60	20	0
半导体设备	340	70	0	160	0
液晶显示设备	270	260	40	120	0
合金材料	330	220	420	240	0
无线通信关键零组件	200	160	150	420	0

然后，采用 5.4 节介绍的匈牙利法求解标准化的指派问题。

7.5.3　匈牙利法

由上述数学模型可知，标准型指派问题是一类特殊的整数规划问题，又是特殊的 0-1 规划问题和特殊的运输问题，因此，它可以用多种解法来求解。但是，这些解法都没有充分利用指派问题的特殊性质来有效地减少其计算量。1955 年，库恩利用匈牙利数学家康尼格的关于矩阵中独立零元素的定理，提出了解指派问题的一种算法，习惯上称为匈牙利法。

匈牙利法的关键是利用指派问题最优解的以下性质：若从指派问题的系数矩阵 $C = (c_{ij})_{n \times n}$ 的某行（或某列）各元素分别减去一个常数 k，得到一个新的矩阵 $C' = (c'_{ij})_{n \times n}$，则以 C' 和 C 为系数矩阵的两个指派问题有相同的最优解。这个性质是容易理解的。由于系数矩阵的这种变化并不影响数学模型的约束方程组，只是使目标函数值减少了常数 k，最优解并不改变。

下面结合例 7.4 具体介绍匈牙利法的计算步骤。

（1）变换系数矩阵。先对 C 的各行元素分别减去本行中最小元素得矩阵 C'，再对 C' 的各列元素分别减去本列中最小元素得矩阵 C''。这样，系数矩阵 C'' 中每行及每列至少有一个零元素，同时不出现负元素。转步骤（2）。

$$C = \begin{bmatrix} 300 & 120 & 60 & 20 & 0 \\ 340 & 70 & 0 & 160 & 0 \\ 270 & 260 & 40 & 120 & 0 \\ 330 & 220 & 420 & 240 & 0 \\ 200 & 160 & 150 & 420 & 0 \end{bmatrix}$$

$$C' = \begin{bmatrix} 300 & 120 & 60 & 20 & 0 \\ 340 & 70 & 0 & 160 & 0 \\ 270 & 260 & 40 & 120 & 0 \\ 330 & 220 & 420 & 240 & 0 \\ 200 & 160 & 150 & 420 & 0 \end{bmatrix}$$

$$C'' = \begin{bmatrix} 100 & 50 & 60 & 0 & 0 \\ 140 & 0 & 0 & 140 & 0 \\ 70 & 190 & 40 & 100 & 0 \\ 130 & 150 & 420 & 220 & 0 \\ 0 & 90 & 150 & 400 & 0 \end{bmatrix}$$

（2）在变换后的系数矩阵中确定独立零元素。若独立零元素有 n 个，则已得出最优解；若独立零元素少于 n 个，则做能覆盖所有零元素的最少直线数量的直线集合，理由是对于系数矩阵非负的指派问题，若能在系数矩阵中找到 n 个位于不同行和不同列的零元素，则对应的指派方案总费用为 0，从而一定是最优的。在选择零元素时，当同一行（或列）上有多个零元素时，若选择其一，则其余的零元素就不能再被选择，成为多余的零元素。因此，关键并不在于零元素的数量，而是零元素是否恰当地分布在不同行和不同列上，即独立零元素的数量。

为了确定独立零元素，可以在只有一个零元素的行（或列）中加圈（标记为 ⓪ ），这表示此人只能做该事（或此事只能由该人来做）。每圈一个"0"，同时把位于同列（或同行）的其他零元素划去（标记为 ⓪ ），这表示此事已不能再由其他人来做（或此人已不能做其他事）。如此反复进行，直至系数矩阵中所有零元素都被圈去或划去。在此过程中，当在所有的行和列中零元素都不止一个时（存在零元素的闭回路），可任选其中一个零元素加圈，同时划去同行和同列中其他零元素。当过程结束时，被画圈的零元素即独立零元素。若独立零元素有 n 个，则已可确定最优指派方案。此时，令解矩阵中和独立零元素对应位置上的元素为 1，其他元素为 0，即得最优解矩阵。若独立零元素少于 n 个，则还不能确定最优指派方案。此时，需要确定能覆盖所有零元素的最少直线数量的直线集合。可按下面的方法来进行。

①对没有 ⓪ 的行打"√"。
②在已打"√"的行中，对 ⓪ 所在列打"√"。
③在已打"√"的列中，对 ⓪ 所在行打"√"。
④重复步骤②和③，直到再也不能找到可以打"√"的行或列。
⑤对没有打"√"的行画一横线，对打"√"的列画一垂线，这样就得到了覆盖所有零元素的最少直线数量的直线集合。

为了确定 C'' 中的独立零元素数量，对 C'' 中的零元素加圈，即

$$C'' = \begin{bmatrix} 100 & 50 & 60 & ⓪ & \cancel{0} \\ 140 & ⓪ & \cancel{0} & 140 & \cancel{0} \\ 70 & 190 & 40 & 100 & ⓪ \\ 130 & 150 & 420 & 220 & \cancel{0} \\ ⓪ & 90 & 150 & 400 & \cancel{0} \end{bmatrix}$$

可以看出在该系数矩阵中有 4 个独立零元素，少于系数矩阵阶数 $n=5$，进而有

$$C'' = \begin{bmatrix} \text{---}100\text{---} & \text{---}50\text{---} & \text{---}60\text{---} & ⓪ & \cancel{0}\text{---} \\ \text{---}140\text{---} & ⓪ & \cancel{0} & 140\text{---} & \cancel{0}\text{---} \\ 70 & 190 & 40 & 100 & ⓪ \quad √ \\ 130 & 150 & 420 & 220 & \cancel{0} \quad √ \\ \text{---}⓪\text{---} & \text{---}90\text{---} & \text{---}150\text{---} & 400\text{---} & \cancel{0}\text{---} \end{bmatrix}$$
$$\qquad\qquad\qquad\qquad\qquad\qquad √$$

（3）继续变换系数矩阵。在未被直线覆盖的元素中找出一个最小元素（40）。对未被直线覆盖的元素所在行（或列）中各元素都减去这个最小元素。这样，在未被直线覆盖的元素中势必会出现零元素，但同时使已被直线覆盖的元素中出现负元素。为了消除负元素，只要对它们所在列（或行）中各元素都加上这个最小元素（可以看作减去这个最小元素的相反数）即可：

$$C''' = \begin{bmatrix} 100 & 50 & 60 & 0 & 40 \\ 140 & 0 & 0 & 140 & 40 \\ 30 & 150 & 0 & 60 & 0 \\ 90 & 110 & 380 & 180 & 0 \\ 0 & 90 & 150 & 400 & 40 \end{bmatrix}$$

返回步骤（2），对 C''' 中的零元素加圈：

$$C''' = \begin{bmatrix} 100 & 50 & 60 & ⓪ & 40 \\ 140 & ⓪ & \cancel{0} & 140 & 40 \\ 30 & 150 & ⓪ & 60 & \cancel{0} \\ 90 & 110 & 380 & 180 & ⓪ \\ ⓪ & 90 & 150 & 400 & 40 \end{bmatrix}$$

C''' 中已有 5 个独立零元素，故可确定该案例中指派问题的最优指派方案为

$$X_{ij} = \begin{bmatrix} 0 & 0 & 0 & 1 & 0 \\ 0 & 1 & 0 & 0 & 0 \\ 0 & 0 & 1 & 0 & 0 \\ 0 & 0 & 0 & 0 & 1 \\ 1 & 0 & 0 & 0 & 0 \end{bmatrix}$$

由此得出结论，将消费性电子投资到第四个生产点，半导体设备投资到第二个生产点，液晶显示设备投资到第三个生产点，合金材料不投资，无线通信关键零组件投资到第一个生产点，可视获利最大，年利润最大为 400+350+380+220=1350（万元）。

7.5.4 建立电子表格模型

（1）将原问题变换为标准型指派问题，如图 7-16～图 7-18 所示。

		生产点 1	生产点 2	生产点 3	生产点 4	
原问题	消费性电子	120	300	360	400	
	半导体设备	80	350	420	260	
	液晶显示设备	150	160	380	300	
	合金材料	90	200	0	180	
	无线通信关键零组件	220	260	270	0	
		生产点 1	生产点 2	生产点 3	生产点 4	生产点 5
变换问题	消费性电子	300	120	60	20	0
	半导体设备	340	70	0	160	0
	液晶显示设备	270	260	40	120	0
	合金材料	330	220	420	240	0
	无线通信关键零组件	200	160	150	420	0

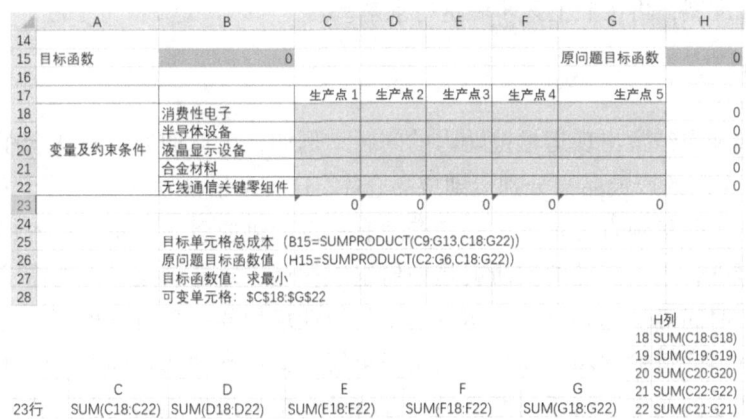

图 7-16 原问题与对应的变换问题

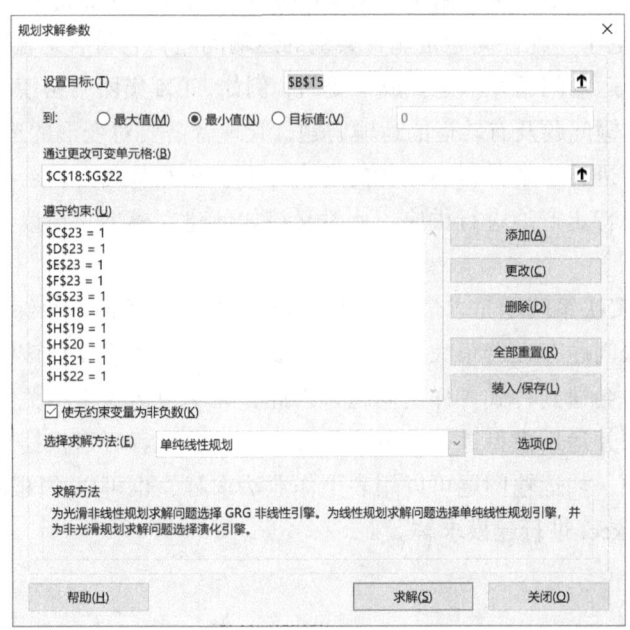

图 7-17 例 7.4 的电子表格模型

图 7-18 例 7.4 对应电子表格模型的规划求解参数设置

（2）求解得出最优解，如图 7-19 所示。

目标函数		330					原问题目标函数	1350
		1	2	3	4	5		
变量及约束条件	消费性电子	0	0	0	1	0		1
	半导体设备	0	1	0	0	0		1
	液晶显示设备	0	0	1	0	0		1
	合金材料	0	0	0	0	1		1
	无线通信关键零组件	1	0	0	0	0		1
		1	1	1	1	1		

图 7-19　例 7.4 的最优解

可以看出，上述结果与匈牙利法所得最优解完全一致，最大年利润为 1350 万元。在实际应用中，常会遇到各种非标准型的指派问题，在 Excel 中进行求解时通常也可以先将它们转化为标准型，再按照上述步骤进行求解。

【案例小结】

在企业管理中经常出现运输范畴内的问题，例如，工厂的原材料从仓库运往各生产车间，各生产车间的产成品又分别运到成品仓库。这种运输活动一般有若干发货地点（产地），又有若干收货地点（销地）；各产地有一定的供应量（产量）；各销地有一定的需求量（销量）；运输问题的实质就是如何组织调运，才能满足各地的需求，又使总的运费（距离、时间等）达到最小。运输模型是线性规划的一种特殊模型，它不仅可以用于求解实际物料的运输问题，而且可以用于求解新建厂址的选择问题、短缺资源的分配问题、生产调度问题等。指派问题是另一种特殊类型的线性规划问题。我们经常会遇到指派人员做某项工作的情况。因此，指派问题多用于帮助管理者解决如何为一项将要开展的工作指派人员的问题，也可用于为某项任务安排机器、设备或工厂等。

LX 集团调运电子零配件问题是非常典型的运输问题，它符合运输问题的每个条件。但是在现实生活中运输问题并不是一成不变的，例如，LX 集团精密模具的调运问题就包括产销不平衡的运输问题及有转运的运输问题，管理者需要对变形的运输问题进行甄别，以便用对应的模型进行求解并得出最优的解决方案。在此基础上，若根据实际情况，某销地的需求只能由特定产地进行供应，此时又该如何建立模型，请读者试用电子表格进行求解。

LX 集团的投资决策问题是求最大值且人数与事数不相等的一个综合指派问题，这个案例与标准型指派问题存在着很大的出入，需要转换思维才能发现该问题本质上属于指派问题。在实践中会遇到各式各样的问题，因此，在学习运筹学相关知识之后，灵活转换不同的实际问题并运用模型进行求解才是重中之重，读者可以根据自身的喜好选取合适的模型求解问题，如运输问题可以用表上作业法求解，也可以用图论的知识求解，还可以选择直接用 Excel 进行建模求解。

【本章小结】

运输问题和指派问题（以及它们的变形）都是那些具有很多重要应用的线性规划问

题的一种特殊类型。

运输问题考虑的是把货物从产地运送到销地（字面义或者比喻义）。每个产地都有一个固定的供应量，每个销地都有一个固定的需求量，其基本假设是运费和运输量成正比。描述一个运输问题需要确定其中的单位运价、供应量和需求量。

如果给定一系列要完成的任务和可以完成任务的被指派者，指派问题就是要解决哪个被指派者完成哪项任务，从而使总成本最小。被指派者可以是人、机器、汽车、工厂等，因此指派问题应用很广泛。对指派问题进行描述时需要建立一个成本表，用来给出每种可能指派情况下的成本。

有些问题具有某些特征，并不完全符合运输问题或指派问题的模型，但仍然可以建立电子表格模型。本章最主要的目的是使管理者能够识别哪些问题可以看作运输问题、指派问题或者这些问题的变形问题，以便建模求解和分析。

【专业术语】

销地（destination）：运输问题中的接收中心。

销地的需求量/销量（demand at a destination）：销地从产地接收的数量。

产地（source）：运输问题中的供应中心。

产地的供应量/产量（supply from a source）：从这个产地送往销地的数量。

单位运价表（unit freight rate table）：概括地描述运输问题中从某产地到某销地的单位成本。

运输表（transportation table）：包含运输问题的产量、销量、单位运价及运输量的总表。

表上作业法（table-manipulation method）：在运输表上求解运输问题的特殊方法，其实质是单纯形法。

西北角法（northwest-corner method）：基于优先满足运输表的左上角（即西北角）的产销业务，依次选取剩余运输表的左上角的变量分配运输量，直到得到初始基本可行解的方法。

最小元素法（minimum element method）：基于优先满足单位运价（或运距）最小的产销业务，以此得到初始基本可行解的方法。

沃格尔法（Vogel method）：基于优先满足最小行罚数（列罚数）的产销业务，以此得到初始基本可行解的方法。

闭回路法（cycle method）：在闭回路上对空格和数字格上的运输量进行调整，以形成新的调运方案。

对偶变量法/位势法（dual variable method）：先对初始调运方案求出位势，再求各空格的检验数。当所有的检验数均为非负时，就得到最优调运方案，否则，进一步调整，重复上述步骤。

任务（tasks）：当一个问题被描述为指派问题时，被指派者所需要完成的工作。

被指派者（assignee）：当把问题看作指派问题时，去完成任务的实体（人、机器、车辆、工厂等）。

成本表（cost table）：概括地描述指派问题中每种可能指派所产生成本的表格。

匈牙利法（Hungarian method）：为解决指派问题而专门设计的很有效的算法。

【实践题】

1. 变电站的供电案例

某供电局征得了当地居民关于设立新变电站的同意意见，正逐步推进新变电站建设。新变电站将会对供电局整体配电运营工作产生重要的影响，因此必须慎重考虑新变电站的选址问题。供电局管理层认为新变电站的建设地点的三个关键因素如下。

（1）高压电从发电厂（A、B、C）运送到各变电站（a、b、c、d、e、f，其中，d、e、f 为新变电站）的输电成本（电压负载维持成本、维护成本等）。

（2）将改变电压后的居民用电从变电站运送到三个居民点（I 村庄、J 乡镇和 K 县城）的成本。

（3）新变电站的建设成本，包括运营成本、劳动力成本、税费等。

管理层希望所有变电站能满负荷运转，为当地居民点提供充足的电力。因此，需要确定这种条件下每个变电站每月所能够转换的电量。当地发电厂每月发电装机容量、各变电站每月输送电量的数据如表 7-23 所示。

表 7-23 当地发电厂每月发电装机容量、各变电站每月输送电量 （单位：MV）

发电厂	月发电装机容量	变电站	月输送电量
发电厂 A	80	a	80
发电厂 B	100	b	100
发电厂 C	120	c	60
—	—	新变电站	60
总量	300	总量	300

与新变电站各类成本密切相关的三个因素列举如下。

（1）高压电从发电厂输送到变电站的输电运输成本与新变电站的位置紧密相关，表 7-24 给出了从发电厂到 3 个现有变电站及 3 个新变电站的输电运输成本。

表 7-24 发电厂向现有变电站及新变电站的输电运输成本 （单位：万元）

发电厂	变电站					
	a	b	c	d	e	f
发电厂 A	20	10	30	20	10	10
发电厂 B	10	30	20	10	10	20
发电厂 C	30	20	10	20	10	30

（2）变压后的居民用电从变电站运送到村庄、乡镇和县城的运送成本，以及各居民点用电需求量亦需要加以考虑，具体数值如表 7-25 所示。

表 7-25　变电站向居民点输电的运送成本及用电需求量

参数		居民点		
		I 村庄	J 乡镇	K 县城
现有变电站/万元	a	40	30	20
	b	30	30	20
	c	20	10	30
新变电站/万元	d	10	30	20
	e	10	20	20
	f	20	10	20
用电需求量/MW		80	100	120

（3）在每个地点建设新变电站的建设成本。为估计这些成本，参照某半年前已建设完成并投入运营的变电站的成本，并收集在各地点建设新变电站所需的劳动力成本、税费及其他成本，将这些成本以月为单位均摊，结果如表 7-26 所示。

表 7-26　新变电站建设成本　　　　　　　　　（单位：万元）

新变电站	建设成本
新变电站 d	100
新变电站 e	120
新变电站 f	150

问理想情况下，应选择 d、e、f 哪一个位置建设新变电站保证成本最小？

2. A 公司医药研发分配问题

A 公司是一家拥有 20 年制药历史的国际生物医药公司，其旗下拥有一款颇受市场好评的治疗高血压的创新药，在过去多年里为公司带来了巨大的销售利润。由于手握这款药物的专利，A 公司并未继续在此方面进行创新研发的资金投入。但这款药物的专利将在 5 年后到期，一旦专利到期，仿制药公司推出的仿制药品将会以低价迅速挤占品牌药销量的 75%。因此，未雨绸缪，A 公司认为如果此时开始进行相关的研发工作，那么研发一款与治疗高血压类似的药物成功的可能性将会很高。

A 公司的研发主管在研究市场需求后，分析现有药物的缺陷，并采访相关医学研究领域的专家，决定同步开展五个独立的研发项目，具体如下。

项目 1：一种不会引发严重情绪波动的抗抑郁药。

项目 2：一种治疗躁郁症的药物。

项目 3：一种副作用低的女性避孕药。

项目 4：一种作用于免疫系统的预防艾滋病的疫苗。

项目 5：一种更有效的降血压药。

为了保证项目的成功，公司决定招募 5 个科学研发机构进行研发。每个机构按照研发周期提供每个项目的单位研发周期报价，并公布机构可提供的研发时长。A 公司结合科学的医药研发经验，为避免过度投入，给每个项目设定了研发时长限制，如表 7-27 所示。

表 7-27　项目的单位研发周期报价、研发时长限制和机构可提供研发时长

项目	报价/×10⁶元					研发时长限制/天
	A 机构	B 机构	C 机构	D 机构	E 机构	
项目 1	2.2	1.7	1.8	1.5	1.1	400
项目 2	1.5	1.3	1.2	1.6	1.8	350
项目 3	2.3	2.1	3.0	2.2	3.1	300
项目 4	1.7	1.0	2.1	2.0	2.7	280
项目 5	1.3	2.4	2.0	2.0	1.9	400
可提供研发时长/天	300	400	450	270	360	

A 公司开始思考在以下情形中如何进行决策。

（1）根据提供的报价，A 公司该如何安排机构参与研发才能使总成本最低？（假设此时允许一个项目由多个机构进行合作研发。）

（2）C 机构目前正在考虑接受其他医药研发项目，如果 C 机构从此项目招标中退出，A 公司将考虑放弃研发成本最高的项目，那么哪个项目将被排除在外？

（3）此时 A 公司考虑将暂停合作研发，转向由 A 公司研发机构单独研发。C 机构得知此消息后决定改变他们的报价，新的单位研发周期报价及可提供研发时长如表 7-28 所示。

表 7-28　C 机构各项目单位研发周期报价及可提供研发时长

项目	报价/×10⁶元
项目 1	1.5
项目 2	1.3
项目 3	2.6
项目 4	3.0
项目 5	2.5
可提供研发时长/天	300

此时，A 公司应该如何安排研发工作？（提示：结合 0-1 规划的指派问题。）

（4）A 公司深入分析了五个机构负责人的背景，决定保证一些机构的研究时长并且限制一些机构不能参与某些项目。其中，D 机构没有研究免疫方面的经验，无法参与项目 4，并且由于主要负责人家族有躁郁症病史，不适合参与项目 2；A 机构不具备免疫系统和心血管系统研究经验，也不适合参与项目 4 和 5；E 机构负责人家族的抑郁病史导致其不适合参与项目 1。B 机构和 C 机构之前和 A 公司签署了合约，A 公司决定至少保证它们各自有 300 天参与项目。由于上述机构参与项目发生变化，它们的报价也发生改变。同时，为了弥补科研时间的不足，A 公司重新招募了两个国外科研机构 F 和 G 参与研发工作，出于某些原因，它们不愿意参与项目 3 的研发工作。表 7-29 列出了 7 个机构及其报价。此时如何分配可以使成本最低？

表 7-29 7 个机构单位研发周期报价

项目	报价/×10⁶元							研发时长限制/天
	机构 A	机构 B	机构 C	机构 D	机构 E	机构 F	机构 G	
项目 1	2.5	1.7	1.8	1.7	无法参与	1.2	1.8	400
项目 2	2.0	1.3	1.2	无法参与	2.0	1.5	1.1	350
项目 3	2.5	2.1	3.0	2.5	3.5	无法参与	无法参与	300
项目 4	无法参与	1.0	2.1	无法参与	3.0	1.5	1.9	280
项目 5	无法参与	2.4	2.0	2.5	2.3	2.4	2.3	400
可提供研发时长/天	200	400	450	190	330	280	200	

3. A 施工企业砂石供应问题

A 公司是一家工程施工企业，其中标一条高速公路施工项目，总里程为 130km、总投资为 234 亿元，建设期为 2023～2025 年。为确保该高速公路如期建成通车，需要分段同时施工。按照施工图规划，确定了 5 个同时开工点用于建设搅拌站。高速公路施工要用到大量砂石料，可以沿途取材，共有 4 家砂石料场。砂石料是典型的"短腿商品"，价格随运送距离、运输难度的增加而升高。

通过与 4 家砂石料场的前期沟通，得到 4 家砂石料场到 5 个搅拌站的最低报价，如表 7-30 所示。此外，由于每个搅拌站的规模和施工难度有较大差异，影响每天的砂石料使用量，即需求量。4 家砂石料场（供应商）产能充足，现阶段针对 A 公司提出的需求都能满足。4 家砂石料场的供应量分别为 2000t、1000t、3000t 和 5000t；5 个搅拌站的需求量分别为 2000t、4000t、1000t、3000t 和 1000t。

表 7-30 4 家砂石料场到 5 个搅拌站的最低报价 （单位：元/t）

砂石料场	搅拌站 1	搅拌站 2	搅拌站 3	搅拌站 4	搅拌站 5
砂石料场 a	300	350	230	450	465
砂石料场 b	303	310	250	320	330
砂石料场 c	250	220	250	300	320
砂石料场 d	210	350	240	270	330

问题：（1）如何规划每天每个搅拌站从不同砂石料场的采购量，能够使得成本最低？

（2）现在由于运送距离的影响，搅拌站 2 砂石料需求量的一半以上必须由砂石料场 b 供应，在这种情况下，如何规划才能使得成本最低？

（3）搅拌站 1 和搅拌站 4 的需求量减少至 1000t 和 2000t，在这种情况下，如何规划才能使得成本最低？

习　题

1. 某公司在西北地区中的三个自有仓库甲、乙、丙分别存有某一品牌机械零件 15 万件、30 万件、25 万件，某三大五百强制造企业 A、B、C 对该品牌机械零件的需求量分别为 20 万件、40 万件、30 万件，各仓库到各企业的单位运价如表 7-31 所示，且若企业

A、B、C 的需求未得到满足，每万件机械零件将会对公司的三个自有仓库分别造成 2 元、3 元、4 元的缺货成本。问如何规划运输方案使得运费最少？

表 7-31 各仓库到各企业的单位运价及供应量和需求量

仓库	单位运价/（元/万件）			供应量/万件
	企业 A	企业 B	企业 C	
仓库甲	6	4	7	15
仓库乙	5	7	8	30
仓库丙	2	5	6	25
需求量/万件	20	40	30	

2. 某公司总部安排了下属的 2 个鲜花种植园负责为 3 个花店运输玫瑰鲜花，种植园的产量与花店的需求量及种植园到各花店的单位运价如表 7-32 所示。试计划最优运输组合。

表 7-32 种植园的产量与花店的需求量及种植园到各花店的单位运价

种植园	单位运价/（元/束）			产量/束
	花店 1	花店 2	花店 3	
种植园 I	5	4	2	800
种植园 II	3	6	3	750
需求量/束	500	600	550	

3. 小米电视厂商在运输方面需要进行规划，其产销平衡表和单位运价如表 7-33 所示。

表 7-33 产销平衡表和单位运价

产地	单位运价/（元/台）						产量/台
	销地 B_1	销地 B_2	销地 B_3	销地 B_4	销地 B_5	销地 B_6	
产地 A_1	2	1	3	3	3	5	50
产地 A_2	4	2	2	4	4	4	40
产地 A_3	3	5	4	2	4	1	60
产地 A_4	4	2	2	1	2	2	31
销量/台	30	50	20	40	30	11	

（1）希望找到最优调运方案。

（2）现在由于销地 B_4 的客户需求减少，B_4 经销商决定少进 6 台电视，这时最优调运方案如何更改？

4. 某乳业公司现有三个生产加工厂，分别为发酵乳加工厂、灭菌乳加工厂、调制乳加工厂，记为 A_1、A_2、A_3，发酵乳加工厂产量为 7t，灭菌乳加工厂产量为 4t，调制乳加工厂产量为 9t。该公司现有昆明（B_1）、大理（B_2）、丽江（B_3）、玉溪（B_4）四个销地，昆明总需求量为 3t，大理总需求量为 6t，丽江总需求量为 5t，玉溪总需求量为 6t。各加工厂的产量、各销地的销量及各加工厂到各销地的单位运价如表 7-34 所示。问产品如何调运才能使总运费最小？

表 7-34　各加工厂的产量、各销地的销量及各加工厂到各销地的单位运价

加工厂	单位运价/（元/t）				产量/t
	销地 B_1	销地 B_2	销地 B_3	销地 B_4	
加工厂 A_1	3	11	3	10	7
加工厂 A_2	1	9	2	8	4
加工厂 A_3	7	4	10	5	9
销量/t	3	6	5	6	

5. 现有两个咖啡豆产地 A、B，三个需要咖啡豆的咖啡店 C、D、E。产地 A 的咖啡豆库存为 230kg，产地 B 的咖啡豆库存为 190kg，咖啡店 C、D、E 的咖啡豆库存均为 150kg。各地之间的单位运价如表 7-35 所示。问咖啡豆如何调运才能使总运费最小？

表 7-35　各产地的产量、各店的销量及各地之间的单位运价

地点	单位运价/（元/kg）					产量/kg
	地点 A	地点 B	地点 C	地点 D	地点 E	
地点 A	0	5	16	10	8	230
地点 B	5	0	12	8	13	190
地点 C	16	12	0	4	5	150
地点 D	10	8	4	0	6	150
地点 E	8	13	5	6	0	150
销量/kg	150	150	180	185	205	

6. 某公司为有效提升运营位置的使用效能，需要重新规划每种业务在各运营位置上的投放策略，目前主要投放的业务有 5G 套餐、5G 特惠流量包、咪咕业务、宽带业务和号卡业务，各种业务的目标客户数分别是 600 万人、850 万人、800 万人、400 万人和 1000 万人。针对这几类业务主要往四个位置进行投放，各业务在每个运营位置的触达率如表 7-36 所示。

表 7-36　各业务在每个运营位置的触达率

业务	运营位置一	运营位置二	运营位置三	运营位置四
5G 套餐	17.00%	15.00%	11.00%	8.00%
5G 特惠流量包	21.00%	18.00%	15.00%	12.00%
咪咕业务	12.00%	9.00%	6.00%	4.00%
宽带业务	13.00%	10.00%	5.00%	4.00%
号卡业务	10.00%	7.00%	4.00%	2.00%

由于四个运营位置的曝光程度有差异，在四个运营位置的最大触达客户数也有差异，其中，运营位置一最为显眼，最大触达客户数可达到 1000 万人，运营位置二、运营位置三和运营位置四的最大触达客户数分别为 900 万人、800 万人和 750 万人，为使四个运营位置的触达客户数最大，应该如何在四个运营位置上配置每种业务？

7. 某家居公司生产产品的原材料主要从华南区、华中区、华北区三个采购地区分别运往各地区的生产商处进行生产，并将生产出的成品、半成品送往最近的商场销售。根

据以往的销量判断，促销活动期间，北京、天津、上海、武汉四个地区的销量增长最多，所以这四个地区的门店决定增加原材料采购量以应对销售高峰期。各采购地区的采购量、各销地的预期销量及各采购地区物品运往各销地的单位运价如表 7-37 所示。

表 7-37　各采购地区的采购量、各销地的预期销量及各采购地区物品运往各销地的单位运价

采购地区	单位运价/（元/万件）				采购量/万件
	北京	天津	上海	武汉	
华南区	10	9	7	6	300
华北区	6	6	8	5	400
华中区	7	7	5	3	300
销量/万件	300	150	150	200	

北京、天津、上海、武汉四个地区的生产商及门店负责人应该如何安排各地区的运输量使总运费最小？

8. 某食品公司针对面粉采购实行两个供应商对三个分店的协调配送制度，两个供应商分别位于晋宁区和西山区，供应量、需求量及单位运价如表 7-38 所示。

表 7-38　供应量、需求量及单位运价

供应商	单位运价/（元/t）			供应量/t
	呈贡分店	官渡分店	五华区分店	
晋宁区	12	8	15	80
西山区	5	9	8	100
需求量/t	50	70	80	

其中，五华区分店有 60t 的需求量必须满足。针对各分店的面粉采购问题，公司采购部门应如何安排两个面粉供应商的供给，使得在满足需求的同时实现运费的节约？

9. 某学生求解煤炭运输问题时，分别给出表 7-39～表 7-41 所示的运输方案，请问这三种方案能否作为表上作业法求解的初始解？为什么？

表 7-39　煤炭运输问题运输方案（一）　　　　　　　　　　（单位：t）

产地	销地 1	销地 2	销地 3	销地 4	产量
产地 1	10				10
产地 2		12		3	15
产地 3	3		10	7	20
销量	13	12	10	10	

表 7-40　煤炭运输问题运输方案（二）　　　　　　　　　　（单位：t）

产地	销地 1	销地 2	销地 3	销地 4	产量
产地 1			10		10
产地 2		12		3	15
产地 3	13			7	20
销量	13	12	10	10	

表 7-41 煤炭运输问题运输方案（三）　　　　　　　　　（单位：t）

产地	销地 1	销地 2	销地 3	销地 4	产量
产地 1		5	5		10
产地 2				15	15
产地 3	13	2	5		20
销量	13	7	10	15	

10. 某电脑制造商从两个城市 A、B 购买零部件，分别运到三个工厂 E、F、G 进行加工，中途经过两个中转站 C 和 D，其中，中转站 C 的容量限制为 1200 件。已知城市 A 和 B 可提供的零部件数量分别为 1600 件和 2400 件，工厂 E、F、G 的需求量分别为 1000 件、1500 件、1500 件，单位运价（单位：元/件）如图 7-20 所示。

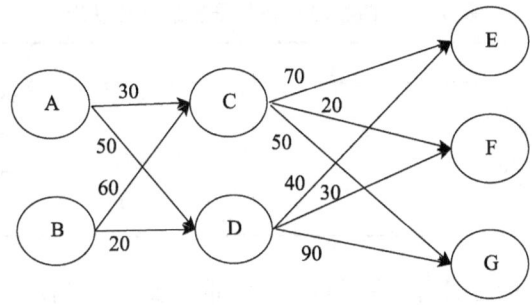

图 7-20 单位运价

（1）建立使总运费最小的调运数学模型。
（2）试将问题转化为可用表上作业法计算的产销平衡表。

11. 某造船厂根据合同从当年起连续三年末各提供五条规格型号相同的大型客货轮。该厂这三年内大型客货轮的产量及每艘客货轮的成本如表 7-42 所示。

表 7-42 客货轮的产量及每艘客货轮的成本

年度	正常生产时间内客货轮产量/艘	加班生产时间内客货轮产量/艘	正常生产时每艘客货轮成本/万元
1	3	3	600
2	4	2	700
3	2	3	650

已知加班生产时每艘客货轮成本比正常生产时高出 10%，又知生产的客货轮若当年不交货，每艘客货轮每积压一年所造成的积压损失为 60 万元。在签合同时，该厂已积压了两艘未交货的客货轮，而该厂希望在第三年末完成合同后还能储存一艘客货轮备用。问该厂应如何安排每年客货轮的产量，使在满足上述各项要求的情况下，总成本最少？

12. 鲜花种植园中共有 6 名待安排任务的员工，由于订货需求改变，需对种植园中 5 种鲜花进行采摘，要求一种鲜花由一人单独负责。表 7-43 是 6 名员工采摘不同鲜花所需要的平均时间，问怎样指派工作才能使总时间最短？

表 7-43　6名员工采摘不同鲜花所需要的平均时间　　　　　　　　　　（单位：h）

员工	鲜花 A	鲜花 B	鲜花 C	鲜花 D	鲜花 E
员工 I	8	7	2	6	4
员工 II	3	6	2	5	7
员工 III	4	4	4	8	3
员工 IV	5	7	6	2	8
员工 V	4	7	2	8	6
员工 VI	7	4	3	4	5

13. 随着5G技术的普及，小米电视也研发出了5G电视，该电视品牌的两种支持5G的新款式（款式1、款式2）和两种支持4G的老款式（款式3、款式4）在某商场一季度的销售状况如表7-44所示。

表 7-44　四款电视在某季度的销售状况　　　　　　　　　　　　　　（单位：台）

款式	销量
款式 1	23
款式 2	26
款式 3	22
款式 4	21

4名销售人员在这段时间内对每款电视的销量如表7-45所示。营销主管想让销售人员每人专门负责一款电视的销售沟通。请问怎样能让下季度销量达到最多？

表 7-45　销售人员在这段时间内对每款电视的销量　　　　　　　　　（单位：台）

款式	小张	小段	小李	小刘
款式 1	3	8	2	10
款式 2	8	7	2	9
款式 3	6	4	5	7
款式 4	8	4	6	3

14. 为有利于公司的长期发展，某公司正在积极寻求更加可靠并具有实力的合作伙伴。为此，公司安排甲、乙、丙、丁四人完成三项任务 A（与A公司洽谈合作事宜）、B（与B公司洽谈合作事宜）、C（与C公司洽谈合作事宜），一个人只能做一项任务，他们完成任务的利润情况如表7-46所示。公司应派出哪三个人完成任务才能使总利润最大？

表 7-46　每人完成各项任务的利润　　　　　　　　　　　　　　　　（单位：万元）

任务	甲	乙	丙	丁
任务 A	3	2	−2	1
任务 B	2	−2	0	—
任务 C	—	−1	1	0

注："—"表示不能胜任该项任务。

15. 客户在购买家具时可以选择购买已经组装完毕的成品或者选择按照一定规格加

工完成的零件进行自行组装。某公司每个门店都配有一定数量的员工，可以帮助想要自行选择零件款式但无法自行完成组装的客户进行最后的加工。为了避免销售高峰人员不足导致服务不周的问题，某门店新雇用了 4 名工人，分别指派他们完成加工椅子、床、书桌、餐桌 4 项工作，经过一段时间的试用期，得出每人做每项工作所消耗的时间如表 7-47 所示。

表 7-47　每人做每项工作所消耗的时间　　　　　　　　　　　（单位：h）

工人	椅子	床	书桌	餐桌
甲	0.5	2	1	1.5
乙	0.4	1.9	1.2	1.4
丙	0.5	2.3	0.8	1.4
丁	0.6	1.8	0.9	1.6

该门店的负责人应该如何指派 4 位新工人工作，才能使他们加工产品消耗的时间最短，从而不影响销售高峰的服务质量？

16. 篮球队需要选择 5 名队员组成出场阵容参加比赛。8 名队员的身高及擅长位置见表 7-48。

表 7-48　8 名队员的身高及擅长位置

参数	队员1	队员2	队员3	队员4	队员5	队员6	队员7	队员8
身高/m	1.92	1.90	1.88	1.86	1.85	1.83	1.80	1.78
擅长位置	中锋	中锋	前锋	前锋	前锋	后卫	后卫	后卫

出场阵容应满足以下条件。
（1）有且只有一名中锋上场。
（2）至少有一名后卫。
（3）若 1 号或 4 号上场，则 6 号不出场；反之，若 6 号上场，则 1 号和 4 号均不出场。
（4）2 号和 8 号至少有一名不出场。
问应当选择哪 5 名队员上场，才能使出场队员平均身高最高？试建立数学模型。

17. 需要分派 5 人去做 5 项工作，每人做各项工作的能力得分见表 7-49。问应如何分派，才能使总得分最大？试分别用匈牙利法和表上作业法求解。

表 7-49　每人做各项工作的能力得分

人员	工作 B_1	工作 B_2	工作 B_3	工作 B_4	工作 B_5
人员 A_1	1.3	0.8	0	0	1.0
人员 A_2	0	1.2	1.3	1.3	0
人员 A_3	1.0	0	0	1.2	0
人员 A_4	0	1.05	0	0.2	1.4
人员 A_5	1.0	0.9	0.6	0	1.1

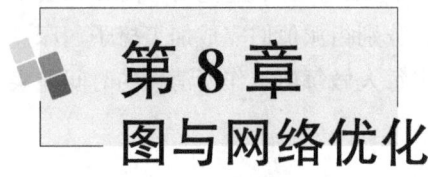

第 8 章
图与网络优化

【本章导读】

　　网络在实际问题中以各种各样的形式存在。交通、电子和通信网络已经遍布日常生活的各方面。网络规划也广泛应用于解决不同领域的各种问题，如生产、分配、项目规划、厂址选择、资源管理和财务规划，本章仅列举数个例子。实际上，网络规划在描述系统各组成部分之间的关系方面直观且概念性地给我们提供了很大的帮助，并广泛应用于科学、社会和经济活动的各领域。

　　近几十年来，管理科学在网络最优化问题的方法论和应用方面都取得了令人振奋的飞速发展。许多从计算机科学领域的数据结构和高效数据处理方面所衍生出的算法对其发展产生了重要的影响。因此，人们现在可以运用算法和软件轻而易举地解决大型网络最优化问题。本章重点介绍网络最优化问题的本质和应用，略去求解技术的细节和算法，具体如下：8.1 节和 8.2 节主要介绍图和树的概念，给出现实问题的网络图模型；8.3 节主要讨论最短路问题（shortest path problem），其本质目标是找到两地之间的最短路；8.4 节介绍最大流问题（maximum flow problem），探讨怎样使得配送网络中的物流量最大；8.5 节讨论最小费用最大流问题（minimum cost maximum flow problem），通过优化分配网络，使得运输成本最低。

　　第 3 章已经介绍了一些网络最优化问题。例如，运输问题可以通过网络进行表示；指派问题也可以用相似的网络进行表示。因此，运输问题与指派问题都是网络最优化问题的简单类型。与运输问题和指派问题相似，许多其他网络最优化问题（包括本章提到的所有类型）实质上都是线性规划问题的特殊类型。因此，在针对这些问题建立电子表格模型后，可以利用 Excel 中的规划求解命令进行求解。

【学习目标】

　　（1）建立各种网络最优化问题模型。
　　（2）描述树和网络、最短路问题、最大流问题和最小费用最大流问题的特点。
　　（3）明确网络最优化问题的应用领域。
　　（4）通过建立电子表格模型求解最短路问题、最大流问题和最小费用最大流问题。

【开篇案例】

　　YCC 商务有限公司是某国有集团旗下集商贸、物流于一体的国有大型进出口企业，拥有经验丰富的专业外贸团队和物流团队，是集团实施国际化战略的重要平台。公司主营业务包括肥料产品、能源化学品、农产品、物流服务，年营业收入超 300 亿元，年进出口总额超 20 亿美元，年物流运营能力超 2000 万 t。

公司秉承"价值为本、共赢共生"的经营理念，经过十多年的发展，建立了较为完善的全球商贸物流平台和海外营销网络。公司在美国、缅甸、新加坡、阿联酋等国家和国内上海、昆明、瑞丽、红河等地设立了 10 家全资子公司及 3 家合资参控股公司，在山东日照、广西防城港设有办事机构，在国家物流枢纽布局承载主要城市设有分支机构。

目前公司将业务重心放在除东南亚以外的地区，在港口转运上也尽量选择把关严格的港口。

9 月，YCC 公司接到 KO 公司（总部在巴西）发来的肥料采购订单，拟采购磷酸二铵（diammonium phosphate，DAP）4 万 t，磷酸一铵（monoammonium phosphate，MAP）3 万 t，重过磷酸钙（triple superphophate，TSP）3 万 t，砷酸盐（arsenate，AS）2 万 t，并希望在 12 月 31 日前收到以上货物。经过利润测算，YCC 公司的报价如下：DAP 3000 元/t，MAP 2700 元/t，TSP 3750 元/t，AS 2800 元/t。经双方讨论，最终以以上价格成交。

【案例思考题】

为了尽快完成订单，YCC 公司在沿海城市选择了防城港口、天津港口及龙口港口，每个港口规定最大只能运输 7 万 t 货物。YCC 公司为了完成这笔订单，并且节约一定的成本，最优方案是选择其中两个港口作为运输点。如何选择两个港口的问题就摆在 YCC 公司管理者张经理的面前。

8.1 图的基本概念

图论中所研究的图并非几何学中的图，也不是绘画中的图。我们所关心的仅是图中点的数量，以及点与点之间有无连线，也就是说，我们研究的是某个系统中的元素——点，以及这些元素之间的某种关系——连线。

定义 8.1 如图 8-1 所示，一个图 G 是一个有序二元组 V,E，记为 $G=(V,E)$，其中，① V 为一个有限非空集合，其元素称为 G 的点或顶点，称 V 为 G 的点集，$V=\{v_1,v_2,\cdots,v_n\}$；② E 为 V 中元素的无序对 (v_i,v_j) 所构成的一个集合，其元素称为 G 的边，一般表示为 $e=(v_i,v_j)$，称 E 为 G 的边集。

两个点 u、v 属于 V，若边 $e=(u,v)\in E$，则称 u、v 两点相邻，u、v 为边 (u,v) 的端点，e 为点 u（及点 v）的关联边。

在图 8-1 中，$V=\{v_1,v_2,v_3,v_4,v_5\}$，$E=\{e_1,e_2,e_3,e_4,e_5,e_6,e_7\}$，其中，
$$e_2=(v_1,v_2)$$
$$e_3=(v_1,v_3)$$

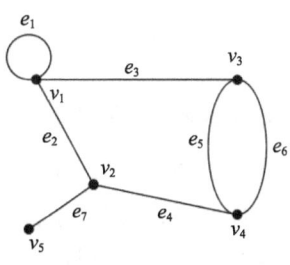

图 8-1 图 G

$$e_4 = (v_2, v_4)$$

边（无向边）是指没有方向的连线。由点及边构成的图为无向图，记为 $G = (V, E)$；边 $e = (v_i, v_j)$。

弧（有向边）是指带有方向的连线。由点及弧构成的图为有向图，记为 $D = (V, A)$；弧 $a = (v_i, v_j)$。

环（自回路）是指两个端点相同的一条边，如图 8-1 中的 e_1。

多重边是指两个点之间超过一条边，如图 8-1 中的 e_5、e_6。

定义 8.2　不含环和多重边的图称为简单图，含有多重边的图称为多重图。

有向图中，两点之间有不同方向的两条边不是多重边。例如，图 8-2（a）和（b）均为简单图，图 8-2（c）和（d）为多重图。

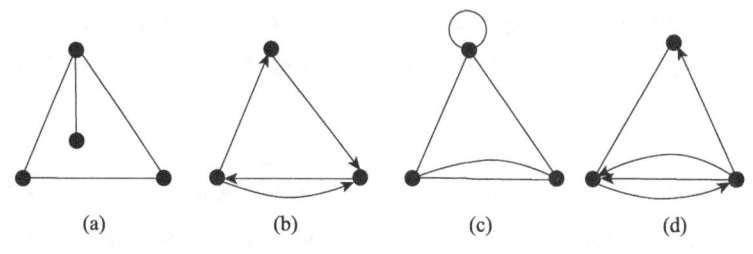

图 8-2　简单图与多重图

定义 8.3　以点 v 为端点的边数称为 v 的次（degree），记为 deg(v)，简记为 d(v)，如图 8-1 中点 v_1 的次 $d(v_1) = 4$，点 v_2 的次 $d(v_2) = 3$，点 v_3 的次 $d(v_3) = 3$。

次为 1 的点称为悬挂点，连接悬挂点的边称为悬挂边，如图 8-1 中 v_5、e_7。

次为 0 的点称为孤立点。

次为奇数的点称为奇点；次为偶数的点称为偶点。

定理 8.1　任何图中，顶点次数的总和等于边数的 2 倍。

证明：因为每条边必与两个顶点关联，在计算点的次时，每条边均被计算了两次，所以顶点次数的总和等于边数的 2 倍。

定理 8.2　任何图中，次为奇数的顶点必为偶数个。

证明：设 V_1 和 V_2 分别为图 G 中奇点与偶点的集合（$V_1 \cup V_2 = V$）。由定理 8.1 知，$2m$（m 为图的边数）为偶数，而

$$\sum_{v \in V_1} d(v) + \sum_{v \in V_2} d(v) = \sum_{v \in V} d(v) = 2m$$

定义 8.4　有向图中，以 v_i 为始点的边数称为点 v_i 的出次，用 $d^+(v_i)$ 表示，以 v_i 为终点的边数称为点 v_i 的入次，用 $d^-(v_i)$ 表示。点 v_i 的出次与入次之和就是该点的次。容易证明，有向图中，所有顶点的入次之和等于所有顶点的出次之和。

定义 8.5　对于图 $G = (V, E)$，若 E' 为 E 的子集，V' 为 V 的子集，且 E' 中的边仅与 V' 中的顶点相关联，则称 $G' = (V', E')$ 为 G 的一个子图。特别地，若 $V' = V$，则称 G' 为 G 的

生成子图（支撑子图）。例如，图 8-3（b）为图 8-3（a）的子图，图 8-3（c）为图 8-3（a）的生成子图。

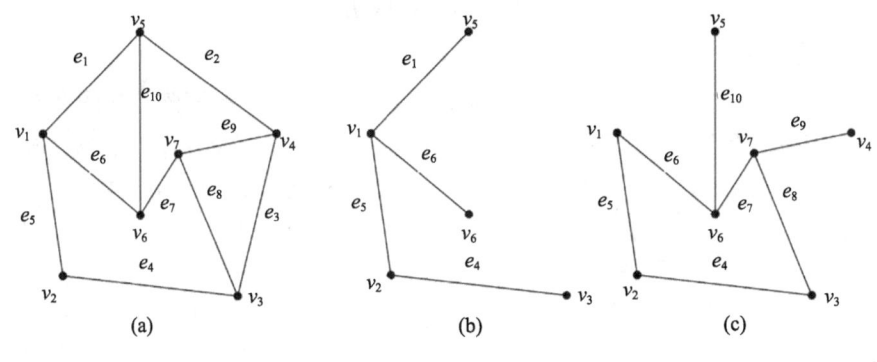

图 8-3　子图

子图在描述图的性质和局部结构中有重要作用。

在实际问题中，只用图来描述研究对象之间的关系往往是不够的，与图联系在一起的通常还有与点或边有关的某些数量指标，常称为权，权可以代表距离、费用、通过能力（容量）等。这种点或边带有某种数量指标的图称为网络（赋权图）。

定义 8.6　给定一个无向图 $G=(V,E)$，若图 G 中某些点与边的交替序列可以排成 $(v_{i_0},e_{i_1},v_{i_1},e_{i_2},\cdots,v_{i_{k-1}},e_{i_k},v_{i_k})$ 的形式，且 $e_{i_t}=(v_{i_{t-1}},v_{i_t})(t=1,2,\cdots,k)$，则称这个点边序列为连接 v_{i_0} 与 v_{i_k} 的一条链，链长为 k。

点边序列中没有重复点和重复边的链称为初等链。

图 8-4 中，$S=\{v_6,e_6,v_5,e_7,v_1,e_8,v_5,e_7,v_1,e_9,v_4,e_4,v_3\}$ 为一条连接 v_6、v_3 的链。

$S_1=\{v_6,e_6,v_5,e_5,v_4,e_4,v_3\}$ 为初等链。

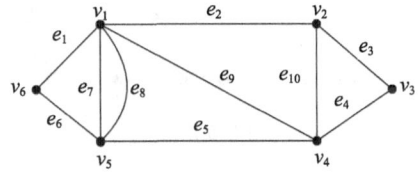

图 8-4　无向图 G

定义 8.7　对于无向图 $G=(V,E)$，在 $(v_{i_0},e_{i_1},v_{i_1},e_{i_2},\cdots,v_{i_{k-1}},e_{i_k},v_{i_k})$ 中，当 v_{i_0} 与 v_{i_k} 是同一个点时，称此链为圈。既无重复点也无重复边的圈称为初等圈。

图 8-4 中，$\{v_1,e_7,v_5,e_8,v_1\}$ 为一个圈，也为初等圈。

图 G 中，若任何两个点之间至少有一条链，则称 G 为连通图，否则称 G 为不连通图。若 G 为不连通图，它的每个连通部分称为 G 的一个连通分图（也称分图）。

在应用图与网络理论时将面临如何分析、计算较大型网络的问题，这当然需借助快速的计算工具——计算机。那么，如何将一个图表示在计算机中，或者如何在计算机中存储一个图呢？目前最基本的方法就是采用矩阵表示一个图，根据不同的问题，图的矩阵分为邻接矩阵、关联矩阵、权矩阵等。

定义 8.8 对于图 $G=(V,E)$，$|V|=n$，构造一个矩阵 $A=(a_{ij})_{n\times n}$，其中，

$$a_{ij}=\begin{cases}1,(v_i,v_j)\in E\\0,\text{其他}\end{cases}$$

则称矩阵 A 为图 G 的邻接矩阵，如图 8-5 所示。

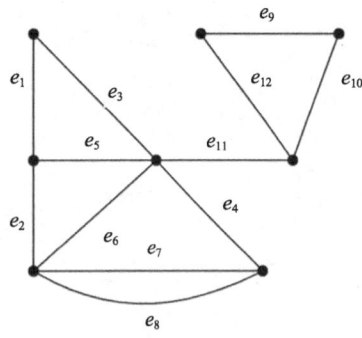

$$A=(a_{ij})_{n\times n}=\begin{array}{c}\\v_1\\v_2\\v_3\\v_4\\v_5\\v_6\\v_7\\v_8\end{array}\begin{pmatrix}v_1 & v_2 & v_3 & v_4 & v_5 & v_6 & v_7 & v_8\\0 & 1 & 0 & 0 & 1 & 0 & 0 & 0\\1 & 0 & 1 & 0 & 1 & 0 & 0 & 0\\0 & 1 & 0 & 0 & 1 & 0 & 0 & 2\\0 & 0 & 0 & 0 & 0 & 1 & 1 & 0\\1 & 1 & 1 & 0 & 0 & 0 & 0 & 1\\0 & 0 & 0 & 1 & 0 & 0 & 1 & 0\\0 & 0 & 0 & 1 & 1 & 1 & 0 & 0\\0 & 0 & 2 & 0 & 1 & 0 & 0 & 0\end{pmatrix}$$

图 8-5 邻接矩阵 A 对应的图 G

8.2 树与最小树

树是图论中一类重要的图，实际中很多系统的结构都是树，如图 8-6 所示。

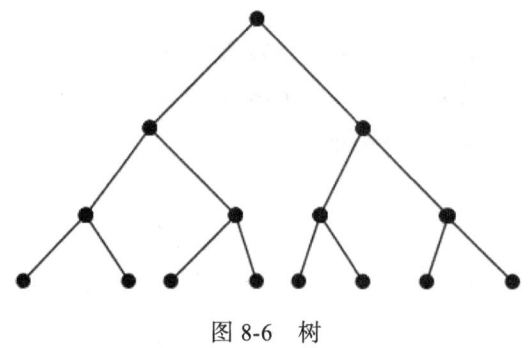

图 8-6 树

定义 8.9 连通且不含圈的图称为树，简记为 $T(V,E)$。

$T(V,E)$ 是一个树，$|V|=n$，$|E|=m$。

⇔ T 无圈，且 $m=n-1$。

⇔ T 连通，且 $m=n-1$。

⇔ T 无圈，但每加上一条新的边即出现唯一的圈。

⇔ T 连通，但每舍去一条边就不连通。

⇔ T 中任意两点由唯一的链相连。

⇔ T 是边数最少的连通图。

定义 8.10 若图 G 的一个点生成子图是一个树，则称此树是图 G 的一个生成树。例如，图 8-7（b）为图 8-7（a）的生成树。

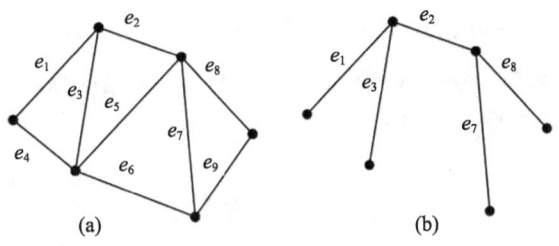

图 8-7 生成树

定理 8.3 图 $G=(V,E)$ 有生成树的充分必要条件为 G 是连通图。（证明略。）

定义 8.11 若 T_k 是加权图 G 的一棵树，则树 T_k 的全部边的权之和称为树 T_k 的权，记为

$$\omega(T_k) = \sum \omega(e), \quad \forall e \in T_k$$

最小支撑树 T^* 是加权图 G 的一棵最小树，即

$$\omega(T^*) = \min\{\omega(T_k)\}$$

求图的最小支撑树的两种算法如下。

（1）破圈法。任取一个圈，从圈中去掉一条权最大的边，重复这个步骤，直到图中不含圈。例如，给定图 G 的一棵生成树，如图 8-8（a）所示，任取一个圈 $\{v_1,v_2,v_0,v_1\}$，去掉最大权边 (v_1,v_2)；取圈 $\{v_2,v_3,v_0,v_2\}$，去掉最大权边 (v_0,v_3)；取圈 $\{v_2,v_3,v_4,v_0,v_2\}$，去掉最大权边 (v_0,v_4)；取圈 $\{v_2,v_3,v_4,v_5,v_6,v_0,v_2\}$，去掉最大权边 (v_4,v_5)……直到无圈可破，得图 8-8（b），最小权为 13。

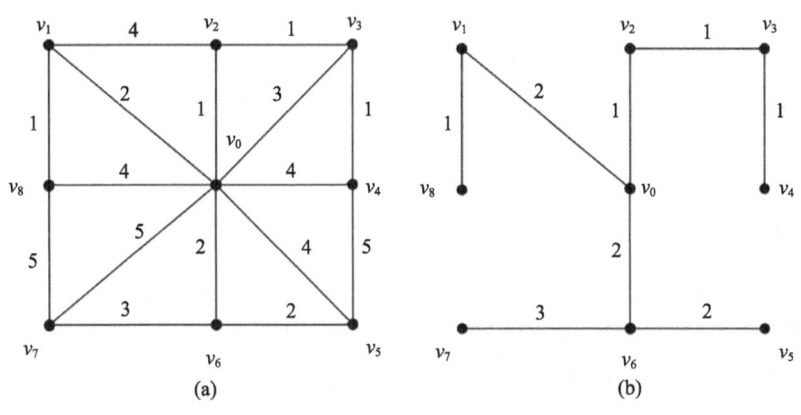

图 8-8 破圈法生成的最小支撑树

（2）避圈法。选一条最小权的边，逐步从未被选取的边中任选一条权最小的边，且与已选的边不构成圈，直到找不到不构成圈的边。如图 8-8（a）所示，首先，选最小权的边 $e_1=(v_1,v_8)$，$e_2=(v_0,v_2)$，$e_3=(v_2,v_3)$，$e_4=(v_3,v_4)$，因为不构成圈，所以 e_1、e_2、e_3、e_4 都保留；其次，选剩下的最小权的边 $e_5=(v_1,v_0)$，$e_6=(v_0,v_6)$，$e_7=(v_6,v_5)$，因为不构成圈，所以 e_5、e_6、e_7 都保留；再次，选剩下的最小权的边 $e_8=(v_7,v_6)$，因为 $e_9=(v_0,v_3)$ 和 $e_2=(v_0,v_2)$，$e_3=(v_2,v_3)$ 要构成圈，所以不保留 e_9，只保留 $e_8=(v_7,v_6)$；最后，因为已

经无法再添加任何一条边，所以最后保留 $e_1=(v_1,v_8)$，$e_2=(v_0,v_2)$，$e_3=(v_2,v_3)$，$e_4=(v_3,v_4)$，$e_5=(v_1,v_0)$，$e_6=(v_0,v_6)$，$e_7=(v_6,v_5)$，$e_8=(v_7,v_6)$。

用避圈法所得最小支撑树与用破圈法所得最小支撑树有一样的权，如图 8-8（b）所示。

8.3 最短路问题

8.3.1 案例问题

在了解图和树的相关理论知识后，张经理认识到，可以先把这个运输问题转化为一个网络图，再进行分析。于是张经理绘制了一张加工厂到港口的运输路线图，等比例简化了路线和距离。图 8-9 是张经理绘制的加工厂（位于湖北省）到防城港口（位于广西壮族自治区）的路线图，其中，点表示岔路口，边表示公路，L_{ij} 为运输点间公路距离（单位为 km）。看着运输路线图，张经理突然想到，假设货物运输量一定，单位公路距离成本由可变成本油价和固定成本组成。若想运输成本最低，就得油价最低，本质就是路线最短，也就是说，这其实是一个最短路问题。思索到这里，为了解决 YCC 公司的货物运输问题，张经理打算采用迪杰斯特拉（Dijkstra）算法尽快制订方案。

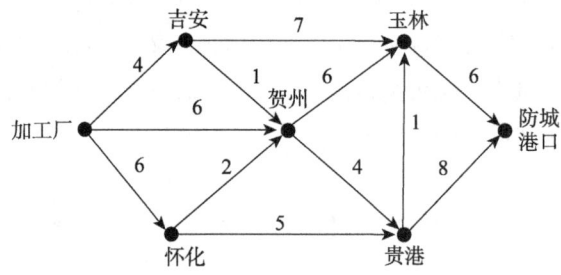

图 8-9 加工厂到港口的路线图

8.3.2 基本知识

最短路问题是网络分析中应用最广泛的问题之一。尽管前面介绍了用动态规划方法求解该问题，但有时求解难度较大，此时图论的方法十分有效。

最短路问题的一般描述如下：$G=(V,E)$ 为连通图，图中各边 (v_i,v_j) 有权 l_{ij}（$l_{ij}=\infty$ 表示 v_i 与 v_j 间无边），v_s、v_t 为图中任意两指定点，求一条路 μ，使其为从 v_s 到 v_t 的所有路中最短（路中各边的权之和最小）的一条路，即

$$L(\mu)=\min\sum_{(v_i,v_j)\in\mu}l_{ij}$$

Dijkstra 算法可采用两种标号：T 标号与 P 标号，T 标号为试探性标号，P 标号为永久性标号，给点 v_i 一个 P 标号表示从点 v_s 到点 v_i 的最短路权，点 v_i 的标号不再改变。给点 v_i 一个 T 标号表示从点 v_s 到点 v_i 的估计最短路权的上界，是一种临时标号，凡没有得到 P 标号的点都有 T 标号。Dijkstra 算法的每步都把某点的 T 标号改为 P 标号，当终点 v_t

得到 P 标号时,全部计算结束。

Dijkstra 算法具体步骤如下。

(1) 给始点 v_s 以 P 标号,$P(v_s)=0$,其余各点均给 T 标号,$T(v_i)=\infty$。

(2) 若点 v_i 为刚得到 P 标号的点,考虑这样的点 v_j:边 (v_i,v_j) 属于 E,且点 v_j 为 T 标号。对点 v_j 的 T 标号进行如下更改:

$$T(v_j) = \min[T(v_j), P(v_i)+l_{ij}]$$

(3) 比较所有具有 T 标号的点,把最小者改为 P 标号,即

$$P(\overline{v_i}) = \min[T(v_i)]$$

当存在两个以上最小者时,可同时改为 P 标号。若全部点均为 P 标号,则停止。否则用 $\overline{v_i}$ 代替 v_i,转回步骤(2)。

8.3.3 案例求解

1. 建立模型

模型如图 8-10 所示。

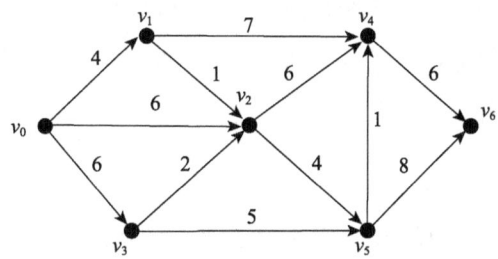

图 8-10 最短路问题案例模型

(1) 给点 v_0 以 P 标号,$P(v_0)=0$,给其余所有点以 T 标号:

$$T(v_i) = \infty \ (i=1,2,\cdots,6)$$

(2) 由于边 (v_0,v_1)、(v_0,v_2)、(v_0,v_3) 属于 E,且点 v_1、v_2、v_3 为 T 标号,可以修改这 3 个标号:

$$T(v_1) = \min[T(v_1), P(v_0)+l_{01}] = \min[\infty, 0+4] = 4$$
$$T(v_2) = \min[T(v_2), P(v_0)+l_{02}] = \min[\infty, 0+6] = 6$$
$$T(v_3) = \min[T(v_3), P(v_0)+l_{03}] = \min[\infty, 0+6] = 6$$

比较所有 T 标号,$T(v_1)$ 最小,令 $P(v_1)=T(v_1)=4$。

(3) v_1 为刚得到 P 标号的点,考察边 (v_1,v_2)、(v_1,v_4) 的端点 v_2、v_4:

$$T(v_2) = \min[T(v_2), P(v_1)+l_{12}] = \min[\infty, 4+1] = 5$$
$$T(v_4) = \min[T(v_4), P(v_1)+l_{14}] = \min[\infty, 4+7] = 11$$

比较所有 T 标号,$T(v_2)$ 最小,令 $P(v_2)=T(v_2)=5$。

（4）v_2 为刚得到 P 标号的点，考察边 (v_2,v_4)、(v_2,v_5) 的端点 v_4、v_5：

$$T(v_4) = \min[T(v_4), P(v_2) + l_{24}] = 11$$
$$T(v_5) = \min[T(v_5), P(v_2) + l_{25}] = 9$$

比较所有 T 标号，即 $T(v_3) = 6$，$T(v_4) = 11$，$T(v_5) = 9$，$T(v_3)$ 最小，令 $P(v_3) = T(v_3) = 6$。

（5）考察点 v_3，旁边的点只有点 v_5 不是 P 标号：

$$T(v_5) = \min[T(v_5), P(v_3) + l_{35}] = \min[9, 6+5] = 9$$

因此令 $P(v_5) = T(v_5) = 9$。

（6）考察点 v_5：

$$T(v_4) = \min[T(v_4), P(v_5) + l_{54}] = 10$$
$$T(v_6) = \min[T(v_6), P(v_5) + l_{56}] = 17$$

因此令 $P(v_4) = T(v_4) = 10$。

（7）考察点 v_4：

$$T(v_6) = \min[T(v_6), P(v_4) + l_{46}] = 16$$

因此令 $P(v_6) = T(v_6) = 16$。

（8）由所有 P 标号可得，最短路径为 $v_0 \to v_1 \to v_2 \to v_5 \to v_4 \to v_6$。

由此最短路径选择如下：v_0 加工厂 $\to v_1$ 吉安 $\to v_2$ 贺州 $\to v_5$ 贵港 $\to v_4$ 玉林 $\to v_6$ 防城港口，其路径长度为 16km。

2. 用 Excel 求解

图 8-11 给出了电子表格模型。对于每条被选中的从加工厂到防城港口的路，可变单元格 On Route（C3:C14）给出的流量为 1，0 表示没有被选中。路径 min（B16）给出了该条路线以 km 为单位的总距离（见图 8-11 底部该单元格内的公式）。A 列表示一条弧的始点，B 列表示一条弧的终点。

在 Excel 中，函数 SUMIF(A,B,C)的作用如下：当 A 中某些行的值与 B 相同时，将所对应 C 中的值相加。该函数在计算网络节点流量时非常有用。

在净流量 H 列中使用两个 SUMIF 函数的差来计算每个节点产生的净流量（流出节点的流量减去流入节点的流量）。对于每点，第一个 SUMIF 函数计算流出节点的流量，第二个 SUMIF 函数计算流入节点的流量。以加工厂节点（H3）为例，SUMIF(A3:A14,G3,C3:C14)的含义如下：当单元格 From（A3:A14）中某些行的值与 G3 的值相同时，就将 On Route（C3:C14）中对应这些行的值加总。同样，SUMIF(B3:B14,G3,C3:C14)的含义如下：当单元格 To（B3:B14）中某些行的值与 G3 的值相同时，就将 On Route（C3:C14）中对应这些行的值加总。

在规划求解参数窗口中，对应的约束条件即节点(H3:H9)=(J3:J9)。On Route（C3:C14）给出的解是运行规划求解后得到的最优解。

在求出加工厂到防城港口的路径后，张经理随后根据相同的方法求出了加工厂到天津港口和龙口港口的距离，进行对比后，优先选择了防城港口和龙口港口。

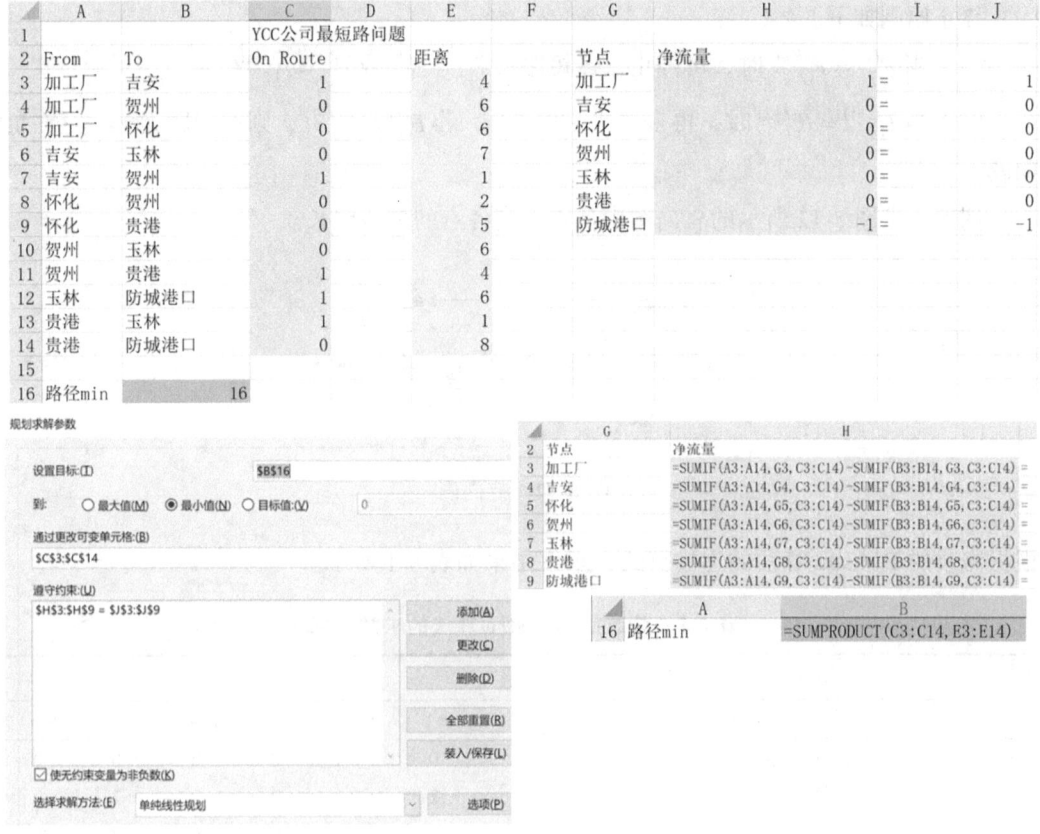

图 8-11　最短路问题电子表格模型

8.3.4　修改的 Dijkstra 算法

使用 Dijkstra 算法必须满足一个条件——在图 G 中所有边的权 $l_{ij} \geqslant 0$。若在图 G 中存在负权边(这种情形只针对有向图)时,必须对 Dijkstra 算法加以修改,称为修改的 Dijkstra 算法。修改的 Dijkstra 算法具体步骤如下。

图 G 中所有边的权为 l_{ij},设从 v_1 到 $v_j(j=1,2,\cdots,t)$ 的最短路长为 P_{1j};

v_1 到 v_j 无任何中间点:

$$P_{1j}^{(1)} = l_{1j}$$

v_1 到 v_j 中间最多经过 1 个点:

$$P_{1j}^{(2)} = \min\{P_{1j}^{(1)},\ P_{1i}^{(1)} + l_{ij}\}$$

v_1 到 v_j 中间最多经过 2 个点:

$$P_{1j}^{(3)} = \min\{P_{1j}^{(2)}, P_{1i}^{(2)} + l_{ij}\}$$

……

v_1 到 v_j 中间最多经过 $t-2$ 个点:

$$P_{1j}^{(t-1)} = \min\{P_{1j}^{(t-2)}, P_{1i}^{(t-2)} + l_{ij}\}$$

终止原则如下。

（1）当 $P_{1j}^{(k)} = P_{1j}^{(k+1)}$ 时，可停止，最短路长 $P_{1j}^* = P_{1j}^{(k)}$ 或 $P_{1j}^* = P_{1j}^{(k+1)}$。

（2）当 $P_{1j}^{(t-1)} = P_{1j}^{(t-2)}$ 时，再多迭代一次 $P_{1j}^{(t)}$，若 $P_{1j}^{(t)} = P_{1j}^{(t-1)}$，则原问题无解，存在负回路。

例如，求图 8-12 所示的有向图中从点 v_1 到各点的最短路长。

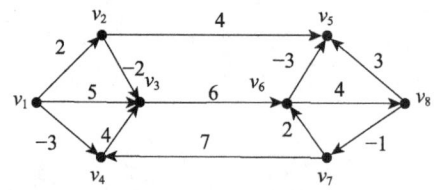

图 8-12　有向图

根据修改的 Dijkstra 算法的递推公式，求解结果如表 8-1 所示。

表 8-1　修改的 Dijkstra 算法的求解结果

	l_{ij}								$d^{(t)}(v_1, v_j)$					
	v_1	v_2	v_3	v_4	v_5	v_6	v_7	v_8	$t=1$	$t=2$	$t=3$	$t=4$	$t=5$	$t=6$
v_1	0	2	5	−3					0	0	0	0	0	0
v_2		0	−2		4				2	2	2	2	2	2
v_3			0			6			5	0	0	0	0	0
v_4			4	0					−3	−3	−3	−3	−3	−3
v_5					0						6	6	3	3	3
v_6					−3	0		4		11	6	6	6	6
v_7				7		2	0					14	9	9
v_8					3		−1	0			15	10	10	10

注：空格处为∞。

8.4　最大流问题

8.4.1　案例背景

虽然张经理解决了从加工厂运往港口的路线问题，但是工厂的供应问题没有得到合理的解决，可能是维持生产线运转所需的原材料没有到货，或者是虽然到货，但由于货量太少而频繁停工，又或者是延误了向一个重要客户发送货物。下面介绍一个典型事件。公司最重要的一个生产中心（即位于武汉）需要从公司总仓库（位于成都）紧急增运原材料来满足买方货物需求。

张经理需要尽快制订方案，使得下个月从公司总仓库运送到生产中心的原材料尽可能多。他已经认识到了这是一个最大流问题：使得从公司总仓库运送到生产中心的原材料流最大的问题。

因为总仓库能运输的原材料数量远大于能够运送到生产中心的数量，所以可以运送原材料数量的上限就是该公司配送网络的容量。配送网络图如图 8-13 所示。

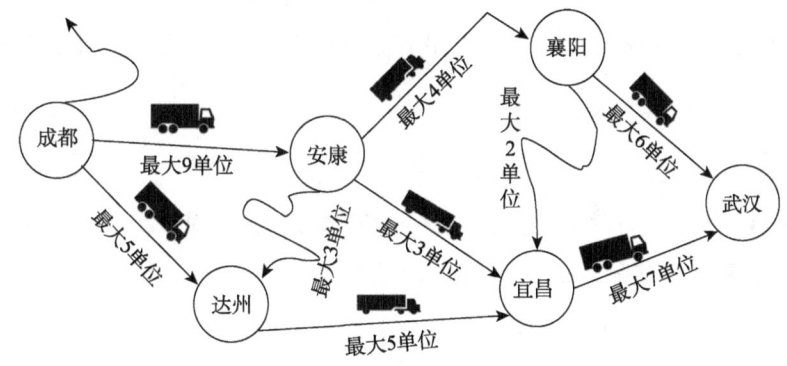

图 8-13　配送网络图

8.4.2　基本概念

1. 网络与流

定义 8.12　给定一个有向图 $D=(V,A)$，在 V 中有一个发点 v_s 和一个收点 v_t，其余的点为中间点。每条弧 (v_i,v_j) 对应一个 $c(v_i,v_j) \geq 0$，c_{ij} 称为弧的容量。这样的有向图称为容量网络，记为 $D=(V,A,C)$。

2. 可行流与最大流

定义 8.13　给定在弧集合 A 上的一个集合 $f=\{f(v_i,v_j)\}$ 为网络 G 上的一个流，$f(v_i,v_j)$ 为弧 (v_i,v_j) 上的流量，简记为 f_{ij}，称满足下列条件的流 f 为可行流。

（1）容量限制条件。对 D 中每条弧 (v_i,v_j)，有 $0 \leq f_{ij} \leq c_{ij}$。

（2）平衡条件。

对于中间点 v_i，有

$$\sum_{(v_i,v_j)\in A} f_{ij} - \sum_{(v_k,v_i)\in A} f_{ki} = 0$$

对于发点 v_s，有

$$\sum_{(v_s,v_j)\in A} f_{sj} = v(f)$$

对于收点 v_t，有

$$\sum_{(v_j,v_t)\in A} f_{jt} = v(f)$$

其中，$v(f)$ 为可行流 f 的流量，即发点的净输出量（或收点的净输入量）。

最大流问题就是求一个流 $\{f_{ij}\}$，使其流量 $v(f)$ 达到最大，并且满足：

$$0 \leq f_{ij} \leq c_{ij}$$

$$\sum f_{ij} - \sum f_{ki} = \begin{cases} v(f), & i = s \\ 0, & i \neq s, t \\ -v(f), & i = t \end{cases}$$

定理 8.4（最大流定理） 可行流是最大流的充分必要条件是不存在关于该可行流的增广链。

3. 增广链

定义 8.14 给定可行流 $f = \{f_{ij}\}$，$f_{ij} = c_{ij}$ 的弧称为饱和弧，$f_{ij} < c_{ij}$ 的弧称为非饱和弧，$f_{ij} = 0$ 的弧称为零流弧，$f_{ij} > 0$ 的弧称为非零流弧。

若 μ 为网络中连接发点 v_s 和收点 v_t 的一条链，定义链的方向是从 v_s 到 v_t，则链上的弧被分成两类。

（1）前向弧：弧的方向与链的方向一致，其全体用 μ^+ 表示。

（2）后向弧：弧的方向与链的方向相反，其全体用 μ^- 表示。

定义 8.15 设 f 是一个可行流，μ 是从 v_s 到 v_t 的一条链，若 μ 满足下列条件，则称为（关于流 f 的）一条增广链：若弧 $(v_i, v_j) \in \mu^+$，则 $0 \leq f_{ij} < c_{ij}$；若弧 $(v_i, v_j) \in \mu^-$，则 $0 < f_{ij} \leq c_{ij}$。

定理 8.5（增广链调整定理） 在增广链上对可行流进行调整可以得到一个流量更大的可行流。

4. 最小截集

定义 8.16 给定网络 $D = (V, A, C)$，若有边集 A' 为 A 的子集，将点集 V 分为两个非空集合 V_1 和 $\overline{V_1}$，使 $v_s \in V_1$，$v_t \in \overline{V_1}$，则边集 $A' = (V_1, \overline{V_1})$ 称为（分离 v_s 和 v_t 的）截（割）集。截集是从 v_s 到 v_t 的必经之路。

定义 8.17 给定一个截集 $(V_1, \overline{V_1})$，其中所有弧的容量之和称为这个截集的容量（截量），记为 $c(V_1, \overline{V_1})$，且 $v(f) \leq c(V_1, \overline{V_1})$。

定理 8.6（最大流-最小割定理） 任意一个网络 D 中，从 v_s 到 v_t 的最大流的流量等于分离 v_s、v_t 的最小割的容量。也就是说，容量网络上任何一个可行流的流量不超过任何一个截集的截量。

8.4.3 寻找最大流的标号法

选取一个可行流 f（可选择零流弧），标号的方法可分为两步：①标号过程，通过标号来寻找增广链；②调整过程，沿增广链调整 f 以增加流量。

1. 标号过程

（1）从 v_s 出发，给 v_s 以标号 $(\Delta, +\infty)$。

（2）选择一个已标号的点 v_i，对于 v_i 的所有未给标号的邻接点 v_j 按下列规则标号：

若弧 (v_i, v_j) 是前向弧，且 $f_{ij} < c_{ij}$，则给 v_j 标号 $(v_i, l(v_j))$，其中，$l(v_j) = \min[l(v_i), c_{ij} - f_{ij}]$。

若弧 (v_j, v_i) 是后向弧，且 $f_{ji} > 0$，则给 v_j 标号 $(-v_i, l(v_j))$，其中，$l(v_j) = \min[l(v_i), f_{ji}]$。

（3）重复步骤（2），直到标号延续到 v_t，则得到一条从 v_s 到 v_t 的增广链 μ，转入调整过程。否则，若 v_t 未获得标号，标号过程无法进行，则当前流 f 即最大流。

2. 调整过程

（1）流量调整。调整量 $\theta = l(v_t)$，构造新的可行流 f'，令

$$f'_{ij} = \begin{cases} f_{ij} + \theta, & (v_i, v_j) \in \mu^+ \\ f_{ij} - \theta, & (v_i, v_j) \in \mu^- \\ f_{ij}, & (v_i, v_j) \notin \mu \end{cases}$$

（2）去掉所有的标号，回到步骤（1），对于新的可行流 $f' = \{f'_{ij}\}$，重新进入标号过程。

8.4.4 案例求解

图 8-14 是这个最大流问题的网络模型。这个网络没有显示该配送网络具体的地理分布，而是简单地把各节点（代表不同的城市）均匀地排成数列。节点间的弧代表运输路线，每条弧的容量（弧括号内的左边数字）代表在这条运输路线上所能得到的运输空间的数量（即配载量 c），每条弧的流量（弧括号内的右边数字）代表现在在这条运输路线上已经运输的量（即运输量 f）。这个问题的目标是确定通过每条弧发送多少流量（即通过每条运输路线可以运送多少单位的货物），使得从总仓库到生产中心的总运输量最大。

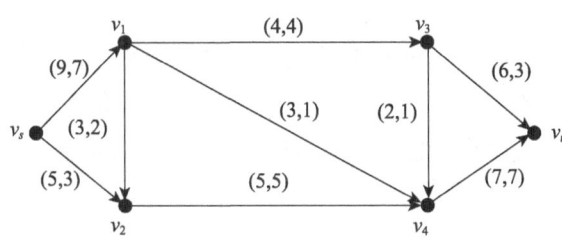

图 8-14 最大流问题案例模型

1. 标号过程

（1）给 v_s 标上 (Δ, ∞)。

（2）检查 v_s，在弧 (v_s, v_1) 上，$f_{s1} = 7$，$c_{s1} = 9$，$f_{s1} < c_{s1}$，则 v_1 的标号为 $(v_s, l(v_1))$，其中，

$$l(v_1) = \min[l(v_s), c_{s1} - f_{s1}] = \min[\infty, 9 - 7] = 2$$

（3）检查 v_1，在弧 (v_1, v_3) 上，$f_{13} = c_{13} = 4$，不满足标号条件。在弧 (v_1, v_4) 上，$f_{s1} = 1$，$c_{s1} = 3$，$f_{s1} < c_{s1}$，则 v_4 的标号为 $(v_1, l(v_4))$，其中，

$$l(v_4) = \min[l(v_1), c_{14} - f_{14}] = \min[2, 3 - 1] = 2$$

（4）检查 v_4，在弧 (v_4,v_3)（后向弧）上，$f_{34}=1>0$，则 v_3 的标号为 $(-v_4,l(v_3))$，其中，

$$l(v_3)=\min[l(v_4),f_{34}]=\min[2,1]=1$$

（5）检查 v_3，在弧 (v_3,v_t) 上，$f_{3t}=3$，$c_{3t}=6$，$f_{3t}<c_{3t}$，则 v_t 的标号为 $(v_3,l(v_t))$，其中，

$$l(v_t)=\min[l(v_3),c_{3t}-f_{3t}]=\min[1,6-3]=1$$

因终点 v_t 有了标号，故得到了一条增广链，如图 8-15 中的虚线所示，其中，

$$\mu^+=\{(v_s,v_1),(v_1,v_4),(v_3,v_t)\}, \quad \mu^-=\{(v_3,v_4)\}$$

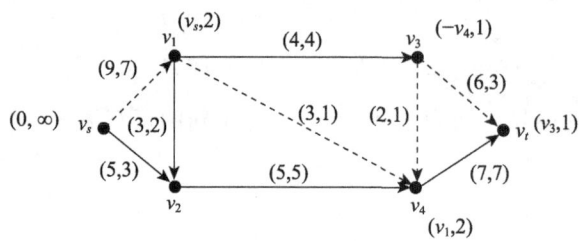

图 8-15 一条增广链

2. 调整过程

取调整量 $\theta=1$，在 μ 上调整 f：

$$在 \mu^+ 上：f_{s1}+\theta=7+1=8$$
$$f_{14}+\theta=1+1=2$$
$$f_{3t}+\theta=3+1=4$$
$$在 \mu^- 上：f_{43}-\theta=1-1=0$$

由此得到图 8-16。在图 8-16 中重复上述标号过程，依次给 v_s、v_2、v_1、v_4 标号后，由于标号无法继续，算法结束。这时的流为最大流，最大流的流量为 $v(f)=8+3=11$。

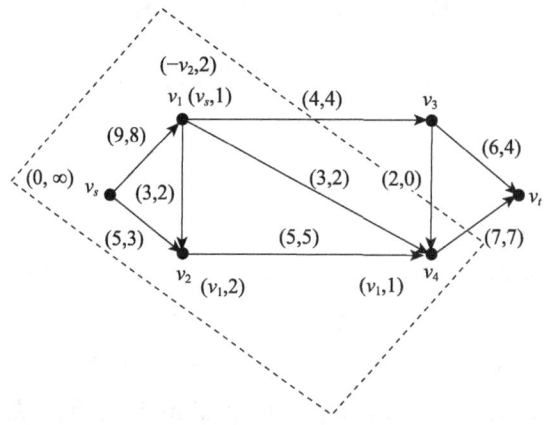

图 8-16 重复标号过程

与此同时，可找到最小截集 $(V_1,\overline{V_1})=\{(v_1,v_3),(v_1,v_4),(v_2,v_4)\}$，其中，$V_1$ 为标号点集合，

$\overline{V_1}$ 为未标号点集合。

3. 用 Excel 求解

对应的电子表格模型如图 8-17 所示，所用的格式和图 8-11 一样，只是目标单元格最大流（B14）得到的数据是从成都（H4）运出的总流量。

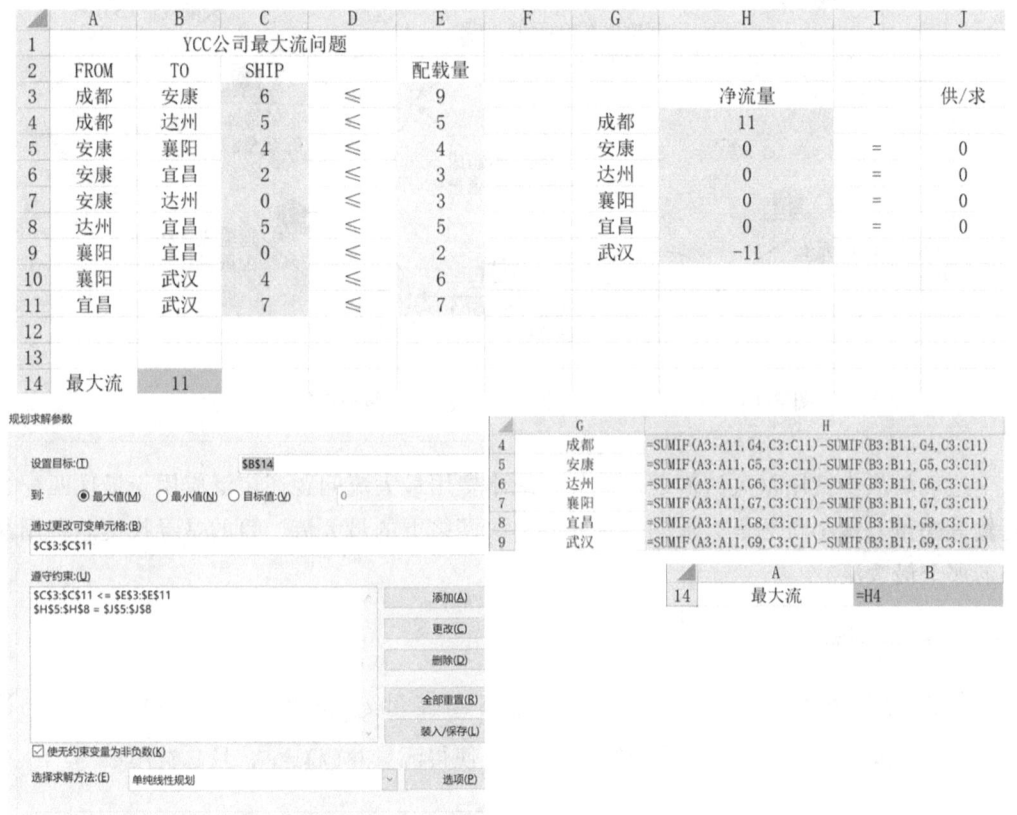

图 8-17 最大流问题电子表格模型

图 8-17 中的可变单元格 SHIP（C3:C11）中显示的是通过各条运输路线运输量的最优解。

8.5 最小费用最大流问题

8.5.1 案例背景

基于上面案例，港口选择最终为防城和龙口后，YCC 公司向中国远洋海运集团询得了从装港到目的国巴西的每条航程海运费，以及每个站点可通过的最大船型配载量。防城港口到釜山运输成本为 150 元/t，最大配载量为 5 万 t；到新加坡运输成本为 200 元/t，最大配载量为 8 万 t。龙口港口到新加坡运输成本为 260 元/t，最大配载量为 4.5 万 t；到香港运输成本为 250 元/t，最大配载量为 6 万 t。在总货物为 12 万 t 的情况下（DAP 4 万 t，

MAP 3 万 t，TSP 3 万 t，AS 2 万 t），请问如何安排各港口及中转站的货物流量，可以使到达目的国的总费用最小？（数据整理如图 8-18 所示。）

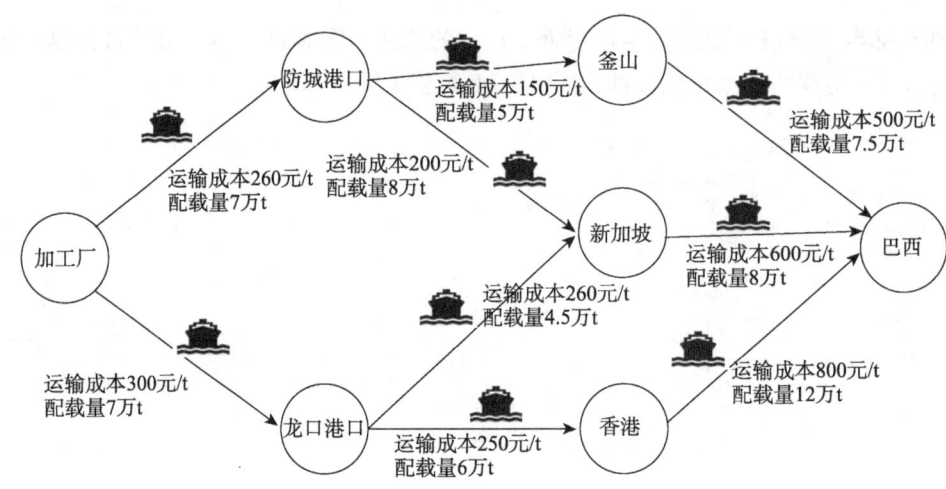

图 8-18　从加工厂到各港口及中转站的运输成本及配载量

这就是最小费用最大流问题。此外，最小费用最大流问题还广泛应用于最优匹配、运输等决策。最小费用最大流问题首先要解决网络上的最大流，目的是寻找使总费用最小的那个最大流。

8.5.2　基本概念

已知容量网络 $G = (V, E, C)$ 的每条边包含容量 c_{ij} 和单位流量的费用 d_{ij}，记 $G = (V, E, C, d)$。求 G 的一个可行流 $f = \{f_{ij}\}$，使得流量 $W(f) = v$，且总费用最小。

$$d(f) = \sum_{(v_i, v_j)} d_{ij} f_{ij}$$

特别地，当要求 f 为最大流时，此问题即最小费用最大流问题。

定义 8.18　已知网络 $G = (V, E, C, d)$，f 是 G 上的一个可行流，μ 为从 v_s 到 v_t 的（关于 f 的）增广链，$d(\mu) = \sum_{\mu^+} d_{ij} - \sum_{\mu^-} d_{ij}$ 称为链 μ 的费用。

若 μ^* 是从 v_s 到 v_t 所有增广链中费用最小的链，则称 μ^* 为最小费用增广链。

要求最小费用的最大流，可以借鉴最大流问题。首先找一个流量为 $W(f^{(0)}) < v$ 的最小费用流 $f^{(0)}$，然后寻找从 v_s 到 v_t 的增广链 μ，用最大流方法将 $f^{(0)}$ 调整到 $f^{(1)}$，使 $f^{(1)}$ 流量为 $W(f^{(0)}) + \theta$，且保证 $f^{(1)}$ 是在 $W(f^{(0)}) + \theta$ 流量下的最小费用流，不断进行，直到 $W(f^{(k)}) = v$。

可以证明，若 f 是流量为 $W(f)$ 的最小费用流，μ 是关于 f 的从 v_s 到 v_t 的一条最小费用增广链，则 f 经过 μ 调整流量 θ 得到的新可行流 f'（记为 $f' = f_\mu \theta$）一定是流量为

$W(f)+\theta$ 的可行流中的最小费用流。

由于 $d_{ij} \geq 0, f = \{0\}$ 为流量为 0 的最小费用流，初始最小费用流可以取 $f^0 = \{0\}$，余下的问题是如何寻找关于 f 的最小费用增广链。为了计算方便，我们构造一个长度网络。

定义 8.19 对网络 $G = (V, E, C, d)$，有可行流 f，保持原有网络各点，每条边用两条方向相反的有向边 (v_i, v_j) 和 (v_j, v_i) 代替，各边的权 l_{ij} 遵循如下规划。

（1）当边 $(v_i, v_j) \in E$ 时，令 $l_{ij} = \begin{cases} d_{ij}, & f_{ij} < c_{ij} \\ \infty, & f_{ij} = c_{ij} \end{cases}$（其中，$\infty$ 说明这条边已饱和，不能再增大流量，权为 ∞ 的边也可以去掉）。

（2）当 (v_j, v_i) 为原来 G 中边 (v_i, v_j) 的反向边时，令 $l_{ji} = \begin{cases} -b_{ij}, & f_{ij} > 0 \\ \infty, & f_{ij} = 0 \end{cases}$（其中，$\infty$ 说明此边流量已减少到 0，不能再减少，权为 ∞ 的边也可以去掉）。

这样得到的网络 $L(f)$ 称为长度网络（将费用看作长度）。显然在 G 中求关于 f 的最小费用增广链，就等价于在长度网络 $L(f)$ 中寻找 v_s 到 v_t 的最短路。算法步骤如下。

（1）取零流为初始可行流 $f^{(0)} = 0$，令 $k = 0$。

（2）若有 $f^{(k-1)}$，流量为 $W(f^{(k-1)}) < v$，构造长度网络 $L(f^{(k-1)})$。

（3）在 $L(f^{(k-1)})$ 中，寻找从 v_s 到 v_t 的最短路。若不存在最短路（即最短路长是 ∞），则 $f^{(k-1)}$ 就是最小费用最大流，不存在流量等于 v 的流，停止；若存在最短路，转入步骤（4）。

（4）在 G 中与这条最短路相应的增广链 μ 上做 $f^{(k)} = f_\mu^{(k-1)} \theta$，调整量 θ 为

$$\theta = \min\left\{\min_{\mu^+}(c_{ij} - f_{ij}^{(k-1)}), \min_{\mu^-} f_{ij}^{(k-1)}\right\}$$

令

$$f_{ij}^{(k)} = \begin{cases} f_{ij}^{(k-1)} + \theta, & (v_i, v_j) \in \mu^+ \\ f_{ij}^{(k-1)} - \theta, & (v_i, v_j) \in \mu^- \\ f_{ij}^{(k-1)}, & (v_i, v_j) \notin \mu \end{cases}$$

得到新的可行流 $f^{(k)}$，此时 $f^{(k)}$ 的流量为 $W(f^{(k-1)}) + \theta$，若 $W(f^{(k-1)}) + \theta = v$，则停止，否则，令 $f^{(k)}$ 代替 $f^{(k-1)}$，返回步骤（2）。

8.5.3 案例求解

1. 建立模型

模型如图 8-19 所示，弧括号内的左边数字代表单位费用，单位为元；弧括号内的右边数字代表容量，单位为万 t。

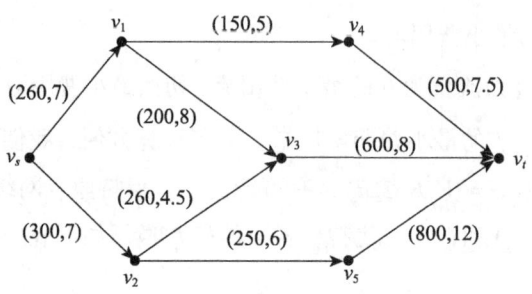

图 8-19 最小费用最大流问题案例模型

取 $f^{(0)}=0$ 为初始可行流，构造长度网络 $L(f^{(0)})$，如图 8-20（a）所示，用 Dijkstra 算法求得 $L(f^{(0)})$ 网络中最短路径为 $v_s \to v_1 \to v_4 \to v_t$，在网络 G 中相应的增广链为 $\mu_1=\{v_s,v_1,v_4,v_t\}$ 上用最大流算法进行流的调整：

$$\mu_1^+ = \{(v_s,v_1),(v_1,v_4),(v_4,v_t)\}$$

$$\mu_1^- = \varphi$$

$$\theta_1 = \min\{7,5,7.5\} = 5$$

$$f^{(1)} = \begin{cases} f_{ij}^{(0)}+5, & (v_i,v_j) \in \mu^+ \\ f_{ij}^{(0)}, & \text{其他} \end{cases}$$

$$W(f^{(1)}) = 5$$

$$d(f^{(1)}) = 5 \times 260 + 5 \times 150 + 5 \times 500 = 4550$$

结果见图 8-20（b）。

作 $L(f^{(1)})$，如图 8-20（c）所示，由于边上有负权，求最短路不能采用 Dijkstra 算法，可采用逐次逼近法，具体过程见表 8-2。最短路径为 $v_s \to v_1 \to v_3 \to v_t$，在网络 G 内相应的增广链上进行调整，得流 $f^{(2)}$，如图 8-20（d）所示。

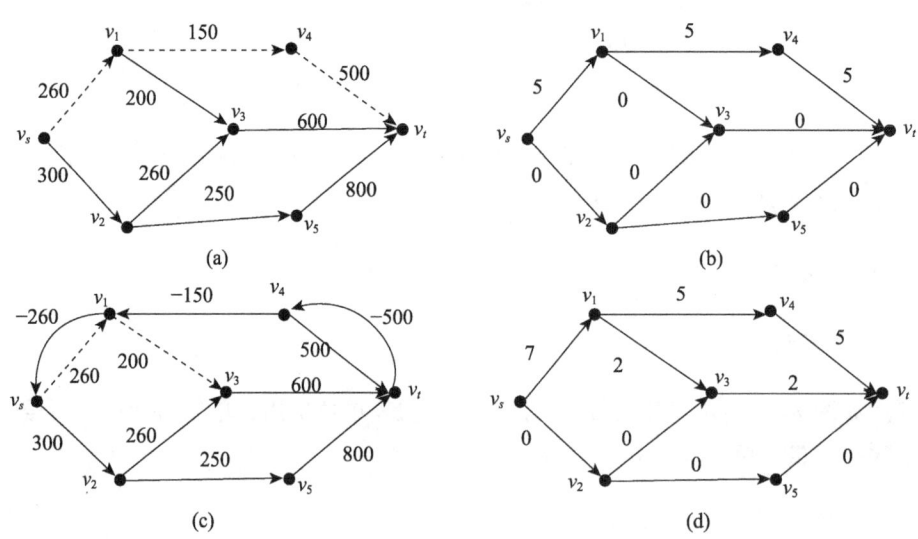

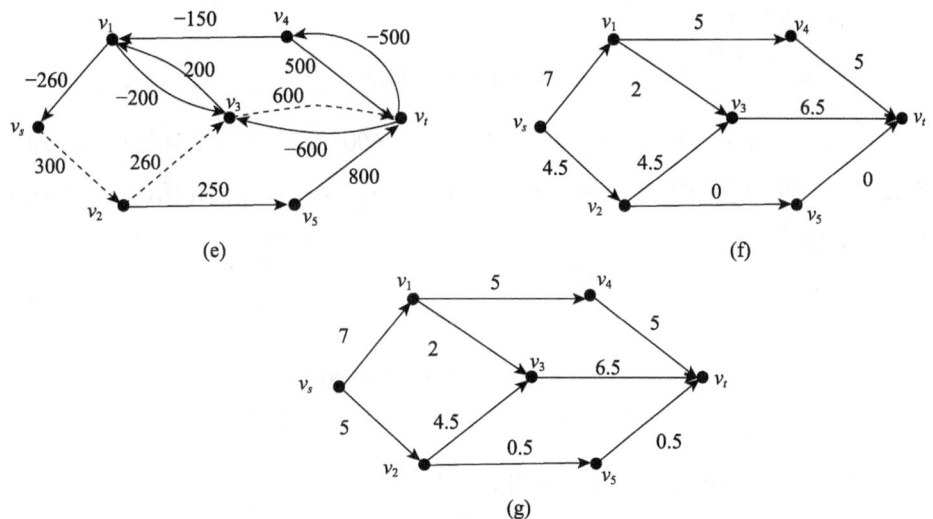

图 8-20 最小费用最大流问题求解过程

表 8-2 求解最短路径（一）

	w_{ij}							$d^{(t)}(v_1, v_j)$				
	v_s	v_1	v_2	v_3	v_4	v_5	v_t	$t=1$	$t=2$	$t=3$	$t=4$	$t=5$
v_s	0	260	300					0	0	0	0	0
v_1	−260	0		200				260	260	260	260	260
v_2			0	260		250		300	300	300	300	300
v_3				0			600		460	460	460	460
v_4		−150			0		500				560	560
v_5						0	800		550	550	550	550
v_t					−500		0			1060	1060	1060

$$W(f^{(2)}) = 7$$
$$d(f^{(2)}) = 7 \times 260 + 5 \times 150 + 5 \times 500 + 2 \times 200 + 2 \times 600 = 6670$$

作 $L(f^{(2)})$，如图 8-20(e) 所示，由表 8-3 得到从 v_s 到 v_t 的最短路径为 $v_s \to v_2 \to v_3 \to v_t$，在网络 G 内调整，得流 $f^{(3)}$，如图 8-20（f）所示。

表 8-3 求解最短路径（二）

	w_{ij}							$d^{(t)}(v_1, v_j)$				
	v_s	v_1	v_2	v_3	v_4	v_5	v_t	$t=1$	$t=2$	$t=3$	$t=4$	$t=5$
v_s	0		300					0	0	0	0	0
v_1	−260	0		200						360	360	360
v_2			0	260		250		300	300	300	300	300
v_3		−200		0			600		560	560	560	560
v_4		−150			0		500				660	660
v_5						0	800		550	550	550	550
v_t				−600	−500		0			1160	1160	1160

$$W(f^{(3)}) = 11.5$$

$$d(f^{(3)}) = 7 \times 260 + 5 \times 150 + 5 \times 500 + 2 \times 200 + 6.5 \times 600 + 4.5 \times 300 + 4.5 \times 260 = 11890$$

作 $L(f^{(3)})$，可以按照上述得到最短路径为 $v_s \to v_2 \to v_5 \to v_t$，在网络 G 内调整，得流 $f^{(4)}$，结果如图 8-20（g）所示。

$$W(f^{(4)}) = 12$$

$$\begin{aligned} d(f^{(4)}) = &\,7 \times 260 + 5 \times 150 + 5 \times 500 + 2 \times 200 + 6.5 \times 600 \\ &+ 5 \times 300 + 4.5 \times 260 + 0.5 \times 250 + 0.5 \times 800 = 12565 \end{aligned}$$

$f^{(4)}$ 即所求的最小费用流，其总费用为 12565 万元。

2. 用 Excel 求解

图 8-21 所示的电子表格模型是根据图 8-19 对该问题的网络描述建立的。A 列和 B 列显示了网络中的弧，E 列则列出了各弧所对应的容量，F 列表明了单位成本。可变单元格 SHIP（C3:C11）列出了通过弧的流量，目标单元格总费用 Min（B14）提供了通过方程计算得出的总费用，这个方程为

B14 = SUMPRODUCT（SHIP，运输成本）=SUMPRODUCT(C3:C11,F3:F11)

规划求解过程中，根据已知的最大流为 12 万 t，设定 I4=12 和 I10=-12。第一组约束条件，即 C3:C11≤E3:E11，保证弧的流量不会超过该弧的容量。

同理，H 列给出了节点，I 列确定了每个节点所产生的净流量（这些净流量是可变单元格中给定的流），K 列表明了每个节点需要产生的净流量。

规划求解参数窗口的第二组约束条件，即 I4:I9=K4:K9，表明每个节点产生的实际净流量必须等于规定净流量。

在净流量（I4:I10）中输入的公式使用了两个 SUMIF 函数的差来计算每个节点产生的净流量（节点流出的流量减去节点流入的流量）。对于每个节点，第一个 SUMIF 函数计算节点流出的流量，第二个 SUMIF 函数计算节点流入的流量。以加工厂节点（H4）为例，SUMIF(A3:A11,H4,C3:C11)的含义为，当单元格 FROM（A3:A11）中某些行的值与 H4 的值相同时，就将 SHIP（C3:C11）中对应这些行的值加总。因为 H4 = 加工厂，且 FROM 列（即 C 列）中只有第 3 行和第 4 行，所以流量列只加总这两行的值，即 C3+C4。同样，SUMIF(B3:B11,H4,C3:C11)的含义为，当单元格 TO（B3:B11）中某些行的值与 H4 的值相同时，就将 SHIP（C3:C11）中对应这些行的值加总。因为 H4 的值即"加工厂"没有出现在流入列中，所以和是 0，即流入量为 0。

规划求解参数窗口的第一个选项规定流量不能为负数，第二个选项则表明这个问题仍然是一个线性规划问题。

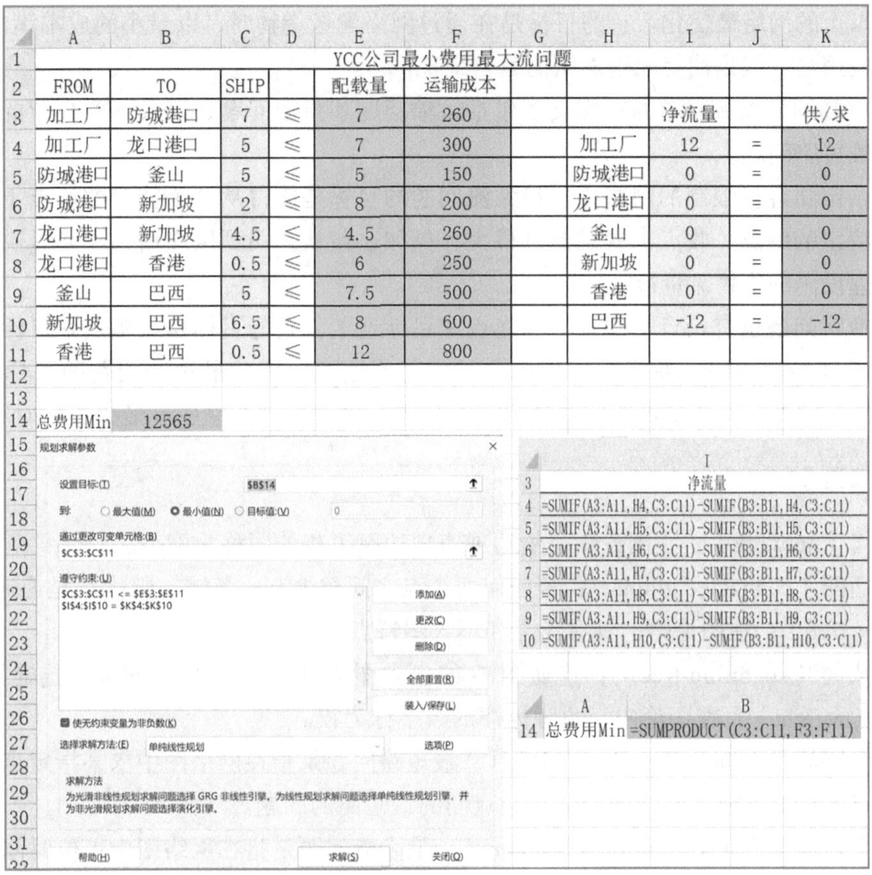

	A	B	C	D	E	F	G	H	I	J	K
1	YCC公司最小费用最大流问题										
2	FROM	TO	SHIP		配载量	运输成本					
3	加工厂	防城港口	7	≤	7	260			净流量		供/求
4	加工厂	龙口港口	5	≤	7	300		加工厂	12	=	12
5	防城港口	釜山	5	≤	5	150		防城港口	0	=	0
6	防城港口	新加坡	2	≤	8	200		龙口港口	0	=	0
7	龙口港口	新加坡	4.5	≤	4.5	260		釜山	0	=	0
8	龙口港口	香港	0.5	≤	6	250		新加坡	0	=	0
9	釜山	巴西	5	≤	7.5	500		香港	0	=	0
10	新加坡	巴西	6.5	≤	8	600		巴西	-12	=	-12
11	香港	巴西	0.5	≤	12	800					
12											
13											
14	总费用Min	12565									

	I
3	净流量
4	=SUMIF(A3:A11,H4,C3:C11)-SUMIF(B3:B11,H4,C3:C11)
5	=SUMIF(A3:A11,H5,C3:C11)-SUMIF(B3:B11,H5,C3:C11)
6	=SUMIF(A3:A11,H6,C3:C11)-SUMIF(B3:B11,H6,C3:C11)
7	=SUMIF(A3:A11,H7,C3:C11)-SUMIF(B3:B11,H7,C3:C11)
8	=SUMIF(A3:A11,H8,C3:C11)-SUMIF(B3:B11,H8,C3:C11)
9	=SUMIF(A3:A11,H9,C3:C11)-SUMIF(B3:B11,H9,C3:C11)
10	=SUMIF(A3:A11,H10,C3:C11)-SUMIF(B3:B11,H10,C3:C11)

	A	B
14	总费用Min	=SUMPRODUCT(C3:C11,F3:F11)

图 8-21　最小费用最大流问题电子表格模型

【案例小结】

通过 YCC 公司的运货案例，我们首先解决了从加工厂到港口的路线问题（即最短路问题），然后解决了从总仓库到生产中心的运输问题（即最大流问题）。处理完上述两大问题后，回到了最终的难题，如何把货物从港口运到巴西（即最小费用最大流问题）。不但使用常用解法，而且采用 Excel 进行问题求解。实际问题可能远比案例复杂，例如，针对最小费用最大流问题，如果发点是多个港口，收点是多个国家，如何计算出最小总费用呢？

【本章小结】

在各种各样的环境中都会出现某些类型的网络应用。网络在描绘系统中各部分之间的关联方面非常有用。在网络中，代表每个部分的点称为节点，各部分（节点）之间的连线称为弧（单向行进）或边（可双向行进）。

在网络中常常要传送某一类型的流，需要制定决策，以便能用最好的办法来传送流。本章介绍的几类网络最优化模型为制定这些决策提供了强有力的工具。

最小费用最大流问题的模型在这些网络最优化模型中扮演着重要的角色。一方面是因为其适用性很广，另一方面是因为其求解方法简单。Excel 可以求解适当规模的电子表格模型。最小费用最大流问题通常关注将货物从源点（供应点）运送到需要它们的地方

（需求点）的网络最优化。它的目标是在通过网络配送货物时，以最小的成本满足需求，其典型应用之一就是使得配送网络的运营最优。

最小费用最大流问题的特殊类型包括运输问题和指派问题，以及本章介绍的最大流问题和最短路问题。

在给定弧容量限制的网络中，最大流问题的目标是使得从一个特定的始点（发点）到一个特定的终点（收点）的总流量最大，例如，使从公司到供应商，再通过供应网络到达处理设施的货物流量最大。

最短路问题也有始点（源点）和终点（目标地），它的目标是从源点到目标地寻找一条总长度最短的路。在实际应用中，长度是指距离，因此最短路问题的目标就是总距离最短。此外，一些最短路问题的目标是使得一系列活动的总成本最少或总时间最短。

【专业术语】

网络（network）：在图论中，给边或有向边赋了权的图称为网络。

连通图（connected graph）：若任何两个点之间至少有一条链，则称 G 是连通图。

树（tree）：在图论中，具有连通和不含圈特点的图称为树。

生成树（spanning tree）：连通图 G 的包含图 G 中的所有顶点的极小连通子图。

权（weight）：在图论中，边旁标注的数字称为权。

最短路问题（shortest path problem）：最短路问题是指在网络图中求某指定点到其余所有节点的最短路或求网络图中任意两点间的最短路的问题。

最大流问题（maximum flow problem）：最大流问题是指在网络图中单位时间内从发点到收点的最大流量。

最小费用最大流问题（minimum cost maximum flow problem）：最小费用最大流问题是指在最大流量问题中选择或分配路径的流量，使其可以达到总费用最小的要求。

流量（flow value）：最大流问题中，单位时间的发点的流出量或收点的流入量称为流量。

容量（capacity）：最大流问题中，每条有向边单位时间的最大通过能力称为容量。

饱和弧（saturated arc）：容量与流量相等的有向弧称为饱和弧。

零流弧（zero flow arc）：流量为零的有向弧称为零流弧。

【实践题】

1. 某供电局供电成本最小化问题

某供电局实行网格化管理和党员联责包保制，推动党建工作与业务工作相融并进，抓实抓牢供电局各项工作，进一步强化供电局党支部在服务地方经济社会发展中的作用。为保障周围地区供电平稳，缓解用电压力，保障当地居民用电安全、用电供应稳定，供电局正考虑选择合适的地点建立新的变电站。

变电站是指电力系统中对电压和电流进行变换、接收电能及分配电能的场所，其作用是将发电机发出的电能升压后馈送到高压电网中。新变电站将对周围地区居民点的用电输送产生积极的影响。

供电局在当地政府党委的强调下对当地 3 个供电需求居民点（I 村庄、J 乡镇和 K 县城)的居民进行了调研,征询关于建立新变电站是否对环境、人身健康造成影响等有关意见。根据居民意见,对新变电站的选址进行研究。

在确认变电站选址并建设完毕后,当地政府要求供电局必须将县周围的新居民点(X 乡镇和 Y 县城)纳入供电范围。专家组前往两地现场调研评估后提出,在保证原三个居民点(I 村庄、J 乡镇和 K 县城)供电平稳的基础上,发电厂 A 和 B 及新建变电站有余力满足当地政府的新供电要求,且发电厂将电力供应到 X 乡镇和 Y 县城共有 2 种供电方案,如图 8-22 所示。

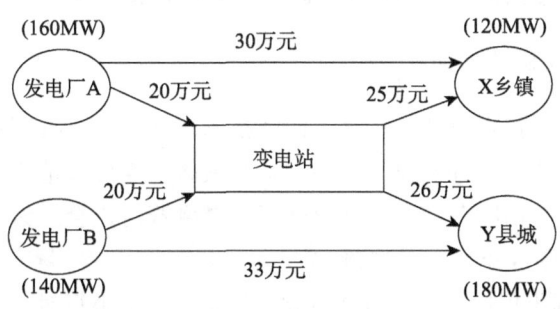

图 8-22 供电方案

(1)经变电站。先将电力供应到处于 X 乡镇和 Y 县城中间的选址建立的新变电站,再由新变电站变压后配送到 X 乡镇和 Y 县城。

(2)直接供应。由发电厂直接供应至 X 乡镇和 Y 县城后使用小型变电设施变压,发电厂 A 只可直接供应到 X 乡镇,发电厂 B 只可直接供应到 Y 县城。

经估算,小型变电设施每月运转成本如表 8-4 所示。

表 8-4 小型变电设施每月运转成本　　　　　　　　　　　　　　　(单位:万元)

参数	X 乡镇	Y 县城
运转成本	5	8

最大供应电力、需求电力数据如表 8-5 所示。

表 8-5 最大供应电力、需求电力数据　　　　　　　　　　　　　　　(单位:MW)

发电厂	最大供应电力	新居民点	需求电力
发电厂 A	160	X 乡镇	120
发电厂 B	140	Y 县城	180
总量	300	总量	300

经变电站供应至新居民点及直接供应至新居民点的电力供应成本分别如表 8-6 和表 8-7 所示。

表 8-6 经变电站供应至新居民点的电力供应成本　　　　　　　　　　(单位:万元)

供电方案	发电厂	变电站	目的地
经变电站	A	20	25
	B	20	26

表 8-7　直接供应至新居民点的电力供应成本　　　　　　　　（单位：万元）

供电方案	发电厂	目的地
直接供应	A	30
	B	33

纳入新供电范围后，新变电站存在最大负载容量限制，选择经变电站供电方案的电力容量不得超过 100MW。

问应选择哪一种或几种供应路线使供电成本最小并满足需求？

2. 某制造企业最低成本问题

某制造企业进行了技术改革，提高了产能技术。在新技术投产后，公司需要更多原材料进行生产，但公司技术开发投入太多，资金紧张，需要一笔流动资金解决当下购买原材料的燃眉之急。公司财务部总经理召开了一个融资讨论会，讨论怎么解决公司资金需求 20000 万元、期限 3 年的融资难题。

财务部经理 A 提出可以向银行申请贷款。据他了解，银行对于公司有授信 20000 万元，授信项下可以选择不同的产品满足公司的需求，目前传统银行贷款方式包括流动资金贷款、供应链贷款和保函业务。其中，流动资金贷款最多能贷 3 年，也能贷 1 年、2 年，但只能贷 1 次，利率为 4.8%；供应链贷款只能贷 2 年，利率为 4.6%；保函业务只能贷 1 年，且只能贷 1 次，利率为 4.5%。无论选择哪种产品，都需要公司提供足值的抵押物，且每年只能选择办理一种产品，银行贷款路径如图 8-23 所示。

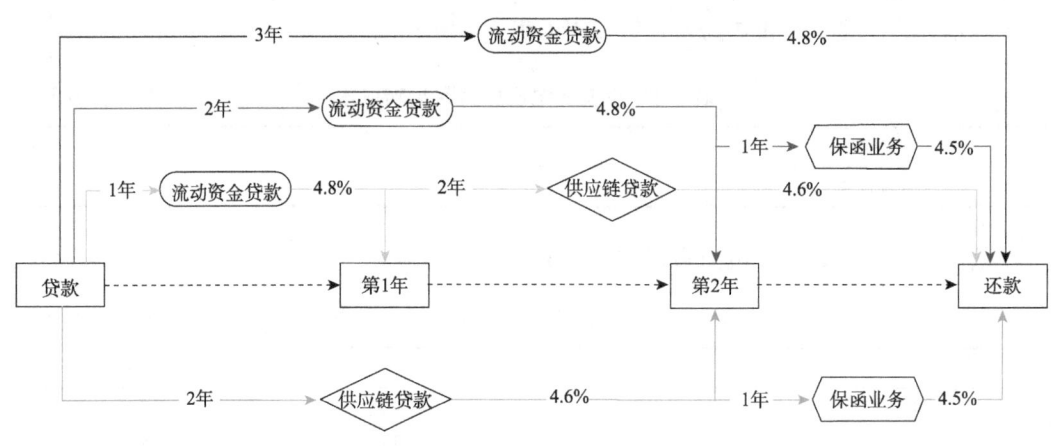

图 8-23　银行贷款路径

财务部经理 B 不同意经理 A 的方案，她觉得做投行业务能更好地满足公司的需求。目前投行中也有多种产品能够满足公司的流动性需求，包括资产支持证券（asset-backed security，ABS）产品、短融产品、中期票据。其中，ABS 产品最短期限为 2 年，利率为 4.7%；短融产品期限为 1 年，可以贷 3 次，利率为 4.8%，且连续年限贷款将减少 5 个基点；中期票据期限只能是 2 年，利率为 4.5%。选择做投行业务不需要公司提供足值的抵押物，但是每年也只能选择办理一种产品，投行业务途径如图 8-24 所示。

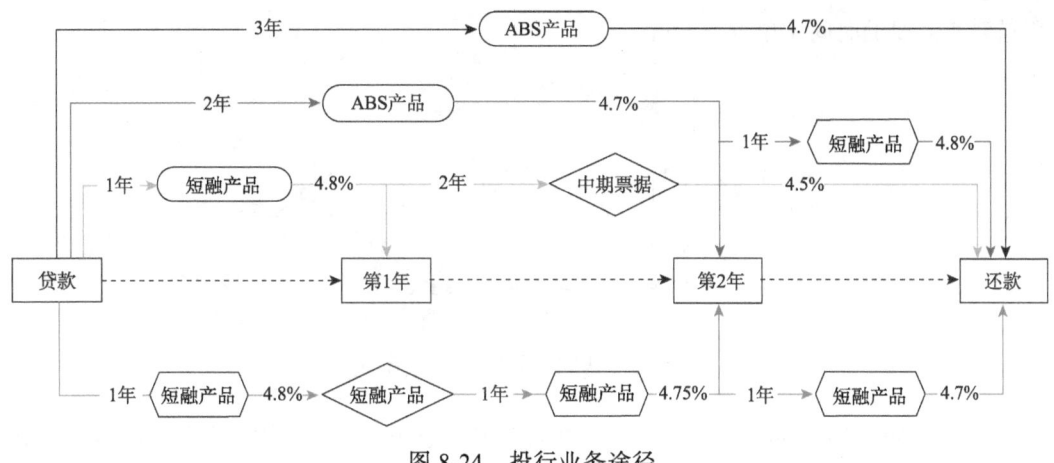

图 8-24 投行业务途径

请问在满足公司资金需求及贷款期限的前提下，银行贷款和投行业务两个途径的最低成本方案各是什么？

习　　题

1. 有 8 种化学药品 A、B、C、D、E、F、G、H 要放进储藏室。从安全角度考虑，下列各组药品不能储存在同一储藏室内：A 和 C、A 和 F、A 和 H、B 和 D、B 和 F、B 和 H、C 和 D、C 和 G、D 和 E、D 和 G、E 和 G、E 和 F、F 和 G、G 和 H，问至少需要几间储藏室存放这些药品？

2. 请判断下列说法是否正确。

（1）树图中，任意两个顶点间有且仅有一条链。

（2）无圈的连通图称为树，若图的顶点数为 P，则边数为 $P-1$。

（3）网络最短路径是指从网络的始点至终点的一条权和最小的路线。

（4）若 G 中不存在流 f 增广链，则 f 为 G 的最大流。

（5）第一点和最后一点相同的路称为回路。

3. 用破圈法或者避圈法求图 8-25（a）和（b）的最小生成树。

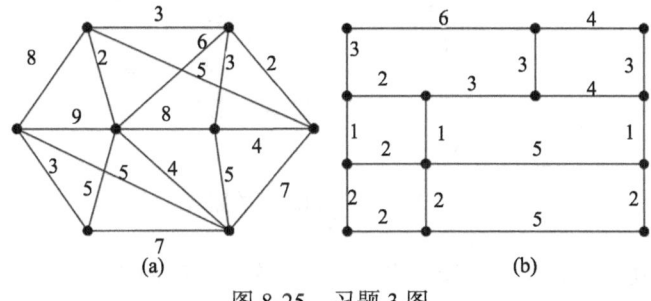

图 8-25 习题 3 图

4. 某快餐店要给一位顾客送快餐，应按照什么路线送货才能使送货时间最短？图 8-26 给出了快餐店到顾客的交通图，地点 v_1、v_2、v_3、v_4、v_5、v_6、v_7 中，v_1 表示快餐店，v_7 表示顾客，点之间的连线（边）表示两地之间的道路，边所赋的权数表示送快餐通过这段道路所需要的时间（单位为 min）。

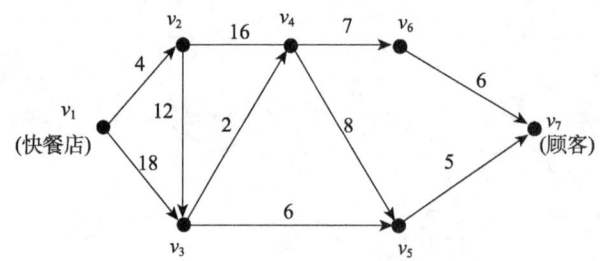

图 8-26 快餐店到顾客的交通图

5. 设计图 8-27 所示的锅炉房到各座楼铺设暖气管道的路线，使管道总长度最小（单位为 m）。

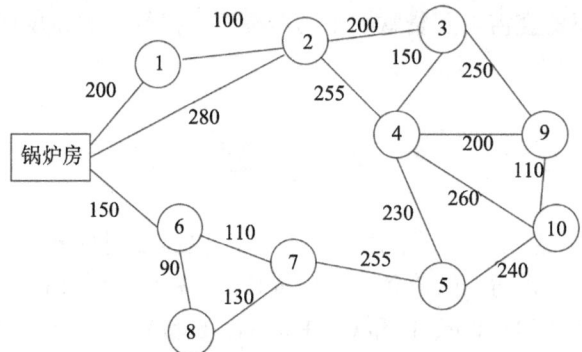

图 8-27 锅炉房到各座楼铺设暖气管道的路线

6. 如图 8-28 所示，v_0 是仓库，v_9 是商店，用 Dijkstra 算法求一条从 v_0 到 v_9 的最短路。

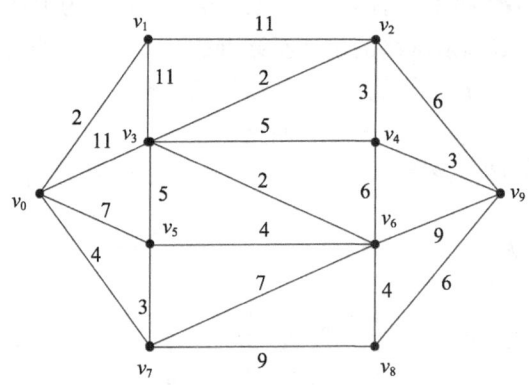

图 8-28 仓库到商店的路线

7. 某建筑公司最近几年的发展重点是承接中东等地区的建筑项目。公司需要一种大型建筑设备，该设备今后 4 年的购买价格（预测值，包含运输到工地的费用）分别为 5 万元、5.3 万元、5.7 万元、6 万元。若该设备连续使用，其第 i 年的使用费及维修费分别为 1 万元、1.7 万元、2.5 万元、3.3 万元，由于路途遥远，淘汰后的设备在当地折价处理，使用满 i 年的设备处理价格为 3.3 万元、2.5 万元、1.5 万元、0.8 万元。公司正在制定一个 4 年的设备购买计划，你有什么建议？（先建模型，再求解。）

8. 求图 8-29 中网络最大流，边上数为 (c_{ij}, f_{ij})。

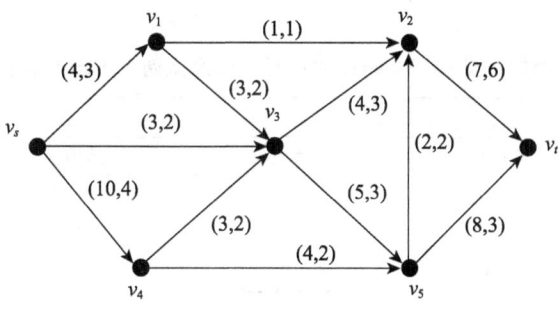

图 8-29　网络最大流

9. 某地区的高速公路网如图 8-30 所示，$v_1, v_2, \cdots, v_6$ 为地点，边为高速公路，边上所赋的权数为该段高速公路的流量（单位为万辆/h），请求出 $v_1, v_2, \cdots, v_6$ 的最大流量。

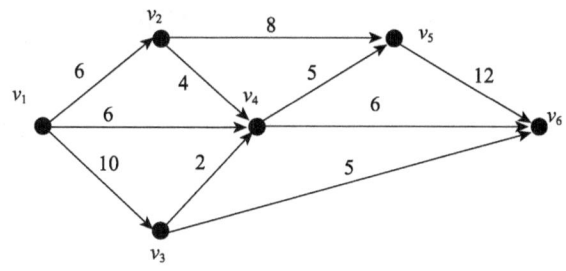

图 8-30　高速公路网

10. 某工程公司在未来 1~4 月内需完成三项工程：第一项工程的工期为 1~3 月，总计需劳动力 80 人·月；第二项工程的工期为 1~4 月，总计需劳动力 100 人·月；第三项工程的工期为 3~4 月，总计需劳动力 120 人·月。该公司每月可用劳动力为 80 人，任意一项工程上投入的劳动力任一月内不准超过 60 人。问该公司能否按期完成上述三项工程任务？应如何安排劳动力？（请将该问题归结为最大流问题求解。）

11. 请求图 8-31 中的最小费用最大流问题，弧 (v_i, v_j) 的赋权为 (c_{ij}, b_{ij})，其中，c_{ij} 为从 v_i 到 v_j 的流量，b_{ij} 为从 v_i 到 v_j 的单位流量的费用。

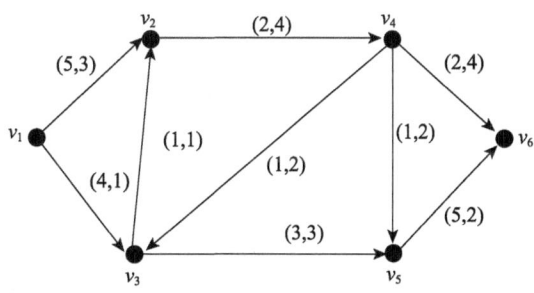

图 8-31　最小费用最大流

12. 某机床生产厂有 A、B 两个产地和一、二、三共三个销地,两个产地的产量和三个销地的销量,以及从两个产地到各销地的单位运价如表 8-8 所示,将此问题转化为最小费用最大流问题,画出网络图并求解。

表 8-8　两个产地的产量和三个销地的销量,以及从两个产地到各销地的单位运价

产地	单位运价/(元/件)			产量/件
	销地一	销地二	销地三	
产地 A	10	24	15	8
产地 B	25	30	17	7
销量/件	4	5	6	

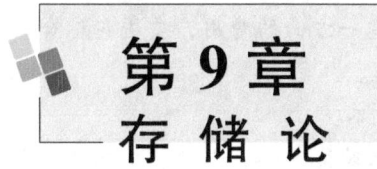

第 9 章
存 储 论

【本章导读】

现代化的生产和经营活动都离不开存储,为了使生产和经营活动有条不紊地进行,公司总需要存储一定数量的货物。例如,一个工厂为了连续进行生产,就需要储备一定数量的原材料或半成品;一个商店为了满足顾客的需求,就必须有足够的商品库存。但是,存储货物需要占用大量的资金、人力和物力,有时甚至造成资源的严重浪费。

那么,一家公司究竟应存放多少物资最为适宜呢?对于这个问题,很难笼统地给出准确的回答,必须根据公司自身的实际情况和外部的经营环境来决定,若能通过科学的存储管理,建立一套控制库存的有效方法,降低物资的库存水平,减少资金的占用量,提高资源的利用率,这给一家公司乃至一个国家所带来的经济效益无疑是十分可观的。这正是现代存储论所要研究的问题。

由于存货等存储问题对公司而言至关重要,本章将单独对这类问题及其应用进行详细阐释。本章从案例研究着手,首先描述存储问题及其模型中的基本要素,然后介绍如何用 LINGO 程序建立确定型存储模型,并研究每种模型的各种应用,最后分别对单周期的随机型存储模型和其他的随机型存储模型进行分析。

【学习目标】

(1)描述存储问题的特征。
(2)识别不同类型的存储模型。
(3)处理确定型和随机型的存储问题。
(4)根据所描述的存储问题,用相应的 LINGO 程序进行求解。
(5)找出存储问题不同模型的应用领域。

【开篇案例】

FSK 集团的难题

小张:经理您好,我想跟您探讨一下我们仓库库存成本飞速上涨的问题。
经理:好啊,那你说一下现在我们的库存管理问题出现在哪里呢?
小张:我们现在的仓库出现了大量的存货积压,导致存货管理十分不便。
经理:为什么会出现这种情况呢?
小张:最近一次订货量太多了,导致库存严重大于短期需求而产生积压。

经理：为什么不减少一次订货量呢？

小张：为了享受供应商给予的优惠折扣，降低采购单价。

经理：这样啊，如果想要有效控制成本就不能只考虑一方面的费用，要进行综合的考量，不仅要考虑货物本身的成本，而且要考虑存储成本。

小张：是的，哦，对了，还有一次订购所需的固定成本。

经理：没错，我们公司现在的策略是不允许缺货，若改变策略，则缺货成本要一并考虑进去。

小张：看来要想把存储成本控制到最低，需要进行一番科学的计算。

经理：这是必须要做的，我想管理科学技术能够帮助我们做到这一点。最近我们公司引进了一位工商管理硕士人才，据说他对这方面非常了解。我觉得你可以向他请教一下，说不定会有意想不到的收获。

小张：好的，我知道了，我这就去。

经理：希望你能得到一个满意的答复，成功将存储成本降到最低，等着你的好消息。

小张：谢谢经理，我一定交出一份让公司满意的答卷。

【案例思考题】

存储问题是每家公司都需要面对的战略性问题，如何使存储成为不拖垮公司发展的问题，同时使其成为公司取胜的关键，是存储论考虑的重要因素。FSK 集团是一家高新科技企业，其深圳厂区在装配计算机时需螺丝 50000 套，每套螺丝单价为 5 元，每套螺丝年存储费为单价的 20%，一次订购费用为 490 元，不允许出现缺货的状态。在实际的采购过程中，采购量越多，供应商会给予越大的优惠折扣力度：当一次订货量为 10000~24999 套螺丝时，价格优惠 3%；当一次订货量大于等于 25000 套螺丝时，价格优惠 5%。

目前，公司为了最大限度地享受供应商给予的优惠折扣，选择一次订购 25000 套螺丝。此时，一年订货次数为 50000/25000=2（次），订购费用为 490×2=980（元），采购成本为 5×（1-5%）×50000=237500（元），存储费为 5×（1-5%）×20%×25000/2=47500（元），因此总成本为 980+237500+47500=285980（元）。小张正在检验当前的采购计划，看看能否通过科学的计算制订新的采购方案，使得总成本下降到一个绝对的最小值。

在考虑价格优惠和不考虑价格优惠的条件下，FSK 集团的最优订货策略是一致的吗？若随着公司业务的拓展可以自行生产计算机所需的螺丝或者允许缺货，最优订货策略又该如何制定呢？

为了解决 FSK 集团的以上难题，使得总成本最小，有必要对一次订货量、订货间隔等进行计算和规划。接下来，借助运筹学相关知识引入存储问题的基本概念与相关模型。

9.1 存储问题及基本概念

9.1.1 存储问题

存储问题是人们熟悉且需要研究的问题之一。例如，工厂的原材料、在制品等若存储太少，不足以满足生产的需要，将使生产过程中断；若存储太多，超过了生产的需要，将造成资金及资源的积压浪费。又如，商店的商品若存储太少，造成商品脱销，将影响销售利润和竞争能力；若存储太多，将影响资金周转并带来积压商品的有形或无形损失。

存储是协调供需关系的常用手段。存储由于需求（输出）而减少，通过补充（输入）而增加。存储论研究的基本问题是，对于特定的需求类型，以怎样的方式进行补充，才能最好地实现存储管理的目标。根据需求和补充中是否包含随机型因素，存储问题分为确定型的存储问题和随机型的存储问题两种。由于存储论研究中经常以存储策略的经济性作为存储管理的目标，费用分析是存储论研究的基本方法。

9.1.2　存储模型中的基本要素

存储模型必须能够反映存储问题的基本特征。存储模型中的基本要素有需求、补充、存储策略和费用。

1. 需求

存储的目的是满足需求。随着需求的发生，存储将减少。根据需求的时间特征，可将需求分为连续性需求和间断性需求。在连续性需求中，随着时间的变化，需求连续地发生，因此存储连续地减少；在间断性需求中，需求发生的时间极短，可以看作瞬时发生，因此存储跳跃式地减少。根据需求的数量特征，可将需求分为确定型需求和随机型需求。在确定型需求中，需求发生的时间和数量是确定的，如生产中对各种物料的需求、在合同环境下对商品的需求；在随机型需求中，需求发生的时间或数量是不确定的，如在非合同环境下对产品或商品的独立性需求。对于随机型需求，要了解需求发生时间和数量的统计规律性。FSK集团对于螺丝的需求是确定型需求，为每年50000套。

2. 补充

通过补充来弥补因需求而减少的存储。若没有补充，或补充不足、不及时，当存储耗尽时，就无法满足新的需求。从开始订货（发出内部生产指令或市场订货合同）到存储的实现（入库并处于随时可供输出以满足需求的状态）需要经历一段时间。这段时间可以分为两部分。

（1）开始订货到开始补充（开始生产或货物到达）的时间。从订货后何时得到补充的角度看，这部分时间称为拖后时间；从为了按时补充需要何时订货的角度看，这部分时间称为提前时间。在同一存储问题中，拖后时间和提前时间是一致的，只是观察的角度不同。在实际存储问题中，若拖后时间很短，以致可以忽略，则可以认为补充立即开始，拖后时间为0。若拖后时间较长，则它可能是确定的，也可能是随机的。

（2）开始补充到补充完毕的时间（即入库或生产时间），又称补充时间。这部分时间和拖后时间一样，可能很短（因此可以忽略），也可能很长；可能是确定的，也可能是随机的。FSK集团对螺丝的需求不允许缺货，即其补充应瞬时实现，补充时间近似为0。

3. 存储策略

存储策略是指决定什么情况下对存储进行补充以及补充数量的策略。下面是一些比较常见的存储策略。

（1）t 循环策略。无论实际的存储状态如何，总是每隔一个固定的时间 t，补充一个固定的存储量 Q。

（2）(t, S) 策略。每隔一个固定的时间 t 补充一次，订货量以补足一个固定的最大存储量 S 为准。因此，订货量是不固定的，要视实际存储量而定。当实际存储量为 I 时，订货量为 $Q = S - I$。

（3）(s, S) 策略。s 称为订货点（或保险存储量、安全存储量、警戒点等）。当实际存储量为 I 时，若 $I > s$，则不对存储进行补充；若 $I \leq s$，则对存储进行补充，订货量 $Q = S - I$。补充后达到最大存储量 S。在很多情况下，实际存储量需要通过盘点才能得知。若每隔一个固定的时间 t 盘点一次，得知实际存储量 I，然后根据 I 是否超过订货点 s，决定是否订货及订货量，则这样的策略称为 (t, s, S) 策略。

4. 费用

在存储论研究中，常以费用标准来评价和优选存储策略。为了正确地评价和优选存储策略，不同存储策略的费用计算必须符合可比性要求。最重要的可比性要求是时间可比和计算口径可比。经常考虑的费用有存储费、订货费、生产费、缺货费等。

各费用的构成和属性大致如下。

（1）存储费。存储费包括存储货物的资金利息、保险，以及使用仓库、保管物资、物资损坏变质等支出的费用，一般和物资存储量及时间成正比。

（2）订货费。订货费是指向外采购物资的费用。其构成有两类：一类是订购费用，如手续费、差旅费，它与订货次数有关，与订货量无关；另一类是物资进货成本，如货款、运费，它与订货量有关。

（3）生产费。生产费是指自行生产所需货物的费用。其构成有两类：一类是装配费用（准备结束费用），如组织或调整生产线的有关费用，它同组织生产次数有关，与每次生产的数量无关；另一类是与生产的数量有关的费用，如原材料和零配件成本、直接加工费。

（4）缺货费。缺货费是指存储不能满足需求而造成的损失，如失去销售机会的损失、停工待料的损失、延期交货的额外支出、对需方的损失赔偿等。当不允许缺货时，可将缺货费作无穷大处理。

一个存储系统中，存储量因需求而减少，随补充而增加。在直角坐标系中，若以时间为横轴、存储量为纵轴，则描述存储系统实际存储量动态变化规律的图像称为存储状态图，它是存储论研究的重要工具。

9.2 确定型存储模型

9.2.1 模型一：不允许缺货、补充时间极短

为了便于描述和分析，对模型一作如下假设。

（1）需求是连续均匀的，即需求速度（单位时间的需求量）R 是常数。

（2）补充可以瞬时实现，即补充时间近似为 0。

（3）单位存储费（单位时间内单位货物的存储费）为 C_1。由于不允许缺货，单位缺货费（单位时间内缺少单位货物的损失）为 C_2，无穷大。一次订购费用（订购一次的固定费用）为 C_3，货物单价为 K。

采用 t 循环策略。设补充间隔时间为 t，补充时存储已用尽，一次订货量为 Q，则存储状态图如图 9-1 所示。

一次订货量 Q 必须满足 t 时间内的需求，故 $Q = Rt$。因此，订货费为 $C_3 + KRt$，而 t 时间内的平均订货费为 $\dfrac{C_3}{t} + KR$。

由于需求是连续均匀的，t 时间内的平均存储量为

$$\frac{1}{t}\int_0^t RT\mathrm{d}T = \frac{1}{2}Rt$$

因此，t 时间内的平均存储费为 $\dfrac{1}{2}C_1 Rt$。

由于不允许缺货，不需考虑缺货费。t 时间内的平均总费用为

$$C(t) = \frac{C_3}{t} + KR + \frac{1}{2}C_1 Rt \tag{9.1}$$

$C(t)$ 随 t 的变化而变化，如图 9-2 所示。当 $t = t^*$ 时，$C(t^*) = C^*$ 是 $C(t)$ 的最小值。

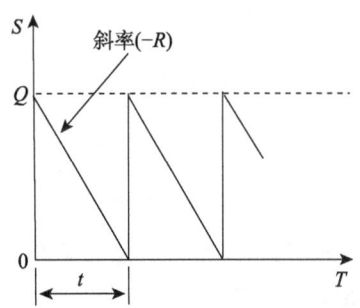

图 9-1 模型一存储状态图

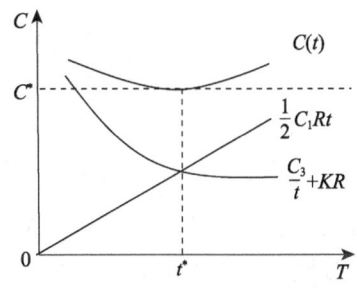

图 9-2 模型一平均总费用图

为了求得 t^*，可解

$$\frac{\mathrm{d}C(t)}{\mathrm{d}t} = -\frac{C_3}{t^2} + \frac{1}{2}C_1 R = 0$$

得

$$t^* = \sqrt{\frac{2C_3}{C_1 R}} \tag{9.2}$$

由此可得

$$Q^* = Rt^* = \sqrt{\frac{2C_3 R}{C_1}} \tag{9.3}$$

$$C^* = C(t^*) = \sqrt{2C_1 C_3 R} + KR \tag{9.4}$$

因此，按照 t 循环策略，应当每隔 t^* 时间补充存储量 Q^*，平均总费用为 C^*，此时是最经济的。

由于货物单价 K 和一次订货量 Q 无关，是常数，货物总价 KQ 和存储策略的选择无关。因此，为了分析和计算的方便，在求费用函数 $C(t)$ 时，常将这一项费用略去，得到

$$C^* = C(t^*) = \sqrt{2C_1C_3R} \tag{9.5}$$

模型一是存储论研究中最基本的模型，式（9.3）称为经济订货量（economic ordering quantity，EOQ）公式，也称为经济批量（economic lot size）公式。

针对 FSK 集团的存储问题，当不存在缺货状态、不考虑价格优惠时，运用经济订货量的基本存储模型即模型一就可以求解此问题。

需求速度为

$$R = 50000 \text{套}/\text{年}$$

单位存储费为

$$C_1 = 5 \times 0.2 = 1 (\text{元}/(\text{套}\cdot\text{年}))$$

一次订购费用为

$$C_3 = 490 \text{元}$$

经济订货量为

$$Q^* = Rt^* = \sqrt{\frac{2C_3R}{C_1}} = \sqrt{\frac{2 \times 490 \times 50000}{1}} = 7000 \text{（套）}$$

最优存储周期为

$$t^* = \sqrt{\frac{2C_3}{C_1R}} = \sqrt{\frac{2 \times 490}{50000}} = 0.14 (\text{年}) = 0.14 \times 365 = 51.1 (\text{天})$$

平均总费用为

$$C^* = C(t^*) = \sqrt{2C_1C_3R} + KR = \sqrt{2 \times 1 \times 490 \times 50000} + 5 \times 50000 = 257000 (\text{元}/\text{年})$$

根据模型一计算得出，应该每隔 51.1 天进一次货，每次经济订货量为 7000 套，此时，平均总费用最小为 257000 元/年，每年大约进货 $365/51.1 \approx 7$（次）。

用 LINGO 程序求解的过程如图 9-3 所示，结果如图 9-4 所示。

```
MODEL:
R = 50000;
C1 = 1;
C3 = 490;
Q = (2*C3*R/C1)^0.5;
t = Q/R*365;
n = 365/T;
C = (2*C3*R*C1)^0.5;
END
```

Variable	Value
R	50000.00
C1	1.000000
C3	490.0000
Q	7000.000
t	51.10000
n	7.142857
C	7000.000

Row	Slack or Surplus
1	0.000000
2	0.000000
3	0.000000
4	0.000000
5	0.000000
6	0.000000
7	0.000000

图 9-3　模型一 LINGO 程序求解代码　　　图 9-4　模型一 LINGO 程序求解结果

由图 9-4 可以得出，经济订货量为 7000 套，此时，平均总费用最小为 7000+250000=257000（元/年），存储周期约为 51.1 天，订货次数约为 7 次。

9.2.2 模型二：允许缺货、补充时间较长

在公司日常运转中有时出现供应商供货延迟或库存量因事故而骤减的情况，为了防止这些情况出现，会设置安全库存。安全库存是一个公司服务水平高低的体现，但过多的库存会导致库存的积压等一系列问题。随着 FSK 集团政策的改变，该公司发现适当的允许缺货会减小供不应求危机出现的概率，也能够适当地降低存储费。因此，经过管理层的商讨，FSK 集团允许在处理存储问题时存在缺货状态，根据经验数据暂定其单位缺货费 $C_2 = 1$ 元/（年·套）。同时，为了降低对上游供应商的依赖，公司内部决定自行生产装配计算机所需的螺丝，生产速度 $P=70000$ 套/年，从而保证螺丝配件的供应。

在 FSK 集团对存储问题的政策做出了上述改变之后，该公司又应该做出怎样的决策来保证一个存储周期中的总成本最小？下面就引入确定型存储模型中的第二个模型，即允许缺货、补充时间较长的情形。

模型二假设条件如下。

（1）需求是连续均匀的，即需求速度 R 为常数。

（2）补充需要一定时间。不考虑拖后时间，只考虑生产时间，即一旦需要，生产可立刻开始，但生产需要一定周期。设生产连续均匀，生产速度 P 为常数，且 $P > R$。

（3）单位存储费为 C_1，单位缺货费为 C_2，一次订购费用为 C_3。不考虑货物价值。

存储状态图见图 9-5。$[0,t]$ 为一个存储周期，t_1 时刻开始生产，t_3 时刻结束生产；$[0,t_2]$ 时间内存储为 0，t_1 时达到最大缺货量 B；$[t_1,t_2]$ 时间内产量一方面以速度 R 满足需求，另一方面以速度 $P-R$ 补充 $[0,t_1]$ 时间内的缺货，至 t_2 时刻缺货补足；$[t_2,t_3]$ 时间内产量一方面以速度 R 满足需求，另一方面以速度 $P-R$ 增加存储，至 t_3 时刻达到最大存储量 A，并停止生产；$[t_3,t]$ 时间内以存储满足需求，存储以速度 R 减少；至 t 时刻存储降为 0，进入下一个存储周期。

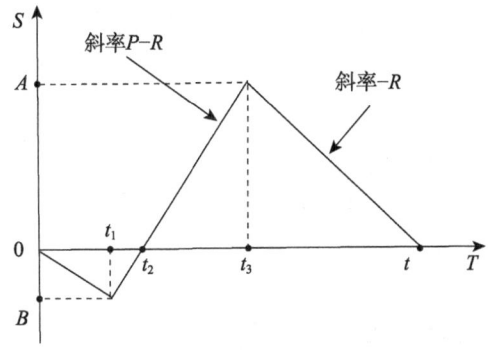

图 9-5 模型二存储状态图

根据模型二假设条件和存储状态图，首先导出 $[0,t]$ 时间内的平均总费用（即费用函数），然后确定最优存储策略。

从 $[0,t_1]$ 看，最大缺货量 $B = Rt_1$；从 $[t_1,t_2]$ 看，最大缺货量 $B = (P-R)(t_2-t_1)$。因此，$Rt_1 = (P-R)(t_2-t_1)$，解得

$$t_1 = \frac{(P-R)}{P}t_2 \qquad (9.6)$$

从 $[t_2,t_3]$ 看，最大存储量 $A = (P-R)(t_3-t_2)$；从 $[t_3,t]$ 看，最大存储量 $A = R(t-t_3)$。因此，$(P-R)(t_3-t_2) = R(t-t_3)$，解得

$$t_3 - t_2 = \frac{R}{P}(t-t_2) \qquad (9.7)$$

易知，在 $[0,t]$ 时间内，存储费为 $\frac{1}{2}C_1(P-R)(t_3-t_2)(t-t_2)$；缺货费为 $\frac{1}{2}C_2Rt_1t_2$；一次订购费用（生产准备费）为 C_3。因此，$[0,t]$ 时间内平均总费用为

$$\frac{1}{t}\left[\frac{1}{2}C_1(P-R)(t_3-t_2)(t-t_2) + \frac{1}{2}C_2Rt_1t_2 + C_3\right]$$

将式（9.6）和式（9.7）代入上式，整理后得

$$C(t,t_2) = \frac{(P-R)R}{2P}\left[C_1t - 2C_1t_2 + (C_1+C_2)\frac{t_2^2}{t}\right] + \frac{C_3}{t} \qquad (9.8)$$

解方程组

$$\begin{cases} \dfrac{\partial C(t,t_2)}{\partial t} = 0 \\ \dfrac{\partial C(t,t_2)}{\partial t_2} = 0 \end{cases}$$

可得

$$t^* = \sqrt{\frac{2C_3}{C_1R}}\sqrt{\frac{C_1+C_2}{C_2}}\sqrt{\frac{P}{P-R}}$$

$$t_2^* = \left(\frac{C_1}{C_1+C_2}\right)t^*$$

容易证明，此时的费用 $C(t^*,t_2^*)$ 是费用函数 $C(t,t_2)$ 的最小值。

因此，模型二的最优储存策略各参数公式如下。

最优存储周期为

$$t^* = \sqrt{\frac{2C_3}{C_1R}}\sqrt{\frac{C_1+C_2}{C_2}}\sqrt{\frac{P}{P-R}} \qquad (9.9)$$

经济订货量为

$$Q^* = Rt^* = \sqrt{\frac{2C_3R}{C_1}}\sqrt{\frac{C_1+C_2}{C_2}}\sqrt{\frac{P}{P-R}} \qquad (9.10)$$

缺货补足时间为

$$t_2^* = \left(\frac{C_1}{C_1+C_2}\right)t^* \qquad (9.11)$$

开始生产时间为

$$t_1^* = \frac{(P-R)}{P} t_2^* \qquad (9.12)$$

结束生产时间为

$$t_3^* = \frac{R}{P} t^* + \left(1 - \frac{R}{P}\right) t_2^* \qquad (9.13)$$

最大储存量为

$$A^* = R(t^* - t_3^*) \qquad (9.14)$$

最大缺货量为

$$B^* = R t_1^* \qquad (9.15)$$

平均总费用为

$$C^* = \frac{2C_3}{t^*} \qquad (9.16)$$

由模型二的假设条件可知,此时,FSK 集团的存储问题符合上述允许缺货、补充时间较长的存储模型,$P=70000$ 套/年,$R=50000$ 套/年,$C_1=5×0.2=1$ 元/(年·套),$C_2=1$ 元/(年·套),$C_3=490$ 元。

由式(9.9)~式(9.16)可得

$$t^* = \sqrt{\frac{2 \times 490}{1 \times 50000}} \times \sqrt{\frac{1+1}{1}} \times \sqrt{\frac{70000}{70000-50000}} = 0.3704(年) \approx 135(天)$$

$$Q^* = 50000 \times 0.3704 = 18520(套)$$

$$t_2^* = \frac{1}{1+1} \times 0.3704 = 0.1852(年) \approx 68(天)$$

$$t_1^* = \frac{70000-50000}{70000} \times 0.1852 \approx 0.0529(年) \approx 19(天)$$

$$t_3^* = \frac{50000}{70000} \times 0.3704 + \left(1 - \frac{50000}{70000}\right) \times 0.1852 \approx 0.3175(年) \approx 116(天)$$

$$A^* = 50000 \times (0.3704 - 0.3175) = 2645(套)$$

$$B^* = 50000 \times 0.0529 = 2645(套)$$

$$C^* = 2 \times 490 / 0.3704 \approx 2645(元/年)$$

下面用 LINGO 程序对该问题进行求解,其过程如图 9-6 所示,结果如图 9-7 所示。

由此可以得出,经济订货量为 18520 套,最优存储周期为 135 天,开始生产时间为 19 天,缺货补足时间为 68 天,结束生产时间为 116 天,每年订货次数为 3 次。

可以将模型一看作模型二的特殊情况。在模型二中,若取消允许缺货和补充需要一定时间的条件,即 $C_2 \to \infty, P \to \infty$,则模型二就是模型一。事实上,如果将 $C_2 \to \infty$ 和 $P \to \infty$ 代入模型二的最优存储策略各参数公式,就可以得到模型一的最优存储策略。需注意的是,模型一的假设条件如下。

$$t_1^* = t_2^* = t_3^* = 0$$
$$A^* = Q^*$$

```
MODEL:
data:
R = 50000;
P = 70000;
C1 = 1;
C2 = 1;
C3 = 490;
enddata
t = ((2*C3*(C1+C2)*P)/(C1*R*C2*(P-R)))^0.5;
Q = R*t;
t2 = (C1/(C1+C2))*t;
t1 = (P-R)/P*t2;
t3 = R/P*t+(1-R/P)*t2;
A = R*(t-t3);
B = R*t1;
C = 2*C3/t;
END
```

图 9-6 模型二 LINGO 程序求解代码

Variable	Value
R	50000.00
P	70000.00
C1	1.000000
C2	1.000000
C3	490.0000
t	0.3704052
Q	18520.26
t2	0.1852026
t1	0.5291503E-01
t3	0.3174902
A	2645.751
B	2645.751
C	2645.751

图 9-7 模型二 LINGO 程序求解结果

9.2.3 模型三：不允许缺货、补充时间较长

对于 FSK 集团，最大限度地降低公司的在制品、成品的库存量，向着零库存的极限挑战，有利于最大限度地节约资本，提高流动资产周转率，打通公司与用户间的商流信息，打通公司与供应链资源间的物流信息，从而实现公司整个信息流的通畅，降低甚至消除物料业务链上的"滞留"。在实行上述允许缺货的存储政策后，公司发现成本得到了有效控制。为了更加清楚地剖析是允许缺货还是由公司自行生产所需螺丝引起了存储成本的降低。现假设 FSK 集团的存储问题依然不允许缺货，但该公司能够自行生产装配计算机所需的螺丝，生产速度依然不变，$P=70000$ 套/年。此时，公司又该做出怎样的决策来保证存储周期中的总成本最小？下面就引入确定型存储模型中的第三个模型。

模型三的存储状态图见图 9-8。在模型二的假设条件中取消允许缺货条件（即设 $C_2 \to \infty, t_2 = 0$），就成为模型三。因此，模型三的存储状态图和最优存储策略可以由模型二直接导出。

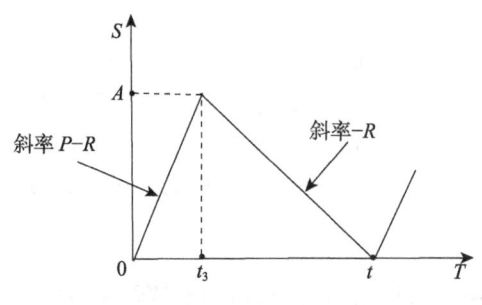

图 9-8 模型三存储状态图

模型三的最优存储策略各参数公式如下。

最优存储周期为

$$t^* = \sqrt{\frac{2C_3}{C_1 R}} \sqrt{\frac{P}{P-R}} \qquad (9.17)$$

经济订货量为

$$Q^* = Rt^* = \sqrt{\frac{2C_3 R}{C_1}} \sqrt{\frac{P}{P-R}} \qquad (9.18)$$

结束生产时间为

$$t_3^* = \frac{R}{P} t^* \qquad (9.19)$$

最大储存量为

$$A^* = R(t^* - t_3^*) = \frac{R(P-R)}{P} t^* \qquad (9.20)$$

平均总费用为

$$C^* = \frac{2C_3}{t^*} \qquad (9.21)$$

由模型三的假设条件可知，此时，FSK 集团的存储问题符合上述不允许缺货、补充时间较长的存储模型。

用 LINGO 程序求解该问题，其过程如图 9-9 所示，结果如图 9-10 所示。

```
MODEL:
data:
R = 50000;
P = 70000;
C1 = 1;
C3 = 490;
enddata
t = ((2*C3*P)/(C1*R*(P-R)))^0.5;
Q = R*t;
t3 = R/P*t;
A = R*(t-t3);
C = 2*C3/t;
END
```

Variable	Value
R	50000.00
P	70000.00
C1	1.000000
C3	490.0000
t	0.2619160
Q	13095.80
t3	0.1870829
A	3741.657
C	3741.657

图 9-9　模型三 LINGO 程序求解代码　　　图 9-10　模型三 LINGO 程序求解结果

由图 9-10 可以得出，经济订货量为 13096 套，最优存储周期为 0.262 年（96 天），结束生产时间为 0.187 年（68 天），每年订货次数为 4 次。

9.2.4　模型四：允许缺货、补充时间极短

若 FSK 集团的存储问题允许缺货，其单位缺货费依然保持不变，$C_2 = 1$ 元/年，但该公司没有生产装配计算机所需螺丝的生产线，通过供应商采购在极短时间就能满足需求，那么此时 FSK 集团又该如何决策呢？下面就引入确定型存储模型中的第四个模型。

模型四的存储状态图见图 9-11。在模型二的假设条件中取消补充需要一定时间的条件（即设 $P \to \infty$），就成为模型四。因此，模型四的存储状态图和最优存储策略也可以由模型二直接导出。

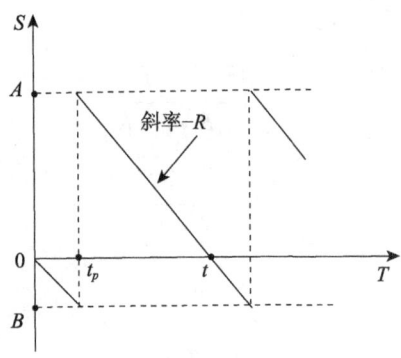

图 9-11 模型四存储状态图

模型四的最优存储策略各参数公式如下。

最优存储周期为

$$t^* = \sqrt{\frac{2C_3}{C_1 R}} \sqrt{\frac{C_1 + C_2}{C_2}} \qquad (9.22)$$

经济订货量为

$$Q^* = R t^* = \sqrt{\frac{2C_3 R}{C_1}} \sqrt{\frac{C_1 + C_2}{C_2}} \qquad (9.23)$$

生产时间为

$$t_p^* = t_1 = t_2 = t_3 = \frac{C_1}{C_1 + C_2} t^* \qquad (9.24)$$

最大储存量为

$$A^* = \frac{C_2 R}{C_1 + C_2} t^* = \sqrt{\frac{2 C_2 C_3 R}{C_1 (C_1 + C_2)}} \qquad (9.25)$$

最大缺货量为

$$B^* = \frac{C_1 R}{C_1 + C_2} t^* = \sqrt{\frac{2 C_1 C_3 R}{C_2 (C_1 + C_2)}} \qquad (9.26)$$

平均总费用为

$$C^* = \frac{2C_3}{t^*} \qquad (9.27)$$

此时，FSK 集团的存储问题符合上述允许缺货、补充时间极短的存储模型。

用 LINGO 程序求解，其过程如图 9-12 所示，结果如图 9-13 所示。

由图 9-13 可以得出，经济订货量为 9899 套，最优存储周期为 0.1980 年（72 天），生产时间为 0.0990 年（36 天），每年订货次数为 5 次。

对于确定型存储问题，上述四个模型是最基本的模型。其中，模型一、模型三、模型四又可看作模型二的特殊情况。在每个模型的最优存储策略的各参数中，最优存储周期 t^* 是最基本的参数，其他各参数和它的关系在各模型中都是相同的。根据模型假设条件，各模型的最优存储周期 t^* 有明显的规律性。因子 $\dfrac{C_1 + C_2}{C_2}$ 对应是否允许缺货的假设条件，因子 $\dfrac{P}{P-R}$ 对应补充是否需要时间的假设条件。

```
MODEL:
data:
R = 50000;
C1 = 1;
C2 = 1;
C3 = 490;
enddata
t = ((2*C3*(C1+C2))/(C1*R*C2))^0.5;
Q = R*t;
tp = (C1/(C1+C2))*t;
A = (C2*R)/(C1+C2)*t;
B = (C1*R)/(C1+C2)*t;
C = 2*C3/t;
END
```

Variable	Value
R	50000.00
C1	1.000000
C2	1.000000
C3	490.0000
t	0.1979899
Q	9899.495
tp	0.9899495E-01
A	4949.747
B	3299.832
C	4949.747

图 9-12　模型四 LINGO 程序求解代码　　图 9-13　模型四 LINGO 程序求解结果

一个存储问题是否允许缺货或补充是否需要时间完全取决于对实际问题的处理角度，不存在绝对意义上的不允许缺货或绝对意义上的补充不需要时间。若缺货引起的后果或损失十分严重，则从管理的角度应当提出不允许缺货的建模要求；否则，可视为允许缺货的情况。至于缺货损失的估计，应当力求全面和精确。若补充需要的时间相对存储周期是微不足道的，则可考虑补充不需要时间的假设条件；否则，需要考虑补充时间。在考虑补充时间时，必须分清拖后时间和生产时间，两者在概念上是不同的。在进行求解时，可以直接手算，也可以参考 LINGO 程序进行快速求解。

9.2.5　模型五：价格与订货量有关的存储模型

为了鼓励大批量订货，供方常对需方实行价格优惠。订货量越大，货物单价就越便宜。模型五除含有这样的价格刺激机制外，其他假设条件和模型一相同。

一般地，设订货量为 Q，对应的货物单价为 $K(Q)$。当 $Q_{i-1} \leqslant Q < Q_i$ 时，$K(Q) = K_i(i = 1, 2, \cdots, n)$。其中，$Q_i$ 为价格折扣的某个分界点，且 $0 \leqslant Q_0 < Q_1 < Q_2 < \cdots < Q_n, K_1 > K_2 > \cdots > K_n$。

由式（9.1）可知，在一个存储周期内，模型五的平均总费用（费用函数）为

$$C(t) = \frac{1}{2}C_1 Rt + \frac{C_3}{t} + RK(Q)$$

其中，$Q = Rt$。当 $Q_{i-1} \leqslant Q = Rt < Q_i$ 时，$K(Q) = K_i(i = 1, 2, \cdots, n)$。

$C(t)$ 为关于 t 的分段函数。为了了解它的性质，以 $n=3$ 为例，画出其图像，如图 9-14 所示。

由图 9-14 可见，若不考虑货物总价 $RK(Q)$，则最小费用点为 $\tilde{t}$。但考虑货物总价时，费用曲线呈逐段递减趋势，故 $\tilde{t}$ 未必是最小费用点。因此，推广到一般情况，模型五的经济订货量 Q^* 可按如下步骤来确定。

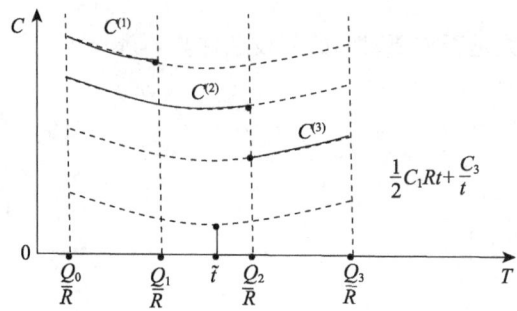

图 9-14 模型五平均总费用图

（1）计算 $\tilde{Q} = R\tilde{t} = \sqrt{\dfrac{2C_3R}{C_1}}$，若 $Q_{j-1} \leqslant \tilde{Q} = Rt < Q_j$，则平均总费用 $\tilde{C} = \sqrt{2C_1C_3R} + RK_j$。

（2）计算 $C^{(i)} = \dfrac{1}{2}C_1R\dfrac{Q_i}{R} + \dfrac{C_3R}{Q_i} + RK_i = \dfrac{1}{2}C_1Q_i + \dfrac{C_3R}{Q_i} + RK_i (i = j, j+1, \cdots, n)$。

若 $\min\{\tilde{C}, C^{(j)}, C^{(j+1)}, \cdots, C^{(n)}\} = C^*$，则 C^* 对应的批量为经济订货量 Q^*。相应地，最小平均总费用 C^* 对应的存储周期 $t^* = Q^*/R$。

根据上述描述，在 FSK 集团的存储问题中，考虑价格优惠且不允许缺货时，符合模型五中的价格与订货量有关的存储模型，各字母代表的含义与前面的模型一致，相关计算过程如下，计算结果如表 9-1 所示。

$$C_1 = 5 \times 0.2 = 1(元/（套·年））$$

$$C_3 = 490\ 元$$

$$R = 50000\ 套/年$$

$$C_1' = 5 \times 0.2 \times 0.97 = 0.97(元/（套·年））$$

$$C_1'' = 5 \times 0.2 \times 0.95 = 0.95(元/（套·年））$$

$$K_1 = 5\ 元$$

$$K_2 = 5 \times 0.97 = 4.85(元)$$

$$K_3 = 5 \times 0.95 = 4.75(元)$$

$$Q^{(1)} = Rt^* = \sqrt{\dfrac{2C_3R}{C_1}} = \sqrt{\dfrac{2 \times 490 \times 50000}{1}} = 7000\ （套）$$

$$t^* = \sqrt{\dfrac{2C_3}{C_1R}} = \dfrac{7000}{50000} \times 365 = 51.1\ （天）$$

$$Q^{(2)} = 10000\ 套$$

$$Q^{(3)} = 25000\ 套$$

$$C^{(1)} = \sqrt{2C_1C_3R} + K_1R = \sqrt{2 \times 1 \times 490 \times 50000} + 5 \times 50000 = 257000\ （元）$$

$$C^{(2)} = \dfrac{1}{2}C_1'Q_2 + \dfrac{C_3R}{Q_2} + RK_2 = \dfrac{1}{2} \times 0.97 \times 10000 + \dfrac{490 \times 50000}{10000} + 4.85 \times 50000 = 249800\ （元）$$

$$C^{(3)} = \dfrac{1}{2}C_1''Q_3 + \dfrac{C_3R}{Q_3} + RK_3 = \dfrac{1}{2} \times 0.95 \times 25000 + \dfrac{490 \times 50000}{25000} + 4.75 \times 50000 = 250355\ （元）$$

$$C^{(2)} < C^{(3)} < C^{(1)}$$

表 9-1 不同的价格优惠下所产生的费用情况

单价/元	订货量/套	订货费/元	50000 套价格/元	年存储费/元	年平均总费用/元
5	7000	490×50000÷7000=3500	5×50000=250000	5×0.2×7000÷2=3500	257000
4.85	10000	490×50000÷10000=2450	4.85×50000=242500	4.85×0.2×10000÷2=4850	249800
4.75	25000	490×50000÷25000=980	4.75×50000=237500	4.75×0.2×25000÷2=11875	250355

因此应该选择一次订货量为 10000~24990 套螺丝的优惠策略，即每次订购 10000 套。用 LINGO 程序求解，其过程如图 9-15 所示。B 表示上断点，D 表示存储费占商品价格的百分比，循环中的 $Q(i)$ 表示将经济订货量调整到对应区间上。c_min、Q_star、t_star 分别表示最小平均总费用、经济订货量和最优存储周期。结果如图 9-16 所示。

```
MODEL:
sets:
range/1..3/:B,K,C1,EOQ,Q,C;
endsets
data:
R = 50000;
C3 = 490;
D=0.2;
B=10000,25000,50000;
K=5,4.85,4.75;
enddata
@for(range:
C1=K*D;
EOQ = (2*C3*R/C1)^0.5;
);
Q(1)=EOQ(1)-(EOQ(1)-B(1)+1)*(EOQ(1)#ge#B(1));
@for(range(i)|i#gt#1:
Q(i)=EOQ(i)+(B(i-1)-EOQ(i))*(EOQ(i)#lt#B(i-1))-(EOQ(i)-B(i)+1)*(EOQ(i)#ge#B(i));
);
@for(range(i):
C(i)=0.5*C1(i)*Q(i)+C3*R/Q(i)+K(i)*R);
C_min=@min(range:C);
Q_star=@sum(range:Q*(C#eq#C_min));
t_star=Q_star/R;
END
```

```
Variable        Value
       R     50000.00
      C3     490.0000
       D     0.2000000
   C_MIN     249800.0
  Q_STAR     10000.00
  t_STAR     0.2000000
    B( 1)    10000.00
    B( 2)    25000.00
    B( 3)    50000.00
    K( 1)    5.000000
    K( 2)    4.850000
    K( 3)    4.750000
   C1( 1)    1.000000
   C1( 2)    0.9700000
   C1( 3)    0.9500000
  EOQ( 1)    7000.000
  EOQ( 2)    7107.423
  EOQ( 3)    7181.848
    Q( 1)    7000.000
    Q( 2)    10000.00
    Q( 3)    25000.00
    C( 1)    257000.0
    C( 2)    249800.0
    C( 3)    250355.0
```

图 9-15 模型五 LINGO 程序求解代码   图 9-16 模型五 LINGO 程序求解结果

由图 9-16 可知，经济订货量为 10000 套，最小平均总费用为 249800 元，与上述手算结果一致。

9.3 单周期的随机型存储模型

FSK 集团为了新建生产装配计算机所需螺丝的生产线，更好地扩大国内的市场份额，将进口 150 台设备。这种设备有一个关键部件，其备件必须在进口设备时购买，不能单独订货。该备件订购单价为 500 元，无备件时导致的停产损失和修复费用合计为 10000 元。根据有关资料计算，在计划使用期内，150 台设备因关键部件损坏而需要 r 个备件的概率 $P(r)$ 见表 9-2。此时，为了有效控制成本，FSK 集团应为这些设备同时购买多少关键部件的备件？

表 9-2　150 台设备因关键部件损坏而需要 r 个备件的概率 $P(r)$

r/个	$P(r)$	累积概率	r/个	$P(r)$	累积概率
0	0.47	0.47	6	0.03	0.90
1	0.20	0.67	7	0.03	0.93
2	0.07	0.74	8	0.03	0.96
3	0.05	0.79	9	0.02	0.98
4	0.05	0.84	9 以上	0.02	1.00
5	0.03	0.87			

随着生产的逐步推进，根据过去的实际情况进行估计，FSK 集团进口设备时需要的备件数量 r 的概率不服从离散型的随机分布，而是服从平均值为 8 个、标准差为 2 个的正态分布，单位备件存储费为 1000 元/年。此时，又该如何进行决策，使得损失期望值最小或者利润期望值最大呢？

上述 FSK 集团的案例属于随机型存储问题。在这种问题中，常见的随机型因素是需求和拖后时间（本案例中的随机型因素为需求）。它们的统计规律性往往需要通过历史统计资料的频率分布来估计。随机型存储问题有以下基本订货法：按决定是否订货的条件划分，有订购点订货法和定期订货法；按订货量的决定方法划分，有定量订货法和补充订货法。应用时，可以将上述基本订货法组合起来，构成适当的存储策略。在对存储策略进行评价时，常采用损失期望值最小或利润期望值最大的准则。

本节介绍单周期的随机型存储模型。周期中只能提出一次订货，发生短缺时不允许再提出订货，周期结束后，可以处理剩余货物。

9.3.1　模型六：需求量是离散型随机变量

报童每天售出的报纸份数是一个离散型随机变量，其概率 $P(r)$ 已知。报童每售出一份报纸能赚 k 元；若有报纸剩余，每剩一份赔 h 元。问报童每天应准备多少份报纸？

报童每天售出 r 份报纸的概率为 $P(r)$，$\sum_{r=0}^{\infty}P(r)=1$。设报童每天准备 Q 份报纸。现采用损失期望值最小准则来确定 Q。

当供过于求（$r \leqslant Q$）时，因报纸售剩而遭到的损失期望值为

$$\sum_{r=0}^{Q}h(Q-r)P(r)$$

当供不应求（$r>Q$）时，因失去销售机会而少赚钱的损失期望值为

$$\sum_{r=Q+1}^{\infty}k(r-Q)P(r)$$

因此，当每天准备 Q 份报纸时，报童每天总的损失期望值为

$$C(Q)=h\sum_{r=0}^{Q}(Q-r)P(r)+k\sum_{r=Q+1}^{\infty}(r-Q)P(r)$$

由于 $C(Q)$ 是离散的，采用边际分析法进行计算：

$$\Delta C(Q) = C(Q+1) - C(Q)$$

$$= h\sum_{r=0}^{Q+1}(Q+1-r)P(r) + k\sum_{r=Q+2}^{\infty}(r-Q-1)P(r) - h\sum_{r=0}^{Q}(Q-r)P(r) - k\sum_{r=Q+1}^{\infty}(r-Q)P(r)$$

$$= \left[h\sum_{r=0}^{Q}(Q+1-r)P(r) - h\sum_{r=0}^{Q}(Q-r)P(r)\right] - \left[k\sum_{r=Q+1}^{\infty}(r-Q)P(r) - k\sum_{r=Q+1}^{\infty}(r-Q-1)P(r)\right]$$

$$= h\sum_{r=0}^{Q}P(r) - k\sum_{r=Q+1}^{\infty}P(r)$$

$$= h\sum_{r=0}^{Q}P(r) - k\left(1 - \sum_{r=0}^{Q}P(r)\right)$$

$$= (k+h)\left[\sum_{r=0}^{Q}P(r) - \frac{k}{k+h}\right]$$

记 $F(Q) = \sum_{r=0}^{Q}P(r)$，$N = \dfrac{k}{k+h}$，其中，$N$ 为损益转折概率，则

$$\Delta C(Q) = (k+h)[F(Q) - N]$$

显然，$\Delta C(Q)$ 和 $F(Q) - N$ 同号，且 $\Delta C(Q)$ 关于 Q 严格单调增加。

由于 $F(\infty) = \sum_{r=0}^{\infty}P(r) = 1$，当 $Q \to \infty$ 时，$\Delta C(Q) \to h > 0$。

由于 $\Delta C(0) = C(1) - C(0) = (k+h)[P(0) - N]$，$\Delta C(0)$ 和 $P(0) - N$ 同号。

若 $P(0) < N$，则 $\Delta C(0) < 0$。此时，由上面分析可知，随着 Q 的增大，$\Delta C(Q)$ 从负值逐渐增大至正值，即 $C(Q)$ 先下降至某最小值再逐渐增大。设当 $Q = Q^*$ 时，$C(Q^*) = \min\limits_{0 \leqslant Q \leqslant \infty}C(Q)$，则对于 Q^*，有

$$\begin{cases}\Delta C(Q^*-1) < 0 \\ \Delta C(Q^*) \geqslant 0\end{cases}$$

因此，Q^* 可由下式确定：

$$F(Q^*-1) < N \leqslant F(Q^*)$$

若 $P(0) \geqslant N$，则 $\Delta C(0) \geqslant 0$。此时，和 $P(0) < N$ 时同样的理由，可知 $\Delta C(Q) \geqslant 0 (Q=0,1,2,\cdots)$，即 $C(Q)$ 是关于 Q 不断递增的。因此，$C(Q)$ 的最小值是 $C(0)$，即 $Q^* = 0$。但 $N \leqslant P(0) = F(0) = \sum_{r=0}^{0}P(r)$，这种情况下，$Q^* = 0$ 的确定仍可采用上式。

综上所述，模型六的经济订货量 Q^* 可由式（9.28）来确定：

$$\sum_{r=0}^{Q-1}P(r) < \frac{k}{k+h} \leqslant \sum_{r=0}^{Q}P(r) \tag{9.28}$$

如果采用利润期望值最大准则，可以证明确定经济订货量 Q^* 的关系式仍为式（9.28）。

根据模型六，可以对 FSK 集团中需求量为离散型随机变量的案例进行求解。当某设备的关键部件损坏时，若有备件替换，则可避免 10000 元的损失，故边际收益 $k=10000-500=9500$ 元；当备件多余时，多余 1 个备件将造成 500 元的浪费，故边际损失 $h=500$ 元。因此，损益转折概率为

$$N = \frac{k}{k+h} = \frac{9500}{9500+500} = 0.95$$

备件需求量 r 的累积概率为

$$F(Q) = \sum_{r=0}^{Q} P(r)$$

由此可得

$$\sum_{r=0}^{7} P(r) = 0.93 < N = 0.95 < \sum_{r=0}^{8} P(r) = 0.96$$

因此，$Q^* = 8$，即 FSK 集团应同时购买 8 个关键部件的备件，可使损失期望值最小。

用 LINGO 程序求解，其过程如图 9-17 所示，结果如图 9-18 所示。

```
MODEL:
sets:
range/1..11/:r,P,b;
endsets

data:
k = 9500;
h = 500;
P=0.47,0.20,0.07,0.05,0.05,0.03,0.03,0.03,0.03,0.02,0.02;
enddata
N=k/(k+h);
b(1)=P(1);
@for(range(i)|i#gt#1:
b(i)=b(i-1)+P(i);
r(i)=b(i-1)#lt# N #and# N#le#b(i);
);
END
```

Variable	Value
k	9500.000
h	500.0000
N	0.9500000
r(1)	0.000000
r(2)	0.000000
r(3)	0.000000
r(4)	0.000000
r(5)	0.000000
r(6)	0.000000
r(7)	0.000000
r(8)	0.000000
r(9)	1.000000
r(10)	0.000000
r(11)	0.000000

图 9-17　模型六 LINGO 程序求解代码　　　图 9-18　模型六 LINGO 程序求解结果

若 $\sum_{r=0}^{Q-1} P(r) < \frac{k}{k+h} \leq \sum_{r=0}^{Q} P(r)$ 成立，则 $r(i)=1$，由图 9-18 可知，当 $i=9$ 时，$r(9)=1$，因此，FSK 集团应同时购买 8 个关键部件的备件，可使损失期望值最小。

9.3.2　模型七：需求量是连续型随机变量

为了对 FSK 集团的案例中需求量为连续型随机变量的问题进行求解，本节引入模型七。

设货物单位成本为 K，售价为 p，存储费为 C_1。又设货物需求量 r 是连续型随机变量，其密度函数为 $\phi(r)$，分布函数为 $F(a) = \int_0^a \phi(r)\mathrm{d}r (a>0)$。问货物的订货量（或产量）

Q 为何值时，能使利润期望值最大？

当订货量为 Q、需求量为 r 时，实际销量为 $\min[r,Q]$，因此实际销售收入为 $p\cdot\min[r,Q]$，进货成本为 KQ，货物存储费为

$$C_1(Q)=\begin{cases}C_1(Q-r), & r\leqslant Q\\ 0, & r>Q\end{cases}$$

因此，订货量 Q 时的利润为

$$W(Q)=p\cdot\min[r,Q]-KQ-C_1(Q)$$

利润期望值为

$$\begin{aligned}E[W(Q)]&=\left[\int_0^Q pr\phi(r)\mathrm{d}r+\int_Q^\infty pQ\phi(r)\mathrm{d}r\right]-KQ-\int_0^Q C_1(Q-r)\phi(r)\mathrm{d}r\\ &=\int_0^\infty pr\phi(r)\mathrm{d}r-\int_Q^\infty pr\phi(r)\mathrm{d}r+\int_Q^\infty pQ\phi(r)\mathrm{d}r-KQ-\int_0^Q C_1(Q-r)\phi(r)\mathrm{d}r\\ &=pE(r)-\left[\int_Q^\infty p(r-Q)\phi(r)\mathrm{d}r+\int_0^Q C_1(Q-r)\phi(r)\mathrm{d}r+KQ\right]\end{aligned}$$

容易知道，第一项 $pE(r)=p\int_0^\infty r\phi(r)\mathrm{d}r$ 为平均利润，与订货量 Q 无关，是常数；中括号内第一项为缺货损失期望值（只考虑失去销售机会而未实现的收入）；中括号内第二项为滞销损失期望值（只考虑存储费支出）；中括号内第三项为货物进货成本。因此，中括号内三项表示损失期望值（含货物进货成本）。

记 $E[C(Q)]=\int_Q^\infty p(r-Q)\phi(r)\mathrm{d}r+\int_0^Q C_1(Q-r)\phi(r)\mathrm{d}r+KQ$，有

$$E[W(Q)]+E[C(Q)]=pE(r)$$

由此可知，模型七和模型六一样，无论订货量 Q 为何值，利润期望值和损失期望值之和是常数，即平均利润 $pE(r)$，这是这类问题的固有性质。根据这一性质，原问题 $\max E[W(Q)]$ 可转化为问题 $\min E[C(Q)]$。下面求解问题 $\min E[C(Q)]$。

$$\begin{aligned}\frac{\mathrm{d}E[C(Q)]}{\mathrm{d}Q}&=\frac{\mathrm{d}}{\mathrm{d}Q}\left[\int_Q^\infty p(r-Q)\phi(r)\mathrm{d}r+\int_0^Q C_1(Q-r)\phi(r)\mathrm{d}r+KQ\right]\\ &=C_1\int_0^Q\phi(r)\mathrm{d}r-p\int_Q^\infty\phi(r)\mathrm{d}r+K\\ &=(C_1+p)\int_0^Q\phi(r)\mathrm{d}r-(p-K)\end{aligned}$$

令 $\dfrac{\mathrm{d}E[C(Q)]}{\mathrm{d}Q}=0$，得

$$F(Q)=\int_0^Q\phi(r)\mathrm{d}r=\frac{p-K}{p+C_1} \tag{9.29}$$

由式（9.29）确定的 Q 记为 Q^*，Q^* 为 $E[C(Q)]$ 的驻点。容易证明，Q^* 为 $E[C(Q)]$ 的最小值点，也是 $E[W(Q)]$ 的最大值点。由此，Q^* 就是经济订货量。

当 $p-K<0$ 时，式（9.29）不成立。这种情况表示订购货物无利可图（$p<K$），因此不应生产或订购，即 $Q^*=0$。

当缺货损失不只是考虑销售收入的减少（还要考虑赔偿需方损失等）时，单位缺货费 $C_2>p$，此时，只需在前面推导过程中用 C_2 代替 p 即可。这种情况下，Q^* 由式（9.30）确定：

$$F(Q)=\int_0^Q \phi(r)\mathrm{d}r = \frac{C_2-K}{C_2+C_1} \tag{9.30}$$

模型七和模型六一样，都是一次订购问题。在多次订购问题中，由于需求量 r 是随机变量，在每次开始时，很可能存在期初存储量（上次未能售出的货物）。设本次期初存储量为 I，则除进货成本将减少 KI 外，其他均和模型七相同。因此，对于多次订购问题，可以采用 (t,S) 策略。由式（9.30）确定 Q^*（Q^* 相当于最大存储量 S），若 $I\geqslant Q^*$，本次不订货；若 $I<Q^*$，本次订货，订货量 $Q=Q^*-I$，以使订货后本次存储量达到 Q^*。采用这种定期订货，但订货量不定的存储策略，可使损失期望值最小（或利润期望值最大）。

通过对模型七的描述，可以对 FSK 集团的案例中需求量为连续型随机变量的问题进行求解。根据题意，$C_2=10000$ 元，$K=500$ 元，$C_1=1000$ 元/年。需求量 $r \sim N(8,2^2)$。

由式（9.29），有

$$F(Q)=\int_0^Q \frac{1}{2\times\sqrt{2\pi}}\mathrm{e}^{\frac{-(r-8)^2}{2}}\mathrm{d}r = \frac{C_2-K}{C_2+C_1} = \frac{10000-500}{10000+1000} = 0.864$$

从正态分布的累计值表查得

$$\frac{Q-8}{2}=1.1$$

解得

$$Q^* \approx 10.2$$

因此，FSK 集团应同时购买约 10 个关键部件的备件，可使损失期望值最小。

用 LINGO 程序求解，其过程如图 9-19 所示，结果如图 9-20 所示。

```
MODEL:
data:
mu=8;
sigma=2;
C2=10000;
K=500;
C1=1000;
enddata
@psn(Z)=(C2-K)/(C2+C1);
Z=(Q-mu)/sigma;
@free(Z);
END
```

```
Variable        Value
      MU     8.000000
   SIGMA     2.000000
      C2     10000.00
       K     500.0000
      C1     1000.000
       Z     1.096804
       Q     10.19361

     Row   Slack or Surplus
       1         0.000000
       2         0.000000
```

图 9-19　模型七 LINGO 程序求解代码　　图 9-20　模型七 LINGO 程序求解结果

由图 9-20 可知，FSK 集团应同时购买约 10 个关键部件的备件，可使期望损失最小，结果与上述一致。

9.4 其他的随机型存储模型

货物单位成本为 K，单位存储费为 C_1，单位缺货费为 C_2，一次订购费用为 C_3，期初存储量为 I；需求量 r 为连续型随机变量，其概率分布已知；采用 (s,S) 策略。问每次订货量 Q 如何确定，才能使损失期望值最小？

9.4.1 模型八：需求 r 为连续型随机变量的 (s,S) 策略

模型中，需求量 r 为连续型随机变量，密度函数为 $\phi(r)$，$\int_0^\infty \phi(r)\mathrm{d}r = 1$。分布函数 $F(a) = \int_0^a \phi(r)\mathrm{d}r (a>0)$。

首先考虑最大存储量 S。当期初存储量不足订货点，即 $I<s$ 时，需要订货，订货量 $Q=S-I$。和模型七类似，本次损失期望值如下：

$$C(S) = C_3 + K(S-I) + \int_0^S C_1(S-r)\phi(r)\mathrm{d}r + \int_S^\infty C_2(r-S)\phi(r)\mathrm{d}r$$

解

$$\frac{\mathrm{d}C(S)}{\mathrm{d}S} = K + C_1\int_0^S \phi(r)\mathrm{d}r - C_2\int_S^\infty \phi(r)\mathrm{d}r = 0$$

得

$$F(S) = \int_0^S \phi(r)\mathrm{d}r = \frac{C_2 - K}{C_2 + C_1} \tag{9.31}$$

由于缺货损失至少包括失去销售机会的损失，而售价高于成本，一般情况下，有

$$0 < N = \frac{C_2 - K}{C_2 + C_1} < 1$$

容易证明，满足式（9.31）的 S^* 是 $C(S)$ 的最小值点。因此，最大存储量 S^* 可由式（9.31）确定，且 S^* 的确定和订货点 s 无关。

然后考虑订货点 s。此时，最大存储量 S^* 已经确定。根据订货点 s 的意义，当期初存储量 $I=s$ 时，不订货所造成的损失期望值应当不超过订货所造成的损失期望值，有

$$C_1\int_0^S (S-r)\phi(r)\mathrm{d}r + C_2\int_S^\infty (r-S)\phi(r)\mathrm{d}r \leq C_3 + K(S^*-s) + C_1\int_0^{S^*}(S^*-r)\phi(r)\mathrm{d}r + C_2\int_{S^*}^\infty (r-S^*)\phi(r)\mathrm{d}r$$

即

$$\begin{aligned}&Ks + C_1\int_0^s (s-r)\phi(r)\mathrm{d}r + C_2\int_s^\infty (r-s)\phi(r)\mathrm{d}r \\ &\leq C_3 + KS^* + C_1\int_0^{S^*}(S^*-r)\phi(r)\mathrm{d}r + C_2\int_{S^*}^\infty (r-S^*)\phi(r)\mathrm{d}r\end{aligned} \tag{9.32}$$

当 $s=S^*$ 时，式（9.32）显然成立，但问题的目的是选取一个使式（9.32）成立的尽可能小的 s 值。分析式（9.32）中左边各项随 s 变化而变化的特点，比 S^* 小的 s 是可能存

在的。设使式（9.32）成立的最小的 s 为 s^*，则 s^* 为 (s, S) 策略的订货点 s。

9.4.2 模型九：需求 r 为离散型随机变量的 (s, S) 策略

模型中，需求量 r 为离散型随机变量。$r = r_i$ 的概率 $P(r_i)$ 已知，$0 < P(r_i) < 1$ $(i = 1, 2, \cdots, m)$，且 $\sum_{i=1}^{m} P(r_i) = 1$，$0 < r_i < r_{i+1} (i = 1, 2, \cdots, m-1)$。

由于 r 是离散取值，为了简单，订货点 s 和最大存储量 S 的值只在 $r_1, r_2, \cdots, r_m$ 中选取。当 $S = r_i$ 时，记 $S = S_i$，即 $S_i = r_i (i = 1, 2, \cdots, m)$。

除需求量为离散型随机变量外，模型九与模型八的其他条件都相同。因此，两个模型的存储策略制定过程的基本原理是相同的。

下面不加推导地直接给出模型九用于计算最大存储量 S^* 和订货点 s^* 的式（9.33）和式（9.34）。

$$\sum_{r \leq S_{i-1}^*} P(r) < N = \frac{C_2 - K}{C_2 + C_1} \leq \sum_{r \leq S_i^*} P(r) \tag{9.33}$$

$$Ks + \sum_{r \leq s} C_1(s - r)P(r) + \sum_{r > s} C_2(r - s)P(r)$$
$$\leq C_3 + KS^* + \sum_{r \leq S^*} C_1(S^* - r)P(r) + \sum_{r > S^*} C_2(r - S^*)P(r) \tag{9.34}$$

模型八和模型九采用 (s, S) 策略，当期初存储量 $I \geq s$ 时，本次不订货；当 $I < s$ 时，本次订货，订货量 $Q = S - I$，即补足最大存储量 S。在实际使用这种存储策略的过程中，当存储不易清点，因而实际存储量很难随时得知时，可将其分两堆存放。一堆存储数量为 s，其余存储另放一堆。平时从后一堆取货以满足需求。当后一堆取完，需要动用前一堆时，期末就订货；若至期末，前一堆仍未动用，则本次不订货。因此，这种存储策略俗称双堆法（或两堆法）。

【案例小结】

库存具有整合需求和供给、维持各项活动顺畅进行的功能；库存又意味着占用资金、面积、资源，这种矛盾的处境导致库存管理的必要性与难度。其中一些存储问题可以运用 LINGO 程序进行快速求解。现在流行的库存管理系统的库存管理软件一般含货品进货系统、出货管理系统、仓库管理系统、报表系统等子模块，其原理都是运筹学模型。

学习理论的目的就是解决实际问题，运筹学的计算方法可以借用计算机来完成。本章案例 FSK 集团的难题就是典型的存储问题，在生活中遇到的实际问题是复杂多变的，有些不能只用单一的模型进行解决，需要结合多种模型分情况解决。随着周围环境及公司内部政策的变化，FSK 集团内部对存储问题提出了不同的要求：①不允许缺货、补充时间极短；②允许缺货、补充时间较长；③不允许缺货、补充时间较长；④允许缺货、补充时间极短；⑤存在价格优惠；⑥需求量为离散型随机变量；⑦需求量为连续型随机变量。当存储问题中假设条件发生变化时，就需要用不同的模型进行求解。本章案例包含七个存储模型，剩下的两个其他的随机型存储模型留给读者自行发现其在实际中的应用。

【本章小结】

存储论是定量方法和技术最早应用的领域之一，是管理运筹学的重要分支。存储就是将一些物资（如原材料、外购零件、部件、在制品及商品）存储起来以备将来使用和消费。存储是缓解供应与需求之间出现供不应求或供过于求等不协调情况的必要且有效的方法和措施。但是，存储需要资金和维护，存储费在公司经营成本中占据非常大的部分，它是公司流动资金中的主要部分，因此，如何最合理、最经济地解决存储问题是公司经营管理中的一大问题。存储论为解决这个问题提供了方法。存储论主要解决存储策略问题：①当补充货物时，每次订货量是多少？②应该间隔多长时间来补充货物？为此，建立了不同的存储模型来解决上面两个问题，需求率、生产率等数据皆为确定数值的模型称为确定型存储模型；含有随机变量的模型称为随机型存储模型。

通过对运筹学中存储论的学习，可以掌握存储论的基本概念、基本原理、基本方法和解题技巧，对于一些简单的问题，可以将其代入相应的模型进行求解。物品的存储问题对一个公司来说至关重要，将运筹学中的存储模型运用到实际问题上，能够帮助管理者有效解决此类问题。

【专业术语】

需求（demand）：存储系统的输出。

补充（supply）：存储系统的输入。

存储策略（storage strategy）：用于决定什么情况下对存储进行补充，以及补充的数量的策略。

存储费（storage cost）：与物资存储量及时间成正比的费用。

订货费（ordering cost）：与订货量有关，以及与订货量无关，而与订货次数有关的向外采购物资的费用。

缺货费（back-order loss）：因存储不能满足需求而造成的损失。

经济订货量（economic ordering quantity）：使得总成本最小的一次订货量 Q。

双堆法（dual pile method）：在存储系统中将存储分两堆存放的存储策略。

【实践题】

1. 某工厂零部件存储决策问题

某工厂是某大型船舶公司下属的一家零部件制造工厂，专门为该船舶公司销售的船用发动机生产零部件。船用发动机由许多坚固的金属零部件制成，该工厂负责切割、研磨和焊接这些零部件。每当该船舶公司销售部门获得发动机的订单时，订单就会被传递到下属的装配厂，装配厂再向该工厂提交订单，以获取组装发动机所需的零部件。

该工厂共需要生产 200 多种零部件。不同型号的发动机需要不同的零部件，不同的零部件又需要不同的原材料。因此，工厂车间内有各种各样的原材料，该怎样存储零部件的原材料是一个很大的挑战。经理已经意识到工厂目前面临很严重的库存问题。例如，工厂中某些原材料的存储量可以用来生产一年的某型号零部件,而某些原材料的存储量只够生产一周的另一种型号零部件,浪费了大量的资金来储存不需要的原材料,并且因为延迟交付订单而损失了大量资金。因此,工厂经理迫切地想知道该如何控制库存:需要为每个零部件存储多少原材料?需要隔多长时间订购额外的原材料?以及应该订购多少原材料?

该工厂的库存系统是非常复杂的,工厂经理想从订单量最大的船用发动机入手,分析其零部件的库存控制。已知在过去的一段时间里,B0433 型船用发动机的订单数量最多。某月的订单量不受前后几个月订单量的影响,服从正态分布。从公司订单系统得到其过去一段时间的月度订单如表 9-3 所示。

表 9-3　B0433 型船用发动机过去一段时间的月度订单

月份	B0433 型船用发动机订单数量/台
3	27
4	31
5	20
6	23
7	42
8	23
9	40
10	23
11	27
12	38
1(次年)	34
2(次年)	33
3(次年)	29

当一台船用发动机订单中的所有零部件都完成时,该工厂才可以向装配厂交付货物。因此,在给定的订单中,花费最长完成时间的零部件决定了订单的交付日期。在 B0433 型船用发动机的所有零部件中,零部件 A-7269 的完成时间最长,并且该零部件仅用于 B0433 型船用发动机。如果生产过程所需的所有原材料都在手边,工厂几乎可以立即生产该零部件。因此,零部件的完成时间实际上取决于从原材料供应商那里获得这些原材料的时间。在所有原材料有库存的特殊情况下,零部件的完成时间基本上为 0。

数据显示,仅零部件 A-7269 未完成导致 B0433 型船用发动机所有零部件多次延迟一个半月才交付给装配厂。为什么这个零部件没有完成呢?当工厂已经耗尽这个零部件的原材料时,不得不等待其原材料供应商提供另一批原材料。供应商在收到该工厂订单后,生产和交付原材料需要一个半月的时间。一旦订购的原材料到达,工厂就会迅速设置并进行生产。已知向供应商订购原材料不会产生重大的管理成本,可以忽略不计。每年的工厂工作日为 360 天。另外,工厂经理还提供了生产零部件 A-7269 的一些财务信息(表 9-4)。

表 9-4　生产零部件 A-7269 的一些财务信息

参数	数值
每次生产的启动成本/元	2500
存储成本/（元/（个·年））	600
缺货成本（包括外包成本、生产延迟成本和未来订单损失成本）/（元/（个·年））	3000
允许出现缺货的概率	15%

基于以上情况，探讨以下问题。

（1）B0433 型船用发动机月度订单量的样本均值和样本方差为多少？

（2）该工厂应该为零部件 A-7269 制定什么样的存储策略？

（3）如果允许出现缺货的概率减小到 5%，那么存储策略会如何变化？

2．某淘宝网红零食店分析

随着电商模式的不断发展，与电商相关的经营手段也不断体系化、成熟化，更多的经营者通过更加科学的方法制订经营计划。自主经营的淘宝店铺经常面临补货和货物存储的问题，不想自己的货物卖不出去空占货仓交租金，也不想因店铺缺货而错失商机。备货过程代表了对流动资金的大量占用，一旦无法卖出货物就面临高额的货物存储费。什么时间补货、补多少货物需要进行科学的预测和评估，这对参与电商平台交易的商户来说也是至关重要的。订货或者补货首先需要对产品的真实销售情况进行准确预测，包括统计真实销量，尤其要考虑促销等活动和季节波动等因素。有了销量预测后，按照现有的库存推测可销售天数，还需要考虑订货周期。在可销售库存卖空之前，使新增的订货尽量准时到达，以免断货，这需要根据产品和合作供应链的具体情况进行确定。综上所述，网店的经营也是一门学问，系统的决策过程和模型能够帮助店家获得更高的利润。

以某淘宝网红零食店为例，店铺经营的某款网红零食销量较高且稳定，店家仔细统计了以往第三季度（以每年第三季度为例，不考虑公共节假日或平台大促销等突发性需求）每周该款零食的真实销量，如表 9-5 所示。

表 9-5　第三季度每周该款零食的真实销量　　　　　　　　　　　　（单位：份）

月份	第一周销量	第二周销量	第三周销量	第四周销量
7	8902	9361	9155	9052
8	9263	9171	9244	8753
9	8803	9243	8937	8975

店铺与生产厂商签订合同，在确定订单之后的 1 周，厂家把货物送到店铺的货仓。一次订购费用为 3000 元，每份零食的成本为 17 元，年存储费为成本的 20%。以店铺现有服务水平，允许缺货率为 5%。请问店铺该如何制定订货和存储策略，使得该季度的订货费和存储费总和最少？

习　题

1．在某中转仓库的存储系统中经常存在这样的问题，在满足客户源源不断的需求的情况下，应该怎样调度仓库中的货物，才能使仓库的运营成本最低。已知位于上海的中转仓库甲中，顾客每年对零件 A 的需求量是 800 件，经财务部计算，中转仓库一次订购费用为 50 元，零件的存储费为 3 元/（件·年），若发生缺货，零件产生的损失是 20 元/（件·年）。但是除了以上情况，为了保证该仓库的客户信用和竞争力，缺货随后补上的数量不得超过总量的 15%，而且必须保证每名顾客等待补货的时间不得超过 3 周。在此种情况下，仓库甲应该采用哪种订货策略更经济？

2. 某花卉市场向供应商购入鲜花原材料。假设订货即到货，鲜花的一次订购费用为 40000 元，鲜花的存储费为 2 元/（束·天），供应商每天可以组装 50 束鲜花，并供货给分销商。若鲜花的原材料产品不足，鲜花的延期保鲜损失为 5 元/（束·天）。市场每天的需求量为 40 束。

（1）求鲜花的经济订货量及最佳订货周期。

（2）求鲜花的最大存储量和最大缺货量。

3. 某型号小米电视需要装配有机发光二极管屏幕。已知电视装配厂每天需要 3 块有机发光二极管屏幕，但是从上游生产商购买的到货时间有一定延迟，订购后需要 1 天才开始到达，速度为 5 块/天。此有机发光二极管屏幕的进价为 3000 元/块，每月存储费为进价的 5%，装配厂的一次订购费用为 200 元。若不允许缺货，求最优存储策略。

4. 某公司生产巴氏灭菌高蛋白牛奶，正常生产条件下可生产 300 瓶/天。根据供货合同，需按 200 瓶/天供货。存储费为 0.2 元/（瓶·天），缺货费为 1 元/（瓶·天），一次生产准备费为 500 元，求最优存储策略。

5. 某熟食加工厂下设种鸭场、孵化场、标准化商品鸭场、肉鸭加工冷藏厂、熟制品加工厂等 70 多处生产经营单位，形成了完善的肉鸭"一条龙"生产体系。年肉鸭饲养加工能力为 4000 万只，每只鸭子每日固定进食 100g，按计划每年需购入饲料 146 万 t。饲料不允许缺货，其供应不必每日购货，一次订购费用为 400 元，饲料价格为 1000 元/t，存储费为 150 元/（t·月）。试研究其存储策略，即多长时间进一次饲料？每次进货数量多少为宜？

6. 某公司旗下的零售店每隔一周都要向总公司发送配货订单，需要家具 100 套以供顾客参考挑选，以及对那些急需家具的顾客及时配货。每套家具每周在零售店的存储费为 150 元/（套·周），一次订购费用为 200 元，不允许缺货。零售店在进货时，若订货量为 10~49 套，每套家具进价为 2500 元；若订货量为 50~99 套，每套家具进价为 1500 元；若订货量为 100 套及以上，每套家具进价为 1000 元。求这些零售商的最优存储策略。

7. 某工厂对某种物料的年需求量为 10000 单位，一次订购费用为 2000 元，存储费率为 20%。该物料采购单价与采购数量有关：当采购数量在 2000 单位以下时，单价为 100 元；当采购数量在 2000 单位及以上时，单价为 80 元。求最优采购策略。

8. 某制造厂在装配作业中需用一种外购件，需求率为常数，全年需求量为 300 万件，不允许缺货。一次订购费用为 100 元，存储费为 0.1 元/（件·月），库存占用资金每年利息、保险等费用为年平均库存金额的 20%。该外购件进货单价和订货量 Q 有关，具体关系见表 9-6，试求经济订货量。

表 9-6 外购件进货单价和订货量的关系

订货量/件	单价/元	订货量/件	单价/元
$0 \leqslant Q < 10000$	1.00	$30000 \leqslant Q < 50000$	0.96
$10000 \leqslant Q < 30000$	0.98	$Q \geqslant 50000$	0.94

9. 某时装屋在某年春季欲销售某款流行时装。据估计,该款时装可能的销量见表 9-7。

表 9-7 时装可能的销量

销量 r/套	概率 P	销量 r/套	概率 P
150	0.05	180	0.3
160	0.1	190	0.05
170	0.5		

该款时装进价为 180 元/套,售价为 200 元/套。由于隔季会过时,在季末需低价抛售完,较有把握的抛售价为 120 元/套。问该时装屋在季度初时一次进货多少为宜?

10. 某工厂生产需某种部件。该部件外购价为 850 元/只,一次订购费用为 2825 元。若自产,成本为 1250 元/只,单位存储费为 45 元。该部件需求量见表 9-8。

表 9-8 部件需求量

需求量 r/只	概率 P	需求量 r/只	概率 P
80	0.1	110	0.3
90	0.2	120	0.1
100	0.3		

在选择外购策略时,若发生订购数少于实际需求量的情况,则差额部分工厂将自产。假定期初存货为 0,求工厂的订购策略。

11. 某企业对某种材料的需求见表 9-9。一次订购费用为 500 元,材料进价为 400 元/t、存储费为 50 元/t、缺货费为 600 元/t,求 (s,S) 策略。

表 9-9 企业对某种材料的需求

需求量 r/t	概率 P	需求量 r/t	概率 P
20	0.1	50	0.3
30	0.2	60	0.1
40	0.3		

12. 已知某产品的单位成本 $K = 3$ 元,单位存储费 $C_1 = 1$ 元,单位缺货费 $C_2 = 2$ 元,一次订购费用 $C_3 = 50$ 元。需求量 x 的概率密度函数为

$$f(x) = \begin{cases} \dfrac{1}{5}, & 5 \leqslant x < 10 \\ 0, & \text{其他} \end{cases}$$

设期初库存为 0，试依据 (s,S) 策略的模型确定 s 和 S 的值。

13. 在单周期的随机型存储模型中，对报童问题若采用利润期望值最大准则。

（1）证明其经济订货量 Q^*，式（9.28）同样成立。

（2）简要说明两种准则下结果相同的原因。

本 章 附 录

交互式的线性和通用优化求解器（Linear Interactive and General Optimizer，LINGO）由美国 LINDO 系统公司推出，可以用于非线性规划求解，也可以用于一些线性和非线性方程组的求解等，功能十分强大，是求解优化模型的最佳选择。

1. LINGO 编写格式

LINGO 模型以 MODEL 开始，以 END 结束，中间为语句，分为四大部分。

（1）集合部分（sets）。这部分以 "sets:" 开始，以 "endsets" 结束。这部分定义必要的变量，便于编程后进行大规模计算。

（2）目标与约束。这部分定义目标函数、约束条件等。一般要用到 LINGO 的内部函数。求解优化问题时，该部分是必需的。

（3）数据部分（data）。这部分以 "data:" 开始，以 "enddata" 结束。其作用在于对集合的属性（数组）输入必要的数值。

（4）初始化部分（init）。这部分以 "init:" 开始，以 "endinit" 结束。

2. LINGO 内部函数使用详解

表 9-10～表 9-13 给出了逻辑运算符、数学函数、变量定界函数和循环函数。

此外，LINGO 还有内部其他函数。例如，@if(logical_condition,true_result,false_result)，用于评价一个逻辑表达式 logical_condition，若为真，则返回 true_result，否则返回 false_result。

表 9-10 逻辑运算符

运算符	作用
#EQ#	若两个运算对象相等，则为真，否则为假
#NE#	若两个运算对象不等，则为真，否则为假
#GT#	若两个运算对象左边大于右边，则为真，否则为假
#GE#	若两个运算对象左边大于或等于右边，则为真，否则为假
#LT#	若两个运算对象左边小于右边，则为真，否则为假
#LE#	若两个运算对象左边小于或等于右边，则为真，否则为假
#NOT#	取反运算，使真为假、假为真
#AND#	当且仅当两个运算对象都为真时为真，否则为假
#OR#	当且仅当两个运算对象都为假时为假，否则为真

表 9-11　数学函数

函数	作用
@abs(x)	返回 x 的绝对值
@sqrt(x)	返回 x 的平方根
@sin(x)	返回 x 的正弦值
@cos(x)	返回 x 的余弦值
@tan(x)	返回 x 的正切值
@exp(x)	返回常数 e 的 x 次方
@log(x)	返回 x 的自然对数
@lgm(x)	返回 x 的 γ 函数的自然对数
@sign(x)	若 $x<0$，则返回 -1；否则返回 1
@floor(x)	返回 x 的整数部分
@smax($x_1,x_2,\cdots,x_n$)	返回 $x_1,x_2,\cdots,x_n$ 中的最大值
@smin($x_1,x_2,\cdots,x_n$)	返回 $x_1,x_2,\cdots,x_n$ 中的最小值

表 9-12　变量定界函数

函数	作用
@bin(x)	限制 x 为 0 或 1
@bnd(L,x,R)	限制 $L \leqslant x \leqslant R$
@free(x)	x 可以取任意实数
@gin(x)	限制 x 为整数

表 9-13　循环函数

函数	作用
@for	产生对成员的约束（类似 C/C++ 中的 for 循环用法）
@sum	返回遍历指定成员的一个表达式的和
@min	返回指定成员的一个表达式的最小值
@max	返回指定成员的一个表达式的最大值

3. LINGO 界面

（1）LINGO 命令窗口如图 9-21 所示。

LINGO 菜单条上有 5 个主菜单。

①File（文件），包括 LINGO 通过文件与外部设备（如磁盘）交换信息的命令。

②Edit（编辑），包括在当前窗口下编辑文本的命令。

③Solver（求解），包括求解模型的命令。

④Window（窗口），包括窗口切换的命令。

⑤Help（帮助），包括访问在线帮助文档的命令。

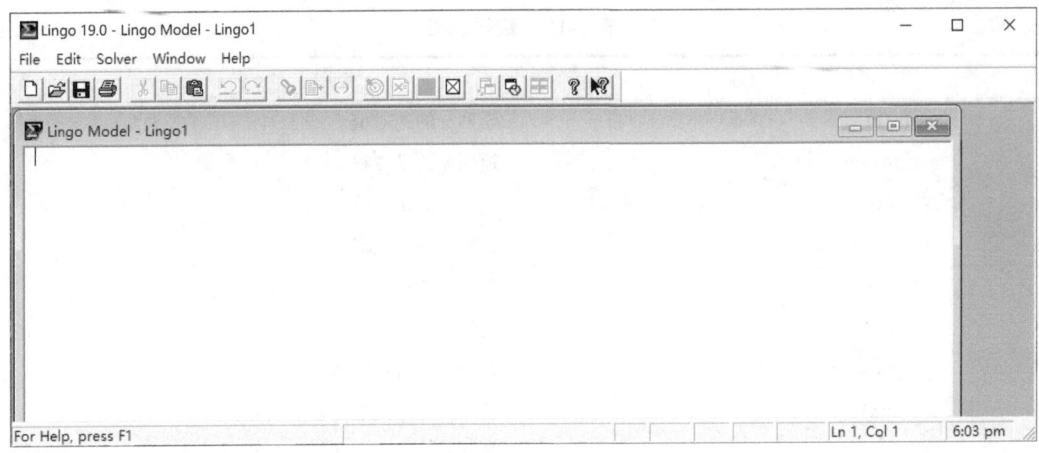

图 9-21　LINGO 命令窗口

（2）LINGO 运行状态窗口如图 9-22 所示。

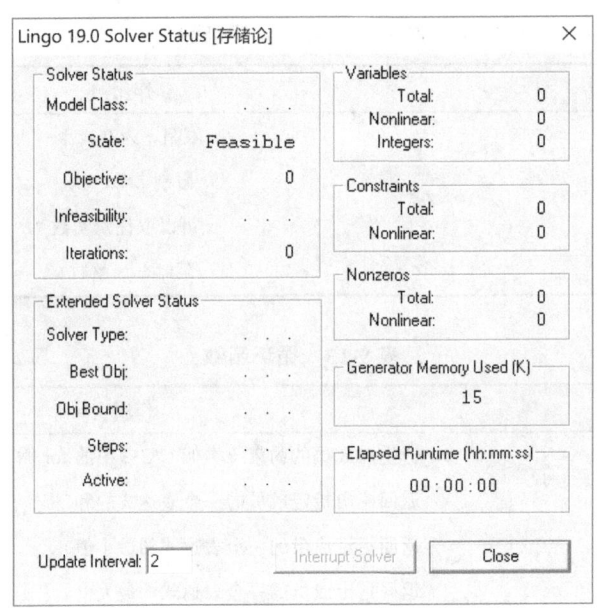

图 9-22　LINGO 运行状态窗口

①Variables（变量数量），包括变量总数（Total）、非线性变量数（Nonlinear）、整数变量数（Integers）。

②Constraints（约束数量），包括约束总数（Total）、非线性约束数（Nonlinear）。

③Nonzeros（非零系数数量），包括非零系数总数（Total）、非线性非零系数数量（Nonlinear）。

④Generator Memory Used（K）（内存使用量），单位为千字节。

⑤Elapsed Runtime（hh:mm:ss）（求解花费的时间），显示格式是"时：分：秒"。

LINGO 状态窗口中关于求解器和扩展求解器各项的含义如表 9-14 和表 9-15 所示。

表 9-14　LINGO 状态窗口中关于求解器各项的含义

域名	含义	可能的显示
Model Class	当前模型的类型	LP, QP, ILP, IQP, PILP, PIQP, NLP, INLP, PINLP
State	当前解的状态	Global Optimum（全局优化），Local Optimum（局部优化），Feasible（可行），Infeasible（不可行），Unbounded（无界），Interrupted（中断），Undetermined（未确定）
Objective	当前解的目标函数值	实数
Infeasibility	当前约束不满足的总数	实数
Iterations	到目前为止的迭代次数	非负整数

表 9-15　LINGO 状态窗口中关于扩展求解器各项的含义

域名	含义	可能的显示
Solver Type	使用的特殊求解程序	B-and-B（分支定解法） Global（全局最优求解程序） Multistart（用多个初始点求解的程序）
Best Obj	到目前为止找到的可行解最佳目标函数	实数
Steps	特殊求解程序当前运行步数	非负实数
Active	有效步数	非负实数

（3）LINGO 计算结果窗口如图 9-23 所示。

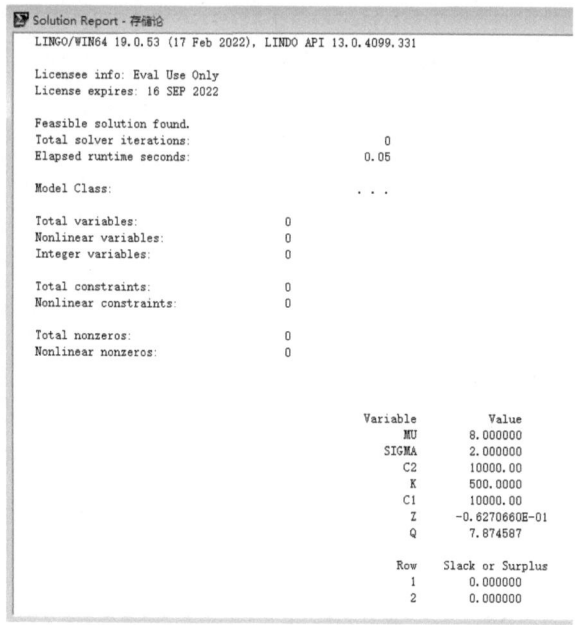

图 9-23　LINGO 计算结果窗口

4. LINGO 的基本用法的注意事项

（1）LINGO 程序以 MODEL 开始，以 END 结束。

（2）LINGO 中不区分大小写字母；变量和行名可以超过 8 个字符，但不能超过 32 个字符，且必须以字母开头。

（3）用 LINGO 解优化模型时，已假定所有变量非负（除非用限定变量取值范围的函数@free、@sub 或@slb，另行说明）。

（4）变量可以放在约束条件的右端（数字也可放在约束条件的左端）。但为了提高 LINGO 求解效率，应尽可能采用线性表达式定义目标函数和约束条件。

（5）语句是组成 LINGO 模型的基本单位，每个语句都以分号";"结尾，编写程序时应注意模型的可读性。例如，一行只写一个语句，按照语句之间的嵌套关系对语句安排适当的缩进，增强层次感。

（6）以感叹号"!"开始的是说明语句，说明语句也需要以分号";"结束，可跨多行。

（7）变量与系数之间应有运算符"*"。

第 10 章
决 策 论

【本章导读】

前面主要讨论的管理决策问题是在各种可选决策的结果较为确定的情况下进行的。这种制定决策的环境使得我们能够建立具有目标函数的数学模型（线性规划数学模型、整数规划数学模型、非线性规划数学模型等）来有效描述任何组合的预测结果。尽管通常无法完全准确地预测这些结果，但足以准确到证明选择这些模型（what-if 分析等）是恰当的。

然而，管理者经常需要在具有更多不确定性的环境中制定决策。下面是一些例子。

（1）某制造商向市场推出新产品。这时潜在顾客将会做出怎样的反应？制造商应当生产多少产品？在决定进行全面分销前是否需要在一个小区域中进行试销？为了成功推出产品，制造商需要打多少广告？

（2）某金融公司投资有价证券。哪些市场板块和单个有价证券的前景最好？经济趋势如何？利率会如何变化？这些因素如何影响投资决策？

（3）某政府项目承包商投标一个新项目。项目的实际成本是多少？其他哪些公司会投标？它们的投标价是多少？

这样的例子不胜枚举，因为有太多乃至一系列决策都需要在巨大的不确定性下制定，而这些商业问题中的决策制定都可以通过科学方法和经验的结合来提高决策的质量与效果。这就是近几个世纪以来决策分析领域得到重视和发展的原因。当结果不确定时，决策分析为理性决策提供了一个框架和方法。

本章着重选择适当的决策准则，描述如何使用决策树来构造决策分析问题，讨论如何在决策树的辅助下有效地实施敏感性分析，介绍全情报的价值决策并用决策树分析系列决策问题，探讨效用理论在决策中的应用。

【学习目标】

（1）根据问题的描述构建收益表。
（2）应用各决策准则求解决策分析问题。
（3）构建决策树并利用决策树进行敏感性分析。
（4）在制定决策之前决定是否值得获取更多的信息。
（5）使用新的信息更新自然状态的概率。
（6）使用 Excel 构建决策树并进行敏感性分析，以处理一系列决策问题。
（7）运用效用理论处理决策问题。

【开篇案例】

　　MY 烘焙于 2010 年 9 月成立，现为大型食品专营连锁企业。近几年，随着人们消费水平的不断提升，该公司得到了快速发展，拥有上千万元资产。然而，在此过程中公司同样遇到了许多"成长的烦恼"。

　　在当下市场竞争激烈的状态下，MY 烘焙的市场份额面临巨大挑战。2019 年，该公司解除了内部加盟制，剥离了三四线城市的所有业务，只保留着一线市场的份额，门店规模骤减。究其原因主要是甜品市场进入门槛低，产品同质化竞争严重，创新不足。由于大部分产品缺乏科技含量，再加上创新速度慢，烘焙产品的同质化非常严重。很多品牌产品在种类、配料、口味、包装等方面大同小异。

　　因此，抓住 MY 烘焙的自身优势最主要的改变是产品，不断创新，实现产品质的飞跃。公司决定在现有生产条件不变的情况下，生产一种新产品，考察其市场前景及利润。由于市场变幻莫测，消费者的偏好也有所不同。到底消费者钟爱创新产品还是经典产品，这就需要公司展开详细的市场调研，以便了解消费者的需求。若创新产品能够带来更多利润，则生产创新产品；若经典产品更加营利，则继续生产经典产品，将其做优做强。

　　现可供开发生产创新产品（虎皮蛋糕卷）、经典产品（黑森林蛋糕）两种产品，对应的方案为 A_1、A_2，市场对产品的需求有 S_1（需求量大）和 S_2（需求量小）两种状态，发生概率分别为 0.25 和 0.75。一方面，在产品投入生产之前，MY 烘焙需要了解市场需求，这就需花费 20 万元的调研费用。如果投入创新产品研发，将花费 100 万元的研发成本。另一方面，如果选择生产创新产品，市场专家估计创新产品销售能够给公司带来 900 万元的净收入。而对于经典产品，无论其需求量大还是小，其给公司带来的净收入均为 100 万元。每种方案在各种自然状态下的收益如表 10-1 所示。

表 10-1　每种方案在各种自然状态下的收益　　　　　　　　（单位：万元）

备选方案	需求量大 S_1	需求量小 S_2
A_1：创新产品	800	−100
A_2：经典产品	100	100

　　因此，为了更好地抓住市场，MY 烘焙经理找来市场专家帮助分析问题，以做出有利于公司发展的决策。

　　决策者通常会有一些关于特定自然状态出现可能性的信息。这些信息可能仅仅是基于个人经验做出的主观估计，或是某种程度的确凿证据（如经济学家的报告），这些估计用概率的形式表示为特定自然状态的先验概率（prior probability）。MY 烘焙经理根据多年的市场经验，判断未来消费者对烘焙产品需求量大的概率是 0.25，而需求量小的概率是 0.75，如表 10-2 所示。尽管这可能不是基于更多信息（如市场调研）所得到的真实概率，但这是在获得更多信息之前所能够得到的最好的概率估计（本章将分析是否值得研发创新产品并投入生产，所以当前的问题是在不投入创新产品时该做些什么）。

表 10-2　MY 烘焙公司问题的先验概率

自然状态	先验概率
需求量大	0.25
需求量小	0.75

任何一种决策的备选方案及自然状态的组合都会导致某种结果。收益（payoff）是决策备选方案和自然状态导致的结果的量。在大多数情况下，收益以货币价值表示，如利润。如表 10-1 所示，MY 烘焙公司目前的收益就是利润。

当对问题进行系统描述时，明确所有备选方案及可能的自然状态非常重要。在从决策者的视角确定适当的收益度量方法后，就要估计每种备选方案和自然状态的组合所对应的收益，如表 10-3 所示。

表 10-3　每种备选方案和自然状态的组合所对应的收益及概率

备选方案	自然状态	
	需求量大 S_1	需求量小 S_2
A_1：创新产品/万元	800	−100
A_2：经典产品/万元	100	100
先验概率	0.25	0.75

【案例思考题】

（1）在现有条件下，可以用何种思路来确定方案？
（2）市场专家下一步需要做什么工作？

10.1　决策准则

不确定型决策的基本特征是无法确切知道哪种自然状态将出现，而且各种状态出现的概率（主观的或客观的）不明，这种情况下的决策主要取决于决策者的素质和要求。下面介绍常用的处理不确定型决策问题的准则。

10.1.1　乐观准则

乐观准则（maximax criterion）是完全客观主义者的决策准则，它只关注可能发生的最好情况。乐观准则的步骤如下。

（1）对每种备选方案，确定其每个自然状态下的最大收益。
（2）找到这些最大收益中的最大值，选择相应的备选方案。

乐观准则的出发点是假定决策者对未来的结果持乐观的态度，总是假设出现对自己最有利的状态。记

$$u(A_i) = \max_{1 \leqslant j \leqslant n} a_{ij} \quad (i = 1, 2, \cdots, m)$$

则最优方案 A_i^* 应满足

$$u(A_i^*) = \max_{1 \leqslant i \leqslant m} u(A_i) = \max_{1 \leqslant i \leqslant m} \max_{1 \leqslant j \leqslant n} a_{ij}$$

解：首先用 $a(A_i, S_i)$ 表示采用方案 A_i 而发生的自然状态为 S_i 时公司的收益值，本例中，采用方案 A_1 时在各种自然状态下的最大收益为 800 万元，即

$$\max_{1 \leqslant j \leqslant 2} [a(A_1, S_j)] = \max\{800, -100\} = 800$$

同样有
$$\max_{1\leq j\leq 2}[a(A_2,S_j)] = \max\{100,100\} = 100$$

然后从这些最大收益中选取一个最大值 800，即
$$\max_{1\leq i\leq 2}\{\max_{1\leq j\leq 2}[a(A_i,S_j)]\} = \max\{800,100\} = 800$$

在此准则下，方案 A_1（即生产创新产品）最优，用表格方式求解此题，如表 10-4 所示。首先从收益表（表 10-4）开始，不使用先验概率（因为这一准则忽略了先验概率）。最右边一列给出了每种备选方案的最大收益。既然这些备选方案的最大收益中的最大者是 800 万元，必定是整个收益表中最大收益。那么在这个准则下，相应的备选方案（生产创新产品 A_1）就会被选出。

表 10-4 对 MY 烘焙公司问题应用乐观准则 （单位：万元）

备选方案	自然状态		行中最大值
	需求量大 S_1	需求量小 S_2	
A_1：创新产品	800	−100	800（最大的最大值）
A_2：经典产品	100	100	100

10.1.2 悲观准则

悲观准则（maximin criterion）是一种完全悲观主义者的决策准则。与乐观准则相反，它仅关注可能发生的最差的情况。悲观准则的步骤如下。

（1）对每种备选方案，确定其每种自然状态下的最小收益。

（2）找出这些最小收益中的最大值，选择相应的备选方案。

这种方法的基本思想是假定决策者从每种备选方案可能出现的最差结果出发，且最佳选择是从最不利的结果中选择最有利的结果。记

$$u(A_i) = \min_{1\leq j\leq n} a_{ij} \ (i=1,2,\cdots,m)$$

则最优方案 A_i^* 应满足

$$u(A_i^*) = \max_{1\leq i\leq m} u(A_i) = \max_{1\leq i\leq m}\min_{1\leq j\leq n} a_{ij}$$

解：首先用 $a(A_i,S_i)$ 表示采用方案 A_i 而发生的自然状态为 S_i 时公司的收益值，可知采用方案 A_1 时，在各种自然状态下的最小收益为 −100 万元，即

$$\min_{1\leq j\leq 2}[a(A_1,S_j)] = \min\{800,-100\} = -100$$

同样有
$$\min_{1\leq j\leq 2}[a(A_2,S_j)] = \min\{100,100\} = 100$$

然后从这些最小收益中选取一个最大值 100，即
$$\max_{1\leq i\leq 2}\{\min_{1\leq j\leq 2}[a(A_i,S_j)]\} = \max\{-100,100\} = 100$$

在此准则下，方案 A_2（即生产经典产品）最优。表 10-5 给出了 MY 烘焙公司问题应

用这一准则的过程，与表 10-4 最基本的不同在于，最右边一列给出了每种备选方案的最小收益。因为 100 是"行中最小值"这列数字中的最大值，所以被选定的备选方案是生产经典产品。

表 10-5　对 MY 烘焙公司问题应用悲观准则　　　　　　　　　　　　（单位：万元）

备选方案	自然状态		行中最小值
	需求量大 S_1	需求量小 S_2	
A_1：创新产品	800	−100	−100
A_2：经典产品	100	100	100（最大的最小值）

10.1.3　最大可能性准则

最大可能性准则（maximum likelihood criterion）着眼于最有可能出现的自然状态。最大可能性准则的步骤如下。

（1）找出先验概率最大的自然状态。

（2）选择在这种自然状态下收益最大的备选方案。

最大可能性准则的基本原理是将决策建立在最有可能发生的自然状态的假设上，这样就给自己提供了一个获得希望的结果的机会（与假设出现任何其他自然状态相比）。

表 10-6 给出了 MY 烘焙公司问题应用最大可能性准则的过程。表 10-6 和表 10-3 基本相同，但是表 10-6 标明了应用此准则的第一步（选取需求量小的自然状态）和第二步（选取生产经典产品的备选方案）。因为需求量小是具有较大先验概率的自然状态，所以只考虑需求量小的收益（−100 万元和 100 万元）。因为这两个收益中最大的一个是 100 万元，所以选择相应的备选方案 A_2，即生产经典产品。

表 10-6　对 MY 烘焙公司问题应用最大可能性准则

备选方案	自然状态	
	需求量大 S_1	需求量小 S_2
A_1：创新产品/万元	800	−100
A_2：经典产品/万元	100	100（第二步：最大值）
先验概率	0.25	0.75（第一步：最大值）

10.1.4　贝叶斯决策规则

贝叶斯决策规则（Bayes' decision rule）直接使用可能出现的自然状态的先验概率。贝叶斯决策规则的步骤如下。

（1）对于每种备选方案，将每个收益乘以相应自然状态的先验概率，再把乘积相加，得到收益的加权平均值，称为该备选方案的期望收益（expected payoff，EP）。

（2）选择期望收益最大的备选方案。

图 10-1 给出了 MY 烘焙公司问题应用贝叶斯决策规则的过程。A 列、B 列和 C 列显

示了表 10-3 给出的收益表。单元格 E4 和 E5 通过利用输入到这两个单元格的公式执行了第一步程序，即

$$E4 = \text{SUMPRODUCT}(概率, 创新产品) = 0.25 \times 800 + 0.75 \times (-100) = 125$$
$$E5 = \text{SUMPRODUCT}(概率, 经典产品) = 0.25 \times 100 + 0.75 \times 100 = 100$$

	A	B	C	D	E
1					
2	收益表	自然状态			期望收益
3	可供选择	需求量大	需求量小		
4	A_1: 创新产品/万元	800	−100		125
5	A_2: 经典产品/万元	100	100		100
6					
7	概率	0.25	0.75		

图 10-1 对 MY 烘焙公司问题应用贝叶斯决策规则

由于生产创新产品的期望收益等于 125（万元，单元格 E4），与生产经典产品的期望收益等于 100（万元，单元格 E5）相比较大，贝叶斯决策规则建议生产创新产品。

之所以称为贝叶斯决策规则是因为该规则是著名哲学家和数学家贝叶斯提出的，尽管同样的基本思想早已存在于经济领域，但是贝叶斯的决策理念在今天仍然有相当大的影响，许多管理学家深信贝叶斯的哲学。

贝叶斯决策规则又称为预期货币值规则（expected monetary value criterion），原因是该案例的收益表中的收益是用货币表示的（如收益是多少美元），每种备选方案的期望收益也是用货币表示的。但是，在不使用货币来衡量收益的案例中，不建议使用"预期货币值规则"一词。由于应用广泛，本章的决策程序将集中在贝叶斯决策规则的基础上进行分析。

10.2 决 策 树

图 10-1 中的电子表格是一种很有用的采用贝叶斯决策规则进行决策分析的方法。另一种采用贝叶斯决策规则的方法是使用决策树（decision tree），以图形的方式表示和分析问题，具有形象直观、思路清晰等优点。MY 烘焙公司问题的决策树如图 10-2 所示。从左至右，图 10-2 显示了整个时间的渐进过程：首先，需要制定的决策是生产创新产品还是生产经典产品；然后，了解这个产品的市场需求；最后，得出各种事件所对应的收益。图 10-2 中符号说明如下：□表示决策节点，从它引出的分支称为方案分支，分支数量反映了方案数量；○表示方案节点，其上方数字表示该方案的期望收益（例如，方案 A_1 的期望收益为 $0.25 \times 800 + 0.75 \times (-100) = 125$，写在 A_1 的上方），从它引出的分支称为概率分支，每条分支的上面写明了自然状态及其出现的概率，分支数量反映了可能的自然状态数量；△表示结果节点（或称末梢），它旁边的数字是每个方案在相应状态下的收益值。

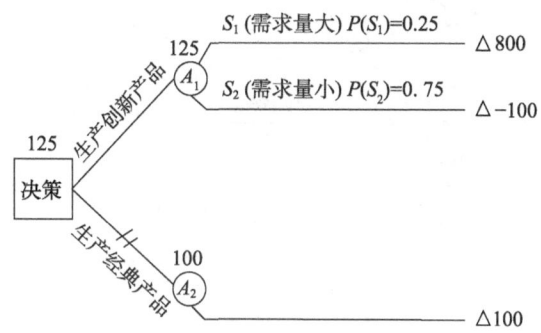

图 10-2 MY 烘焙公司问题的决策树

这个决策树显示了一个随着时间发展的自然过程。首先,公司必须做出它的决策(A_1 或 A_2),然后执行它的方案,某种自然状态(S_1 或 S_2)将在执行方案时出现,结果节点旁的数字就是这个方案在这种自然状态下的收益值。

将各方案节点上的期望收益加以比较,将最大的期望收益(125)写在决策节点的上方,说明选定了方案 A_1,打有"//"号的分支表示该方案删除,或称为剪枝方案。

运用决策树方法进行决策的关键步骤如下。

(1)绘制决策树。

(2)自右到左计算各方案的期望收益,并将结果写在相应的方案节点处。

(3)选取期望收益最大的方案作为最优方案。

以上例子只包括一级决策,称为单级决策问题;有些决策问题包括两级及两级以上的决策,称为多级决策问题。后续使用决策树方法时会涉及多级决策问题。

下面将描述并展示如何应用 TreePlan 插件在 Excel 中构建和分析决策树。TreePlan(图 10-3)是在 Excel 中画决策树的工具之一,由旧金山大学米歇尔·R. 米德尔顿开发,并由杜克大学富卡商学院的詹姆斯·E. 史密斯改良。

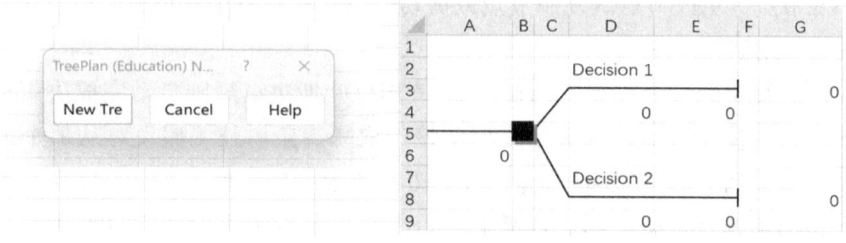

图 10-3 TreePlan 插件

在 TreePlan 安装完成后,打开一个新的工作表。选择单元格 A1。从加载项中选择 Decision Tree 选项。在 TreePlan New 对话框中,单击 New Tree(新建图)按钮。将出现一个决策节点与两个决策分支的默认决策树。

如图 10-4 所示,在单元格 D4 中输入"创新产品",并在单元格 D6 中输入"-100",表示创新产品的研发成本;在单元格 D12 中输入"经典产品",并在单元格 D14 中输入"100",表示经典产品的期望收益。

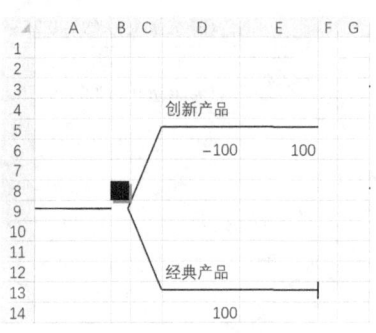

图 10-4 新建一个决策树

选择单元格 F5。从加载项中选择 Decision Tree 选项。在 TreePlan 对话框中，选择 Change to decision node 和 Two 单选按钮，然后单击 OK 按钮。在单元格 H2 中输入"需求量大"，在单元格 H7 中输入"需求量小"。在上方分别输入对应的先验概率 0.25 与 0.75，对应的收益值为 900 和 0。最终的决策树如图 10-5 所示。

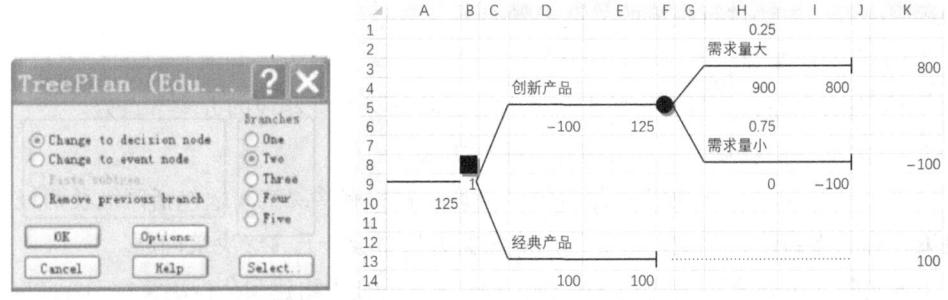

图 10-5 构建 MY 烘焙公司问题的决策树

此外，我们可以使用 TreePlan 对节点或树枝进行修改。例如，在节点子菜单下，可以选择添加节点、更改节点、复制节点或剪切节点；在树枝子菜单下，可以选择添加树枝、更改树枝或删除树枝。

在构建决策树的每个步骤中，TreePlan 使用贝叶斯决策规则自动完成决策树最佳策略的求解。每个决策节点内的数字表明应该选取哪一条树枝（假设对从那个节点分出来的树枝按从上到下的顺序编号）。如图 10-5 所示，单元格 B9 中的数字 1 表明应该选取最上面那条树枝（生产创新产品）。每个结束节点旁边的数字是到达那个节点时的收益。单元格 A10 和 E6 中的数字 125 是所在步骤的期望收益（贝叶斯决策规则绩效的度量指标）。

对 TreePlan 的描述看上去有些复杂，但是 TreePlan 的实际操作过程非常直观，也有其他实用的特点。

10.3 使用决策树的敏感性分析

敏感性分析（sensitivity analysis）广泛应用于多种管理科学实践中，它可以用来分析数学模型中的一些不正确数据对结果产生的影响。在 MY 烘焙公司问题中，数据模型用图 10-6 所示的决策树表示。决策树中最值得怀疑的数据是单元格 H1 和 H6 中的先验概率 0.25 和 0.75，因此，首先要对这些数据进行敏感性分析。

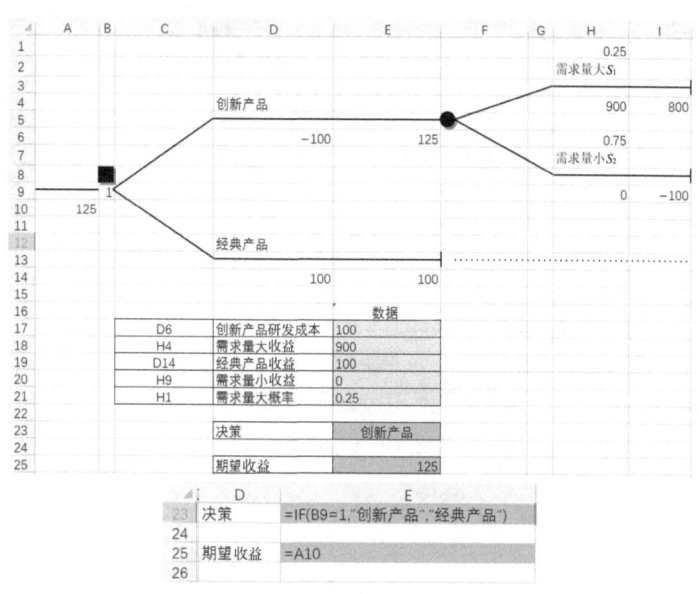

图 10-6　MY 烘焙公司的敏感性分析

为对 MY 烘焙公司问题进行敏感性分析，其数据和结果已经合并于决策树下面的电子表格中，给出结果的单元格和决策树中相应的输出单元格相关联，决策树中的数据单元格也与相应的决策树下面的数据单元格相关。因此，用户可以在下面的数据单元格（E17:E21）中对多个备选值进行修改试验，则决策树上相关数值和决策，以及图 10-6 下面结果部分中的决策（E23）和期望收益（E25）会同时改变，以反映新数据造成的影响。

两个先验概率的和必须等于 1，因此，一个概率的增大会自动使另一个概率以相同的数量减小，反之亦然。在图 10-6 所示的决策树中，需求量大的概率（H1）=E21，需求量小的概率（H6）= 1 − 需求量大的概率（H1）。假设产品需求量大的概率为 15%～35%，即产品需求量大的真实先验概率为 0.15～0.35，相应的产品需求量小的真实先验概率为 0.65～0.85。

可以通过简单地尝试不同的需求量大的先验概率值来进行敏感性分析。图 10-7（a）是产品需求量大的先验概率的下限（0.15），图 10-7（b）是产品需求量大的先验概率的上限（0.35）。当产品需求量大的先验概率为 0.15 时，由于收入差额很大，决策变为继续生产经典产品（其期望收益为 100 万元，生产创新产品的期望收益仅为 35 万元）。当产品需求量大的先验概率为 0.35 时，收入差额使得决策变为生产创新产品（其期望收益为 215 万元，生产经典产品的期望收益为 100 万元）。因此，决策对于需求量大的概率非常敏感。这个敏感性分析表明，很有必要多开展一些工作来找出需求量大的真实概率。

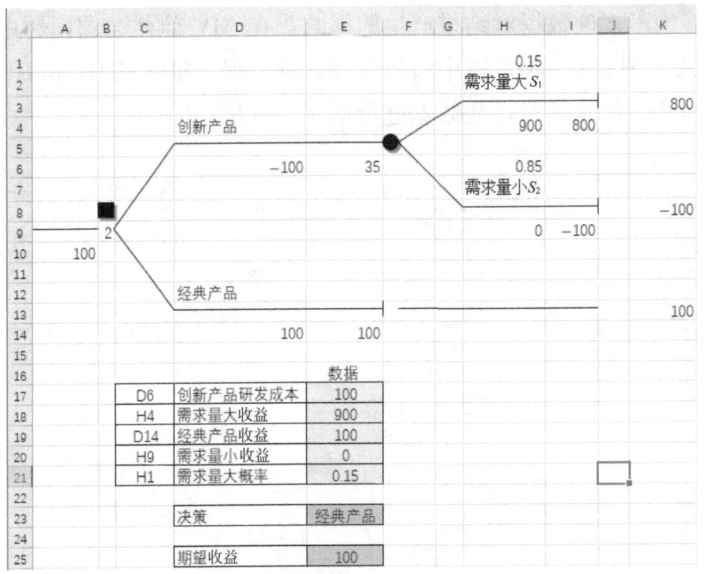

(a) 市场需求量大的先验概率为 0.15 的结果

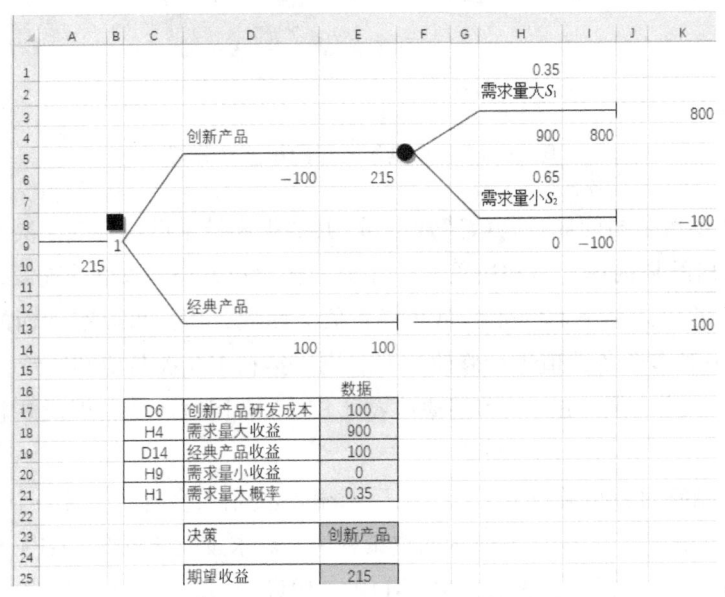

(b) 市场需求量大的先验概率为 0.35 的结果

图 10-7　市场需求量大的先验概率不同的结果

　　为了确定决策在市场需求量大的概率为何值时发生变化，应该继续随机选择新的市场需求量大的先验概率值进行试算，其间最好系统地考虑数值的变化范围。Excel 中的数据表（data table）可用于执行此类分析。数据表用来表示特定的输出单元格的结果，它们对应数据单元格中的各试算值。

　　首先，在 Excel 中创建一张表，标题如图 10-8 中的 H、I 和 J 列所示。单元格 H19:H29 列出了数据单元格的各试算值（市场需求量大的先验概率）；单元格 I18:J18 输入公式，使之与相应的输出单元格相关联，即 I18=E23，J18=E25，其中，目标单元格就是决策（E23）和期望收益（E25）。

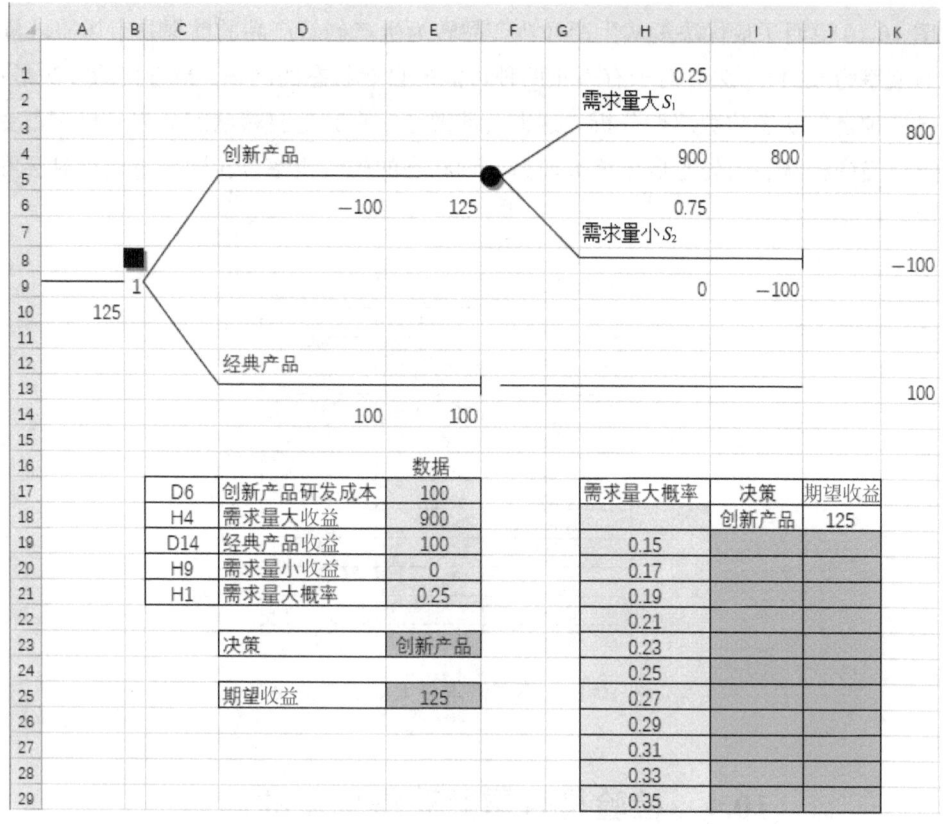

图 10-8 市场需求量大的先验概率的敏感性分析

然后,选中整个数据表(H18:J29),在"数据"选项卡选择"预测"→"模拟分析"→"模拟运算表"选项,弹出如图 10-9 所示的"模拟运算表"对话框。在对话框中的"输入引用列的单元格"中输入$E$21,它与数据表中第一列中变化的数据单元格相对应,表示将以数据表的第一列的数值依次替代 E21 单元格的值,从而实现需求量大的不同概率的遍历。在"输入引用行的单元格"中没有任何输入值,这是因为这个案例中没有使用行来列出数据的试算值。

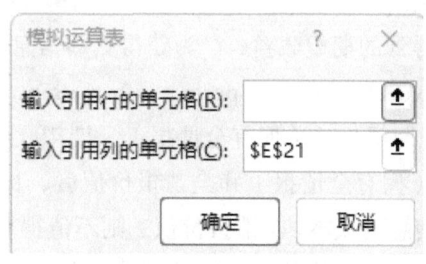

图 10-9 模拟运算表

最后,单击"确定"按钮,图 10-8 右下角的数据表就会自动计算,得到图 10-10 所示的结果。其中,对于每个在数据表第一列中的数据单元格的试算值,都有相应的输出单元格值被计算出来,并显示在数据表的第 2 列(I19:I29)和第 3 列(J19:J29)中(数据表第一列的输入值是在对电子表格进行初始化时输入的)。

图 10-10 说明了最优决策从生产经典产品转为生产创新产品的前提是市场需求量大的先验概率为 0.21~0.23。对于有不止两种可能的自然状态的问题，最直接的方法是每次只进行两种自然状态的敏感性分析。这也会涉及考察在其他自然状态的先验概率不变的前提下，当一种状态的先验概率增大而另一种状态的先验概率以相同数量减小时会发生的情况。

需求量大概率	决策	期望收益
	创新产品	125
0.15	经典产品	100
0.17	经典产品	100
0.19	经典产品	100
0.21	经典产品	100
0.23	创新产品	107
0.25	创新产品	125
0.27	创新产品	143
0.29	创新产品	161
0.31	创新产品	179
0.33	创新产品	197
0.35	创新产品	215

图 10-10 不同需求量大的概率的决策

10.4 检验是否需要获得更多的信息

先验概率是对自然状态真实概率的某种程度上的不精确估计。对于管理者来说，花钱进行市场需求调研以获得更好的估计是否值得呢？解答这个问题最快捷的方法是假设找出真实的自然状态（全情报）需要花费的钱与进行调研需要花费的钱相等，再决定是否值得为这些信息花费这笔钱。如果不值得获取全情报，显然，花钱找出更多关于某种自然状态出现的概率的信息就是不值得的。

进行分析所需要的关键数据如下：期望收益（无更多信息）为根据原始的先验概率通过贝叶斯决策规则得到的期望收益（125 万元）；期望收益（拥有全情报）为知道真实的自然状态后制定决策得到的期望收益；C 为获得更多信息的成本，即市场调研成本（20 万元）。全情报价值（expected value of perfect information，EVPI）为

全情报价值 = 期望收益（拥有全情报）− 期望收益（无更多信息）

在计算出期望收益（拥有全情报）和全情报价值后，比较全情报价值和获得更多信息的成本：若获得更多信息的成本>全情报价值，则不值得获取更多的信息；若获得更多信息的成本≤全情报价值，则或许值得获取更多的信息。

为了计算期望收益（拥有全情报），假设在了解真实的自然状态后再进行决策。给定真实的自然状态，会自动选择具有最大收益的备选方案。如果市场需求量大，就生产创新产品；如果市场需求量小，就继续生产经典产品。先验概率仍然提供了每种自然状态真实发生情况的概率。因此，期望收益（拥有全情报）就是每种自然状态最大收益的加权平均值，即各自然状态的最大收益乘以与其相对应的各自然状态的先验概率。因此，

$$期望收益（拥有全情报）= 0.25×800+0.75×100$$
$$= 275（万元）$$

下面用图 10-11 所示的形式构建决策树并计算期望收益（拥有全情报）。以一个事件节点来开始一个决策树，其树枝为各种自然状态（市场需求量大或市场需求量小）。由于每条树枝后是决策节点，决策就是在考虑真实自然状态的全情报下进行的，单元格 A11 给出的期望收益 275（万元）就是期望收益（拥有全情报）。

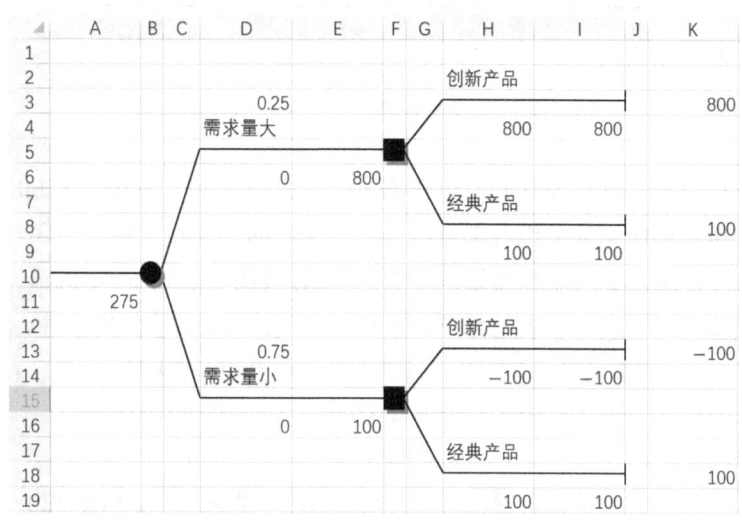

图 10-11　计算期望收益（拥有全情报）

由于期望收益（拥有全情报）为 275 万元，全情报价值为

全情报价值＝期望收益（拥有全情报）－期望收益（无更多信息）
$$= 275-125 = 150（万元）$$

因为 150>20，所以全情报价值大于获得更多信息的成本，或许值得进行市场调研。

10.5　使用新的信息更新概率

可能出现的自然状态的先验概率通常带有很大的主观性，因此，它们只是对真实自然状态的粗略估计。很多情况下可以通过进一步调研（花费一些费用）来改进这些估计。这些经过改进的估计称为后验概率（posterior probability）。

MY 烘焙公司问题改进的估计值可以通过花费 20 万元进行细致的市场调研来实现。调研的可能结果如下：

FSS：消费者喜欢吃甜点

USS：消费者不太喜欢吃甜点

为了使用各种结果来计算市场需求量大（或市场需求量小）的后验概率，估计在每种自然状态下进行市场调研的概率是非常必要的。假设期望得到的市场调研消费者喜欢吃甜点的百分比大概是 60%，但是也有可能调研发现消费者不太喜欢吃甜点的百分比大概是 80%，如表 10-7 所示（1－喜欢吃甜点的概率＝不太喜欢吃甜点的概率）。其中，

P(调研结果|自然状态) = 给定自然状态下出现特定市场调研结果的概率

这种概率形式称为条件概率（conditional probability），它给定自然状态的限制。

表10-7　MY烘焙公司的问题之给定自然状态下市场调研可能出现的结果的概率

自然状态	FSS	USS
需求量大	P(FSS|需求量大) = 0.6	P(USS|需求量大) = 0.4
需求量小	P(FSS|需求量小) = 0.2	P(USS|需求量小) = 0.8

首先，先验概率为

$$P(\text{需求量大}) = 0.25$$
$$P(\text{需求量小}) = 0.75$$

由这两个概率及条件概率得到的组合概率称为联合概率（joint probability）。任何一种自然状态和市场调研结果的组合都可以得到一个由如下公式计算出的联合概率：

$$P(\text{自然状态且调研结果}) = P(\text{自然状态})\,P(\text{调研结果}|\text{自然状态})$$

市场需求量大且出现消费者喜欢吃甜点的市场调研结果（FSS）的概率是

$$P(\text{需求量大且FSS}) = P(\text{需求量大})\,P(\text{FSS}|\text{需求量大})$$
$$= 0.25 \times 0.6$$
$$= 0.15$$

这些联合概率的计算结果都显示在图10-12所示的概率树图（probability tree diagram）的第三列（L列）中。第一列（D列）给出了先验概率，第二列（H列）给出了条件概率。第一列和第二列相乘得到第三列所示的相应的联合概率。

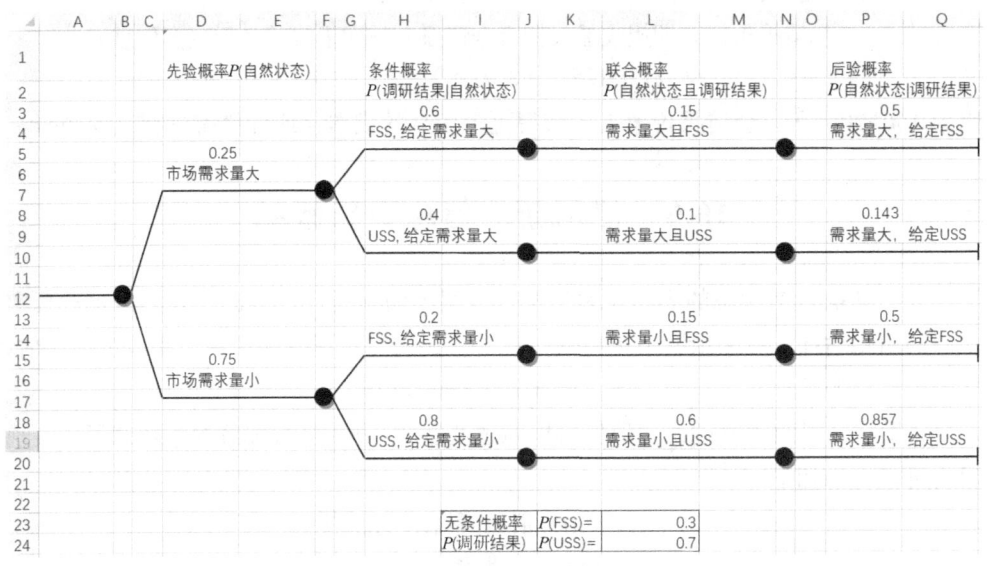

图10-12　MY烘焙公司问题的概率树图——用于计算每种自然状态的所有后验概率

然后，找出在没有确定哪种自然状态出现的情况下，特定的市场调研结果出现的概率。由于在任何自然状态下任何市场调研结果都会发生，特定的市场调研结果出现的概率为

$$P(调研结果) = P(需求量大且该调研结果) + P(需求量小且该调研结果)$$

例如，出现消费者喜欢吃甜点的市场调研结果（FSS）的概率是

$$P(\text{FSS}) = P(需求量大且\text{FSS}) + P(需求量小且\text{FSS})$$
$$= 0.15 + 0.15$$
$$= 0.30$$

其中，等式右边的两个联合概率是在概率树图第三列的第一条和第三条树枝上出现的。$P(\text{FSS})$ 和 $P(\text{USS})$ 的计算结果列在图的底部（L23 和 L24，它们称为无条件概率，用以区别第二列所示在给定自然状态下的条件概率）。

最后，计算在给定调研结果后出现特定自然状态的后验概率，包含概率树图第三列的联合概率和概率树图底部的无条件概率：

$$P(自然状态|调研结果) = \frac{P(自然状态且调研结果)}{P(调研结果)}$$

例如，在出现消费者喜欢吃甜点的市场调研结果（FSS）的情况下，实际自然状态是市场需求量大的后验概率为

$$P(需求量大|\text{FSS}) = \frac{P(需求量大且\text{FSS})}{P(\text{FSS})} = \frac{0.15}{0.30} = 0.50$$

概率树图第四列（P 列）显示了所有后验概率的计算结果。使用联合概率和无条件概率公式，可以直接由先验概率（第一列）和条件概率（第二列）计算得到每个后验概率：

$$P(自然状态|调研结果)$$
$$= \frac{P(自然状态)P(调研结果|自然状态)}{P(需求量大)P(调研结果|需求量大) + P(需求量小)P(调研结果|需求量小)}$$

例如，在给定出现消费者喜欢吃甜点的市场调研结果（FSS）的情况下，市场需求量大的后验概率为

$$P(需求量大|\text{FSS})$$
$$= \frac{P(需求量大)P(\text{FSS}|需求量大)}{P(需求量大)P(\text{FSS}|需求量大) + P(需求量小)P(\text{FSS}|需求量小)}$$
$$= \frac{0.25 \times 0.6}{0.25 \times 0.6 + 0.75 \times 0.2}$$
$$= 0.5$$

这个用于计算后验概率的公式称为贝叶斯定理（Bayes' theorem）。无论决策分析问题有多少种自然状态，该问题的后验概率都可以通过这种方法得到。贝叶斯定理的分母包含所有自然状态。概率树图也应用了贝叶斯定理，只是其表述形式更简单。

表 10-8 对在给定调研结果的情况下各自然状态的后验概率进行了总结。

表 10-8 在给定调研结果的情况下各自然状态的后验概率

自然状态	需求量大	需求量小
FSS	$P(需求量大|\text{FSS})=0.5$	$P(需求量小|\text{FSS})=0.5$
USS	$P(需求量大|\text{USS})=0.143$	$P(需求量小|\text{USS})=0.857$

学会计算后验概率的方法后，建议使用计算机来进行这些冗长的计算。

10.6 用决策树分析系列决策问题

在决策树的帮助下,MY 烘焙公司问题面临着两个系列决策:首先,是否应该进行市场调研?然后,在获得市场调研的结果后(如果进行市场调研),公司应该生产创新产品还是继续生产经典产品?

决策树用图形展示了问题的决策顺序和问题中可能出现的随机事件。图 10-2 显示了仅考虑一项决策(即生产创新产品还是生产经典产品)时 MY 烘焙公司问题的决策树。

10.6.1 构建决策树

首先,制定是否进行市场调研的决策,这个问题的决策树与图 10-13(未写入数据)的形式相同,但是为后者的一个扩展。同样地,决策树中的□表示决策节点,代表需要在这里制定决策;○表示事件节点,代表在这里会发生随机事件。

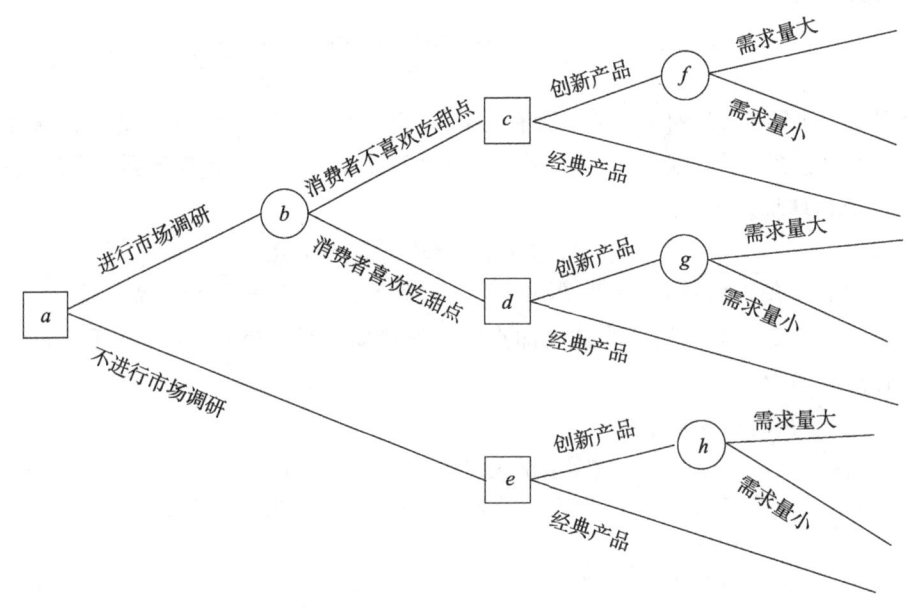

图 10-13　决策树(未写入数据)

因此,第一个决策(是否应当进行市场调研)用图 10-13 中的决策节点 a 表示,从此节点伸展出的两条树枝对应两个备选方案,节点 b 是一个事件节点,表示市场调研出现的随机结果。从节点 b 伸展出的两条树枝代表调研的两种可能结果。第二个决策包括决策节点 c、d、e,这些节点有两个可能的选择。如果决策是生产创新产品,将转向事件节点 f、g、h,其两条树枝对应两种可能的自然状态。

然后,在决策树上添加数据(图 10-14),树枝上面或下面不在括号中的那个数据是在每条树枝上发生的现金流(单位为万元)。对于从节点 a 到最终树枝的每条路径,在树枝的末端添加数据,表示每条路径最终获得的总收益。从事件节点伸出的每条树枝代表可能的随机事件,括号中的数字代表随机事件发生的概率。事件节点 h 由于没有用市场调研来获取更多的信息,其概率为自然状态的先验概率;事件节点 f 和 g 来自进行市场调研后的决策(然后生产创新产品)。因此,在给出市场调研结果的基础上,这些事件节点给出的概率是自然状态的后验概率,如表 10-8 所示。

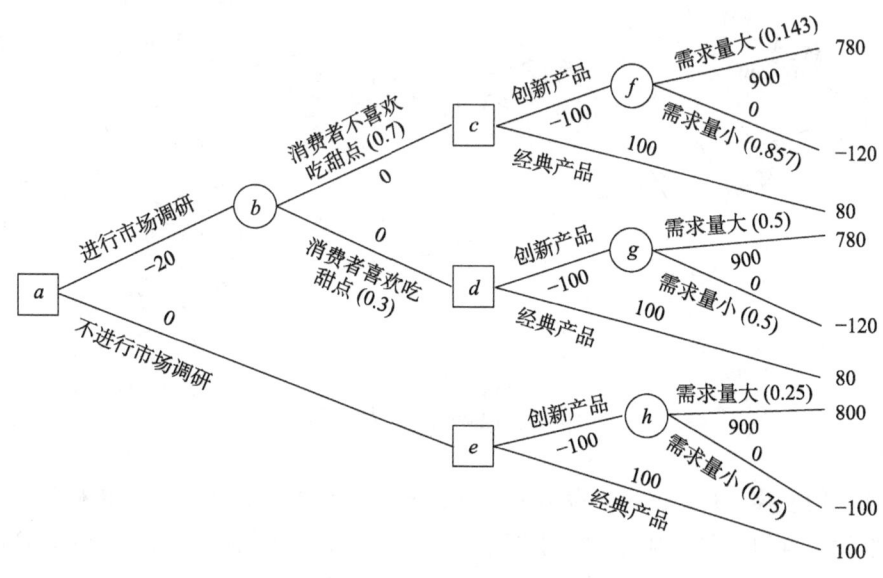

图 10-14 决策树(写入数据)

最后,得到从事件节点 b 伸展出的两条树枝上的概率是市场调研结果的概率,如图 10-14 所示的消费者喜欢吃甜点(FSS)或消费者不喜欢吃甜点(USS)的结果。

10.6.2 分析问题

在构建决策树并添加数据后,进行问题分析,步骤如下。

(1)从决策树的右边开始,每次向左移动一列。对于每列,根据节点是事件节点还是决策节点来决定是进行步骤(2)还是进行步骤(3)。

(2)对于每个事件节点,将每条树枝的期望收益与其概率相乘后再相加得到节点的期望收益,并将这个量作为伸向该节点的树枝的期望收益。

(3)对于每个决策节点,比较其树枝的期望收益,选择期望收益最大的备选方案。对于每种情况,在决策树上记录下这个选择。

具体过程如下:首先,考虑最右边的节点,也就是事件节点 f、g、h。应用步骤(2),计算其期望收益:

对于节点 f,期望收益 $= 780 \times 0.143 + 0.857 \times (-120) = 8.7$(万元)

对于节点 g,期望收益 $= 780 \times 0.5 + 0.5 \times (-120) = 330$(万元)

对于节点 h,期望收益 $= 800 \times 0.25 + 0.75 \times (-100) = 125$(万元)

将这些期望收益写在节点的上方,如图 10-15 所示。

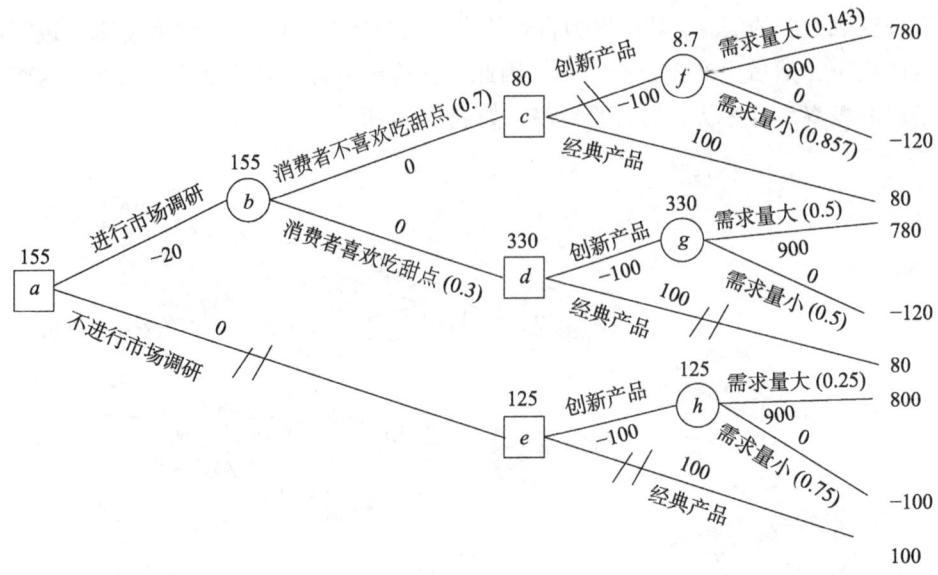

图 10-15　决策树（剪枝方案）

其次，向左移一列，这一列包括决策节点 c、d、e。指向决策节点的树枝的期望收益记录在事件节点的上方。因此，应用步骤（3）。对于节点 c，备选方案生产创新产品的期望收益为 8.7（万元），备选方案生产经典产品的期望收益为 80（万元），80>8.7，因此，选择备选方案生产经典产品。对于节点 d，备选方案生产创新产品的期望收益为 330（万元），备选方案生产经典产品的期望收益为 80（万元），330>80，因此，选择备选方案生产创新产品。对于节点 e，备选方案生产创新产品的期望收益为 125（万元），备选方案生产经典产品的期望收益为 100（万元），125>100，因此，选择备选方案生产创新产品。每种选择的备选方案的期望收益记录在其决策节点的上方，如图 10-15 所示。

再次，向左移到节点 b。因为这是一个事件节点，所以应用步骤（2）。每条树枝的期望收益记录在接下来的决策节点的上方。因此，期望收益为

$$\text{对于节点} b,\quad \text{期望收益} = 0.7 \times 80 + 0.3 \times 330 = 155（万元）$$

显示在节点 b 的上方，如图 10-15 所示。

最后，向左移到节点 a，这是一个决策节点。应用步骤（3）。对于节点 a，进行市场调研的期望收益为 155（万元），不进行市场调研的期望收益为 125（万元），155>125，因此选择进行市场调研。将这个期望收益 155（万元）记录在节点 a 的上方，如图 10-15 所示。

这个过程从右到左进行分析。采用这种方法完成决策树，决策者现在可以从左到右分析事件的实际过程。"//"号去掉了不能使人满意的途径。因此，通过给出右边显示的最终结果，贝叶斯决策规则告诉我们只有从左到右的通路能够实现最大可能期望收益。

根据贝叶斯决策规则，图 10-15 中从左到右的通路给出了如下的最佳决策。

（1）进行市场调研。

（2）若调研出现消费者不喜欢吃甜点的结果，则继续生产经典产品。若调研出现消费者喜欢吃甜点的结果，则生产创新产品。

(3) 期望收益（包含市场调研成本）是 155 万元。

10.6.3 样本信息的期望价值

前面假设 MY 烘焙公司问题的市场调研成本是已知的，为 20 万元。但是，假设这一成本存在不确定性。在这种情况下，需要找出两个关键数值进行分析：

期望收益（有更多信息）=完成市场调研的预期收益（扣除市场调研成本）

期望收益（无更多信息）=没有完成市场调研的预期收益

此处应用贝叶斯决策规则来找出这两个数值。期望收益（有更多信息）是通过图 10-16 所示决策树的上半部分得到的，但期望收益（有更多信息）并不包括市场调研成本（未知的），而这里显示的所有收益和预期收益则考虑了 20 万元的成本，如单元格 E17 显示 155（万元），因此，

期望收益（有更多信息）=155+20=175（万元）

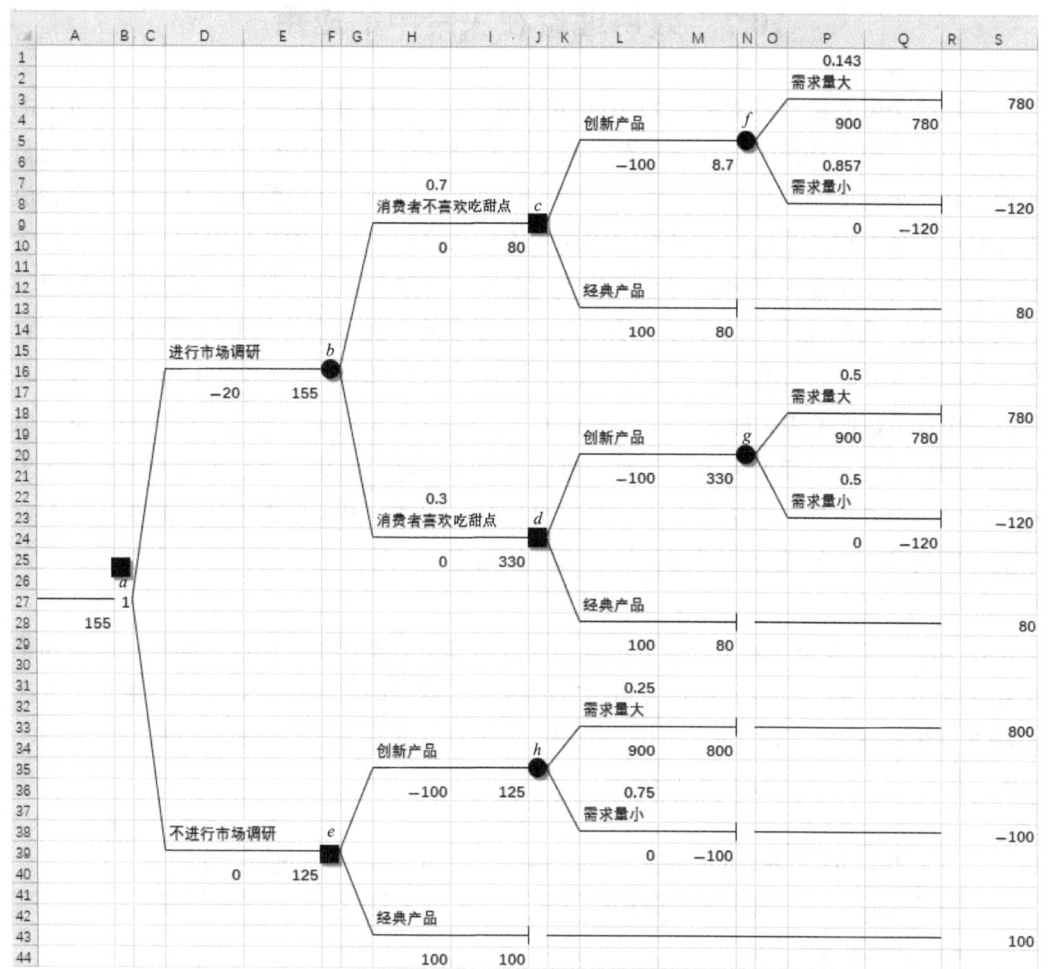

图 10-16 TreePlan 绘制 MY 烘焙公司问题的决策树，其中包括是否进行市场调研

10.5 节描述了无更多信息时的期望收益，此处是从图 10-16 所示决策树的下半部分得

到的，因此，单元格 E40 显示：

$$\text{期望收益（无更多信息）} = 125 \text{（万元）}$$

利用下面的方式来计算样本信息的期望价值（expected value of sample information, EVSI，样本信息是指来自市场调研的信息）：

$$\text{样本信息的期望价值} = \text{期望收益（有更多信息）} - \text{期望收益（无更多信息）}$$
$$= 175 - 125$$
$$= 50\text{（万元）}$$

令 C 为市场调研成本的最佳可用估计值（单位为万元），分析的最后一步是比较 C 和样本信息的期望价值。若 $C <$ 样本信息的期望价值，则进行市场调研；若 $C \geq$ 样本信息的期望价值，则不进行市场调研。MY 烘焙公司进行市场调研的成本 $C = 20$ 万元，$50 > 20$，因此，应进行市场调研。

10.7 效用理论在决策中的应用

效用这个概念是由伯努利（D.Bernoulli）提出的，他认为人们对其钱财的真实价值的考虑与他的钱财拥有量之间存在对数关系。经济管理学家将效用作为指标，用它来衡量人们对某些事物的主观价值、态度、偏爱、倾向等。例如，在风险情况下进行决策，决策者对风险的态度是不同的。采用效用这一指标来量化决策者对待风险的态度，可以针对每个决策者测定他对待风险的态度的效用曲线（函数）。效用是一个相对的指标值，一般可规定：凡对决策者最爱好、最倾向、最愿意的事物（事件）的效用值赋予 1；对决策者最不爱好的、最不倾向、最不愿意的事物（事件）的效用值赋予 0。此外，效用也可以采用其他数值范围，如 0~10、0~100。效用是无量纲指标，通过效用这一指标可以将某些难以量化、有质的差别的事物（事件）给予量化。例如，当某人面临多种选择工作方案时，要考虑地点、工作性质、单位福利等，此时，可将要考虑的因素都折合为效用值，得到各方案的综合效用值，然后选择效用值最大的方案，这就是最大效用值决策准则。

在 MY 烘焙公司问题中，通过决策树等进行分析，发现生产创新产品可以增加期望收益 155 万元。因此，MY 烘焙公司决定再纳入 2 款新的产品进行生产：雪融芝士蛋糕 A_1 和布朗可可派 A_2。经过翔实的市场调研，发现自然状态下产品的需求量分为大、中、小的发生概率、收益值如表 10-9 所示。

表 10-9　自然状态下产品的需求量分为大、中、小的发生概率、收益值

方案	需求量大 S_1	需求量中 S_2	需求量小 S_3
A_1：雪融芝士蛋糕/万元	100	-20	-60
A_2：布朗可可派/万元	80	20	-100
概率	0.3	0.5	0.2

对于这个问题，如果采用期望收益决策，容易算得

$$E(A_1) = 0.3 \times 100 + 0.5 \times (-20) + 0.2 \times (-60) = 8(万元)$$
$$E(A_2) = 0.3 \times 80 + 0.5 \times 20 + 0.2 \times (-100) = 14(万元)$$

因此，根据期望收益值最大准则，A_2 是最优方案，其期望收益最高，为 14 万元。

但是 MY 烘焙公司经理觉得目前市场竞争激烈、经营状况不佳，市场经营风险较大，如果采用方案 A_2，一旦出现市场需求量小的自然状态，公司就会丧失 100 万元的收益，公司在当前情境下极其不愿冒此风险。因此，经理决定用效用理论来进行决策，帮助公司在激烈的市场中站稳脚跟。

首先，对表 10-9 中的每个收益值赋予一个效用值，表示经理对这个收益值的相对评价，将表 10-9 中的最高收益值（100 万元）的效用定为 10，记为 $U(100)=10$，将最低收益值（-100 万元）的效用定为 0，记为 $U(-100)=0$；然后，由经理根据公司情况结合收益、风险等因素对表 10-9 中的每个收益值都定出相应的效用值。

对于表 10-9 中的收益值 80 万元，可按如下方法来确定其效用值，由经理在下面两项中做出一个选择。

（1）得到确定的收益 80 万元。

（2）以概率 p 得到 100 万元，而以概率 $1-p$ 损失 100 万元。

显然，当 p 非常靠近 1 时，经理愿意选择方案（2），这样实际上可得 100 万元；当 p 靠近 0 时，经理愿意选择方案（1），这样随着 p 值从 1 不断下降到 0 的过程中，经理从选择方案（2）而变为选择方案（1）。也就是说，在 1 与 0 之间，存在一个数值，当 p 取其值时，经理认为方案（1）和（2）是等值的。假设此时 $p=0.9$，得到了 p 值就可以计算出 80 万元的效用值：

$$\begin{aligned} U(80) &= pU(100) + (1-p)U(-100) \\ &= 0.9 \times 10 + 0.1 \times 0 \\ &= 9 \end{aligned}$$

由 100 万元和 -100 万元的效用值，确定了 80 万元的效用值 $U(80)=9$。

同样地，可以用 100 万元和 -100 万元的效用值来确定 20 万元的效用值。经理认为得到确定的 20 万元与当 $p=0.75$ 时以概率 p 得 100 万元、以概率 $1-p$ 损失 100 万元是等值的，即

$$\begin{aligned} U(20) &= pU(100) + (1-p)U(-100) \\ &= 0.75 \times 10 + 0.25 \times 0 \\ &= 7.5 \end{aligned}$$

经理认为得到确定的 -20 万元与当 $p=0.65$ 时以概率 p 得 100 万元、以概率 $1-p$ 损失 100 万元是等值的，即

$$\begin{aligned} U(-20) &= pU(100) + (1-p)U(-100) \\ &= 0.65 \times 10 + 0.35 \times 0 \\ &= 6.5 \end{aligned}$$

这样也可以求得 80 万元、20 万元、-20 万元的效用值分别是 9、7.5 和 6.5。

按照以上方式，求得了各方案的期望效用，如表 10-10 所示。

表 10-10 各方案的期望效用（一）

方案	自然状态			$E[U(A_i)]$
	需求量大 S_1	需求量中 S_2	需求量小 S_3	
A_1：雪融芝士蛋糕	10	6.5	4	7.05
A_2：布朗可可派	9	7.5	0	6.45
概率	0.3	0.5	0.2	

在表 10-10 中，

$$E[U(A_1)] = 0.3 \times 10 + 0.5 \times 6.5 + 0.2 \times 4 = 7.05$$
$$E[U(A_2)] = 0.3 \times 9 + 0.5 \times 7.5 + 0.2 \times 0 = 6.45$$

由此可知，A_1 的期望效用最大，故生产雪融芝士蛋糕为该公司的最优方案。在进行期望效用决策时，也可使用决策树方法，决策树中的所用收益值用其效用值来代替。

一般来说，如果期望收益能合理地反映决策者的看法和偏好，就可以用期望收益进行决策，否则，应该进行效用分析。

实际上，期望收益决策是期望效用决策的一种特殊情况，如果用收益值与效用值作为直角坐标系的 x 轴与 y 轴，并用 A、B 两点作一条直线，其中，A 的坐标为 x_A=最大收益值，y_A=最大效用值；B 的坐标 x_B = 最小收益值，y_B = 最小效用值。如果某问题的所有收益值与其对应的效用值组成的点都在此直线上，那么用这样的效用值进行期望值决策和用收益值进行期望值决策的结果完全一样的，如图 10-17 所示。

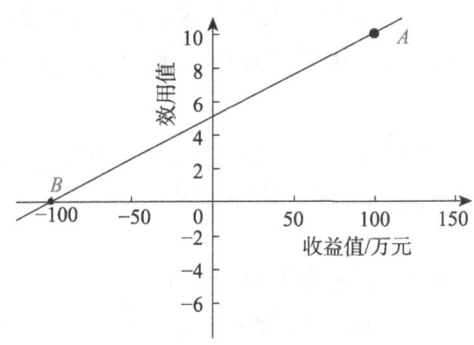

图 10-17 收益-效用匹配直线

在图 10-17 中，A 的坐标为 $x_A = 100$，$y_A = U(100) = 10$；$x_B = -100$，$y_B = U(-100) = 0$。用这条直线可以确定其他收益值的效用值。这条直线方程为 $y = \frac{5}{100}x + 5$，求得

$$U(-20) = y = \frac{5}{100} \times (-20) + 5 = 4$$

$$U(-60) = y = \frac{5}{100} \times (-60) + 5 = 2$$

$$U(80) = y = \frac{5}{100} \times 80 + 5 = 9$$

$$U(20) = y = \frac{5}{100} \times 20 + 5 = 6$$

用这样的效用值进行期望值决策，见表 10-11。

表 10-11 各方案的期望效用（二）

方案	自然状态			$E[U(A_i)]$
	需求量大 S_1	需求量中 S_2	需求量小 S_3	
A_1：雪融芝士蛋糕	10	4	2	5.4
A_2：布朗可可派	9	6	0	5.7
概率	0.3	0.5	0.2	

在表 10-11 中，

$$E[U(A_1)] = 0.3 \times 10 + 0.5 \times 4 + 0.2 \times 2 = 5.4$$
$$E[U(A_2)] = 0.3 \times 9 + 0.5 \times 6 + 0.2 \times 0 = 5.7$$

显然，一个有序数组中的每个数同乘一个正数再加上一个数，这数组中的各数之间的大小关系是不会改变的，故用这两种方法决策是同解的。

【案例小结】

一项决策的好坏小则关系到能否达到预期目的，大则决定企业的成败，关系到部门、地区甚至全国经济的兴衰。决策是管理过程的核心，管理者必须要有科学的作风，掌握科学的决策原理和方法。

针对 MY 烘焙公司问题，首先介绍了风险情况下的决策准则，包括乐观准则、悲观准则、最大可能性准则、贝叶斯决策规则；然后介绍了决策树、决策树的敏感性分析、全情报价值及运用决策树分析系列决策问题；最后介绍了效用理论在决策中的运用。

MY 烘焙公司问题十分典型，面临巨大的不确定性来制定决策（是否进行市场调研，生产创新产品还是继续生产经典产品）十分困难。因为它们的利益是无法预测的，所以其结果取决于一些不可控的因素（如市场需求）。在这种不确定的情况下，它需要一种进行理性决策的框架和方法。这些正是决策分析应用的特点。

但是，MY 烘焙公司的问题只包含两种可能的自然状态（需求量大或需求量小），问题过于简单。通常情况下，决策分析要考虑很多状态。例如，一个企业需要生产三种新产品，但是对三种新产品的市场需求情况不十分清楚，即可能有好、中、差三种情况，情况好就能获利，中等情况就不赔不赚，情况差就要亏本，到底投不投产，据此进行决策分析。

在今后的学习过程中，可以阅读更多有关实际应用中决策分析的案例，通过实际运用不断巩固所学知识。

【本章小结】

决策分析是人们生活和工作中普遍存在的活动，是为处理当前或未来可能发生的问题选择最佳方案的过程。当一名决策者需要制定一系列决策时（在各决策之间可能会有附加信息），他会准备若干备选方案。一些不可控的随机因素也会影响所选备选方案中获得的收益。这种随机因素可能出现的结果称为可能的自然状态。实际会发生哪种自然状态只有在决策后才知道，但在决策前决策者会对各自然状态分别估计其先验概率。

在实际制定决策时广泛应用贝叶斯决策规则，因此它也成为本章讨论的重点。贝叶斯决策规则通过借助先验概率来确定每种备选方案的期望收益，并从中选出具有最大期望收益的方案，使得决策者能够全面考量，选出最优方案。

处理决策问题时，敏感性分析非常有帮助，它能够对数据（包括概率、收入、成本）不准确的估计造成的影响进行评估，通过数据表来自动改变这些数据的值，以此来分析这类数据对最佳决策或期望收益产生的影响。

此外，也可以通过测试或市场调研（花费一定成本）获得更多关于各种自然状态出现概率的信息。计算全情报价值提供了一个检查这样做是否值得的便捷方法。当拥有更多信息后，将更新过的概率称为后验概率。可以借助概率树图来计算这些概率。

对于涉及一系列决策的问题（可能包括是否要获得更多信息的决策），经常使用决策树以图形的方式显示决策和随机事件的演进过程。在决策树上直接使用贝叶斯决策规则，一次处理一个事件节点或决策节点。

在很多情况下，能获得最高金额的收益期望的方案并不就是有利的方案，决策者认为最有利的方案也不仅是由金额决定的，还有很多其他因素，如决策者风险承受程度。当问题涉及产生巨大损失的可能性时，效用为决策者提供了一个考虑风险（收益）态度的方法，用效用值代替货币价值作为收益，应用贝叶斯决策规则，帮助决策者找到最有利的方案。

【专业术语】

备选方案（alternatives）：决策者在制定决策时所考虑的可供使用的选择。

收益（payoff）：用于衡量决策备选方案和自然状态导致的结果的量。

贝叶斯决策规则（Bayes' decision rule）：一个应用广泛的决策准则，先使用概率来计算每种备选方案的期望收益，再选择期望收益最大的备选方案。

贝叶斯定理（Bayes' theorem）：一个用于计算自然状态后验概率的公式。

树枝（branch）：一条从决策树节点伸展出来的线。

决策节点（decision node）：决策树上需要进行决策的点。

决策树（decision tree）：对所考虑的决策和随机事件过程的图形表示。

事件节点（event node）：决策树中表示随机事件发生的点。

期望收益（expected payoff，EP）：对于一种备选方案，将自然状态的概率作为权重计算出的加权平均收益。

全情报价值（expected value of perfect information，EVPI）：如果能够在决策前知道实际的自然状态，所带来的期望收益的增加值。

样本信息的期望价值（expected value of sample information，EVSI）：通过测试以获得更多信息，从而得到的期望收益的增加值，不包括测试成本。

乐观准则（maximax criterion）：一个非常乐观的决策准则，它没有使用先验概率，只是简单地选择提供最大可能收益的备选方案。

悲观准则（maximin criterion）：一个非常悲观的决策准则，它没有使用先验概率，只是简单地选择提供最小可能收益的备选方案。

最大可能性准则（maximum likelihood criterion）：一个使用概率并聚焦最有可能出现的自然状态的决策准则。

节点（node）：决策树上的交会点。

收益表（payoff table）：给出了每种决策选择和自然状态组合的收益的表。

后验概率（posterior probability）：为了改进先验概率，在做了测试或调查后得到的自然状态的修正概率。

先验概率（prior probability）：在测试或调查以获得额外信息前估计的自然状态概率。

概率树图（probability tree diagram）：对计算自然状态的后验概率很有用的一张图。

敏感性分析（sensitivity analysis）：对自然状态（或收益）的概率变化如何对建议的决策选择产生影响的研究。

自然状态（states of nature）：影响备选方案获得收益的随机事件的可能结果。

效用（utility）：一种结果的效用用于衡量该结果对决策者的真实价值。

【实践题】

1. 某公司开通了短信办理宽带业务，办理该业务需收取客户 680 元的话费。但由于系统出现问题，导致客户办理时未扣除 680 元，仍成功办理，相当于直接给客户赠送了宽带，给公司造成了直接损失。出现异常办理的客户共 600 人，损失共 408000 元。为挽回经济损失，需要对 600 位客户进行费用追缴。经过查询，客户在办理宽带业务之前都交了 680 元的话费，因此，追缴该费用就是先告知客户真实情况，再直接从客户的余额中扣除即可。在这个过程中，追缴成功的概率为 0.6，追缴失败的概率为 0.4；在追缴成功的情况下，客户投诉的概率为 0.2，不投诉的概率为 0.8；在追缴失败的情况下，客户投诉的概率为 0.5，不投诉的概率为 0.5。如果客户大批量投诉，那么将出现投诉预警，要求下线该业务，并进行为期两周的整改。按照每日办理量为 50 笔计算，两周办理 50×14 = 700（笔），直接损失为 700×680 = 476000（元）。因此，为了使损失最小，需要决策是否进行费用追缴。

2. 受相关因素影响，某航空公司冬、春季航班表中部分航线收益率较低，可能取消大量航班，导致富余 3 架飞机。为了减少航班亏损，航空公司目前考虑是转租 3 架飞机还是继续自营。若转租，租金约为 300 万美元/架，租期计划为 2 年。根据权威机构对未来民航市场的预测，如果航空公司自营，明、后年边际收入达到 350 万美元/（年·架）的概率为 20%，没有收入的概率为 80%。

由于近两年市场规律性较差，各机构的预测可信度存疑。该航空公司股东想通过经营扶持的方式来提升航空公司营利的可能性，扶持期为半年。如果选择扶持，会损失 150 万美元/（年·架）的租金费用，扶持结果和相应的概率如表 10-12 所示。

表 10-12 航空公司扶持结果和概率

经营状态	扶持有用		扶持没用	
有边际收入	P(扶持有用|有边际收入)	0.7	P(扶持没用|有边际收入)	0.3
无边际收入	P(扶持有用|无边际收入)	0.2	P(扶持没用|无边际收入)	0.8

为使得效益最大化，该航空公司应该自营还是转租 3 架飞机？

3. 为了招商引资，当地政府给某公司提供了一系列优惠政策，其中一条是给公司划拨一块地，大概 100 亩，用于公司在该地建厂。当前，该地块市场价格为 20000 元/亩，卖给该公司的价格是当前市场价格的 50%，这个价格相当有诱惑力，前提是该地块必须用于建厂。如果公司拿地后两年内不完成厂房建设，政府有权利要求公司转卖该地块，同时之前的价格调整为市场价格的 80%，差价由公司补上。预测土地市场未来两年间每年涨价 10% 的概率为 80%，不涨的概率为 20%。

该公司总经理除了考虑要不要拿地，还要考虑要不要建厂和营利问题。预估建厂成本大概是 100 万元，建厂后每年营利 20% 的概率为 80%，不营利的概率为 20%（假设不亏损）。两年后，公司总部要对该项目进行考核，总经理的这个决策至关重要。因此，总经理该如何决策呢？

4. 辖区内某银行正在做一项决策——是否要在某地设立独立的信用卡中心，专门配备工作人员，从而将信用卡业务单独分离并运营。现在面临的决策影响因素和条件主要是设立信用卡中心每年的成本为 200 万元；如果不设立信用卡中心，200 万元作为信贷资金，1 年后的总资产为 212 万元；如果设立信用卡中心，收益将根据经济形势、客户基础及同业竞争情形（统称为信用卡形势）的不同而有所不同。如果形势较好，发卡量充足，可获得收益 2600 万元（净利润为 2400 万元）；如果形势不好，业务受到较大影响，可获得收益 320 万元（净利润为 120 万元）。根据目前的经济情况、该行的市场占比和信用卡业务情况预测，形势好的概率为 0.3，形势不好的概率为 0.7。同时，设立信用卡中心除资金成本外，还需要办理牌照、招聘相应人员等工作，故需要进一步决策。

此外，如果设立信用卡中心，可将其营销和催收等业务进行外包，以提高信用卡业务效率，销售出更多的信用卡，获取更多的利润，但也有可能对信用卡业务造成不利影响，如营销人员过分营销，导致一些没有消费和偿还能力的个人和小企业主办理信用卡业务，加大信用卡违约率，引发频繁的信用卡投诉等问题。营销和催收业务外包成本为每年 30 万元。请问该银行是否应设立信用卡中心？

5. 某银行目前在市区有 8 个网点，分散在不同的方位，东、西、南、北各方位分别有 2 家网点，每天早、晚均需要运钞车对网点逐个接送现金尾箱。

2020 年末，需要现金管理中心报送下一年度接送钞计划，并进一步节约成本。现金管理中心张主任根据业务相关需求，广泛征询专业人士及参考同业做法，在以下两套方案中选取一套成本最小的方案。

方案一：向押运护卫公司按年全包租入押运车辆及押运人员，每套车组每年花费 50 万元，市区四个方位需要 4 套车组，根据往年使用数据，产生车辆维护费用的概率为 5%，维护费用为 80 万元。

方案二：向押运护卫公司按次数租借押运车辆及押运人员，每套车组按照到网点接送钞距离收费，收费价格为 35 元/km，每天平均运送 200km，每年运送 360 次。采取此种方案，调度延迟概率为 30%。在调度延迟的情况下，需要为银行网点接送钞人员支付加班工资 2000 元/次。

据粗略估计，市区东、西、南、北四个区域各网点接送钞所需距离总计 200km。根据以上数据，本着成本最小原则，张主任应该选择哪个方案？

习　题

1. 考虑决策分析问题（无概率）的收益值，如表 10-13 所示。

表 10-13　某决策分析问题（无概率）的收益值（一）　　（单位：万元）

备选方案	自然状态		
	S_1	S_2	S_3
A_1	6	2	4
A_2	3	4	3
A_3	8	1	5

试问：
（1）使用乐观准则，应该选择哪种备选方案？
（2）使用悲观准则，应该选择哪种备选方案？

2. 考虑决策分析问题（无概率）的收益值，如表 10-14 所示，结果会如何变化？

表 10-14　某决策分析问题（无概率）的收益值（二）　　（单位：万元）

备选方案	自然状态			
	S_1	S_2	S_3	S_4
A_1	25	30	20	24
A_2	17	14	31	21
A_3	22	22	22	22
A_4	29	21	26	27

3. 根据以往的资料，某面包店每天所需面包数量（当天市场需求量）可能是 100 个、150 个、200 个、250 个、300 个，但其概率分布未知。若一个面包当天没有卖掉，则可在当天结束时以 0.15 元/个处理掉。新鲜面包售价为 0.49 元/个，成本为 0.25 元/个。假设进货量限制在需求量中的某一个。试求：
（1）做出面包进货问题的决策矩阵。
（2）分别用不同的决策准则确定最优进货量。

4. 某食品公司为了扩大新产品市场，想在近期举办一个大型室外展销会。假定影响展销会举办时间的唯一因素是天气情况。若能按计划顺利举办展销会，则可获利 50000 元；但若天气不好而推迟展销会举办时间，则由于一些食品不能久放而亏损 10000 元。根据以往气象资料，估计最近举办展销会时天气晴朗的概率是 0.2，举办展销会时阴雨天气的概率为 0.8。若最近不举办展销会，则将负担推迟举办展销会损失费 1000 元，有关数据如表 10-15 所示。

表 10-15 是否举办展销会的损益值 （单位：元）

方案	自然状态		期望值
	天气晴朗 $P_1 = 0.2$	阴雨天气 $P_2 = 0.8$	
举办展销会 A_1	50000	−10000	2000
不举办展销会 A_2	−1000	−1000	−1000

为了进一步确定天气情况，该公司还可从气象咨询事务所购买气象情报，但需要花 1000 元咨询费。过去资料表明，该事务所在天气晴朗时预报天气的可靠性为 0.7，在阴雨天气时预报天气的可靠性为 0.8。试问：

（1）当不购买气象情报时，应如何决策？

（2）画出购买气象情报的风险决策树。

（3）该公司是否应该购买气象情报，以期获得最多的利润？

5. 在某台机器上加工制造一批零件，共 10000 个。若加工完后逐一进行修整，则可全部合格，但需修整费 300 元。若不进行修整，则根据以往资料，次品率情况见表 10-16。

表 10-16 次品率情况

次品率 S	概率 P	次品率 S	概率 P
0.02	0.2	0.08	0.1
0.04	0.4	0.1	0.05
0.06	0.25		

一旦装配中发现次品，每个零件的返修费为 0.5 元。试求：

（1）分别根据期望值和期望后悔值决定这批零件是否需要修整。

（2）为了获得这批零件中次品率的正确资料，在刚加工完的一批零件中随机抽取 130 个样品，发现其中有 9 个次品。试计算后验概率，并根据后验概率重新用期望值和期望后悔值进行决策。

6. 某石油公司考虑在某地钻井，结果可能出现三种情况：无油（S_1）、油少（S_2）、油多（S_3）。公司估计三种情况出现的可能性如下：$P(S_1) = 0.5$，$P(S_2) = 0.3$，$P(S_3) = 0.2$。已知钻井费用为 70000 元。如果油少，可收入 120000 元；如果油多，可收入 270000 元。为进一步了解地质构造情况，可先进行勘探。勘探的结果可能是构造较差（I_1）、构造一般（I_2）、构造较好（I_3）。根据过去的经验，地质构造与出油的关系见表 10-17。

表 10-17 地质构造与出油的关系

情况	I_1	I_2	I_3
无油（S_1）	0.6	0.3	0.1
油少（S_2）	0.3	0.4	0.3
油多（S_3）	0.1	0.4	0.5

假定勘探费用为 10000 元。试问：

（1）应先进行勘探，还是不进行勘探直接钻井？

（2）如何根据勘探的结果决策是否钻井？

7. 某服装企业计划通过旗下网店销售一批特价服装，售价为10元/件。生产此类服装有三种方案。

方案1：固定成本为100000元，变动成本为5元/件。

方案2：固定成本为160000元，变动成本为4元/件。

方案3：固定成本为250000元，变动成本为3元/件。

对此类服装的需求量有以下三种可能，分别为30000件、120000件、200000件，概率未知。试求：

（1）建立收益矩阵。

（2）分别使用乐观准则和悲观准则决定该企业的最优方案。

8. 习题7中，若已知需求量的概率如表10-18所示。

表10-18 需求量的概率

需求量/件	概率	需求量/件	概率
30000	0.15	200000	0.10
120000	0.75		

要求：

（1）用期望值准则确定该企业最优方案；

（2）若该企业能准确掌握市场需求信息，求全情报的期望收益值；

（3）求其全情报价值。

9. 小张是某食品杂货店经理，现在需要补充草莓的供应。她需要多少草莓，固定的供应商就可以提供多少草莓。但是这些草莓已经熟透了，她要在明天把所有草莓卖出，否则，剩下的草莓将全部被扔掉。小张估计明天可以卖掉10箱、11箱、12箱或13箱。她以3美元/箱的价格买进草莓，以8美元/箱的价格卖出草莓。她已经检查过店里的草莓日销量纪录，在此基础上，她估计明天销售10箱、11箱、12箱、13箱草莓的先验概率分别为0.2、0.4、0.3、0.1。要求：

（1）用备选方案、自然状态和收益表对这个问题的决策分析进行表述。

（2）如果小张对这些先验概率的准确性表示怀疑，并选择忽略它们而使用乐观准则，那么她应该买进多少箱草莓？

（3）如果使用悲观准则，她应该买进多少箱草莓？

（4）如果使用最大可能性准则，她应该买进多少箱草莓？

（5）根据贝叶斯决策规则，她应该买进多少箱草莓？

（6）小张认为销售10箱和13箱的先验概率是正确的，但不知道应该如何在11箱和12箱之间分配先验概率。当11箱和12箱的先验概率为以下数值时，重新使用贝叶斯决策规则进行决策：①0.2和0.5；②0.3和0.4；③0.5和0.2。

10. 某决策分析问题的收益值如表10-19所示。

表 10-19 某决策分析问题的收益值

备选方案	自然状态		
	S_1	S_2	S_3
A_1/万元	220	170	110
A_2/万元	220	180	150
先验概率	0.6	0.3	0.1

要求:

(1) 在乐观准则下,应选择哪种方案?

(2) 在悲观准则下,应选择哪种方案?

(3) 在最大可能性准则下,应选择哪种方案?

(4) 在贝叶斯决策规则下,应选择哪种方案?

(5) 手工为这个问题构建决策树。

(6) 使用 Excel 构建和求解这个问题的决策树。

(7) 通过生成一张数据表,用决策树进行敏感性分析,当 S_2 的先验概率从 0.3 到 0.7 以 0.05 的增量变化,而 S_1 的先验概率保持不变时,会发生什么情况?使用试错方法求解 S 的先验概率。当这个先验概率增加为何值时,最优方案会发生变化?

(8) 当 S_3 的先验概率保持不变时,重复问题(7)。

(9) 当 S_1 的先验概率保持不变而 S_3 的先验概率从 0.1 到 0.4 以 0.05 的增量变化时,重复问题(7)。

(10) 如果你感觉自然状态的真实概率应该在给定的先验概率的 10% 内波动,你会选择哪种备选方案?

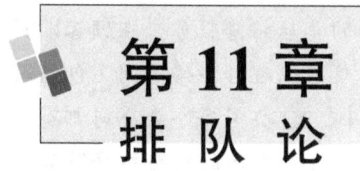

第 11 章
排 队 论

【本章导读】

  随着经济的不断发展，城市里的超市数量日益增加，超市间的竞争也越发激烈。顾客选择超市的标准不仅是商品价格实惠、质量优良，而且包括超市的服务质量。在商品质量和价格基本相同的条件下，服务质量成为竞争的焦点。收银台是超市的服务窗口，不仅能反映超市的形象，而且与超市的服务质量和经营效率密切相关。收银台效率低导致的排长队现象显然是顾客所讨厌的，大多数人宁愿放弃或去更远的超市，也不愿意在拥挤中排队等待收银付款。若不及时解决这一问题，不仅会使超市损失一大批顾客，长此以往，还会给超市造成不小的资金流失。那么，该如何通过科学有效的方式来缓解超市的排队现象，从而最大限度地提升其服务质量呢？排队是在日常生活中经常遇到的现象，如顾客到商店购买物品、患者到医院看病。若到达的顾客不能立即得到服务，则会出现排队现象。由于顾客到达和服务时间具有随机性，排队现象几乎是不可避免的。

  排队论（queuing theory）也称为随机服务系统理论，就是为解决上述问题而发展起来的一门学科，它使用模型代表现实中各种类型的排队系统（queuing system）。每个模型的公式表示在不同情况下相应的排队系统如何工作，包括系统中会出现怎样的平均等待量。这些排队系统模型能够帮助我们找到服务成本和等待量之间的平衡，从而用经济、科学、合理的方式来控制和优化排队系统。

【学习目标】

  （1）明确排队系统的特点及关键要素。
  （2）了解排队系统的关键测度指标表达的意义，以及它们之间的数量计算关系。
  （3）了解不同类型排队系统模型中不同概率分布的特点。
  （4）重点掌握 $M/M/1$、$M/M/S$、$M/G/1$、强制优先规则排队这四种排队系统模型，并能够根据实际情况，为排队系统选择最适当的排队系统模型进行分析。
  （5）能够结合计算公式，应用 Excel 模板测定排队系统的关键绩效测度指标。
  （6）能够计算 $M/M/1$ 排队系统模型中最优服务率（μ），以及 $M/M/S$ 排队系统模型中最优服务台数（s），对排队系统提出简单的优化建议。

【开篇案例】

  XJ 公司专门提供小型医疗成像设备，凭借先进的工程技术、不懈的创新追求及出众的可靠性，其成像设备受到广大顾客（以医院为主的相关医疗机构）的信赖和欢迎。

医疗设备是临床诊疗中至关重要的工具，其能否保持良好的状态以服务于医疗事业与售后服务质量有着一定的关系。XJ 公司高度重视其产品的售后维修服务，在顾客购买医疗设备后，XJ 公司会与顾客签订售后合同，向顾客承诺售后工程师维修时间（包括路程时间）不得超过 3h。为了实现耗时短、质量高的维修水平，XJ 公司每个分公司都有一个服务部门，其中的每位售后工程师都会负责一个固定区域医疗设备的售后维修服务，专门为顾客提供高质量的售后支持。在这种服务机制下，售后工程师能够深度掌握自己负责区域的设备"维修病史"，降低与顾客的沟通成本，提高维修效率；顾客每次拨打维修电话后，都会见到同一个售后工程师，进而享受个性化服务。

多年来，XJ 公司的小型医疗成像设备一直保持着领先的市场地位，其最近推出的创新型成像设备（为方便描述，下文称为设备 A）尤为成功。通过技术改良，设备 A 不仅在很大程度上提高了患者检测时的身体舒适度，降低了患者检测时的心理负担，而且在保证高速高质得出结果的同时，操作者可以通过 XJ 公司操作平台提升该设备的检查准确性和操作可重复性，从而实现日常工作的优化。

然而，产品的成功也带来了一些问题。由于该设备的使用率和维修难度高，停机维修时间会在很大程度上影响患者的就诊检测时间，甚至可能会危及患者生命，引发医患矛盾。因此，即便售后工程师提供与其他设备相同的服务水平（维修时间不得超过 3h），顾客仍然会有怨言。

由于设备 A 在市场中的发展前景良好，并且能够为公司带来巨大利润，在对如何满足顾客需求召开紧急会议后，公司总部管理层达成了共识——通过不同手段缩短设备 A 的维修时间。

根据市场部对公司调查的结果，总部管理层设立了新的服务标准——顾客平均等待售后工程师来维修的时间不得超过 1/4 个工作日（9h 工作制）。为达到这个目标，XJ 公司总部号召各分公司的医疗设备售后服务负责人集思广益，提出有效建议。刘女士是 K 省 XJ 公司医疗设备售后服务负责人，刘女士与助手展开了一系列讨论和思考。

【案例思考题】

（1）目前 XJ 公司关于设备 A 的维修服务是否可以满足新的服务标准？
（2）如果不满足，你会提出哪些方案来实现这个目标？

11.1 基本概念

当顾客（customers）或需求者的数量超过相关场地的服务容量时，就出现了排队现象，这种现象通常使人感到无奈和厌烦。虽然增加服务容量（扩招相关工作人员、扩建场地、增添设备等）能够在一定程度上缓解排队问题，但不是最经济、最根本的解决方法。在超市案例中，增加收银台就意味着增加投资，还可能发生资源空闲浪费现象；减少收银台又意味着排队现象将会进一步加重，会造成服务质量降低、客源流失的后果。

因此，对于管理者，研究排队问题，把排队时间控制在一定范围内，在服务质量提高和成本降低之间取得平衡是重中之重。排队论则是解决这类问题的一门科学理论，也是运筹学的一个重要分支。

11.1.1 排队系统的特点及关键要素

1. 排队系统的特点

（1）排队可以是有形的队列（queue），也可以是无形的队列。例如，多个顾客打电话到饭店预约晚餐，如果该饭店的预约名额已满，则部分顾客只得等待其他顾客取消预约或该饭店再次发布预约通知。顾客虽然没有在饭店排队，但是形成了一个无形的队列。

（2）人和客观物品都可以进行排队，如电影院排队买票的顾客、手机售后服务处多部等待检修的手机、机场等待被托运的行李。

（3）提供服务的可以是人，也可以是火车、自动售货机、分拣机等非人服务设施。

为方便读者理解，本书将需求服务方统称为顾客，将服务方统称为服务台。综上所述，可以对排队系统进行概念界定——为了获得服务的顾客到达服务台前排队，等候接受服务，服务完毕后就自行离开。

2. 排队系统的关键要素

在排队论中，顾客的到达和离开称为排队系统的输入和输出，潜在的顾客总体称为顾客源或输入源。因此，任何一个排队系统都是一种输入-输出系统，如图11-1所示。在实际生活中，不同的排队系统间存在一定差异，但基本上所有排队系统都有三个关键要素：顾客到达（arrival process，也是系统输入）、排队规则（queue discipline）、服务机制（service mechanism）。

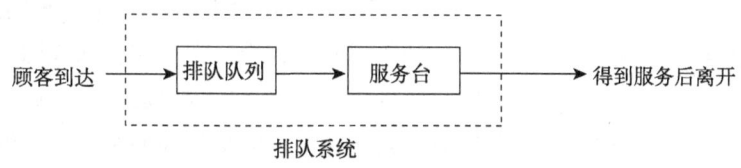

图 11-1 排队系统的一般模型

1）顾客到达

顾客到达排队系统的具体情况可以用三个信息刻画。

（1）顾客数量。进入排队系统，想要获取相关服务的客源数量是有限数量还是无限数量。例如，工厂内待修的机器数量是有限的；到航空公司售票处购买机票的顾客数量是无限的，一般并不存在最大值。

（2）顾客到达方式。单个到达或按批次到达。例如，到银行窗口办理业务的顾客是单个到达；仓库补货的货物是成批到达。

（3）顾客到达间隔分布。顾客相继到达系统的时间间隔即到达间隔（interarrival time）是确定的或随机的。例如，生产流水线上待装配设备到达各工序的时间是确定的；饭店中排队等座的顾客用餐的时间是随机的。

在实际生活中，多数排队系统的顾客到达间隔是随机的。在此情景下，需要进一步分析顾客到达间隔所服从的概率分布，或在一定时间间隔内到达 $k(k=1,2,\cdots)$ 个顾客的概率。

令 T_n 表示第 n 个顾客到达的具体时间，则 $T = T_n - T_{n-1}$ 即第 n 个顾客与第 $n-1$ 个顾客到达间隔。结合概率论相关知识，记 $\{T\}$ 为顾客到达间隔分布。不同排队系统的顾客到达间隔分布不尽相同。一般来说，顾客到达间隔分布 $\{T\}$ 包括定长分布、二项分布、负指数分布、埃尔朗（Erlang）分布等。如果一个排队系统的顾客到达间隔服从负指数分布，那么该系统在一定时间间隔内到达的顾客数量服从泊松（Poisson）分布，到达系统的顾客流称为泊松流（或最简单流），这种情况是排队论的研究重点。

2）排队规则

排队规则是指顾客进入排队系统后如何排队等候服务的规则。排队规则一般包括即时制（或损失制）、等候制、混合制三大类。

（1）即时制。顾客到达排队系统时，如果所有服务台已被占用，顾客可以随时离开排队系统。例如，顾客拨打快递公司客服电话查询快递送达情况，当电话出现忙音时，顾客可以继续等待电话接通，也可以因为不愿等候而挂断电话。

（2）等候制。顾客到达排队系统时，若所有服务台都被占用，则顾客可以加入排队队列等候服务。等候制中常见四种排队规则：①先到先服务（first-come first-served, FCFS），顾客按照到达的前后次序接受服务；②后到先服务（last come first served, LCFS），例如，钢板存入仓库后，在需要时总是从顶层抽取；③随机服务（service in random order, SIRO），从等待的顾客中随机抽取其一进行服务，不管其到达的前后顺序如何，例如，电话交换台接通呼唤电话；④优先权服务（priority service, PS），服务台根据顾客的优先权进行服务，优先权高的顾客先接受服务，例如，医院对病情最严重的患者优先治疗。

（3）混合制。混合制是指即时制和等候制的组合。混合制排队规则主要分为两种情况：①队长有限制，顾客排队等候的数量超过排队系统规定数量时，后来的顾客就自动离开，另求服务，例如，某汽车加油站只能容纳三辆待加油的车，第四辆车就需要离开另寻加油站；②排队等待时间有限制，当顾客排队等候超过一定时间时，就会自动离开，不再等候。

3）服务机制

服务机制是指顾客从接受服务到离开服务台的情况。在排队论中，默认顾客在接受完服务后就自行离开，因此排队系统的输出主要取决于排队系统对顾客的服务机制。排队系统的服务机制主要和系统内服务台的数量、结构，以及顾客到达间隔分布有关。

（1）服务台数量是单个或多个。单服务台排队系统中，由一个服务台为所有顾客提供服务，例如，患者在只有一个坐班医生的诊所内看病；多服务台排队系统中，服务台的排列结构则分为三种——平行排列（并列）、前后排列（串列）、混合排列，如图 11-2 所示。

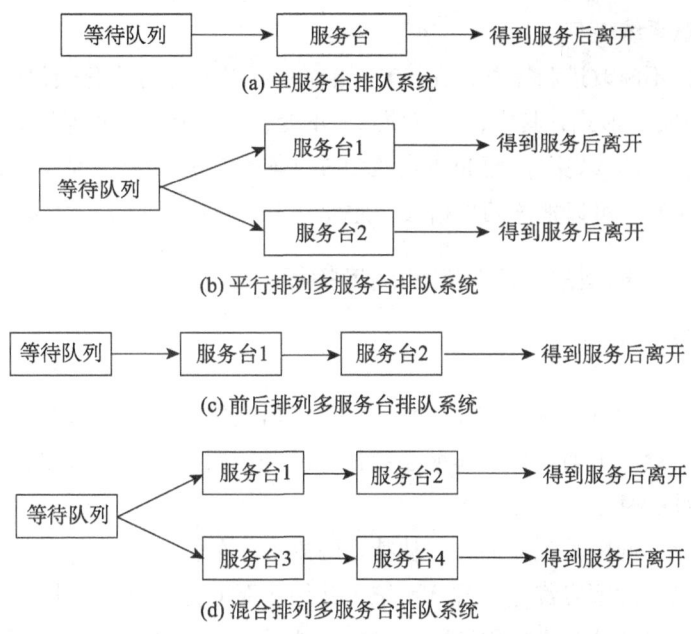

图 11-2 单服务台排队系统和多服务台排队系统

（2）服务方式是对单个顾客进行或对成批顾客进行，例如，公共汽车对在站台等待的顾客是按批次进行服务的。排队论主要研究单个服务方式。

（3）对顾客服务的时间是确定的或随机的。在大部分实际情况中，排队系统中服务台提供服务的时间是随机的，只有少部分情况是确定的，例如，自动冲洗车装置对每辆车进行冲洗操作的时间是固定的。对随机性的服务时间，需要进一步明确其概率分布，从而更加透彻地研究其对应的排队系统。

通常来说，随机性的服务时间服从的概率分布包括负指数分布、定长分布、埃尔朗分布等。

11.1.2 排队系统模型的分类

英国数学家肯德尔（D. G. Kendall）在 1953 年提出了排队系统模型的分类方法。该方法主要围绕排队系统的三个特征展开分类：①顾客到达间隔分布；②服务时间分布；③服务台数量。由此，可以用 Kendall 记号准确描述排队系统，具体形式如下：

$$X/Y/Z$$

其中，X 表示顾客到达间隔分布；Y 表示服务时间分布；Z 表示平行排列多服务台数量。

表示顾客到达间隔分布和服务时间分布的符号如下：M 表示负指数分布，因为负指数分布描述的随机现象对于过去的事件具有无记忆性或称马尔可夫（Markov）性，所以用其首字母表示；D 表示定长分布，表示事件是以不变（deterministic）的方式发生的；E_k 表示 k 阶埃尔朗分布；GI 表示一般相互独立（general independent）的到达间隔分布；G 表示一般（general）服务时间分布。

例如，$M/M/1$ 表示顾客到达间隔服从负指数分布、服务时间也服从负指数分布的单服务台排队系统模型；$M/D/2$ 表示顾客到达间隔服从负指数分布、服务时间服从定长分布的双服务台排队系统模型。

经过学者的不断改进和完善,在 1971 年的排队论符号标准化会议上,Kendall 符号扩充为 $X/Y/Z/N/m/C$ 形式,其中,前三项意义不变,N 表示系统的容量限制,m 表示顾客源的数量,C 表示排队规则,如 FCFS、LCFS。当 N 和 m 无穷大时,即系统容量和顾客源的数量无限制时,可以把这两项略去。此外,本章只讨论 FCFS 情形,略去第六项 C。

11.1.3 排队系统模型的基本假设和测度指标

1. 基本假设

在排队论中,为方便用标准化的数学知识来研究排队系统,需要对研究的排队系统模型提出基本假设。下面列出了排队系统模型的基本假设。除非另加说明,所有假设适用于每个排队系统模型。

（1）顾客到达间隔是独立的,服从特定的概率分布。
（2）所有到达的顾客都进入排队系统,并待在那里直到服务结束。
（3）排队系统的队列是无限队列,可以容纳无限量的顾客（出于应用原因）。
（4）顾客排队规则是 FCFS。
（5）排队系统有特定数量的服务台,每个服务台能够为任意顾客提供服务。
（6）每个顾客由一个服务台单独提供服务。
（7）每个服务台一旦完成对当前顾客的服务,即可开始为另一个顾客服务。
（8）服务时间是独立的,服从特定的概率分布。

2. 数量测度指标

研究排队系统的目的是了解系统运行的状况,从而实现对系统的调整和控制,使系统处于最优运行状态。为了明晰和掌握排队系统的运行状态,学者总结并概括了一系列描述排队系统运行状态的数量指标。这些指标都是在排队系统处于稳态（steady-state）的假设下提出的,即系统处于已经工作一段时间后的正常运行状态。在排队系统开始运行的阶段,系统中没有顾客,需要经过一段时间后,系统中的期望顾客数量才会达到正常水平,此时称系统处于稳态（这个条件排除了短时间内平均到达率突然上升的非正常情况）。

1）队长与等待队长

队长是指系统中的顾客数量（包括正在接受服务的顾客）,它的期望值记为 L_S,表示排队系统中顾客的平均数量。等待队长是指系统中等待接受服务的顾客数量（不包括正在接受服务的顾客）,它的期望值记为 L_q,表示排队系统的队列中顾客的平均数量。

在一般实际情况中,L_S 或 L_q 越大,说明服务台的效率越低,这是顾客所厌烦的。

2）顾客逗留时间和顾客等待时间

顾客逗留时间是指顾客进入系统到离开系统这段时间,包括顾客等待时间和顾客服务时间,它的期望值记为 W_S,表示系统中的平均逗留时间。顾客等待时间是指顾客进入系统到接受服务这段时间,它的期望值记为 W_q,表示队列中的平均等待时间。

3）忙期

从顾客到达服务台空闲的系统，服务立即开始，直到服务台再次变为空闲，这段时间是系统连续繁忙的时期，称为系统的忙期。它反映了系统中服务机构的工作强度，是衡量服务系统利用效率的指标：服务强度=忙期/服务总时间=1-闲期/服务总时间。

在研究排队系统时，可选择整个排队系统，即关注队长和顾客逗留时间；也可选择队列，即关注等待队长和顾客等待时间。对于医院的急诊室和消防部门，队列（知道服务开始的时间）更加重要。对于一个内部服务系统，整个排队系统（知道组织中所有空闲人员的数量）更加重要。

3. 数量测度指标之间的关系

1）顾客期望逗留时间（W_S）和顾客期望等待时间（W_q）

W_S 和 W_q 之间的唯一区别是，W_S 包括顾客期望服务时间，而 W_q 不包括顾客期望服务时间，由于 $1/\mu$ 代表顾客期望服务时间（其中，μ 为平均服务率或单位时间内期望服务完成的顾客数量），有

$$W_S = W_q + \frac{1}{\mu}$$

例如，对于某个排队系统，若顾客期望等待时间为 2h，顾客期望服务时间为 1h（W_q=2h，$1/\mu$=1h），则顾客期望逗留时间 W_S 为 3h。

2）顾客期望逗留时间（W_S）和期望队长（L_S）；顾客期望等待时间（W_q）和期望等待队长（L_q）

为了实现 W_S 和 L_S 之间迅速、便捷的相互推算，管理科学家约翰·利特尔（John D. C. Little）提出了利特尔公式，并于 1961 年首次给出了严格证明：

$$L_S = \lambda W_S$$

其中，λ 为排队系统中顾客的平均到达率，或单位时间内到达系统的期望顾客数量。由于 L_S 是任意时间排队系统中的期望顾客数量，一个顾客在服务完成后回头看这个系统时，应该看到 L_S 个顾客。在 FCFS 原则下，这个顾客在排队系统中等待时，会有 L_S 个顾客到来。顾客期望逗留时间是 W_S。由于 λ 是单位时间内到达的期望顾客数量，λW_S 就是这个顾客逗留时间内到达系统的期望顾客数量。因此，$L_S = \lambda W_S$。

例如，对于某个排队系统，若顾客期望逗留时间为 0.5h，平均每小时会有 4 个顾客到达该系统（W_S=0.5h，$\lambda = 4\text{h}^{-1}$），则 $L_S = 4 \times 0.5 = 2$（个），排队系统中平均有 2 个顾客。

同样地，L_q 和 W_q 也有相同的关系：$L_q = \lambda W_q$。例如，若顾客期望等待时间为 1/4h，平均每小时会有 4 个顾客到达该系统（$W_q = 1/4\text{h}$，$\lambda = 4\text{h}^{-1}$），则 $L_q = 4 \times 1/4 = 1$（个），即系统中平均有 1 个等待的顾客。

结合上面的关系，有

$$L_S = \lambda W_S = \lambda W_q + \frac{\lambda}{\mu} = L_q + \frac{\lambda}{\mu}$$

通过上述各数量测度指标间的相互推算关系，管理者可以便捷、快速地刻画出相应排队系统在稳态下是如何运作的。在此基础上，通过让各数量指标不超过相应期望值，从而实现对整个排队系统的调整和控制。

4. 概率测度指标

实际排队场景是复杂多变的，排队系统无法时刻保持稳态。因此，管理者还需要清楚地知道排队系统的极端状况，从而以最大数量不超过特定值的方式来设计和优化排队系统。极端状况包括：在少数情况下（小概率），排队系统中最多到达顾客数量；在少数情况下（小概率），队列中顾客的最长等待时间。

为此，需要利用数量测度指标（顾客数量、等待时间）的平均概率分布来设计和优化排队系统。

例如，假设某排队系统的优化目标是在90%的时间里系统中的顾客数量不超过4个；至少90%的顾客在队列中的等待时间不超过1h。

令 P_n 为系统中有 $n(n=0,1,2\cdots)$ 个顾客的平稳概率，根据排队系统优化目标得出约束条件：

$$P_0 + P_1 + P_2 + P_3 \geqslant 0.9$$
$$P(W_q \leqslant 1) \geqslant 0.9$$

11.1.4　排队论研究的基本问题

排队论研究的首要问题是排队系统主要数量指标的概率规律，即研究系统的整体性质，然后进一步研究系统优化问题。与这两个问题相关的还包括排队系统的统计推断问题。

（1）通过研究主要数量指标在瞬时或稳态下的概率分布及其数值特征，了解系统运行的基本特征。

（2）统计推断问题，建立适当的排队系统模型是排队论研究的第一步。建立模型过程中经常会碰到如下问题：检验系统是否达到稳态；检验顾客到达间隔的相互独立性；确定服务时间的分布及有关参数等。

（3）系统优化问题，又称为系统控制问题或系统运营问题，其基本目的是使系统处于最优或最合理的状态。系统优化问题包括最优设计问题和最优运营问题，涉及最少费用问题、服务率控制问题、服务台开关策略、顾客（或服务）根据优先权的最优排序等方面的问题。

11.2　生灭过程与常见的理论分布

11.2.1　生灭过程

实际生活中的绝大部分排队系统是生灭过程排队系统。生灭过程是一类特殊的随机过程，在生物学、物理学、运筹学中有广泛的应用。在排队论中，"生"表示顾客的到达,"灭"表示顾客的离去。令 $N(t)$ 表示时刻 t 系统中的顾客数量,$\{N(t),t\geq 0\}$ 就构成了一个随机过程。

定义 11.1 设 $\{N(t),t\geq 0\}$ 为一个随机过程。若 $N(t)$ 的概率分布具有以下性质:

(1)若 $N(t)=n$,则从时刻 t 起到下一个顾客到达时刻止的时间服从参数为 λ_n 的负指数分布 ($n=0,1,2,\cdots$);

(2)若 $N(t)=n$,则从时刻 t 起到下一个顾客离去时刻止的时间服从参数为 μ_n 的负指数分布 ($n=0,1,2,\cdots$);

(3)同一时刻只有一个顾客到达或离去,

则 $\{N(t),t\geq 0\}$ 称为一个生灭过程。

一般来说,得到 $N(t)$ 的分布 $P_n(t)=P\{N(t)=n\}(n=0,1,2,\cdots)$ 是比较困难的,因此,通常求系统达到稳态后的状态分布,记为 $P_n(n=0,1,2,\cdots)$。

为求稳态分布,考虑系统可能处于任一状态 n。假设记录了一段时间内系统进入状态 n 和离开状态 n 的次数,因为"进入"和"离开"是交替发生的,所以这两个数要么相等,要么相差为 1。但这两种事件的平均发生率是相等的,即系统运行相当时间而达到稳态后,单位时间内进入状态 n 的平均次数和单位时间内离开该状态的平均次数应该相等,这就是系统在统计平衡下的"流入=流出"原理。根据这一原理,可得到状态为 $0,1,2,\cdots,n,\cdots$ 时的平衡方程:

$$
\begin{array}{ll}
0 & \mu_1 P_1 = \lambda_0 P_0 \\
1 & \lambda_0 P_0 + \mu_2 P_2 = (\lambda_1 + \mu_1)P_1 \\
2 & \lambda_1 P_1 + \mu_3 P_3 = (\lambda_2 + \mu_2)P_2 \\
\vdots & \vdots \\
n-1 & \lambda_{n-2} P_{n-2} + \mu_n P_n = (\lambda_{n-1} + \mu_{n-1})P_{n-1} \\
n & \lambda_{n-1} P_{n-1} + \mu_{n+1} P_{n+1} = (\lambda_n + \mu_n)P_n \\
\vdots & \vdots
\end{array}
\quad (11.1)
$$

根据上述平衡方程,可求得

$$P_1 = \frac{\lambda_0}{\mu_1} P_0$$

$$P_2 = \frac{\lambda_1}{\mu_2} P_1 + \frac{1}{\mu_2}(\mu_1 P_1 - \lambda_0 P_0) = \frac{\lambda_1}{\mu_2} P_1 = \frac{\lambda_1 \lambda_0}{\mu_2 \mu_1} P_0$$

$$P_3 = \frac{\lambda_2}{\mu_3} P_2 + \frac{1}{\mu_3}(\mu_2 P_2 - \lambda_1 P_1) = \frac{\lambda_2}{\mu_3} P_2 = \frac{\lambda_2 \lambda_1 \lambda_0}{\mu_3 \mu_2 \mu_1} P_0$$

$$\vdots$$

$$P_{n+1} = \frac{\lambda_n}{\mu_{n+1}} P_n + \frac{1}{\mu_{n+1}}(\mu_n P_n - \lambda_{n-1} P_{n-1}) = \frac{\lambda_n}{\mu_{n+1}} P_n = \frac{\lambda_n \lambda_{n-1} \cdots \lambda_0}{\mu_{n+1} \mu_n \cdots \mu_1} P_0$$

$$\vdots$$

记

$$C_n = \frac{\lambda_n \lambda_{n-1} \cdots \lambda_0}{\mu_{n+1} \mu_n \cdots \mu_1} (n = 1, 2, \cdots) \quad (11.2)$$

则

$$P_n = C_n P_0 \,(n = 1, 2, \cdots) \quad (11.3)$$

由 $\sum_{n=0}^{\infty} P_n = 1$，有

$$\left(1 + \sum_{n=1}^{\infty} C_n\right) P_0 = 1$$

于是

$$P_0 = \frac{1}{1 + \sum_{n=1}^{\infty} C_n} \quad (11.4)$$

当级数 $\sum_{n=1}^{\infty} C_n$ 收敛时，$P_0 = \dfrac{1}{1 + \sum_{n=1}^{\infty} C_n}$ 才有意义，即当 $\sum_{n=1}^{\infty} C_n < \infty$ 时，才能由式（11.4）得到稳态的概率分布。

11.2.2 常见的理论分布

1. 泊松流

泊松流是排队论中经常用到的一种用来描述顾客到达规律的特殊随机过程。实际上，它是一个纯生过程，与概率论中的泊松分布和负指数分布有密切联系。下面结合排队论的术语，给出泊松流的定义。

定义 11.2 设 $N(t)$ 为时间 $[0,t]$ 内到达系统的顾客数量 $(t > 0)$，若满足下面三个条件：

（1）平稳性，即在 $[t, t+\Delta t]$ 内有一个顾客到达的概率为 $\lambda t + o(\Delta t)$；

（2）独立性，即任意两个不相交区间内顾客到达情况相互独立；

（3）普通性，即在 $[t, t+\Delta t]$ 内多于一个顾客到达的概率为 $o(\Delta t)$，

则称 $\{N(t), t \geq 0\}$ 为泊松流。

泊松流和泊松分布的关系如下。

定理 11.1 设 $N(t)$ 为时间 $[0,t]$ 内到达系统的顾客数量，则 $\{N(t), t \geq 0\}$ 为泊松流的充分必要条件如下：

$$P\{N(t) = n\} = \frac{(\lambda t)^n}{n!} e^{-\lambda t} \,(n = 1, 2, \cdots)$$

在定理 11.1 的基础上，可以得到 $N(t)$ 在服从泊松分布情况下的数学期望和方差：

$$E[N(t)] = \lambda t$$

$$\sigma^2[N(t)] = \lambda t$$

期望值和方差相等是泊松分布的一个重要特征,可以用于泊松分布的初步判断和识别。

定理 11.2 设 $N(t)$ 为时间 $[0,t]$ 内到达系统的顾客数量,则 $\{N(t),t \geq 0\}$ 为参数为 λ 的泊松流的充分必要条件是顾客到达间隔服从相互独立的参数为 λ 的负指数分布。

定理 11.1 说明,若顾客到达过程为泊松流,则到达顾客数量的分布恰为泊松分布。但是,无论是从泊松流的定义,还是根据其概率分布对顾客的到达情况进行分析,都有许多不便之处。实际问题中,比较容易得到和进行分析的往往是顾客到达系统的时刻或到达间隔。定理 11.2 说明,顾客到达间隔服从相互独立的参数为 λ 的负指数分布,与到达过程为参数为 λ 的泊松流是等价的。

2. 负指数分布

若随机变量 T 的概率密度函数为

$$f_T(t) = \begin{cases} \lambda e^{-\lambda t}, & t \geq 0 \\ 0, & t < 0 \end{cases}$$

则称 T 服从负指数分布,其分布函数为

$$F_T(t) = \begin{cases} 1 - e^{-\lambda t}, & t \geq 0 \\ 0, & t < 0 \end{cases}$$

数学期望 $E[T] = \dfrac{1}{\lambda}$;方差 $\sigma^2[T] = \dfrac{1}{\lambda^2}$;标准差 $\sigma[T] = \dfrac{1}{\lambda}$。

负指数分布具有以下性质。

(1)由条件概率公式容易证明:

$$P\{T > t + s \mid T > s\} = P\{T > t\}$$

这个性质称为无记忆性或马尔可夫性。若 T 表示排队系统中顾客到达间隔,则这个性质说明现在考虑一个顾客到来还需的时间 t 与之前已过去的时间 s 无关。因此,这一情形下的顾客到达是纯随机的。

(2)当顾客到达过程是泊松流时,顾客到达间隔 T 必须服从负指数分布。这是因为对于泊松流,在时间 $[0,t)$ 内至少有一个顾客到达的概率是

$$1 - P_0(t) = 1 - e^{-\lambda t}, \quad t > 0$$

这个概率又可表示为

$$P\{T \leq t\} = F_T(t)$$

因此,顾客到达间隔服从独立且相同的负指数分布(概率密度函数为 $\lambda e^{-\lambda t}$,$t \geq 0$),与顾客到达过程为泊松流(参数为 λ)是等价的,在 Kendall 记号中都用 M 表示。

对于泊松流,λ 表示单位时间内平均到达的顾客数量,因此 $1/\lambda$ 表示顾客平均到达间隔,这正和 $E[T]$ 的意义相符。

服务时间 v(即对一个顾客的服务时间,也就是在忙期相继离开系统的两个顾客的间隔时间)有时也服从负指数分布,此时它的分布函数和概率密度函数分别为

$$F_v(t) = 1 - e^{-\mu t}$$

$$f_v(t) = \mu e^{-\mu t}$$

其中，μ 为平均服务率或单位时间平均服务完成的顾客数量，$\dfrac{1}{\mu} = E(v)$ 表示顾客平均服务时间。

3. 埃尔朗分布

设 $v_1, v_2, v_3, \cdots, v_k$ 是 k 个相互独立的随机变量，服从相同参数 $k\mu$ 的负指数分布，那么 $T = v_1 + v_2 + v_3 + \cdots + v_k$ 的概率密度函数为

$$b_k(t) = \frac{\mu k (\mu k t)^{k-1}}{(k-1)!} e^{-\mu k t}, \quad t > 0$$

此时认为 T 服从 k 阶埃尔朗分布，其数学期望和方差分别为

$$E[T] = \frac{1}{\mu}$$

$$\sigma^2[T] = \frac{1}{k\mu^2}$$

11.3　$M/M/1$ 排队系统模型

本节主要讨论单服务台排队系统，其顾客到达过程服从泊松分布，服务时间服从负指数分布。

令 λ 为排队系统的顾客平均到达率，即单位时间期望到达系统的顾客数量，μ 为平均服务率，即单位时间期望服务完成的顾客数量，则 $1/\lambda$ 为顾客期望到达间隔（或连续两个顾客到达的平均时间），$1/\mu$ 为顾客期望服务时间。

在此基础上，本节引入一个新符号 ρ（服务强度），表示服务台单位时间内的平均服务时间，或服务台用于服务顾客的平均比例：

$$\rho = \frac{\lambda}{\mu}$$

11.3.1　相关公式推导

标准 $M/M/1$ 排队系统模型符合下列条件。

（1）顾客到达间隔服从均值为 λ 的负指数分布（或顾客在一定时间的到达数量服从泊松分布）。

（2）服务时间服从均值为 μ 的负指数分布。

（3）排队系统中只有一个服务台。

记 $P_n = P\{N = n\}(n = 0, 1, 2, \cdots)$ 为系统到达稳态后队长 N 的概率分布，根据式（11.2）～式（11.4），且 $\lambda_n = \lambda(n = 0, 1, 2, \cdots)$ 和 $\mu_n = \mu(n = 0, 1, 2, \cdots)$，设 $\rho < 1$，则由式（11.2）和式（11.3）得，若 $\rho \geqslant 1$，则系统的顾客平均到达率 λ 就超过了系统的平均服务率 μ，也就

是说，服务台无法跟上顾客到达的数量，排队系统永远无法达到稳态，下面的公式推导也将不再成立。

$$C_n = \left(\frac{\lambda}{\mu}\right)^n \quad (n = 1, 2, \cdots)$$

从而有

$$P_n = \rho^n P_0 \quad (n = 1, 2, \cdots)$$

其中，

$$P_0 = \frac{1}{1 + \sum_{n=1}^{\infty} \rho^n} = \left(\sum_{n=0}^{\infty} \rho^n\right)^{-1} = \left(\frac{1}{1-\rho}\right)^{-1} = 1 - \rho \tag{11.5}$$

因此

$$P_n = (1-\rho)\rho^n \quad (n = 0, 1, 2, \cdots) \tag{11.6}$$

式（11.5）和式（11.6）给出了在平衡条件下系统中顾客数量为 n 的概率。由式（11.5）也不难看出，ρ 为系统中至少有一个顾客的概率，也称为服务强度，该指标反映了系统繁忙的程度。

综上，还可以得到该排队系统模型的相应数量指标公式。

平均队长（或期望队长）L_S 为

$$L_S = \sum_{n=0}^{\infty} nP_n = \sum_{n=0}^{\infty} n(1-\rho)\rho^n = \frac{\rho}{1-\rho} = \frac{\lambda}{\mu - \lambda} \tag{11.7}$$

在此基础上，根据利特尔公式 $L_S = \lambda W_S$，可以得到顾客在系统中的平均逗留时间（或期望逗留时间）W_S 为

$$W_S = \frac{1}{\lambda} L_S = \frac{1}{\mu - \lambda}$$

顾客在队列中的平均等待时间（或期望等待时间）为

$$W_q = W_S - \frac{1}{\mu} = \frac{1}{\mu - \lambda} - \frac{1}{\mu} = \frac{\lambda}{\mu(\mu - \lambda)}$$

根据另一种形式的利特尔公式 $L_q = \lambda W_q$，平均等待队长（或期望等待队长）L_q 为

$$L_q = \lambda W_q = \frac{\lambda^2}{\mu(\mu - \lambda)} = \frac{\rho^2}{1-\rho}$$

关于顾客在系统中逗留或在队列中等待的时间，可以证明其服从参数为 $\mu - \lambda$ 的负指数分布。

证明：设某一个顾客到达时，系统中已有 n 个顾客，按照 FCFS 原则，该顾客的逗留时间 W_n 就是原有各顾客的服务时间 T_i 和这个顾客的服务时间 T_{n+1} 之和：

$$W_n = T'_1 + T_2 + \cdots + T_n + T_{n+1}$$

其中，T'_1 为该顾客到达系统时正在接受服务的那个顾客仍需接受服务的时间。令 $f(t \mid n+1)$ 表示 W_n 的概率密度函数，这是在系统中已有 n 个顾客时的条件概率密度函数，

故 T 的概率密度函数为

$$f(t) = \sum_{n=0}^{\infty} P_n f(t|n+1)$$

若 $T_i (i=1,2,\cdots,n+1)$ 均服从参数为 μ 的负指数分布，根据指数分布的无记忆性，则 T'_1 也服从参数为 μ 的负指数分布。因此，W_n 服从埃尔朗分布：

$$f(t|n+1) = \frac{\mu(\mu t)^n e^{-\mu t}}{n!}$$

由此可得

$$f(t) = \sum_{n=0}^{\infty}(1-\rho)\rho^n \frac{\mu(\mu t)^n e^{-\mu t}}{n!} = (1-\rho)\mu e^{-\mu t}\sum_{n=0}^{\infty}\frac{(\rho\mu t)^n}{n!} = (\mu - \lambda)e^{-(\mu-\lambda)t}$$

综上，顾客在系统中逗留时间超过时间 t 的概率为

$$P(W_S > t) = e^{-\mu(1-\rho)t} \quad (t \geq 0)$$

相应地，队列中等待时间超过时间 t 的概率为

$$P(W_q > t) = \rho e^{-\mu(1-\rho)t} \quad (t \geq 0)$$

当一个顾客到达而系统中没有其他顾客时，这个队列的等待时间是 0，所以

$$P(W_q = 0) = P_0 = 1 - \rho$$

11.3.2 应用 $M/M/1$ 排队系统模型研究当前服务机制

例 11.1 为更加科学合理地评估方案，刘女士向 K 省 XJ 公司的管理科学小组寻求帮助。经商议，管理科学小组决定利用排队论相关知识来辅助分析。

刘女士和助手首先向管理科学小组提供了一些售后工程师的经验数据。通过对相关数据进行统计，管理科学小组发现虽然售后工程师的工作量有所波动，但总体上他们会在一个工作日接到 2 个售后维修任务，每个任务平均花费 3h（包括维修时间和路程时间）。如果持续工作，售后工程师最多能够在一个工作日中完成 3 个售后维修任务（9h 工作制）。此外，设备 A 平均每 40 个工作日就需要进行一次维修。

按照公司总部的规定，K 省 XJ 公司的每个售后工程师都会负责一个固定区域内公司设备的售后维修服务。按照上述数据，在每个售后工程师负责的固定区域内，大约有 80 台小型医疗成像设备。目前，K 省 XJ 公司共有 500 个售后工程师，每年总共需要支付薪水 3600 万元（包括奖金）。

考虑顾客到达（拨打维修电话）是随机发生的，并且售后工程师的服务时间服从负指数分布，因此，管理科学小组认为，当前公司售后服务的机制符合 $M/M/1$ 排队系统模型。

对于当前服务机制，每位售后工程师可看作一个基本的单服务台排队系统，其组成部分如下。

（1）顾客。需要修理的小型医疗成像设备。

（2）顾客到达。打给售后服务部的维修电话。

（3）队列。顾客所在地等待修理的小型医疗成像设备。

（4）服务台。售后工程师。

（5）服务时间。售后工程师花在一台小型医疗成像设备上的总时间，包括路程时间和维修时间（将售后工程师开始前往设备所在地视为这台设备离开队列进入服务台）。

图 11-3 的 Excel 模板显示了将这个 $M/M/1$ 排队系统模型中的各种公式应用于排队系统后的结果。可以看到，需要维修的设备的平均数量 $L_S = 2$ 台。不包括正在维修的设备，等待维修的设备的平均数量 $L_q = 1.33$ 台。一台设备的平均逗留时间（包括维修时间）$W_S = 1$ 个工作日。不包括维修时间，一台设备的平均等待时间 $W_q = 0.67$ 个工作日。

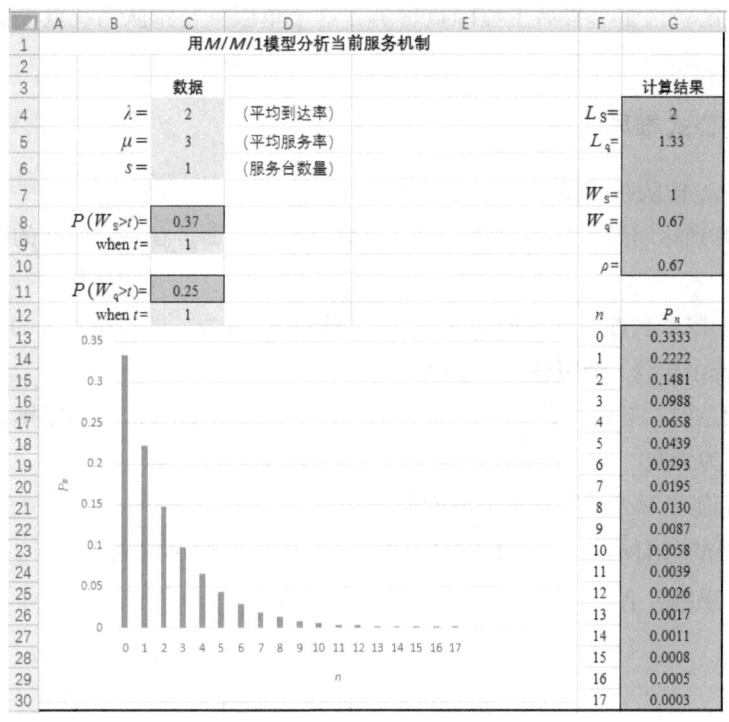

图 11-3　$M/M/1$ 排队系统电子表格模型（以例 11.1 为例）

根据 Excel 模板中 G 列的 P_n（系统中 n 个顾客的概率），当 $P_0 = 0.33$ 时，售后工程师只会在 67% 的工作时间中忙于修理设备。此外，$P_0 + P_1 = 0.55$，即售后工程师在超过一半的时间中不会有多于 1 台的设备需要修理（包括正在维修的设备），这也从另一个角度说明公司售后服务机制的设计较为合理科学。然而，有些时候售后工程师的工作量很大，如 $P_0 + P_1 + P_2 + P_3 + P_4 + P_5 = 0.91$，在这种情况下，售后工程师至少需要在 10% 的时间内维修 6 台设备（大约是 2 个工作日或更多的工作量）。尽管公司售后服务机制设计较为合理，但是工作大量积压导致顾客不满的情况还是会偶尔出现。

根据上面这些结果，刘女士深刻意识到必须对公司售后服务机制进行优化。在和助手讨论并研究后，刘女士提出了以下三条建议。

（1）将过去由一个售后工程师负责的小区域变成由一个售后服务小组负责的大区域。

（2）全面升级售后工程师提供的装备（交通工具、维修检测装备），发放维修路程补贴，从技术层面上提高售后工程师的操作便捷性，大大降低维修设备的时间波动，缩短维修时间。

（3）给设备 A 优先接受服务的权利。

请问上述哪条建议能够以最经济的方式，最大限度地满足公司总部的要求呢？

11.4　$M/M/S$ 排队系统模型

许多排队系统不止一个服务台。在例 11.1 中，根据刘女士总结出的第一条建议（扩大区域，每个区域由多个售后工程师负责），这个单服务台排队系统就变为多服务台排队系统。

11.4.1　相关公式推导

标准 $M/M/S$ 排队系统模型符合下列条件。

（1）顾客到达间隔服从均值为 λ 的负指数分布（或顾客在一定时间的到达数量服从泊松分布）。

（2）每个服务台的服务时间相互独立，且服从均值为 μ 的负指数分布。

（3）系统中包含 s 个服务台（$s \geq 2$）。

当顾客到达时，若有空闲的服务台，则可以马上接受服务，否则便排成一个队列等待，等待空间为无限。

下面来讨论 $M/M/S$ 排队系统模型的稳态分布。

记 $P_n = P\{N = n\}(n = 0,1,2,\cdots)$ 为系统到达稳态后队长为 N 的概率分布。对于含有 s 个服务台的排队系统，有

$$\lambda_n = \lambda, \quad n = 0,1,2,\cdots$$
$$\mu_n = \begin{cases} n\mu, & n = 0,1,2,\cdots,s-1 \\ s\mu, & n = s,s+1,\cdots \end{cases}$$

记 $\rho_s = \rho/s = \dfrac{\lambda}{s\mu}$，则当 $\rho_s < 1$ 时，由式（11.2）~式（11.4）得

$$C_n = \begin{cases} \dfrac{(\lambda/\mu)^n}{n!}, & n = 1,2,\cdots,s-1 \\ \dfrac{(\lambda/\mu)^s}{s!}\left(\dfrac{\lambda}{s\mu}\right)^{n-s} = \dfrac{(\lambda/\mu)^n}{s!s^{n-s}}, & n = s,s+1,\cdots \end{cases} \quad (11.8)$$

故

$$P_n = \begin{cases} \dfrac{\rho^n}{n!} P_0, & n = 1,2,\cdots,s-1 \\ \dfrac{\rho^n}{s!s^{n-s}} P_0, & n = s,s+1,\cdots \end{cases} \quad (11.9)$$

其中，

$$P_0 = \left[\sum_{n=0}^{s-1}\frac{\rho^n}{n!} + \frac{\rho^s}{s!(1-\rho_s)}\right]^{-1} \tag{11.10}$$

式（11.9）和式（11.10）给出了在平衡条件下系统中顾客数量为 n 的概率。当 $n=s, s+1,\cdots$ 时，系统中顾客数量大于或等于服务台数量，到达的顾客就必须等待，因此记

$$c(s,\rho) = \sum_{n=s}^{\infty} P_n = \frac{\rho^s}{s!(1-\rho_s)} P_0 \tag{11.11}$$

式（11.11）称为埃尔朗等待公式，它反映了顾客到达系统时需要等待的概率。在此基础上，还可以得到排队系统的平均等待队长（或期望等待队长）：

$$L_q = \sum_{n=s}^{\infty}(n-s)P_n = \frac{P_0\rho^s}{s!}\sum_{n=s}^{\infty}(n-s)\rho_s^{n-s}$$

$$= \frac{P_0\rho^s}{s!}\frac{\mathrm{d}}{\mathrm{d}\rho_s}\left(\sum_{n=1}^{\infty}\rho_s^n\right) = \frac{P_0\rho^s\rho_s}{s!(1-\rho_s)^2} \tag{11.12}$$

或

$$L_q = \frac{c(s,\rho)\rho_s}{1-\rho_s} \tag{11.13}$$

令 $\bar{s}$ 为系统中正在繁忙的平均服务台数量，显然，系统中正在接受服务的平均顾客数量也为 $\bar{s}$，从而有

$$\begin{aligned}\bar{s} &= \sum_{n=0}^{s-1}nP_n + s\sum_{n=s}^{\infty}P_n \\ &= \sum_{n=0}^{s-1}\frac{n\rho^n}{n!}P_0 + s\frac{\rho^s}{s!(1-\rho_s)}P_0 \\ &= P_0\rho\left[\sum_{n=1}^{s-1}\frac{\rho^{n-1}}{(n-1)!} + \frac{\rho^{s-1}}{(s-1)!(1-\rho_s)}\right] \\ &= \rho \end{aligned} \tag{11.14}$$

由式（11.14）可以看出，正在繁忙的平均服务台数量不依赖于服务台数量，也不依赖于系统中的服务台总数量 s。此外，还可得到排队系统的平均队长（或期望队长）：

$$L_S = \text{平均等待队长} + \text{正在接受服务的平均顾客数量}$$

由式（11.14）可得

$$L_S = L_q + \rho$$

对于 $M/M/S$ 排队系统，利特尔公式仍然成立，即

$$W_S = \frac{1}{\lambda}L_S$$

$$W_q = \frac{1}{\lambda}L_q = W_S - \frac{1}{\mu}$$

11.4.2 应用 M/M/S 排队系统模型研究第一条建议

例 11.2 根据刘女士提出的第一条建议——将过去由一个售后工程师负责的小区域变成由一个售后服务小组负责的大区域,从而实现在不改变当前售后工程师数量的情况下,将 W_q($W_q = 0.67$ 个工作日)降低到满足公司总部要求($W_q \leq 0.25$ 个工作日)。

首先,假设一个售后服务小组中有 2 个售后工程师。显然,这个由 2 个售后工程师组成的售后服务小组就形成了一个 M/M/2 排队系统模型:顾客数量(设备数量)为 160 台(原来顾客数量为 80 台),即 160 个维修任务;平均到达率 $\lambda = 4$ 台/个工作日(原来 $\lambda = 2$ 台/个工作日);平均服务率 $\mu = 3$ 台/个工作日(原来 $\mu = 3$ 台/个工作日);服务台数量 $s = 2$ 个(原来 $s = 1$ 个);服务强度(有效因子)$\rho_s = \dfrac{\lambda}{s\mu} = 0.67; \rho = \dfrac{\lambda}{\mu} = 1.33$。

将这些数据用于 Excel 模板,得到的结果如图 11-4 所示。当每个区域配备 2 个售后工程师时,W_q 从 0.67 个工作日下降为 0.27 个工作日,但还是没有满足公司总部 $W_q \leq 0.25$ 个工作日的要求。

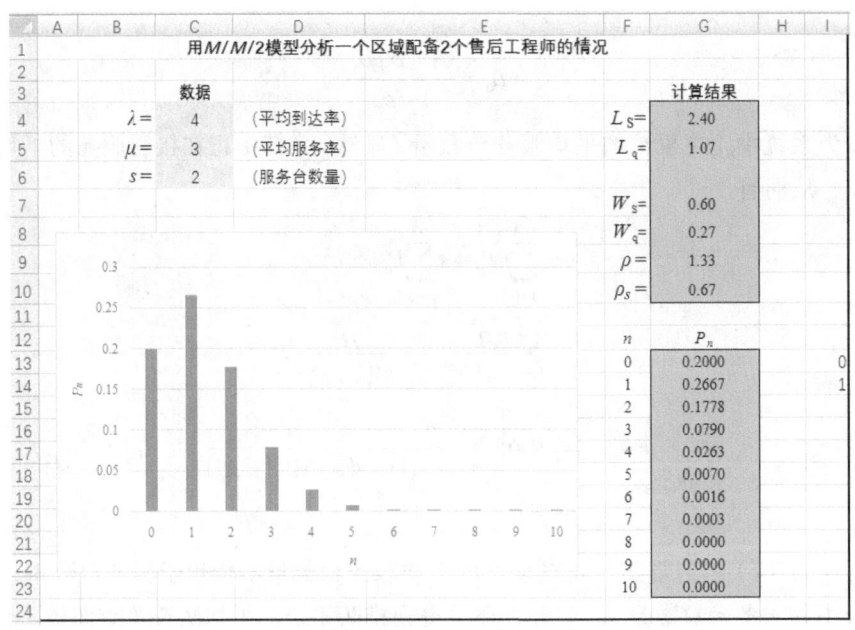

图 11-4 M/M/2 排队系统电子表格模型(以例 11.2 为例)

然后,分析服务区域配备 3 个售后工程师时排队系统的状况。

配备 3 个售后工程师的区域:顾客数量(设备数量)为 240 台(原来顾客数量为 80 台);平均到达率 $\lambda = 6$ 台/个工作日(原来 $\lambda = 2$ 台/个工作日);平均服务率 $\mu = 3$ 台/个工作日(原来 $\mu = 3$ 台/个工作日);服务台数量 $s = 3$ 个(原来 $s = 1$ 个);服务强度(有效因子)$\rho_s = \dfrac{\lambda}{s\mu} = 0.67; \rho = \dfrac{\lambda}{\mu} = 2.00$。

同理,将这些数据用于 Excel 模板,得到的结果如图 11-5 所示。当每个区域配备 3

个售后工程师时,虽然由于区域扩大会增加工程师的在途时间,但是 W_q 从 0.67 个工作日下降为 0.15 个工作日,能够轻易满足公司总部 $W_q \leqslant 0.25$ 个工作日的要求。

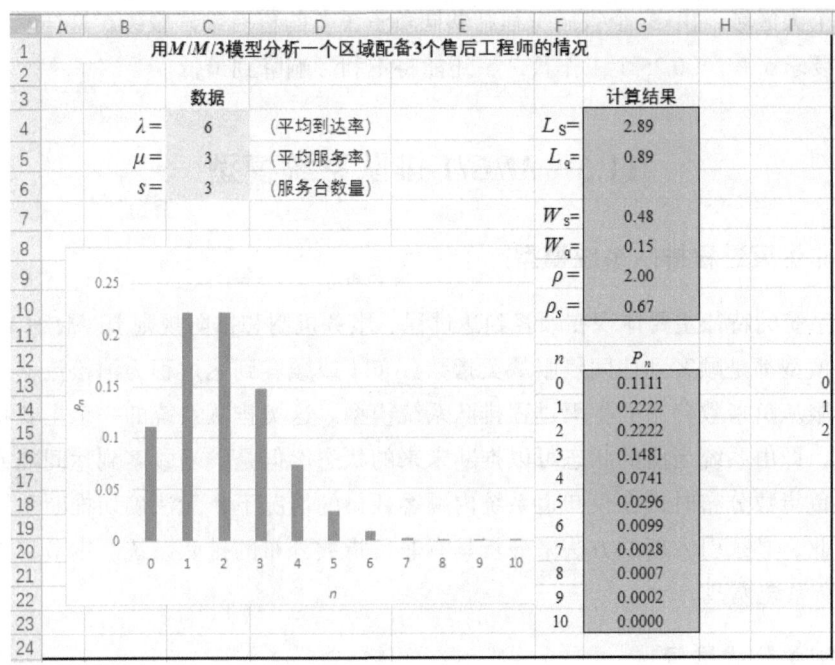

图 11-5 $M/M/3$ 排队系统电子表格模型

表 11-1 总结了每个区域分别有 1 个、2 个、3 个售后工程师时的相应数据。在上述三个排队系统模型服务强度(有效因子)不变的情况下,设备维修等待时间 W_q 会随着服务台数量(售后工程师数量)的增加而快速下降。

表 11-1 排队系统数据

参数	数值		
售后工程师数量/个	1	2	3
设备数量/台	80	160	240
λ/(台/个工作日)	2	4	6
μ/(台/个工作日)	3	3	3
s/个	1	2	3
服务强度	$\rho = 0.67$	$\rho_s = 0.67$	$\rho_s = 0.67$
W_q/个工作日	0.67	0.27	0.15

在一个区域不断增加售后工程师的数量能够在很大程度上减短设备维修等待时间。但是若持续扩大服务区域、不断增加售后工程师,不仅会大大增加售后工程师前往设备所在地的路程时间,耽误工程师的设备维修时间(根据公司要求,路程时间也包含在维修时间中),而且会加大售后工程师间的工作协调难度,增加工作摩擦(抢顾客、恶性竞争等)出现的概率。不仅如此,若售后工程师数量过多,服务区域的顾客将面对多个

售后工程师,售后工程师可能会由于不熟悉设备的"维修病史"而增加顾客的沟通成本,进而影响顾客对 XJ 公司售后服务的总体好感度。

综上,管理科学小组建议刘女士将三个相邻的、由一个售后工程师负责的服务区域合并为一个大区域,由 3 个售后工程师共同负责设备的售后维修服务。这样既能满足公司总部的要求($W_q \leqslant 0.25$ 个工作日),还能将不利影响降到最低。

11.5 $M/G/1$ 排队系统模型

11.5.1 非生灭过程排队系统模型

排队系统的特征主要体现在顾客到达过程、服务机制和排队规则上。$M/M/1$、$M/M/S$ 排队系统模型都是顾客到达间隔服从负指数分布(或顾客到达过程为泊松流)、服务台服务时间服从负指数分布的生灭过程排队系统模型。这类排队系统的一个主要特征是马尔可夫性,即由系统当前的状态可以推断未来的状态。但是,当顾客到达间隔或服务时间不服从负指数分布时,在仅知道系统内顾客数量的情况下,无法确切推断系统未来的状态。为此,必须引入新的方法来分析具有非负指数分布的排队系统。本节将重点介绍 $M/G/1$ 排队系统模型。

11.5.2 相关公式推导

标准 $M/G/1$ 排队系统模型符合下列条件。

(1)顾客到达间隔服从均值为 λ 的负指数分布(或顾客在一定时间的到达数量服从泊松分布)。

(2)服务时间可能服从任意形式的概率分布(或服务时间服从一般分布)。

(3)排队系统中仅含有 1 个服务台。

由此可以看到,$M/G/1$ 与 $M/M/1$ 排队系统模型的唯一不同之处就是 $M/M/1$ 排队系统模型的服务时间必须服从均值为 μ 的负指数分布,而 $M/G/1$ 排队系统模型的服务时间可以服从一般分布。可见,$M/G/1$ 排队系统模型是一个极为灵活的模型。

假设顾客的平均到达率为 λ,服务时间均值为 $\frac{1}{\mu}$、方差为 σ^2,则当 $\rho = \frac{\lambda}{\mu} < 1$ 时,有

$$P_0 = 1 - \rho \tag{11.15}$$

$$L_q = \frac{\lambda^2 \sigma^2 + \rho^2}{2(1-\rho)} \tag{11.16}$$

$$L_S = \rho + L_q \tag{11.17}$$

$$W_q = \frac{1}{\lambda} L_q \tag{11.18}$$

$$W_S = W_q + \frac{1}{\mu} \tag{11.19}$$

由式（11.16）可以看出，L_q、L_S、W_q、W_S 等指标仅与 ρ 和服务时间的方差 σ^2 有关，而与分布类型无关。因此，在分析 M/G/1 排队系统模型时，不用了解服务时间概率分布的具体形式，只需估计出服务时间分布的均值（$1/\mu$）和标准差（σ）即可。这是一个非常重要的成果，式（11.16）通常称为波拉切克-辛钦（Pollaczek-Khintchine，P-K）公式。

此外，由式（11.16）还不难发现，对于给定的平均服务率 μ，当方差 σ^2 减小时，平均队长（和等待时间）都将缩短。因此，可通过改变服务时间的方差来缩短平均队长，当且仅当 $\sigma^2 = 0$，即服务时间为定长时，平均队长（和等待时间）可减到最短。这是符合实际情况的，因为服务时间越有规律，等待时间也就越短。

11.5.3 应用 M/G/1 排队系统模型研究第二条建议

例 11.3 根据刘女士提出的第二条建议——全面升级售后工程师的维修工具，发放维修路程补贴。该建议不仅会缩短售后工程师维修设备的平均时间（包括路程时间），也会在很大程度上降低维修时间的波动性。

M/G/1 与 M/M/1 排队系统模型的唯一不同之处就是，M/M/1 排队系统模型的服务时间必须服从均值为 μ 的负指数分布，而 M/G/1 排队系统模型的服务时间可以服从一般分布。因此，当前公司针对该设备的售后服务机制也满足 M/G/1 排队系统模型的条件。（注：当采用不同的排队系统模型来分析时，相应数量指标会有所不同。）

针对第二条建议，管理科学小组和刘女士及其助手进行了更深层次的沟通交流，并根据相应数据采用该建议对服务时间分布的影响进行了如下估计：均值（$1/\mu$）将从 1/3 个工作日减少到 1/4 个工作日；标准差（σ）将从 1/3 个工作日减少到 1/9 个工作日。

将上述管理科学小组初步得出的数据用于 M/G/1 排队系统模型的 Excel 模板，得到的结果如图 11-6 所示。可以看到，在采用第二条建议后，设备维修等待时间 W_q 虽然从 0.67 个工作日下降到 0.4 个工作日，但是仍然无法满足公司总部的要求（$W_q \leq 0.25$ 个工作日）。

		数据				计算结果
$\lambda =$		2	（平均到达率）		$L_S=$	0.80
$1/\mu =$		0.25	（服务时间均值）		$L_q=$	0.30
$\sigma =$		0.11	（标准差）			
$s =$		1	（服务台数量）		$W_S=$	0.65
					$W_q=$	0.40
					$\rho =$	0.50
					$P_0=$	0.50

图 11-6　M/G/1 排队系统电子表格模型

不仅如此，经刘女士初步估算，对于一个售后工程师，升级其修理工具至少需要 1000 元，维修路程补贴每月至少需要 500 元。目前，K 省 XJ 公司的售后工程师总共有 500 人，若采用该建议，则公司每年需要在向这 500 人支付 3600 万元工资的基础上，额外支付 75 万元的费用。这还是在以 $W_q = 0.4$ 个工作日为目的的情况下。若想达到公司总部要求（$W_q \leq 0.25$ 个工作日），就需要额外支出比 75 万元更多的费用。

综上，这条建议可用性很低，不予考虑。

11.6 其他排队系统模型

11.6.1 M/D/S 排队系统模型

与 M/M/S 排队系统模型中服从负指数分布的服务时间不同，在一些情形中，服务台为顾客提供服务的时间是常数（或波动不大），即服务台为每个顾客提供服务的时间相同，如顾客到电影院观看电影、机器设备装配零件。M/D/S 排队系统模型正是为此设计的。

标准 M/D/S 排队系统模型符合下列条件。

（1）顾客到达间隔服从均值为 λ 的负指数分布（或顾客在一定时间的到达数量服从泊松分布）。

（2）服务时间是固定值 $\dfrac{1}{\mu}$（即具有退化时间分布，模型中用 D 表示）。

（3）系统中包含 s 个服务台（$s \geq 2$）。

如前所述，令 T 为顾客到达间隔。此时，T 的期望和方差分别为

$$E[T] = \frac{1}{\mu}$$

$$\sigma^2[T] = 0$$

当服务强度 $\rho = \dfrac{\lambda}{\mu} < 1$ 时，可以由 Pollaczek-Khintchine 公式求出系统中的平均等待队长（或期望等待队长）L_q：

$$L_q = \frac{\rho^2}{2(1-\rho)} \qquad (11.20)$$

其他数量指标（L_S、W_q、W_S）可根据式（11.20）由利特尔公式求出。

11.6.2 有优先权的排队系统模型

前面介绍过的排队系统模型都建立在顾客遵循 FCFS 原则的基础上。在实际生活中，并不是所有的排队系统都遵循 FCFS 原则，例如，在已经等待很长时间的顾客之前得到服务。为达到指定目标，管理层可能给特定的顾客相对较高的优先权，例如，医院急诊室总是优先救治病情危急的患者。

这种排队系统模型满足以下条件。

（1）系统中至少含有两种优先级的顾客。每类顾客都具有一个优先级（priority class）。优先级 1 的顾客将比优先级 2 的顾客先接受服务。如果优先级多于两个，优先级 2 的顾客有权优先于优先级 3 的顾客获得服务，依此类推。

（2）除在较高优先级的顾客后面接受服务外，同一优先级内的顾客遵循 FCFS 原则。因此，在一个优先级内接受服务的优先权是以已经在排队系统中花费的等待时间为基础的。

此外，对于优先权，还可以进行以下分类。

（1）强制优先规则（preemptive priorities）。当一个具有优先权的顾客进入排队系统时，正在接受服务的最低优先级的顾客被挤出（退回到队列中），因此一个服务台空闲，可以为一个新到达的顾客提供服务。当一个服务台成功完成一次服务后，选择下一个接受服务的顾客的规则与无强制优先规则描述的相同（被挤出的顾客成为具有相同优先级的顾客中等待时间最长的一个，因此他有希望再次接受服务，可能在经过被挤出后最终完成此次服务）。

（2）无强制优先规则（nonpreemptive priorities）。当一个服务台开始为一个顾客提供服务时，服务必须在不被打断的情况下完成，即便在服务过程中有更高优先级的顾客到来也是如此。然而，服务一旦完成，如果队列中有顾客，将根据优先权从中选出一个顾客进行服务。被选中的顾客是具有最高优先级的顾客中等待时间最长的一个。

下面将分别介绍每种优先级的基本排队系统模型。

1. 强制优先规则排队系统模型

标准强制优先规则排队系统模型符合以下条件。

（1）系统中至少含有两种优先级的顾客，每类顾客都具有一个优先级。
（2）除在较高优先级的顾客后面接受服务外，同一优先级内的顾客遵循 FCFS 原则。
（3）对于优先级 $i(i=1,2,\cdots,n)$，该级别顾客到达间隔服从均值为 λ 的负指数分布。
（4）不管优先级为多少，所有服务时间都服从均值为 μ 的负指数分布。
（5）排队系统中仅含有一个服务台。

由此可见，除添加强制优先规则以外，强制优先规则排队系统模型的其他条件与 M/M/1 排队系统模型相符合。

令 λ_i 为优先级为 $i(i=1,2,\cdots,n)$ 的顾客的平均到达率，则 $\lambda = \lambda_1 + \lambda_2 + \cdots + \lambda_n$ 是所有顾客的总平均到达率。因此，这个服务台的有效因子（或服务强度）为

$$\rho = \frac{\lambda_1 + \lambda_2 + \cdots + \lambda_n}{\mu}$$

为了使所有优先级的排队系统都可以达到稳态，在 $\rho<1$ 的情况下进行公式推导。当 $\rho<1$ 时，根据利特尔公式，可以快速得到每个优先级的数量测度指标（L_S、L_q、W_q、W_S）。

2. 无强制优先规则排队系统模型

标准无强制优先规则排队系统模型符合以下条件。

（1）系统中至少含有两种优先级的顾客，每类顾客都具有一个优先级。
（2）除在较高优先级的顾客后面接受服务外，同一优先级内的顾客遵循 FCFS 原则。
（3）对于优先级 $i(i=1,2,\cdots,n)$，该级别顾客到达间隔服从均值为 λ 的负指数分布。
（4）每个服务台的服务时间相互独立，且服从均值为 μ 的负指数分布。
（5）排队系统中可以含有任意数量的服务台。

由此可见，除添加无强制优先规则以外，无强制优先规则排队系统模型的其他条件与 $M/M/S$ 排队系统模型相符合。

同理，无强制优先规则排队系统中服务台的有效因子（或服务强度）为

$$\rho = \frac{\lambda_1 + \lambda_2 + \cdots + \lambda_n}{s\mu}$$

为了使所有优先级的排队系统都可以达到稳态，在 $\rho<1$ 的情况下进行公式推导。当 $\rho<1$ 时，根据利特尔公式，可以快速得到每个优先级的数量测度指标（L_S、L_q、W_q、W_S）。

11.6.3　应用无强制优先规则排队系统模型研究第三条建议

例 11.4　根据刘女士提出的第三条建议——赋予设备 A 高于公司其他设备的售后维修优先权。根据公司当前售后服务机制，管理科学小组认为无强制优先规则排队系统模型与实际情况较为符合。当售后工程师处于空闲状态时，若接到设备 A 和其他设备的维修任务，则优先对设备 A 进行维修；当售后工程师处于设备维修状态时，若接到设备 A 和其他设备的维修任务，在完成当前维修任务后优先对设备 A 进行维修，即便其他设备的维修等待时间更长。设备 A 的售后维修优先权具体体现在：设备 A 的维修时间需要满足公司总部要求（$W_q \leq 0.25$ 个工作日），其他设备的维修等待时间在公司原有售后服务机制的基础上保持不变。

为了进一步分析，管理科学小组设置了两个优先级：优先级 1，设备 A；优先级 2，其他设备。

上述优先级将每个售后工程师负责区域内的顾客分为两类（设备 A 和其他设备）。为了确定这两类顾客的平均到达率，根据 K 省 XJ 公司售后服务部门提供的经验数据，管理科学小组了解到，由于目前设备 A 刚进入市场，分配给售后工程师的设备中大约有 1/4 的设备是设备 A。每台设备 A 的维修周期与其他设备大致相同（平均 40 个工作日需要维修一次）。由于单个售后工程师负责的区域中所有设备的总平均到达率是 2 台/个工作日，设 λ_1 为设备 A 的平均到达率，λ_2 为其他设备的平均到达率，故在设备 A 刚刚进入市场时，有

$$\lambda_1 = 0.5 \text{台}/\text{个工作日}$$
$$\lambda_2 = 1.5 \text{台}/\text{个工作日}$$

在本例背景中，XJ 公司推出的设备 A 大受欢迎，因此在推出后的几年内，需要接受售后维修服务的设备 A 的数量会逐渐上升。在这种情况下，平均到达率会变为

$$\lambda_1 = 1 \text{台}/\text{个工作日}$$
$$\lambda_2 = 1 \text{台}/\text{个工作日}$$

在采用第三条建议后，每个售后工程师的平均服务率不变，因此，每个售后工程师的期望服务数量仍然是 $\mu = 3$ 台。对于公司当前的售后服务机制，每个售后工程师负责的区域都可看作一个单服务台排队系统，因此，无论是设备 A 刚进入市场，还是设备 A 进入市场已有一段时间，$\lambda_1 + \lambda_2 = 2$ 是不变的，从而可以得到同样不变的服务强度（有效因子）：

$$\rho = \frac{\lambda_1 + \lambda_2}{s\mu} = \frac{2}{3} = 0.67$$

将上述管理科学小组初步得出的数据用于排队系统模型的 Excel 模板，得到的结果如图 11-7 和图 11-8 所示。图 11-7 展示了当前设备 A 刚进入市场时排队系统应用 Excel 模板计算出的结果（$\lambda_1 = 0.5$ 台/个工作日，$\lambda_2 = 1.5$ 台/个工作日）。图 11-8 展示了设备 A 进入

	A	B	C	D	E	F	G
1	用无强制优先规则排队系统模型分析第三条建议						
2	（设备A刚进入市场）						
3			数据				
4	1	$n=$	2	（优先级数量）			
5	0	$\mu=$	3	（平均服务率）			
6	0	$s=$	1	（服务台数量）			
7							
8							
9			λ_i	L_{Si}	L_{qi}	W_{Si}	W_{qi}
10		优先级1	0.5	0.30	0.13	0.60	0.27
11		优先级2	1.5	1.70	1.20	1.1	0.80
12							
13							
14							
15							
16			$\lambda=$	2			
17			$\rho=$	0.67			
18							

图 11-7　无强制优先规则排队系统电子表格模型（设备 A 刚进入市场）

i（$i=1,2$）为顾客的优先级，如 W_{q1} 为设备 A（优先级为 1）在排队系统中的逗留时间（不包括接受服务的时间）

	A	B	C	D	E	F	G
1	用无强制优先规则排队系统模型分析第三条建议						
2	（设备A进入市场一段时间后）						
3			数据				
4	1	$n=$	2	（优先级数量）			
5	0	$\mu=$	3	（平均服务率）			
6	0	$s=$	1	（服务台数量）			
7							
8							
9			λ_i	L_{Si}	L_{qi}	W_{Si}	W_{qi}
10		优先级1	1	0.67	0.33	0.67	0.33
11		优先级2	1	1.33	1.00	1.33	1.00
12							
13							
14							
15							
16			$\lambda=$	2			
17			$\rho=$	0.67			
18							

图 11-8　无强制优先规则排队系统电子表格模型
（设备 A 进入市场一段时间后）

市场一段时间后排队系统应用 Excel 模板计算出的结果（$\lambda_1 = 1$台/个工作日，$\lambda_2 = 1$台/个工作日）。可以看到，当采用第三条建议时，无论是在设备 A 刚进入市场时，还是在设备 A 进入市场一段时间后，设备 A 的维修等待时间都不能满足公司总部要求（$W_q \leqslant 0.25$个工作日）。

在得到这条结论后，刘女士又产生了新想法——将第一条建议和第三条建议结合起来，即在扩大服务区域、增加售后工程师数量的基础上，让设备 A 享受售后维修的优先权。同理，如表 11-2 所示，管理科学小组根据 Excel 模板分别计算分析了服务区中含有 2 个售后工程师与服务区中含有 3 个售后工程师时的情况。

表 11-2　不同阶段、不同数量售后工程师排队系统情况

售后工程师数量	时间	λ_1	λ_2	μ	服务强度	W_q（设备 A）	W_q（其他设备）
1	刚进入市场	0.5	1.5	3	$\rho = 0.67$	0.27 个工作日	0.80 个工作日
1	一段时间后	1	1	3	$\rho = 0.67$	0.33 个工作日	1.00 个工作日
2	刚进入市场	1	3	3	$\rho_s = 0.67$	0.11 个工作日	0.32 个工作日
2	一段时间后	2	2	3	$\rho_s = 0.67$	0.13 个工作日	0.40 个工作日
3	刚进入市场	1.5	4.5	3	$\rho_s = 0.67$	0.06 个工作日	0.18 个工作日
3	一段时间后	3	3	3	$\rho_s = 0.67$	0.07 个工作日	0.22 个工作日

若将 2 个售后工程师负责的区域合并，并考虑 A 的优先级，则无论是在设备 A 刚进入市场时，还是在设备 A 进入市场一段时间后，设备 A 的维修等待时间都能轻易满足公司总部要求（$W_q \leqslant 0.25$个工作日）。若将 3 个售后工程师负责的区域合并，还能使公司中的其他设备满足公司总部要求。

11.7　排队系统的优化

排队系统的优化问题分为两类：系统的最优设计和最优控制。第一类问题称为静态优化问题，也是学者在排队论诞生之初就开始研究的问题，其目的在于使系统达到最大效益，或者在一定指标下使机构最为经济；第二类问题称为动态优化问题，是指对某一给定系统，通过特定的运营手段使得给定目标函数值达到最优。由于对后一类问题的阐述需要较多的数学知识，本节着重介绍静态优化问题，这是近 10 多年来排队论的研究热点之一。

在一般情形下，提高服务水平（数量、质量）可以降低顾客的等待成本（损失），但是会增加服务成本。为此，优化排队系统的一个手段就是使二者（服务成本与顾客等待成本）之和最小，从而达到排队系统最优的服务水平；另一个手段就是使纯收入或使利润（服务收入与服务成本之差）最大。

在排队系统运行稳定的情形下，各种费用都是按单位时间来考虑的。一般来说，服务成本是可以确切计算或估计的。然而，顾客的等待成本有许多情况，如机械故障问题

中等待费用（由于机器待修而使生产遭受的损失）是可以确切估计的，但患者就诊的等待费用（由于拖延治疗使病情恶化所受的损失）或由于队列过长而失掉潜在顾客所造成的营业损失只能根据统计的经验资料来估计。

服务水平也可以通过不同形式体现出来，主要包括平均服务率 μ（代表服务机构的服务能力和经验等）、服务设备（如服务台的数量 s），以及由队列所占空间所决定的队列最大限制数量等。此外，服务水平也可以通过服务强度 ρ 来表示。

不同的优化问题有不同的处理方法，一般根据变量的类型是离散的还是连续的，相应地采用边际分析方法或经典的微分法。较为复杂的优化问题则需要用非线性规划或动态规划等方法。

11.7.1 $M/M/1$ 排队系统模型中的最优服务率 μ^*

1. 标准 $M/M/1$ 排队系统模型

令目标函数值 z 为单位时间服务成本与顾客在系统逗留成本之和的期望值：

$$z = c_s\mu + c_w L_S \tag{11.21}$$

其中，c_s 为 $\mu=1$ 时服务机构的单位时间服务成本；c_w 为每个顾客在系统中的单位时间逗留成本。

根据式（11.7），将 L_S 代入式（11.21）中，得

$$z = c_s\mu + c_w \frac{\lambda}{\mu - \lambda}$$

采用微分法求解最优值。令

$$\frac{dz}{d\mu} = c_s - c_w \frac{\lambda}{(\mu - \lambda)^2} = 0$$

解出最优服务率为

$$\mu^* = \lambda + \sqrt{\frac{c_w \lambda}{c_s}} \tag{11.22}$$

2. $M/M/1$ 排队系统模型中系统内顾客最大限制数量为 N 的情形，即 $M/M/1/N$ 排队系统模型

在此情景下，若排队系统中已经有 N 个顾客，则后来的顾客将无法再进入排队系统参与排队。令 P_N 为顾客被拒绝排队的概率；$1-P_N$ 为顾客能够被排队系统接受的概率；$\lambda(1-P_N)$ 为单位时间内实际到达并进入排队系统的平均顾客数量。在稳态下，$\lambda(1-P_N)$ 即单位时间内实际服务完成的平均顾客数量。

设排队系统中的服务台每服务一个顾客能够获得的收入为 G，可以得到 $M/M/1/N$ 排队系统模型服务台单位时间收入的期望值为 $\lambda(1-P_N)G$，故纯利润为

$$\begin{aligned}z &= \lambda(1-P_N)G - c_s\mu \\ &= \lambda\mu G \frac{\mu^N - \lambda^N}{\mu^{N+1} - \lambda^{N+1}} - c_s\mu\end{aligned}$$

采用微分法求解最优值。令 $\dfrac{dz}{d\mu}=0$，得

$$\rho^{N+1}\dfrac{N-(N+1)\rho+\rho^{N+1}}{\left(1-\rho^{N+1}\right)^2}=\dfrac{c_s}{G} \quad (11.23)$$

当问题中的 N 和 $\dfrac{c_s}{G}$ 确定后，即可根据式（11.23）计算出能够使目标函数值最优的 μ^*。

11.7.2　M/M/S 排队系统模型中的最优服务台数量 s^*

在设计和优化排队系统时，一个关键的问题是需要提供多少个服务台。服务台过多会造成成本过高，太少会造成顾客的过度等待。因此，选择服务台数量涉及服务台成本和顾客等待量之间的适当平衡。本节仅讨论标准 M/M/S 排队系统模型。

对于稳态中的标准 M/M/S 排队系统模型，已知其单位时间内的总成本（服务台服务成本与顾客逗留成本之和）的平均值为

$$z = sc_s' + c_w L \quad (11.24)$$

其中，s 为服务台数量；c_s' 为系统中单个服务台单位时间内的服务成本；c_w 为每个顾客在系统中的单位时间逗留成本；L 可以是系统中顾客的平均数量（或队长）L_S，也可以是队列中等待的顾客的平均数量（或等待队长）L_q。由于 c_s'、c_w 是给定的，唯一可变的就是系统中的服务台数量 s，可以将 z 看作 s 的函数，记 $z=z(s)$，目标就是求解 $z=z(s)$ 的最小值，以及对应的 s^*。

在现实情况中，s（系统中的服务台数量）只能是整数，$z=z(s)$ 不再是连续函数。因此，在求解函数 $z=z(s)$ 最小值时，经典的微分法已不再适用。此时可以采用边际分析（marginal analysis）方法。

根据 $z(s^*)$ 为最小目标函数值的特点，有

$$\begin{cases} z(s^*)\leqslant z(s^*-1)\\ z(s^*)\leqslant z(s^*+1) \end{cases} \quad (11.25)$$

将式（11.24）代入式（11.25）中，得

$$\begin{cases} c_s' s^* + c_w L(s^*) \leqslant c_s'(s^*-1)+c_w L(s^*-1)\\ c_s' s^* + c_w L(s^*) \leqslant c_s'(s^*+1)+c_w L(s^*+1) \end{cases}$$

化简后得到

$$L(s^*)-L(s^*+1)\leqslant \dfrac{c_s'}{c_w}\leqslant L(s^*-1)-L(s^*) \quad (11.26)$$

当 $s=1,2,3,\cdots$ 时，可以依次求得对应的 L 值，并计算出相邻两个 L 值的差额。由于 $\dfrac{c_s'}{c_w}$ 是已知的，根据其落在哪个与 s 有关的不等式中，即可定出最优的 s^*。

【案例小结】

本章通过学习排队论相关知识，在 K 省 XJ 公司管理科学小组的带领下，首先帮助刘女士分析了 K 省 XJ 公司当前售后服务机制存在的不足，然后利用不同排队系统模型依次分析刘女士提出的建议。利用 Excel 模板快速准确地得到不同模型对应的测度指标，从而更加直观地看到不同建议为公司售后服务带来的相应效果。

例 11.1 利用 $M/M/1$ 排队系统模型和 Excel 模板全面分析了公司当前的售后服务机制，指出当前售后服务机制仍存在一些不足之处。

例 11.2 利用 $M/M/S$ 排队系统模型和 Excel 模板分析了刘女士提出的第一条建议——将过去由一个售后工程师负责的小区域变成由一个售后服务小组负责的大区域。

例 11.3 利用 $M/G/1$ 排队系统模型和 Excel 模板分析了刘女士提出的第二条建议——全面升级售后工程师的维修工具，发放维修路程补贴。

例 11.4 利用无强制优先规则排队系统模型和 Excel 模板分析了刘女士提出的第三条建议——赋予设备 A 高于公司其他设备的售后维修优先权。在此基础上，进一步分析了第一条与第三条建议结合后对售后服务水平的改进效果。

表 11-3 是对不同建议分析的结果及总结，可以看到，除了第二条和第三条建议，其他建议都能轻易满足公司总部要求。根据管理科学小组的分析结果，若采用第一条建议，则所有设备（设备 A 和其他设备）的维修等待时间（不包括接受服务的时间）都会减少到 0.15 个工作日，按照 9h 工作制，顾客在拨打电话后只用等待 81min，设备就能够得到售后维修服务。若结合第一条和第三条建议，则在设备 A 进入市场一段时间后，设备 A 的维修等待时间（不包括接受服务的时间）将会减少到 0.07 个工作日，按照 9h 工作制，顾客在拨打电话后只用等待 37.8min，设备 A 就可以得到及时修理；其他设备则需要等待 0.22 个工作日（118.8min）才能接受售后维修服务，虽然也能满足公司总部要求，但它们的维修等待时间是第一条建议的近两倍。

表 11-3 不同建议分析结果及总结

建议	具体阐述	增加的成本	实现效果
第一条建议	将过去由一个售后工程师负责的小区域变成由三个售后工程师组成的小组负责的大区域	无	所有设备 W_q = 0.15 个工作日
第二条建议	全面升级售后工程师提供的装备（交通工具、维修检测装备），发放维修路程补贴	若想满足公司总部要求，则每年需要支付比 50 万元更多的费用	无法满足公司总部要求（$W_q \leq 0.25$ 个工作日）
第三条建议	在公司当前服务机制的基础上，赋予设备 A 优先接受服务的权利	无	无法满足公司总部要求（$W_q \leq 0.25$ 个工作日）
第一条与第三条建议结合	在合并三个售后工程师负责的小区域的基础上，赋予设备 A 优先接受服务的权利	无	所有设备的维修等待时间满足公司总部要求，其中，W_{q1} = 0.07 个工作日，W_{q2} = 0.22 个工作日

刘女士将上述建议的分析过程以工作报告的形式提交到了公司总部。你认为总部管理层对于刘女士提出的建议及分析结果又会有什么看法呢？

【本章小结】

在实际工作与生活中，排队现象随处可见。若管理者能够恰当使用模型来分析相应的排队系统，那么整体服务水平和经济生产力将会在很大程度上得到提升。排队系统的主要组成部分包括到达的顾客、等待服务的队列及提供服务的服务台。在描述及分析排队系统模型时，服务台数量、到达间隔的分布和服务时间的分布这几个关键信息是必不可少的。

本章引导学生在真实案例背景中掌握排队论相关概念，并利用不同的排队系统模型来分析实际排队系统。考虑实际工作场合中问题的复杂性和混合性，在应用模型分析排队系统的同时，本章使用不同排队系统模型的 Excel 模板来帮助管理者准确快速地得到相应测度指标，从而实现分析的直观化和便捷化。在此基础上，进一步引导学生掌握 Excel 的 Excel 建模和求解技巧，让学生在 Excel 的实际演练中完全掌握求解方法和求解技巧，为学生在学习与生活中快速解决实际线性规划问题打下坚实基础。

【专业术语】

s：服务台数量。

λ：平均到达率，表示单位时间内到达系统的期望顾客数量。

μ：平均服务率，表示单位时间内一个连续工作的服务台完成的期望服务数量。

$\dfrac{1}{\mu}$：顾客平均服务时间，表示排队系统对每个顾客的期望服务时间。

L_S：系统中顾客数量的期望值，表示系统中的平均顾客数量。

L_q：队列中顾客数量的期望值，表示队列中的平均顾客数量（不包括正在接受服务的顾客）。

W_S：顾客在系统中的期望逗留时间，表示顾客在系统中的平均逗留时间。

W_q：顾客在队列中的期望等待时间，表示顾客在队列中的平均等待时间（不包括接受服务的时间）。

ρ：服务台的有效因子（或服务强度），表示服务台用于为顾客提供服务的平均时间比例。

c_w：等待成本，表示使顾客在排队系统中等待产生的成本。

c_s：服务成本，表示为一个排队系统提供服务台的成本。

排队论（queuing theory）：研究系统随机聚散现象和随机服务系统工作过程的数学理论和方法，又称随机服务系统理论，为运筹学的一个分支。

排队系统（queuing system）：顾客从服务台接受某种服务的地方，可能要在队列中等待一段时间。

顾客（customers）：顾客到达排队系统接受服务的任何一种实体（人、交通工具、设备、物体等）的一般称谓。

队列（queue）：队列系统中的等待队伍。队列不包括正在接受服务的顾客。

到达间隔（interarrival time）：连续两个顾客到达排队系统的间隔时间。

服务机制（service mechanism）：决定选择队列中的顾客一开始接受服务的顺序的规则。

排队规则（queue discipline）：顾客进入排队系统后排队等候服务的规则。

稳态（steady-state）：一个排队系统在运作一段时间后，有效因子固定在一个小于 1 的值时该排队系统所处的正常状态。

优先级（priority class）：拥有不同的接受服务优先权的顾客类别。

强制优先规则（preemptive priorities）：为顾客提供服务中的优先级，包括为刚刚进入排队系统的较高优先级的顾客提供服务而将正在服务的低优先级的顾客挤出队列。

无强制优先规则（nonpreemptive priorities）：当服务台空闲时，按优先级选择下一个开始服务的顾客，这些优先级不影响已经开始服务的顾客。

【实践题】

请在 Excel 的辅助下完成下列问题。

1. 某单位电话交换机有一部含 200 门内线的总机，已知在上班时间，20%的内线分机平均每 40min 要打一次外线电话，80%的内线分机平均隔 2h 要打一次外线电话；又知从外单位打来的平均电话呼唤率为 1 次/min，设通话平均时长为 3min。若以上时间均服从泊松分布，并且要求外线电话接通率为 1/3 以上，问该交换机要设置多少条外线？

2. 某两个服务台排队系统最多容纳 4 个顾客。已知该系统的稳态概率如下：$P_0 = \dfrac{1}{16}$，$P_1 = \dfrac{4}{16}$，$P_3 = \dfrac{6}{16}$，$P_4 = \dfrac{1}{16}$，试求：

（1）系统中的平均顾客数量（队长）L_S；

（2）系统中平均排队的顾客数量（等待队长）L_q；

（3）某时刻正在接受服务的顾客平均数量；

（4）若顾客的平均到达率为 $2h^{-1}$，求顾客在系统中的平均逗留时间 W_S。

3. 某汽车冲洗站仅有一个服务台。假设要冲洗的汽车到达间隔服从泊松分布，平均每 4min 到达 1 辆汽车；冲洗时间服从负指数分布，每辆汽车平均冲洗时间为 3min。

（1）如果全部场地仅容纳①1 辆汽车、②5 辆汽车（以上均包含正在接受冲洗的汽车），请分别求出两种情况下由于等待场地不够而流失的汽车比例。

（2）如果增加一个服务台的投资等价于增加 4 辆汽车等待场地的扩建成本，从减少汽车流失的角度，是增加一个服务台更好，还是将现有 2 辆汽车等待场地扩张为 4 辆汽车等待场地好？（默认增加的服务台包含 1 辆汽车的冲洗场所。）

4. 某单人裁缝店做西服，每套西服需要经过 4 个工序，4 个工序都完成后才能做另一套西服。每个工序的服务时间服从相同的负指数分布，期望服务时间为 2h。顾客到来数量服从泊松分布，平均订货率为 5.5 套/周（设一周 6 天，每天 8h）。问一个顾客做好一套西服的期望时间有多长？

5. 某工厂有一个半成品加工操作间，内设一个半成品加工操作台，可存放 3 个待加工半成品的场地。一个半成品按平均 3 个/天的泊松流到达操作间，而完成该半成品加工的必要时间服从平均 1/4 天/个的指数分布。若半成品到达操作间时该操作间内已没有场地存放，则需要运往其他地方。

（1）需运往其他地方的半成品占操作间的半成品总数的比例是多少？

（2）假设每移动一个半成品到别处需 200 元，为提高效率、减少移动费用，可采取两种改进方案。方案一：增加一个空位，每天需 10 元。方案二：提高加工效率至 1/5 天/个，每天需 15 元。问是否应该采用改进方案？若应该，则采用哪个方案最佳？

6. 某单服务台排队系统的顾客按平均 40 人/h 的泊松流到达，服务时间服从指数分布，平均每小时服务率为 μ。已知顾客因排队耽误造成的平均损失为 50 元/（人·h），服务系统每小时费用为 20μ。假设这是公司内部的一个服务系统，试确定使公司总支出最少的服务率 μ。并依据求出的服务率，计算此服务系统的空闲概率、平均系统队长及平均系统逗留时间三项数量指标。

7. 某高科技公司的管理信息系统（management information system，MIS）中心负责本公司信息系统的维护服务，公司其他部门职员打电话到该中心进行咨询和服务请求。如果该中心所有服务人员都在忙，该职员就必须等待。

该中心每小时平均接收 40 个服务请求，服务请求到达间隔服从泊松分布。每个服务请求的平均服务时间为 3min，且服从负指数分布。

该中心服务人员的平均工资为 15 元/h。公司职员为公司创造的收益为 25 元/h。（若该职员在等待或正在接受服务，则这段时间内该职员不为公司创造任何收益。）

已通过软件计算出该中心服务人员数量与等待接受服务的平均职员数量（不包括正在接受服务的职员）及平均等待时间（不包括接受服务的时间）之间的关系，如表 11-4 所示。

表 11-4 服务人员数量与等待接受服务的平均职员数量及平均等待时间

参数	数值				
服务人员数量/人	2	3	4	5	6
等待接受服务的平均职员数量/人	35.27	0.889	0.174	0.040	0.009
平均等待时间/h	0.8889	0.022	0.004	0.001	0.0002

请分析下面的问题。

（1）若公司经理希望职员等待服务（包括排队等待和服务等待）的平均时间不要超过 5min，则该中心至少需要聘请多少个服务人员？

（2）若公司经理考虑聘用服务人员的成本及因等待或正在接受服务造成的企业损失成本，使两者之和尽量小，则该中心需要聘请多少个服务人员？

习 题

1. 某修理店顾客到达过程为泊松流，平均每小时到达 4 个顾客，修理时间服从负指数分布，平均服务时间为 6min。求：

（1）修理店空闲时间的概率；

（2）店内有 3 个顾客的概率；

（3）顾客在店内的平均逗留时间。

2. 某鞋店平均每 12min 就有 1 个顾客到达，顾客到达过程可看作泊松流。平均服务时间为 8min，并且服务时间服从负指数分布。管理者想知道这个服务系统的绩效如何，请给出答案。

3. 某加油站现只有一个工作人员，设汽车到达加油站的时间间隔服从泊松分布，每小时平均到达 6 辆汽车，汽车的加油时间服从负指数分布，每小时平均加油 8 辆汽车，求：

（1）汽车到达就可以加油的概率；

（2）每辆汽车的平均等待时间；

（3）加油站内平均的车辆数量。

4. 某街道口有一个电话亭，在步行距离为 4min 的拐弯处有另一个电话亭。已知每次电话的平均通话时间为 3min，服从负指数分布，又已知到达这两个电话亭的顾客数量均服从 10 个/min 的泊松分布。假如有个顾客去其中一个电话亭打电话，到达时正有人通话，并且还有一个顾客在等待。问该顾客应该在原地等待，还是去另一个电话亭打电话?

5. 证明：一个$[M/M/3]:[\infty/\infty/\text{FCFS}]$的排队系统要比三个$[M/M/1]:[\infty/\infty/\text{FCFS}]$的排队系统优越。（试从队长 L_S 这个数量测度指标证明。）

参 考 文 献

杜红, 2010. 应用运筹学[M]. 杭州: 浙江大学出版社.

胡运权, 1998. 运筹学教程[M]. 北京: 清华大学出版社.

罗荣桂, 2002. 新编运筹学题解[M]. 武汉: 华中科技大学出版社.

梅述恩, 2017. 运筹学解题方法技巧归纳: 名校考研（硕博）真题解析[M]. 武汉: 华中科技大学出版社.

肖华勇, 2019. 大学生数学建模竞赛指南[M]. 2版. 北京: 电子工业出版社.

邢光军, 2015. 实用运筹学: 案例、方法及应用[M]. 北京: 人民邮电出版社.

叶向, 2013. 实用运筹学——运用Excel 2010建模和求解[M]. 2版. 北京: 中国人民大学出版社.

SWARUP K, GUPTA P K, MOOHAN M, 1982. Operations research[M]. New Delhi: Sultan Chand & Sons.

TAHA H A, 1980. Operations research: An introduction[M]. 3rd ed. London: The MacMillan Company.